青岛农业大学人文社会科学研究基金资助

建构"英雄"传奇
—— 成龙研究

Constructing the Legend of "Hero"
A Study of Jackie Chan

王 平 著

中国社会科学出版社

图书在版编目(CIP)数据

建构"英雄"传奇:成龙研究/王平著. —北京:中国社会科学出版社,2022.4
ISBN 978 – 7 – 5203 – 9677 – 6

Ⅰ.①建… Ⅱ.①王… Ⅲ.①成龙—人物研究 Ⅳ.①K825.78

中国版本图书馆 CIP 数据核字(2022)第 103638 号

出 版 人	赵剑英
责任编辑	郭晓鸿
特约编辑	杜若佳
责任校对	师敏革
责任印制	戴 宽

出 版	中国社会科学出版社
社 址	北京鼓楼西大街甲 158 号
邮 编	100720
网 址	http://www.csspw.cn
发 行 部	010 – 84083685
门 市 部	010 – 84029450
经 销	新华书店及其他书店
印 刷	北京君升印刷有限公司
装 订	廊坊市广阳区广增装订厂
版 次	2022 年 4 月第 1 版
印 次	2022 年 4 月第 1 次印刷
开 本	710×1000 1/16
印 张	23.5
插 页	2
字 数	339 千字
定 价	128.00 元

凡购买中国社会科学出版社图书,如有质量问题请与本社营销中心联系调换
电话:010 – 84083683
版权所有 侵权必究

谨以此书献给我的父亲王坤先和母亲刘春香。

目　录

序言 ……………………………………………………………（1）
摘要 ……………………………………………………………（1）
Abstract ………………………………………………………（1）

绪论 …………………………………………………………（1）
　　选题意义 …………………………………………………（1）
　　研究目标、内容、方法论与论文结构示意图 …………（7）
　　海内外有关成龙电影及其明星品牌的研究现状 ………（10）

第一章　成龙生平及电影创作简介 ………………………（25）
　　第一节　成龙的成长经验 ………………………………（25）
　　第二节　成龙电影历程的三个阶段 ……………………（35）
　　第三节　成龙的银幕经典形象 …………………………（58）

第二章　银幕上的"动作英雄"
　　　　　——成龙电影中的身体奇观 ……………………（70）
　　第一节　喜剧身体 ………………………………………（71）
　　第二节　肉身神话 ………………………………………（90）
　　第三节　欲望之躯 ………………………………………（109）

第三章　银幕上的"正义英雄"
　　——成龙电影中的价值观 ……………………………（147）
　　第一节　意识形态、价值观与身份认同 ……………………（147）
　　第二节　香港认同 ……………………………………………（157）
　　第三节　世界公民价值观 ……………………………………（169）
　　第四节　爱国主义民族观 ……………………………………（185）

第四章　"他者英雄"
　　——好莱坞电影中的成龙角色 ………………………（204）
　　第一节　被压制的动作奇观 …………………………………（206）
　　第二节　无性的龙：刻板的亚裔男人形象 …………………（219）
　　第三节　成龙好莱坞电影的积极意义 ………………………（235）

第五章　建构成龙明星品牌的"文化英雄"形象 …………（249）
　　第一节　电影场域中的成龙品牌 ……………………………（249）
　　第二节　电影场域之外的品牌主动建构 ……………………（269）
　　第三节　打造"传奇"成龙品牌 ……………………………（279）
　　第四节　被动的品牌建构 ……………………………………（284）

第六章　建构文武双全的"侠义英雄"形象 ………………（294）
　　第一节　华人男性特质与成龙"男性典范"的建构 ………（294）
　　第二节　侠义传统与中国大众文化 …………………………（314）

结语 ……………………………………………………………（328）

参考文献 ………………………………………………………（335）

附录 ……………………………………………………………（342）
　　成龙研究资料汇编 ……………………………………………（342）

致谢 ……………………………………………………………（356）

序　言

受王平小友所托，为她的博士学位论文《建构"英雄"传奇——成龙研究》作序。看到她的心血之作即将出版，我很为她高兴。

成龙是当代华语电影乃至世界电影中的一个独特个案。电影让成龙饮誉世界，成龙也已经成为重要的中国文化符号。我本人主持的北京师范大学中国文化国际传播研究院已经连续九年进行了"中国电影的国际传播研究"。自2011年开始，我们连续对美国、英国、法国、德国、意大利、加拿大、澳大利亚、印度、日本、韩国等国家的外籍人士进行问卷调查。我们发现，七成以上的观众表示喜欢成龙。在"外国观众喜欢的中国演员"排名中，成龙高居榜首，排名顺序依次为：成龙、李小龙、李连杰、周润发、巩俐、章子怡。在该系列报告连续几年的调查中，成龙都是最具知名度的中国演员。

然而，相对于成龙的巨大影响力，国内外学术界对成龙现象的关注却并不充分。王平这篇论文是国内关于成龙的第一部博士学位论文，可以说，填补了国内有关成龙高层次学术研究的空白。

学术研究应该具有明确的"问题意识"，不轻信，对于"想当然"的现象，自觉持有思索的态度。论文提出的问题是"成龙如何建构英雄形象？"，围绕这个问题分析了一系列相关文本，以这个问题贯穿论文始终，最后立足于中国传统文化资源找到了一种答案。

论文考察了以成龙电影为主体、成龙本人的银幕外活动为外围内容的成龙现象。论文以"英雄"为核心关键词，层层递进式地分析了成龙的电影文本和电影外文本，着重探讨了成龙的不同英雄形象如何在银幕内外得以建构，同时也分析了这些英雄形象，如何表征了东西方大众对于"英雄"的价值期待与文化想象。

作为这篇博士学位论文的预答辩和答辩评委，我在预答辩之前第一次拿到论文时的直觉是"太厚了"。记得当时顺便问了一句"有多少字？"，答曰"不到25万"，我有点吃惊。

字数太多则易有啰唆之嫌，我建议"浓缩"，希望论文顺利通过校外盲审。因为北京师范大学从2013年起实行全面匿名评审制度，申请毕业的博士学位论文都须经过"网上盲审平台"进行评审。所谓"盲审"即匿名评审，也就是评审专家和论文作者及导师各方之间相互隐匿姓名。评审专家对论文进行评估，决定其是否符合博士学位要求。

王平做了认真的修改，删了一万多字。这篇论文后来被三位盲审专家一致评定为"优秀"，部分评审意见如下：

1. "这是一篇优秀的博士学位论文。立意高远，资料翔实，结构合理，行文流畅，论说周到，新意迭出。国内外评论和研究成龙电影的文章很多，但这是我看到的最好的一篇，其全面性、系统性、深刻性都远在其他论著之上。特别是对成龙电影身体奇观、文化英雄、明星品牌的分析，细致贴切，发前人所未发，具有重要的理论价值和现实意义"；

2. "论文的观点……准确，鲜明，体现了作者广博的本学科知识积累。写作规范，逻辑性强，是近年来难得一见的一篇好论文"；

3. "一个值得研究的课题，考察和研究成龙的创作特点、艺术旨趣与传播模式，既有对通俗文化进行价值考量的学理意义，也有在国际语境中建构中国文化软实力的借鉴参考价值"。

上述盲审专家的评语已经很充分，论文后来还被评选为"2017年北京师范大学优秀博士学位论文"，我就不再赘言了。

我一直认为，中国故事、中国声音是与中国对外话语体系建设紧密联系在一起的。如何让中国故事实现国际化讲述，需要认真思考。成龙作为一位享誉全球的华语电影人及文化符号，他的成功经验值得深入研究。展开此类研究，是用文化自觉之精神审视传统，能够在对民族文化的追根溯源中获得新的力量。更为要紧的是，在全球化背景下，我们应该自觉弘扬中华传统文化，保持文化个性。"树文化自信，发中国之声"，对于发展中的中国而言，充满战略性的价值和意义。

是为序。

黄会林

2020 年 5 月 25 日

摘　　要

　　成龙是当代华语电影乃至世界电影中的一个独特个案。一方面，凭借影片中"动作英雄"形象的广泛传播，成龙作为电影明星获得了海内外观众的喜爱。另一方面，由于在银幕外积极参与公益、慈善等社会活动，他友好、慈善的公众形象令他的影响力超越了电影领域成了一个"文化英雄"——既是西方民众眼中的中华文化代言人，又是华人群体口中的"大哥"。这就形成了以成龙电影为主体、成龙本人的银幕外活动为外围内容的成龙现象，所具有的巨大海内外影响力使之成为一个值得深入研究的文化现象。

　　成龙电影是研究成龙现象的根本基础，不仅对当下华语电影的海外市场拓展具有启示作用，更是研究当代华语社会文化变迁的重要文本。为了便于分析，本文把成龙的电影明星事业生涯划分为香港电影、好莱坞电影和华语电影这三个阶段/类别。成龙是其香港电影和华语电影的作者。以动作喜剧为主要类型的成龙香港电影是最典型的"成龙电影"，在银幕上建构了成龙深入人心的"平民英雄"形象。

　　"成龙电影"的两大主要特征是蔚为壮观的身体奇观和普适价值观的正义故事。"身体奇观"属于电影本体层面的影像特征，把成龙角色塑造为"动作英雄"，是本文第二章的分析内容。成龙是"动作喜剧"电影类型的标签式人物，"喜剧身体"和"肉身神话"构成了其电影中的动作奇观。"节奏性"及"动作美感"对于"喜剧身体"具有关键意义，而"真实性"对于成龙的"肉身神话"非常重要。然而成龙电影的身体奇观还包括第三个方面："欲望之躯",虽然一直被学界忽略,却是成龙电影"有喜剧而不下流"的主要原因所在。

"正义故事"则是成龙电影在叙事及文化层面的特征,把成龙角色塑造为"正义英雄",即主流意识形态的代言人,本文第三章对此进行探讨。香港的市民价值观和中国儒家传统价值观这两股不同源流的价值观一直贯穿于"成龙电影"。但是作为电影作者,成龙本人在不同阶段的身份认同影响了其影片所承载价值观的偏重,因此"成龙电影"在不同时期呈现并强调了不同的价值观。在成龙香港电影的早期阶段,即 80 年代前半时期,成龙电影主要立足香港,讲述香港本土故事,较为突出的是以群体价值观和社会价值观为主的"香港认同"。从 80 年代后期到 2000 年前后的成龙电影以"国际化"为目标,特别突出了基本上普适于全人类的"自然价值观"。从好莱坞重返华语电影世界之后,成龙的华语电影更为突出了爱国主义民族价值观。

相对于典型成龙电影中的"主流英雄"形象,好莱坞电影把成龙角色塑造为"他者英雄",但是其好莱坞影片也确有其积极意义,第四章对此加以分析。成龙并没有其好莱坞电影的创作主导权,这直接造成了其好莱坞电影的特别之处。首先,由于香港电影业与好莱坞电影业生产方式的差异、成龙在好莱坞创作中的主导权缺失以及两地电影特技人职业素养的差异,成龙无法在好莱坞电影中呈现其香港电影中的动作奇观。其次,在好莱坞强大的种族刻板印象传统之下,成龙的好莱坞角色演绎了"无性"甚至"性变态"的刻板亚裔男人形象,这对于成龙业已建立的银幕英雄形象是一种损害。尽管如此,成龙的好莱坞电影并非没有积极意义。影片的商业成功促使成龙达到了事业的高峰;他所演绎的"模范少数族裔"契合了西方主流意识形态的期待,在一定程度上提升了东方人的正面形象;成龙在银幕内外所传达的儒家价值观对于提高中国形象、传播中国文化都具有推动作用。

成龙在银幕之外广泛参与社会活动,使其从电影场域的明星品牌转变为社会场域的明星品牌,第五章对此展开分析。作为电影明星品牌，成龙经历了一系列内在调整，积累了丰富的经济资本与象征资本。在电影场域之外，大量的品牌拓展活动使成龙获得了更为丰富的文化资本与象征资本，他成了具有民族符号性质的"文化英雄"。但是成龙品牌不仅是由成龙及其团队积极建构的成果，同样也是被动地被媒介建构的结果。

第六章从中国传统文化角度对成龙现象进行考察。通过对华人男性特质的分析，可以发现成龙期待把自己建构为"文武兼备"的"男性典范"。此外，主要源于侠义传统在中国传统民间文化中所拥有的深厚民众心理基础，成龙银幕内外的"侠义英雄"形象得到了海内外华人的认可。

关键词：成龙电影；英雄形象；身体奇观；明星品牌；身份认同；侠义精神

Abstract

Jackie Chan (JC) is a unique case in contemporary Chinese film history and even world film history. On the one hand, due to the extensive spread of "action hero" persona in his films, JC has won adoration from audience both at home and abroad. On the other hand, by virtue of his active participation in charity and other social activities, he has built a friendly image as a "cultural hero" which has spread his reputation well beyond the film field: to the Chinese people, he is a reliable "Big Brother"; to the non-Chinese, he is a symbol of Chinese culture. The enormous popularity JC enjoys both at home and abroad has made him a cultural phenomenon, with JC's movies as its main body and JC's activities outside film field as its peripheral content. JC phenomenon communicates different group's cultural imagination of "hero" and is therefore worthy of detailed study.

Jackie Chan movies (JC movies) are the foundation for any analysis of JC phenomenon. Not only are they of significant inspiration for today's Chinese-language movies' overseas marketing, but are important texts for analysis of cultural changes in contemporary Chinese society. For the convenience of analysis, JC's movie career is divided into three phrases in Chapter One: JC's Hong Kong (HK) movies, JC's Hollywood movies and JC's Chinese-language movies. As auteur of his Hong Kong and Chinese-language movies, JC has set up a widely popular "folk hero" image on the silver screen, especially with his HK movies which has action comedy as its main genre.

The two typical features of JC movies are body spectacles and justified stories. Body spectacles of cinematic level are analyzed in Chapter Two which have made JC a comedic "action hero". As the trademark figure of action comedy genre, JC has contributed fabulous physical comedy and flesh myth which constitute the action spectacles in his movies. Rhythm and "Beauty of simple actions" are crucial to comedic body, while "realness" plays an important role in JC's flesh myth. However, "body of desire", the third aspect of JC's body spectacle, is generally neglected, which is actually the reason why JC's movies are "comedy without obscenity".

Chapter Three investigates the justified stories in JC movies which are the narrative and cultural feature that have portrayed JC's roles as "moral heroes". HK's citizen values and traditional Confucian values are the two value sources for what JC communicates in his movies. As a film author, JC's own identification in different stages has significantly influenced his movies, so JC Films of different periods emphasized different values. In the early period of JC's HK cinema, i. e. in early 1980s, local HK stories were told and HK identification was highlighted. From the late 1980s throughout the 1990s, JC movies aimed at "globalization" with natural values suitable for all mankind as the emphasis. In JC's Chinese-language film stage, ethnic patriotism is particularly highlighted.

Compared with typical JC Films which construct JC's "Mainstream Hero" image, JC's Hollywood films have portrayed JC's roles as "Other Hero", yet they do have positive significance, and these are discussed in Chapter Four. Unlike in his HK movie production, JC does not have control over his Hollywood film production, which directly resulted in the obvious difference between JC movies and JC's Hollywood films. First, JC only performed subdued action spectables in Hollywood films. Second, due to the overwhelming Hollywood racial stereotype tradition, JC's roles in Hollywood movies are "asexual" (even "pervert") Asian male stereotype, which seriously hurts the hero persona JC has already built.

Yet JC's Hollywood movies are not without positive meanings. Their commercial success prompted JC to the peak of his career as a film star. His interpretation of "minority model" fit the expectations of the western mainstream ideology and therefore to a certain degree has enhanced the positive image of Chinese people. Moreover, the traditional Chinese values JC communicated in and beyond the silver screen have positively promoted the image of China and effectively spread the Chinese culture.

Chapter Five examines JC star brand. Extensive participation in social activities has expanded JC brand's influence well beyond film field and transformed JC film star brand into a celebrity brand. As a film star brand, JC has experienced a series of internal adjustments and thus accumulated rich economic and symbolic capital. Outside the cinematic field, a large amount of brand expansion activities have earned JC even richer cultural and symbolic capital which have made him a "cultural hero" with the nature of national symbol. However, JC brand is not only the outcome of the positive construction of JC and his team, but also the complex result of media construction.

Chapter Six investigates the JC phenomenon from the perspective of traditional Chinese culture. Through the analysis of Chinese masculinity, we can find JC aims to construct himself a male model who is not only good at *Wu* (martial arts) but *Wen* (culture). Moreover, mainly due to the profound psychological basis of chivalrous spirit in Chinese folk culture, JC's "Chivalrous Hero" image has won wide recognition from Chinese people both at home and abroad.

Key Words: Jackie Chan Movies; Hero Image; Body Spectacle; Star Brand; Identification; Chivalrous Spirit

绪　论

选题意义

　　成龙已经成为华语电影史乃至世界电影史中的一个独特案例。在好莱坞强势文化几乎垄断全球的背景下，成龙作为一个华语电影明星，他的香港电影跨越文化障碍打开了北美主流市场，而成龙本人凭借银幕英雄形象赢得了全世界众多观众的喜爱。作为一个能够兼任多项影片制作职务的电影作者，成龙多年以来对于"成龙电影"创作的垄断式控制权在世界电影史上堪称绝无仅有。身为一个繁忙的电影人，成龙又在银幕之外勤耕不辍地经营出自己在慈善、公益等社会活动方面的"文化英雄"明星品牌，成为西方人认可的中华文化符号以及海内外华人爱戴的"成龙大哥"。可以说，成龙其人其事已经成为一种独特的文化现象。

　　以成龙电影为主体的成龙现象为窥探当代大众文化的诸多方面提供了重要样本。然而无论是相对于成龙巨大的国际知名度，或者是相对于他在民众中间引发的热烈关注，再或者是相对于以他为原型的众多大众文化产品（卡通片、动漫游戏、通俗小说等），还是相对于同为电影作者的李安导演和国内第五代导演所受到的多方面研究，国内学术界对成龙现象的关注可谓寥寥。如同他所塑造的"平民英雄"形象一样，他对于学界似乎是某种"想当然"的平凡存在。对成龙现象的研究，不仅是为了深入了解一个明星/电影作者的创作，更具有如下几个方面的意义。

　　首先，作为大众文化商品，成龙电影取得了巨大的商业成功，为当下华语电影的海外发展提供了可资借鉴的范本。

成龙是罕见的在全球具有票房吸引力的亚裔明星，其电影在全球取得了巨大的商业成功。且不论自《尖峰时刻》（1998）之后所拍摄的好莱坞电影，成龙90年代的香港电影已经成功进入好莱坞主流院线。以北美市场票房为例，《红番区》（1996）获得3239万美元、《警察故事3》（1996）1627万美元、《警察故事4》（1997）1532万美元、《飞鹰计划》（1997）1040万美元、《一个好人》（1997）1272万美元、《双龙会》（1999）836万美元。这完全有别于同时代其他华语电影主要在唐人街和艺术影院放映的状况。按照骆思典的统计，1994—2003年间在美国电影票房最高的10部亚洲影片中，有6部是用英语配音的成龙影片①。

如果把这一成绩放入华语电影"全球梦"的整体状况之下考察，更能凸显出成龙电影所获成功的重要意义。虽然1980年代以来华语电影在国际电影节和艺术电影市场取得了骄人成绩，2000年之后华语大片甚至曾经借《卧虎藏龙》风行之势一度打入以北美市场为代表的国际主流电影市场，但是这股热潮并没能持续。虽然《英雄》《十面埋伏》《功夫》等华语大片在北美市场取得了很好的票房成绩，但是同时期的《无极》（2005）、《夜宴》（2006）却在海外市场遭遇滑铁卢。近年来华语大片在国际上的认可度每况愈下，在北美市场为代表的西方市场中收获锐减，比如《色戒》（2007）460万美元、《赤壁》（2008）62万美元、《唐山大地震》（2010）6.2万美元、《让子弹飞》（2012）6.3万美元，远远无法与成龙90年代的票房成绩相比。

在国内文化产业迅猛发展的行业背景之下，中国文化产品迫切需要与国际市场对接。而在当下"中国崛起"的时代大背景之下，电影更成为文

---

① ［美］骆思典、刘宇清：《全球化时代的华语电影：参照美国看中国电影的国际市场前景》，刘宇清译，《当代电影》2006年第1期。按照顺序从第一到第十分别是《卧虎藏龙》（2000）、《红番区》（1996）、《警察故事之三：超级警察》（1996）、《警察故事之四：简单任务》（1997）、《铁猴子》（2001）、《一个好人》（1997）、《醉拳》（2000）、《飞鹰计划》（1997）、《千与千寻》（2002）、《谈谈情，跳跳舞》（1997）。

化软实力的重要表征，肩负着"展示中国形象，传播中华文化"的重任，被期以中国文化"走出去"排头兵的重任。中国电影"走出去"，既是中国文化产业发展的现实需求，也是中华民族多年的梦想。但是如上所述，中国电影在走向国际市场的征程中步履维艰，在近期尚无可能担此重任。

在此背景之下，"成龙电影"作为真正"走出去"的华语电影成功范本值得认真探讨和借鉴。不仅其独特的影像语言、艺术感染力值得分析，促成这一切的电影生产体制与艺术创作机制也值得考察。这对于中国电影行业的发展具有重要的启示作用。

其次，以成龙电影为主体的成龙现象是透视时代文化变迁的重要大众文化文本。

成龙电影是考察过去四十余年间香港社会乃至华人社会大众文化价值取向变迁的重要窗口。原因有二。一方面，作为一个敏于周遭政治、文化、社会变迁的电影作者，成龙把电影当成了其"载道"的文本。而成龙在四十余年的电影明星生涯中创作了诸多关涉现实的电影文本。另一方面，作为大众文化产品的电影承载着社会的"集体无意识"，而影片之所以得到观众认可是因为在某些方面能够满足观众的心理期待。按照王一川所说的"电影软实力"，即"影片在观众中造成的感染效果的程度"[①]，成龙电影能够获得商业成功离不开其巨大的电影软实力。

由于政治、经济、文化变迁导致了港人及成龙个人不断变化的身份认同，四十余年的成龙电影创作明显呈现了不同的意识形态及价值观：从成龙早期香港电影中的港人身份认同及资本主义市民文化到90年代中期达到顶峰的国际化"世界公民"价值取向，再到最近几年主旋律华语电影中的爱国主义民族观。对成龙电影加以考察，可以透视过去四十余年间的香港社会文化和新世纪之后的中国社会文化的巨大变迁。

从某种意义上说，以影视及网络文化为代表的当代中国大众文化已经逐渐取代精英文化和官方文化，成为大众世界观和生活方式的主

---

① 王一川：《电影软实力及其效果层面》，《当代电影》2008年第2期。

◇ 建构"英雄"传奇

要塑造者。陶东风认为,大众文化既是一个重要的产业,也是意识形态的重要阵地,是争夺文化领导权的重要战场。大众文化潜移默化地影响和改变着人们的世界观、价值观和日常生活经验,在塑造国民价值观方面发挥着巨大作用。在这样的背景下,大众文化的价值观研究显示出极为重要的研究意义。① 正因为如此,对于成龙电影的文化研究才不仅具有学术意义,更有现实意义。

再次,从明星品牌的角度对成龙加以考察是对明星研究领域的深入拓展。

电影成就了饮誉世界影坛的国际动作巨星成龙,然而成龙的影响力远远超越了电影领域,成龙已经成为重要的中国文化符号。最近几年国内权威机构对海外民众进行的数次大规模民意调查显示,成龙的被认可程度及受欢迎程度均居华人之首。《中国国家形象调查报告 2012》选取美国、英国、澳大利亚、印度、马来西亚和南非 6 个国家的数千名受众为调查样本,对中国国家形象、中国国民形象、中国文化形象和中国品牌形象等主题进行调查。结果显示成龙俨然已是中国文化的代言人,他与大熊猫、长城、中国美食和故宫一起,赫然名列各国受访者最喜欢的中国元素前五位。② 而根据北京师范大学中国文化国际传播研究院所做的《2011 年度中国电影文化的国际传播研究调研报告》,对美国、英国、法国、德国、加拿大、澳大利亚、印度、日本、韩国等国家的 1308 名外籍人士进行问卷调查显示,将近七成的观众表示喜欢成龙,超过五成的观众对李安导演表示认可。在"外国观众喜欢的中国演员"排名中,成龙高居榜首,排名顺序(支持率)依次为:成龙(68.4%)、李小龙(38.4%)、李连杰(30.5%)、周润发(29.5%)、巩俐(18.4%)、章子怡(17.5%)③。该系列

---

① 陶东风:《主编的话》,载陶东风、周宪编《文化研究(第 12 辑)》,社会科学文献出版社 2012 年版,第 4 页。
② 察哈尔学会、中国外文局对外传播研究中心、华通明略:《中国国家形象调查报告 2012》,《公共外交季刊》2012 年第 4 期。
③ 黄会林、刘浈、傅红星、李明、熊晓鸽:《2011 年度中国电影文化的国际传播研究调研报告(上)》,《现代传播》2012 年第 1 期。

报告2013年的调查证明成龙仍然是最具知名度的中国演员①。

成龙的名字在华语世界更是妇孺皆知,"成龙大哥"的亲切称呼传达了普通民众对他的喜爱。中国青少年研究中心于2011年5月在全国对6466名小学三年级至高中二年级的在校学生进行了偶像崇拜与榜样教育调查。结果显示,在少年儿童最喜欢的艺术形象中,成龙是唯一的当代现实人物,与孙悟空、柯南、喜羊羊、鸣人、哆啦A梦、蒙奇·D.路飞、保尔·柯察金、诸葛亮和灰太狼名列少年儿童最喜欢的10个艺术形象。调查还显示,成龙在少年儿童最喜欢的榜样与偶像排名中也名列前茅②。

如果说成龙主要凭借其银幕"动作英雄"的艺术形象获得了上述认可,那么银幕之外的成龙则凭借其对于公益、慈善等社会活动的大力参与赢得了公众的广泛尊重,"成为凝聚民族认同、引领国族共识、抚慰民众情绪的重要的元素,甚至是标志性人物"③。

成龙作为一个明星品牌具有极高的辨识度及认可度。正因为如此,关于成龙电影、公众活动及私生活的报道广泛见诸电视、广播、报纸、杂志、网络等传播媒介。成龙是如何从一个一文不名的武打特技替身变为电影明星、并转变为如今具有文化标杆意义的明星品牌,这既涉及成龙及其团队对成龙品牌的主动建构,也涉及不同权力机制的复杂交互作用。因此,考察成龙品牌如何通过电影内外的话语建构最终打造了成龙明星品牌的"文化英雄"内涵,就不仅是关注成龙个人的经历与体验,而意在揭示明星品牌从创立到兴盛过程中的复杂权力运作。

最后,从文化研究的角度对成龙现象展开研究有助于揭示当代华人群体关于"英雄"的大众文化想象。

---

① 黄会林、封季尧、白雪静、杨卓凡:《2013年度中国电影文化的国际传播研究调研报告(下)》,《现代传播》2014年第1期。

② 中国青少年研究中心报告:《少年儿童的偶像与榜样的12个特点》,http://www.xiexingcun.com/Article/HTML/11442.html。

③ 刘帆:《皮相爱国主义与伪英雄赞歌——评电影〈十二生肖〉》,《电影艺术》2013年第2期。

◊ 建构"英雄"传奇

按照《现代汉语大词典》的解释,"英雄"是"才能勇武过人的人"①。但是"英雄"这一概念并非一成不变,而是变动不居,带有明显的时代、民族、国家乃至伦理、道德及意识形态烙印。虽然不同的英雄是不同道德信仰与文化价值的缩影,但是无论在东方还是西方,英雄主义与英雄崇拜都是从个人到社会、民族、国家乃至全人类的一种普遍共享的高尚情感,所以卡莱尔说,"直到今天,在所有的时代,崇拜英雄是人类生活中最令人鼓舞的影响"②。彭吉象更把"英雄主义"看成娱乐片满足观众"期待视野"的三要素之一,"观众在观片过程中总是不自觉地把自己当作影片的主人公,在潜意识中把自己投射到主人公身上,向主人公认同,把自己与主人公合而为一。而每部娱乐片中常常有一位英雄主人公,如美国西部片中的牛仔,日本影片中的武士,中国武侠片中的义侠等等,使观众'期待视野'中的自我中心主义得到满足,在自身绝对安全的条件下完成日常生活条件下无法实现的英雄梦"③。之所以如此,某个群体所共同崇拜的英雄,必然承载着所处时代大众群体普遍认同的价值观念,英雄本身甚至就是这种价值理念的能指。

成龙凭借银幕上的"喜剧动作英雄"形象赢得了海内外观众的喜爱,更凭借银幕外的品牌拓展活动变身为"文化英雄",成为一个受数十亿人认可的名人。他在银幕内外所提供的既丰富又受欢迎的"英雄"文本为解析不同文化对于"英雄"的想象提供了重要路径。同时,相对于他在西方世界眼中的边缘少数族裔身份,成龙在华人中间才具有主流群体身份,因此他的不同英雄形象更加契合了华人群体关于"英雄"的文化想象。

名人已经成为建构世俗社会归属感的重要资源。成龙在银幕内外文本中建构的"英雄"形象映照出了当代中国大众文化的不同面向。

---

① 阮智富、郭忠新:《现代汉语大词典》,汉语大词典出版社2000年版,第940页。
② [英]托马斯·卡莱尔:《英雄与英雄崇拜》,何欣译,辽宁教育出版社1998年版,第11页。
③ 彭吉象:《影视美学》,北京大学出版社2002年版,第362页。

把明星成龙这一重要的中国文化符号置于特定的政治、文化与社会语境之中分析，整合成龙个人的小历史与其所身处的大历史进行考察，从其个人经历及中国传统文化中追溯根源考察，并探索背后的社会文化及受众认同心理机制，有助于构建社会价值体系，满足大众的精神诉求，这也是本选题的现实意义所在。

研究目标、内容、方法论与论文结构示意图

一 研究目标及研究内容

"成龙电影"是构成成龙现象的主体内容，对于任何有关成龙的研究都极为重要。"成龙电影"主要是指成龙的香港电影及华语电影，是一个信誉良好的大众文化产品品牌。而口碑良好、票房成功的电影必然具有雄厚的"电影软实力"，探讨其"电影软实力"的来源是本文的主要目标之一。按照王一川的观点，电影软实力源自四个层面，其中影像的感召力和影德的风化力是最重要的两个层面，前者指的是"电影的银幕虚构形象世界对于观众的感召效果，包括故事、画面、音响、美工等方面"，后者指的是"电影传达的特定民族生活方式、道德状况、价值系统等会对观众产生潜移默化的影响效果"[①]。因此，本文的第一个目标，是对成龙电影的影像感召力和影德风化力进行深入探讨。其中，第二章将通过对成龙电影文本的细致读解，分析影像层面成龙角色如何被表现为"动作英雄"；第三章通过把成龙电影文本与时代背景相结合，来探索文化层面成龙角色如何被打造为"正义英雄"，同时也对三十余年间香港社会及21世纪后的中国社会政治、文化、意识形态变迁加以考察。

相对于其香港电影及华语电影，成龙的好莱坞电影普遍不被华语观众、学界甚至成龙本人认可，因此成龙的好莱坞电影不算是典型的"成龙电影"。但是另一方面，主要面向西方主流商业市场的成龙好莱坞电

---

① 王一川：《电影软实力及其效果层面》，《当代电影》2008年第2期。

影又确有其跨文化交流方面的积极意义。针对这一现实，第四章一方面将分析成龙的好莱坞角色如何成了"他者英雄"：在影像层面他如何失去了"动作英雄"的招牌吸引力，在文化层面又如何变成了"道德堪忧"的英雄。另一方面，则探讨成龙的好莱坞角色在西方语境中，如何改善了华人男性刻板印象并发挥了跨文化交流纽带的作用。

本文的第二个目标，是分析身为电影明星品牌的成龙，如何通过银幕内外的品牌拓展活动变身为社会场域中的明星品牌，成为现实世界中的"文化英雄"。在"明星品牌"的框架内，第五章从布迪厄的文化资本论出发，考察成龙如何不断升级自身"电影明星品牌"的内涵，并结合有关成龙的自传、电视、纪录片、报纸、杂志、网络等大众媒介文本，分析不同权力机制如何共谋促成了"成龙品牌"的"文化英雄"核心意义。

本文的第三个目标，是通过成龙在银幕内外所呈现的各不相同却广受欢迎的"英雄"形象，来深入探析中国大众对于英雄的文化想象及价值取向。"英雄"作为文艺作品中的重要母题，是人类集体（无）意识的历史积淀，包含着各种文化信息代码。中国传统文化是理解成龙"英雄"男性特质想象和建构的关键视角。第六章借此视角，考察受众对"英雄"成龙这一文化符号的接受反应，探索成龙的"英雄"特质与中国文化"英雄"想象之间显现而又隐秘的联系，从而观照中国文化价值体系所认同的"英雄"特质和大众文化精神症候。

二　研究思路与方法

针对上述研究目标及内容，笔者主要形成了以下的论述思路：首先对成龙电影的影像风格、身份认同、价值取向、文化想象进行分析，其次对成龙银幕内外的明星品牌的建构加以分析，探讨他如何实现了银幕内外"英雄"形象的明星品牌建构，并由此透视东西方大众文化对于"英雄"的不同想象。

在研究方法上，主要试图按照理查德·戴尔关于明星研究的社会符号学的方法，研究作为互文本产品的明星形象，并辅以保罗·麦克唐纳把明星当成品牌的符号化商业思路，以文本细读（既包括成龙主动创建的电影、传记、新闻访谈等文本，也包括其他媒介上有关成龙的文本）为基础，辅之历史分析、个案分析、比较与对比分析等不同分析手段，对成龙的"英雄"形象建构展开多维度分析。

本文试图把电影本体分析与心理学、女性主义、身份认同、文化资本等西方理论资源与中国传统文化资源相结合，由此分析成龙作为银幕内外"英雄"的文化现象，揭示意义的生产与流通过程，从而将产业与文本、电影与社会相结合，解释"英雄"认同现象背后的历史渊源、话语、规范和权力运作机制。

三　论文结构示意图

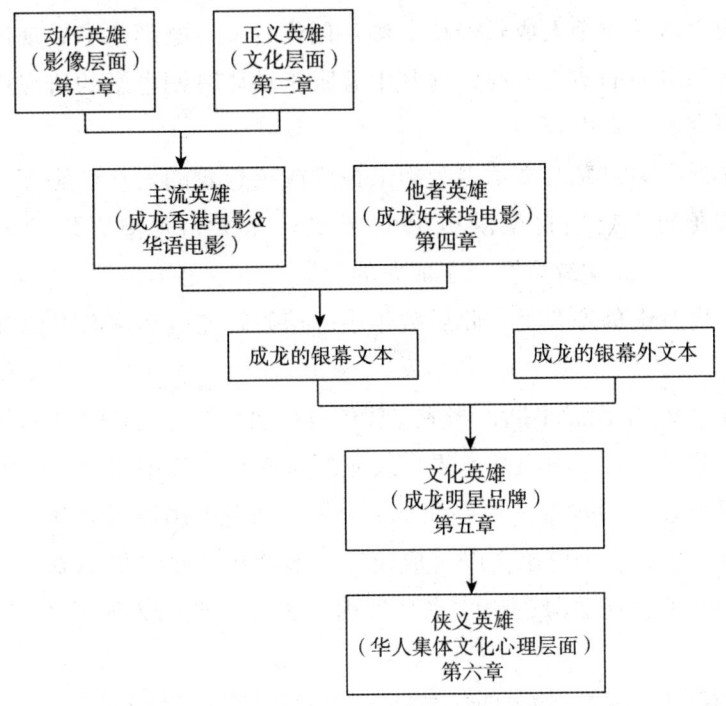

海内外有关成龙电影及其明星品牌的研究现状

经过对国内外相关研究文献的搜集、整理后发现,到 2020 年 9 月为止,除了美国路易斯维尔大学丁亚娟(Ding Yajuan)2009 年的博士学位论文《成龙电影中的香港文化身份》,国内外再无与本选题直接相关的学术专著/博士学位论文。虽然目前与本选题直接关联的学术成果较少,但相关领域确已出现了一些重要的研究成果。

一 国内的成龙研究综述

目前对成龙的大部分研究集中于成龙电影,尚无关于成龙明星品牌的研究。由于长久以来电影明星形象分析在电影/明星研究中占主体地位,所以有关成龙电影的研究往往呈现为综合式分析。单篇研究也往往涵盖从成龙个人成长经历、影片创作过程、电影艺术表现形态到审美价值取向的诸多方面,这其中着眼于动作喜剧电影的研究构成了成龙研究的主要内容。

早期有关成龙的文章多为影讯报道或感想式的大众性影评,学术界对成龙的研究始自蔡洪声 1989 年的《成龙,香港影坛的白马王子》[①] 一文,此文综合介绍了成龙的早期人生、电影生涯、电影特色、影迷故事及银幕外荣誉。此后数年中,相关研究虽然逐渐升温却未见热烈。

在 1990 年代后半期,当成龙凭借《红番区》《尖峰时刻》等影片扬名好莱坞之后,国内学术界对成龙的研究热情集中爆发,中国台港电影研究会于 1999 年 9 月在北京举办了"成龙电影研讨会暨回顾展"。研讨会上的二十余篇论文以《成龙的电影世界》之名集中成册,并于 2000 年出版。所收录的论文来自国内电影界的业内人士及专家学者,

---

① 蔡洪声:《成龙,香港影坛的白马王子》,《当代电影》1989 年第 4 期。

从成龙电影的创作过程、文化历史渊源、银幕形象塑造及成龙的表演艺术发展轨迹等不同方面进行了多角度探讨。会后，这些论文中的大部分又在《电影艺术》《当代电影》等国内核心学术期刊上集中发表，合力促成了成龙研究的一次高峰，这也成了大陆关于成龙的学术研究的唯一一次高峰。迄今为止，该论文集仍然是有关成龙研究的最重要学术论文集，基本上奠定了此后成龙研究的主要学术方向。因此，有必要把其中的代表性研究思路/观点加以分类，分析如下。①

对成龙电影整体风格的探讨。香港资深影人吴思远从行业角度总结了成龙的成功经验：运气、聪明、扎实的基本功、不滥接戏、敬业和好的制片环境。他的成功让他具有实在的商业价值。②陈墨把成龙电影的创作历程划分为四个阶段：一、从替身到主演"史前时代"；二、从复仇大侠到功夫小子；三、从笑拳怪招到警察故事；四、从港岛走向世界的"龙行天下"阶段。他对比了成龙的打斗与李小龙的打斗的差异，提出要重视香港商业娱乐大潮、香港电影的商业化背景、类型化传统和优秀电影人对成龙电影的影响。③陈野整理的《成龙谈成龙电影》中，集中收录了成龙的电影主张："任何时候都是以动作为主"，"有动作而不残暴，有喜剧而不下流"是成龙电影的注册商标；经历了从夸张喜剧到环境式喜剧的改变；用心琢磨拍摄剪辑技巧；"我总想通过我的电影把我们中国的文化发扬光大，我不喜欢的东西也通过我的电影讲出来"；"我是个完美主义者，我拍的电影是讲世界大同的"。④蔡洪声则把成龙的电影世界归结为四个"世界"："伸张正义的世界""惊心动魄的武打世界""让人畅怀开笑的乐观的喜剧世界""与广大

---

① 该论文集里的部分论文再修改后又发表于学术期刊，因此本文所参看的主要是学术期刊版本的论文。
② 吴思远：《说成龙电影》，《电影艺术》2000年第2期。
③ 陈墨：《功夫成龙：从港岛走向世界——成龙电影创作历程述要》，《当代电影》2000年第1期。
④ 陈野：《成龙谈成龙电影》，《电影艺术》2000年第2期。

观众息息相通的情感世界"①。宾智慧把80年代的成龙电影风格总结为"健康务实的电影理念、诙谐幽默的场景动作喜剧和平民英雄观"②。王海洲则分析了成龙电影中英雄形象在不同时期的嬗变。③

从电影类型角度展开的讨论。贾磊磊从电影作者论的角度探讨了电影作者成龙及其所开创的谐趣武侠片，他认为成龙电影融合了谐趣喜剧与侠义动作，动作奇观与经典段落的构成，总结了成龙电影的风格与样式，肯定了成龙对自我及未来的挑战，并认为成龙电影是其生命本文与叙事本文的互映。④胡克深入讨论了成龙电影中的两大重要元素：喜剧性与动作性。讨论二者被赋予了何种意义、发挥了何种作用，并特别关注了它们与死亡、暴力等电影因素的特殊关系。⑤谭亚明分析了成龙的警匪片类型，强调了成龙电影浓厚的作者特征，指出成龙电影借由警察形象进行意识形态演绎，而电影空间的设计与喜剧因素的渗入使成龙电影更具有作者特征。⑥

从社会文化角度进行的研究。周星从三个方面强调了成龙电影所具有的东方传统艺术特色：东方本质的银幕形象，影片情节呈现了"中国内容"的基本内涵，艺术技巧偏向东方思维。⑦张燕主要结合香港文化的变迁角度考察了成龙电影的三个主要形象：一是功夫时代的"顽皮小子"；二是80年代的警察系列；三是90年代的平民身份。⑧孙珉从观众认同心理的角度分析了成龙影片，认为成龙在功夫片中以直接的功夫冲突展示了现代社会人的认同问题，也展现了各种焦虑的宣泄解决。他认为成龙在保持自己特色的前提下开创了共同的认同领

---

① 蔡洪声：《成龙的电影世界》，《当代电影》2000年第1期。
② 宾智慧：《80年代成龙电影风格初探》，《当代电影》2000年第2期。
③ 王海洲：《成龙电影：英雄形象及其变奏》，《当代电影》2000年第1期。
④ 贾磊磊：《成龙的谐趣武打片》，《电影艺术》2000年第2期。
⑤ 胡克：《成龙电影中的喜剧性动作与暴力》，《当代电影》2000年第1期。
⑥ 谭亚明：《读解成龙警匪片》，《当代电影》2000年第2期。
⑦ 周星：《论成龙电影的东方文化特征》，《当代电影》2000年第1期。
⑧ 张燕：《香港文化的银幕典范——成龙电影现象研究》，《当代电影》2000年第2期。

域，并特别肯定了成龙电影的都市性、创造性、开拓性和敬业精神。①徐辉从女性主义角度出发，对9部成龙影片中的女性形象展开研究，认为女性在成龙影片中的附属地位几乎没有改变。②

从跨文化角度展开进行的研究主要基于成龙的好莱坞电影及事业生涯。吴冠平着重分析了成龙在好莱坞的打拼生涯，指出成龙电影充满对好莱坞经典的敬意和对中国经典喜剧的改写，对西方社会构成了无意识的东方主义救赎。③杨恩璞主要分析了成龙电影的国际化特色。他认为，成龙进军好莱坞之所以赢得了艺术和经济双丰收，原因在于他既保持艺术家的自我和传播中国文明，又吸取了西方电影的长处。④李冰分析了"成龙电影"模式从确立到成熟到寻求突破的渐变过程，并具体探讨了《尖峰时刻》一片中的"对手戏"模式特点，认为此片成功地结合了好莱坞"对手戏"叙事套路与成龙的"谐趣功夫"风格。⑤

在此次研究高峰之后，有关成龙的研究再没有出现类似的集中研究热潮。但是关于成龙电影的研究散论常见于学术论文。在有关香港电影、武侠动作电影、警匪片及喜剧电影的期刊论文、硕博士学位论文和专著中，成龙电影都成为必不可少的一个章节。另外，伴随着成龙电影事业的不断发展，也陆续出现了新的颇有见地的学术观点。

关于成龙电影的专门研究目前尚无博士学位论文，硕士学位论文也并不多见。最早一篇要数孙晓立的硕士学位论文，主要是对此前有关成龙电影的研究观点的综合整理。⑥陈志凌的硕士学位论文着重分析了成龙的好莱坞功夫电影，对其好莱坞电影进行了分期，并着重分

---

① 孙珉：《成龙电影与文化认同》，《社会科学论坛》1999年第Z4期。
② 徐辉：《成龙电影中的女性形象》，《当代电影》2000年第2期。
③ 吴冠平：《好莱坞认知的成龙电影》，《电影艺术》2000年第2期。
④ 杨恩璞：《好莱坞的突破与突破的好莱坞——成龙电影的国际走向》，《电影艺术》2000年第2期。
⑤ 李冰：《"对手戏"模式：成龙电影走向世界的桥梁》，《当代电影》2000年第2期。
⑥ 孙晓立：《论成龙的功夫喜剧》，硕士学位论文，河北大学，2005年。

析了所谓的"多元定位时期"成龙功夫电影,虽然试图从女性视角研究、意识形态研究等众多方面分析,可惜并不够深入。①

随着成龙功夫电影、李安《卧虎藏龙》和张艺谋《英雄》等古装武侠电影在好莱坞刮起的中国功夫热,进入21世纪之后,出现了一批以武侠电影为研究对象的硕博士学位论文,在论证中不可避免地提到了成龙电影。②

贾磊磊是中国武侠电影研究的集大成者,数年来一直关注成龙电影。成龙电影是其博士学位论文的重要文本,他不仅把成龙的谐趣喜剧电影列为武侠电影的六大亚类型之一,并且肯定成龙以其电影成就了中国人的骄傲。③ 在最近的论文中,他中肯地把成龙评价为"喜剧动作电影的开创者、中国电影国际化的践行者、用生命书写电影的叙事者、电影表现极限的挑战者以及电影事业的扬帆者"④。

关于华语功夫明星的比较研究往往把成龙、李小龙和李连杰等功夫明星并置对比,基本强调的是成龙功夫喜剧的特征。比如戴国斌在比较之后提出,成龙以"喜剧的打"塑造了"平民武侠"⑤。冯果比较了李小龙、成龙和李连杰武术动作风格,认为成龙的动作"就是为喜剧效果服务的"。⑥ 陈可唯对比了李小龙、成龙、李连杰、甄子丹的动

---

① 陈志凌:《后现代语境下的成龙功夫电影研究》,硕士学位论文,暨南大学,2006年。
② 例如倪骏的《中国武侠电影的历史与审美研究》(博士学位论文,中央戏剧学院,2005年)、夏金旺的《论中国武侠电影创作思维之嬗变》(硕士学位论文,武汉大学,2004年)、陈霞的《论武侠电影中的民族文化精神》(硕士学位论文,东南大学,2006年)、贾亮的《武术与中国武侠电影》(硕士学位论文,河南大学,2006年)、李剑的《武侠电影新探——以九十年代后的影像文本为例》(硕士学位论文,南京师范大学,2006年)和李骥的《武侠电影动作形态的变化与发展》(硕士学位论文,西南大学,2012年)都简略提及了武侠电影脉络中的成龙功夫喜剧电影。
③ 贾磊磊:《武舞神话:中国武侠电影及其文化精神》,博士学位论文,南京师范大学,2007年。
④ 贾磊磊:《成龙:用动作改变世界》,《当代电影》2014年第3期。
⑤ 戴国斌:《不同历史时期武术影视明星发展特征研究——以李小龙、成龙、李连杰为例》,《北京体育大学学报》2011年第6期。
⑥ 冯果:《动作明星与动作风格》,《电影艺术》2011年第4期。

作风格和美学意趣,把成龙称为"亲民喜感的草根英雄"①。

还有研究从文化角度探讨成龙电影,强调了成龙对于塑造中国形象的贡献。比如翁君怡以"小人物的成长史"概括成龙电影,肯定了成龙以全球"小人物"的电影形象塑造了中华形象②。

从类型电影角度分析成龙电影的研究方兴未艾,一直是成龙电影研究中的重点。许乐考察了成龙从《A计划》(1983)至《飞龙再生》(2003)中扮演的一系列警察形象③,此后还比较了成龙与张彻、李小龙以及徐克、陈可辛等人的电影文本,指出以成龙、洪金宝为代表的喜剧功夫片中带有犬儒主义色彩的嬉皮文化代表着香港电影的一种本土化渐变。④ 马静从角色内涵、娱乐元素、主旨中心和女性意识四个方面对比了《警察故事》和《新警察故事》,探讨了成龙电影观念的转变。⑤ 康宁认为成龙的出现将功夫喜剧推向了高潮,并分析了其电影以动作为主性的喜剧特性。⑥ 刘佳着眼于嘉禾公司的整体发展,指出成龙的警匪片和功夫喜剧是嘉禾公司的复合电影类型的拓展与外延。⑦ 谭苗认为好莱坞电影不遗余力地吸收了中国功夫片的元素,尤其是成龙电影中的动作和场景设计。⑧

关于功夫片影像技巧的分析对于揭示成龙影片的视觉感染力成因非常重要。比如索亚斌对香港动作片的镜头语言做过细致的分析,从动作的压缩与延展这两个角度探索了香港动作片视觉语言的独特

---

① 陈可唯:《华语功夫明星动作美学探析》,《四川戏剧》2012年第2期。
② 翁君怡:《全球化语境下的"中华形象"》,博士学位论文,福建师范大学,2011年。
③ 许乐:《警匪电影与都市江湖——1986—2003年香港警匪电影中"义"的承继探询及"都市江湖"的镜像空间勘察》,硕士学位论文,北京大学,2005年。
④ 许乐:《渐行渐变,渐行渐远——谈香港动作片价值理念的演变》,《电影艺术》2010年第4期。
⑤ 马静:《从〈警察故事〉系列看成龙电影发展流变》,《世界华文文学论坛》2007年第2期。
⑥ 康宁:《香港喜剧电影研究》,博士学位论文,上海大学,2010年。
⑦ 刘佳:《香港嘉禾影业公司类型电影研究》,硕士学位论文,中国艺术研究院,2012年。
⑧ 谭苗:《好莱坞动作类型电影之当代发展》,《北京电影学院学报》2013年第5期。

之处。① 而苏涛在探讨功夫喜剧的类型、风格与文化想象时，也对成龙等人的功夫喜剧的拍摄技巧进行分析，强调了动作场面中固定镜头及长镜头的作用。② 这些论述对于本文具有直接的启示作用。

关于成龙电影创作历程的综合性研究一直存在。吴涤非在《成龙电影：英雄、喜剧与文化》一文中提出了"成龙电影品牌"的概念，虽然没有对此展开深入分析，却从其特点、文化含义与社会功能、喜剧性这三方面探讨了成龙电影的巨大成就。③ 王敏则以《宝贝计划》为切入点，分析了成龙在电影艺术中的转型，认为"《宝贝计划》延续了成龙早年功夫喜剧的风格，同时力图突破动作明星的年龄瓶颈，在人物角色与叙述风格上有了新的转变，追求艺术上的转型和新的艺术生命力"④。丁恩全提出成龙功夫喜剧明显受到传统戏曲科诨艺术的影响，但同时又体现出现代综合性艺术的特点⑤。沈鲁客观地分析了成龙功夫电影品牌从初始的"国际化设计"，经历了"对传统功夫片的现代改造"，并最终以"全球地方化"奠定了世界影响力⑥。

随着成龙好莱坞事业大势已定，对成龙电影的跨文化分析是近年来的一个研究热点，出现了一些重要的新观点。对于成龙的好莱坞电影出现了两种基本上相反的说法。第一种观点基本不认可成龙好莱坞影片所取得的成就，比如苏桂艳认为进入好莱坞加工厂的成龙电影并没有实现真正的国际化，最多是"伪国际化"，而好莱坞前的成龙电影，由于将他的"不武"与"武"的观念实现了真正的跨文化传播，引起了中西方观众最广泛的共鸣，实现了真正的国际化⑦；田丽红也

---

① 索亚斌：《动作的压缩与延展——香港动作片的两极镜头语言》，《当代电影》2005年第4期。
② 苏涛：《功夫喜剧：类型、风格与文化想象》，《当代电影》2013年第11期。
③ 吴涤非：《成龙电影：英雄、喜剧与文化》，《文艺理论与批评》2002年第3期。
④ 王敏：《〈宝贝计划〉的成功和成龙的转型》，《电影评介》2007年第2期。
⑤ 丁恩全：《成龙功夫喜剧与中国古典戏曲科诨艺术》，《电影文学》2010年第11期。
⑥ 沈鲁：《1978—2008：成龙电影三十年》，《电影》2008年第7期。
⑦ 苏桂艳：《成龙：一个跨文化传播的样本》，《小说评论》2008年第2期。

认为成龙香港电影尊奉的"超越极限"的体育精神和东方个性被好莱坞嘲弄消解，成为"好莱坞"的"他者"①。第二种观点则肯定了成龙好莱坞电影的成就，比如郝胜兰运用了大量的成龙电影文本论证自己的观点，并认为成龙在好莱坞电影中的现代英雄形象突破了好莱坞对华人的偏见②。

从整体上来看，陈林侠的《跨文化背景下东方人参与的"东方主义"——以成龙的好莱坞电影为个案》是一篇重要文献，中肯地分析了成龙在好莱坞的成功所具有的特殊意义。他指出成龙虽然顺从于西方文化权力话语，但同时也借用东西文化的"接触地带"，"营造出了文化的疏离感，传达出一种'似西似中'但又'非西非中'的文化样态，对应于西方社会的某种期待，一定程度上调整、修正了东方形象……成龙借助好莱坞电影并未根本扭转东方主义形象，但或多或少发生了变化，西方的东方主义略有褪色，正面形象悄然增加"。他肯定了成龙的好莱坞电影在世界范围内的成功，透露出儒家文化的优质内涵得到更为广泛传播的希望③。

相对于早前对成龙电影总体肯定的评论，近年来伴随着成龙电影的转型，出现了更多的批评声音。如果说宋焘委婉批评了《十二生肖》（2012）的说教意味④，刘帆则是站在文化精英主义的立场上严厉批评了《十二生肖》⑤。高小健则较为客观地指出了成龙的巨大变化："从外在符号化的英雄变成了内在的道德化人性化的英雄"⑥。

---

① 田丽红：《漫谈好莱坞话语霸权对成龙电影核心意象的消解》，《电影文学》2008年第19期。
② 郝胜兰：《好莱坞电影里的中国"功夫形象"研究》，博士学位论文，湘潭大学，2013年。
③ 陈林侠：《跨文化背景下东方人参与的"东方主义"——以成龙的好莱坞电影为个案》，《戏剧》2013年第1期。
④ 宋焘：《成龙：从拳脚到口舌》，《中国经营报》2013年2月25日第D04版。
⑤ 刘帆：《皮相爱国主义与伪英雄赞歌——评电影〈十二生肖〉》，《电影艺术》2013年第2期。
⑥ 高小健：《〈警察故事2013〉：一部成龙出演的非"成龙电影"》，《中国艺术报》2013年12月27日。

建构"英雄"传奇

从文化研究角度对香港电影进行的研究中,成龙的几部影片〔主要是《我是谁》(1998)和《神话》(2005)〕也经常被当成文本,探讨政治变迁大时代背景之下港人"身份认同"的困惑表述。张隽隽考察了成龙近三十年间的六部《警察故事》系列影片,认为它们逐渐失去了最初的对"香港身份"的有效表述,"某种程度上体现了'香港精神'的失落"[①]。

总体而言,目前的大陆学术界对于成龙电影的研究主要集中于两个方面。第一是关于成龙电影的本体研究,主要集中于成龙2000年之前的功夫喜剧的类型研究。对于成龙电影影像层面的形式、风格展开了丰富的探讨;对于叙事层面的主题、情节及故事等方面也已经进行了较多论述。但是由于成龙的电影明星生涯较为久远,相关研究可能由于篇幅所限,或者仅仅着眼于某一方面失之全面,或者大概论之失之零碎,目前缺乏对成龙现象的整体研究。第二是对于成龙电影的文化解读。这方面的研究主要着眼于香港社会的政治、经济及文化变迁的大背景,考察成龙电影文本之于香港殖民城市经验的关系。这就使大多数相关研究囿于华语地区政治文化思维,难以从全球性的高度对成龙电影加以深入探析。

二 海外的成龙研究综述

与国内学术界相比,海外学术界对于成龙电影的研究关注点有所不同,主要集中于类型电影特征、文化解读及男性特质这三个方面。重要的研究成果从1990年代后陆续出现。

作为一个极具特色的电影类型,功夫片是香港电影对于世界影坛的巨大贡献,也因此吸引了海外学术界对于其电影形式的关注。作为一名曾经在香港电影行业担任过13年动作指导的西方人,克瑞格·瑞德(Craig D. Reid)的论文较早考察了香港动作片中的打斗动作设计。

[①] 张隽隽:《从六部〈警察故事〉系列看香港身份认同的变迁》,《当代电影》2014年第10期。

他对成龙电影的运动技巧及摄影方式极为推崇,并专门为成龙的打斗技巧命名①。著名电影学者大卫·波德维尔(David Bordwell)对香港电影情有独钟,在《香港电影的秘密——娱乐的艺术》一文中专门分析了成龙电影的综合特征②。朴汉峻(Aaron Han Joon Magnan-Park)的博士论文以香港动作电影的跨国性为对象,在关于成龙的探讨中指认了下述三个方面对成龙明星话语构建的重要性:拍片过程中所经受的身体受伤、两到三次的重复剪辑和对对手的反超。这些特点使得成龙自夸的动作绝不仅是空洞的吹牛③。里昂·汉特(Leon Hunt)在《功夫偶像——从李小龙到〈卧虎藏龙〉》一书中展示出对香港武打电影历史的熟稔,并探讨了成龙在好莱坞的妥协与遭遇④。胡敏娜(Mary Farquhar)探讨了"疼和痛"在确立成龙明星银幕人格过程中的重要作用⑤。

也有学者比较了成龙好莱坞电影与其香港电影的差异,例如罗贵祥(Lo, Kwai-Cheung)认为成龙在《尖峰时刻》中的特技比不上其香港电影中那么壮观,尽管"好莱坞制作用电影摄影放大保留了成龙的杂耍技巧和编排良好的武打动作……他向死亡挑战式的奇观特技已经被大幅收敛了"⑥。

从文化研究角度对成龙电影进行分析是海外成龙电影研究的重要部分。较早的研究要数华裔美籍学者李欧梵。在把成龙的表演风格归

---

① Craig D. Reid, "Fighting without Fighting: Film Action Fight Choreography", *Film Quarterly*, 47.2 (Winter 1993—1994).

② [美]大卫·波德维尔:《香港电影的秘密——娱乐的艺术》,何慧玲译,海南出版社2003年版。

③ Aaron Han Joon Magnan-Park, *Cinescapes of the "yet-to-be-fully-national": Hong Kong Action Cinema's Transnational Engagement*, Doctor Thesis: University of Iowa, 2000.

④ [英]里昂·汉特:《功夫偶像——从李小龙到〈卧虎藏龙〉》,余琼译,北京大学出版社2010年版。

⑤ [澳]胡敏娜:《成龙:疼与痛的明星工作》,载[美]张英进、[澳]胡敏娜主编《华语电影明星:表演、语境、类型》,西飏译,北京大学出版社2010年版。

⑥ Lo, Kwai-Cheung, "Double Negations: Hong Kong Cultural Identity in Hollywood's Transnational Representations", *Cultural Studies*, 15.3/4 (July/October 2001), p.476.

建构"英雄"传奇

纳为"糅合了健康的肉体的英勇和有趣的自我戏仿"之后,李欧梵主要论证了香港"后现代"电影人通过商业电影对于港人的集体"政治无意识"作出公共表述,而成龙80年代电影就是显著例子①。作为在香港大学担任教职的西方学者,史蒂夫·福尔(Steve Fore)把成龙电影置于香港回归的政治、经济及文化背景下考察。他从自己的非华裔美国人的角度考量了讨论了成龙明星文本的产生,认为《红番区》的配音、重新配乐和重新剪辑为美国动作电影观众提供了更大程度的"文化接近性"②。袁书(Yuan Shu)在读解美国语境中从李小龙到成龙的功夫片时指出,成龙喜剧功夫片所代表的"多元文化"所突显的是这样一个事实,即"功夫片当前的目标是在全球规模迎合中产阶级的趣味和对利润及娱乐的需要",与民族策略或文化多样性并无太大关系③。裴开瑞(Chris Berry)分析过成龙"功夫小子"形象所呈现的"青春期"现象并把"功夫小子"形象与香港独特的殖民地心态相联系④。丁亚娟的博士学位论文以1997年为界把成龙电影分成两段,试图探讨其中所呈现的香港文化身份的问题,但是该文不仅缺乏对成龙电影的本体分析,对于电影文本与政治现实之间的关系所作的分析也较为主观⑤。

成龙在好莱坞电影中的形象与好莱坞历史上的华人种族刻板印象之间的关系,也是文化研究学者的一个关注重点。学者们主要批评了好莱坞对于华人男性的种族主义刻板刻画。他们认为,相对于历史上

---

① [美]李欧梵:《两部香港电影——戏仿与寓言》,王晓珏译,《世界电影》1998年第3期。
② Steve Fore, "Jackie Chan and the Cultural Dynamics of Global Entertainment", in *Transnational Chinese Cinemas: Identity, Nationhood, Gender*, Ed. by Hsiao-peng Lu, University of Hawaii Press, 1997.
③ [美]袁书:《美国语境中的功夫片读解:从李小龙到成龙》,徐建生译,《世界电影》2005年第1期。
④ Chris Berry, Mary Ann Farquhar, *China on Screen: Nation and Cinema*, Columbia University Press, 2006, pp. 146–150.
⑤ Ding Yajuan, *Hong Kong's cultural identity reflected in Jackie Chan's films*, Doctor Thesis: University of Louisville, 2009.

的傅满洲、陈查理这类种族主义色彩明显的华人男性刻板印象,成龙的好莱坞英雄形象虽然有所改观,却仍嫌不够。罗贵祥比较了陈查理和成龙之间的相似之处,认为在成龙的好莱坞电影中,陈查理的亚洲特征(如说话、穿衣和外貌)都被喜剧化地保存了①。蔡伟杰(Choi Wai Kit)则认为,尽管成龙在好莱坞电影中可以表演令人印象深刻的特技,但是由于他扮演的是青少年式的、无性的男人,并且只能说破碎的英语,所以在男性表征的主流美国体系中,他与布鲁斯·威利斯或者梅尔·吉布森之类的好莱坞男性英雄仍然不是同类②。

由于新世纪之前的成龙香港电影具有较为清晰的"香港认同",因此部分亚裔学者对于好莱坞电影关于成龙出处的模糊性处理较为敏感。比如张建德(Stephen Teo)就指出,在成龙的好莱坞影片中,首先,对美国观众而言,成龙这个香港人的来源地未被充分表征;其次,对华裔种族性的强调一直多于对香港文化特殊性的强调;此外,好莱坞电影中的香港明星普遍被刻画为来自中国的外国人或者类型化的中国人,后者的文化血统对于电影情节并不重要③。罗贵祥也认为,好莱坞电影把成龙等香港电影人刻画成大陆人,"涉及香港电影人的好莱坞电影以香港的独特性为代价,叙事性地否定了香港的文化身份"④。

值得注意的是,上述文化研究学者大部分具有亚洲背景,他们或者是亚裔学者或者是在香港工作的西方学者,因此内在的对于香港独特的政治文化及社会背景较为敏感。但是正如成龙数次承认的那样,他的好莱坞电影是为美国观众拍摄的,而主流美国观众甚至普通西方学者对于

---

① Kwai-Cheung Lo, *Chinese Face/Off*: *The Transnational Popular Culture of Hong Kong Popular culture and politics in Asia Pacific*, University of Illinois Press, 2005, p. 140.

② Choi, Wai Kit, "Post-Fordist Production and the Re-appropriation of Hong Kong Masculinity", in *Hollywood Masculinities And Hong Kong Cinema*, Ed. Laikwan Pang and Day Wong, New York: Hong Kong UP, 2005, p. 210.

③ Teo, Stephen, *Hong Kong Cinema The Extra Dimensions*, London: BFI, 1997, pp. 128 - 133.

④ Kwai-Cheung Lo, "Double Negations: Hong Kong Cultural Identity in Hollywood's Transnational Representations", *Cultural Studies*, 15.3/4 (July/October 2001), p. 466.

香港与中国大陆之间的复杂政治历史关系恐怕既不敏感也并不关心。

相比之下，西方研究者并不关心成龙的香港经验，他们更多地站在西方的角度，关注的是成龙作为动作明星给好莱坞银幕主流男性特质所带来的冲击。部分由于在西方学术界男性特质研究在过去几十年中得到了大量学术关注，成龙有别于传统西方银幕英雄的男性特质得到了学界的关注。马克·加拉赫（Mark Gallagher）是最早对此进行讨论的学者。他的博士学位论文考察了当代好莱坞动作电影和美国小说冒险叙事中的男性英雄，成龙是他的一系列论文的考察对象①。他认为成龙的男性英雄形象结合了灵巧戏谑的敏捷身体及喜剧性的谦逊。在当时，西方所构建的英雄男性特质重申了保守甚至守旧的男性力量的好处。而成龙电影与此形成鲜明对比，原因有多个方面：成龙的电影强调跨文化理解，对于现代性及文化转变持开放态度；暴力打斗被重新定义为既是结果又是观者和表演者的乐趣来源；对于政府机构、家庭和中国文化持尊重和忠诚的态度，同时又认可了青春活力、多元化和女性的非传统角色；把动作电影的叙事及视觉关注导向了进步性的方向；为进步性的种族和性别政治提供了另外一种途径。因此，相对于常规的以白人男性和暴力为特色的好莱坞动作电影的文化霸权，成龙电影提供了不同的参照。

帕提帕·奥普拉瑟特（Patipat Auprasert）以"成龙所扮演人物的男性特质在好莱坞、香港和中国大陆的电影文化中是如何被表征的？"为研究问题，考察比较了成龙的好莱坞影片［《燕尾服》（2002）、《上海正午》（2000）］、香港影片［《飞龙再生》（2003）、《警察故事》（1984）］和华语影片［《辛亥革命》（2011）］，最终证明了"不同文化对于男性特质的表征并不相同"这一假设的正确性。他的结论有三

---

① Mark Gallagher, *Action Figures: Men, Action Films, and Contemporary Adventure Narratives*, Doctor Thesis: Oregon University, 2000. 此外，Mark Gallagher 基于其博士学位论文所写的一篇期刊论文 "Masculinity in Translation: Jackie Chan's Transcultural Star Text, *The Velvet Light Trap*, 39 (1997)" 是西方学术界对成龙男性特质研究的重要论文。

个方面值得注意。其一，相对于其香港和华语电影，好莱坞电影有时运用经济元素来阉割成龙角色的男性特质，如《燕尾服》。其二，在好莱坞电影中，成龙扮演的人物只有较低的结构权力，可以被认为是结构权力的受害者，对华裔种族的歧视或者其低端工作都降低了成龙的男性特质。其三，在好莱坞电影中，成龙角色的打闹行为使他的男性特质劣于西方男人[①]。

在关于成龙的银幕男性特质的研究中，对于成龙角色性状况的关注是一个重要方面。作为亚裔人士，成龙角色在白人主宰的美国社会中处于次等地位，他在银幕上没有能力"得到"一个白种女人是重要的讨论关注点。穆尼·瑞扎伊（Munib Rezaie）的硕士学位论文是一篇重要的参考文献。他对比了成龙不同阶段的电影，深入分析了成龙的好莱坞电影角色在男性特质，尤其是性方面的被"阉割"的状况，他的论文因此以"无性的龙"作为题目[②]。

华裔学者雷金庆的《男性特质论——中国的社会与性别》是一部有关中国男性研究的开创性著作，作者试图从社会学角度以"文武"内涵来定义中国男性的男性特质，并对李小龙、成龙和周润发进行了对比分析，对本文具有重要启发性[③]。

总体看来，西方的男性特质研究路径虽然有助于解释成龙为何成为文化符号，但是西方文化视角却无法揭示成龙男性特质的核心价值。正如苏珊·鲍尔多的感慨，"（我）吃惊地意识到虽然成龙武艺超群、绝技惊人，但他的出现总是和蔼可亲地似乎丧失性别了"[④]，西方研究

[①] Patipat Auprasert, "Representations of Chinese Masculinities: A Case Study of Jackie Chan", *Asian Journal of Literature, Culture and Society*, 2012（1）, pp. 24–41.

[②] Munib Rezaie, *Neutered Dragon: A Critical Look at the Career of Jackie Chan*, Master Thesis: University of Miami, 2010.

[③] ［澳］雷金庆：《男性特质论——中国的社会与性别》，刘婷译，江苏人民出版社2012年版。

[④] ［美］苏珊·鲍尔多：《男性特质：从公开和隐秘的眼光重新审视男人》，朱萍、胡斐译，江苏人民出版社2008年版，第49页。

◊ 建构"英雄"传奇

者无法理解成龙所表现出的似乎矛盾的男性特质。而专门研究的西方学者或者因为文化的隔阂无法深入剖析成龙的男性特质，或者因为立场的不同意图并不在此。例如马克·加拉赫虽然指出成龙的角色类型及电影叙事机制展示了一种在美国大众文化中极不明显的、异于西方的男性英雄模式，但仍然是站在西方立场对成龙进行"他者"解读。

虽然西方学者为成龙研究提供了新的视角，并进行了较为深入的探讨，但是显著的文化差异使他们既无法从东方文化这一更深文化渊源来考察成龙"英雄"角色的银幕人格，而意识形态立场又让他们难以公允地对此加以评价。因此，中国传统文化为理解成龙银幕内外的"英雄"形象提供了极为关键的视角。

第一章

成龙生平及电影创作简介

第一节 成龙的成长经验

成龙的父母生逢乱世,其经历富有传奇色彩。成龙的父亲房道龙生于安徽省芜湖市鸠江区,少年学过洪拳,早年混迹于南京,后加入国民党,机缘巧合成了国民党军统情报人员,1949年从大陆逃亡到香港,并改名陈志平。成龙的母亲两年之后也偷渡到香港。二人在法国大使馆中分别做厨师和用人,他们的独子1954年4月7日出生于香港,起名为陈港生,也就是日后的国际动作巨星成龙。

七岁进入中国戏剧学院之前,成龙一直与父母生活在香港维多利亚山顶上的使馆区,住在法国大使馆的一间用人房内。因为所住之地是使馆区,成龙从小在外国人的环境中成长。由于周围的外国人大部分是领事馆的工作人员,而自己的父母只是为他们打工的下等人,所以成龙一直被教导不能惹是生非,不能跟外国小孩打架,"那我永远是走后楼梯、后电梯,看见外国人走过,我要向边走"。这给成龙的幼小心灵留下了烙印,"就是很压抑,就是一看,反正看见外国人就怕,永远在我眼睛里面,外国人是至高无上、最有钱的、权势很大的"[①]。童年这种低人一等的生活经历或许可以解释成龙为何在影片内

---

① 《成龙:北京马路既宽又直 美国人真的修不起》,http://ent.ifeng.com/entvideo/detail_2012_12/11/20039691_2.shtml.

◊ 建构"英雄"传奇

外一直强烈地表达自己的身份认同。

成龙出生时体重高达 12 磅,并为此上了报纸。他从小就是一个活泼好动甚至调皮捣蛋的小孩。从四五岁开始,其父就督促并训练他锻炼身体。由于不喜欢学校的规矩生活,成龙在小学第一年就留了级,之后不久又因为过于调皮而退了学。恰好成龙的父亲得到一个很好的工作机会,要去澳大利亚的美国大使馆做厨师长,其母亲随后也会一起前往。为了给成龙找一个合适的安身之地,又考虑到他的顽劣天性,父亲给他安排了一条出路,这让成龙"过了十年'暗无天日'的生活,但也是那十年,造就了今天的成龙"[1]。

一 中国戏剧学院的十年学艺生涯

七岁的成龙被送进了京剧名伶于占元创办的中国戏剧学院,签署了为期十年的学艺契约。中国戏剧学院所采用的是旧式的梨园行当规矩,校长兼师父于占元与成龙父母签署了堪称"生死状"的协议,主要内容是:"只要这个孩子在这里,我就会对他负有完全的责任。我将出钱供他吃饭、穿衣,并且提供监护。我一定照顾他,保护他,用世界上最好的艺术、中国的戏剧艺术,为他提供最好的训练。"而且"可以惩罚他们,直至死亡"。在成龙的回忆中,在父亲签字时,"我的童年在那一刻正式结束了"[2]。

按照梨园拜师学艺的规矩,学员进入科班学艺,须按科班排名顺序,另起新名,成龙与他的师兄弟姐妹们都属于"元"字辈,成龙的艺名是元楼。

学生们的训练生活很有规律。所有的学员,从 6 岁的孩子到大师兄和大师姐,都执行同样的时间表:早上 5 点到中午 12 点,做的是热身活动、步法训练、武术和杂技;下午继续训练戏曲基本功;晚饭后学习阅读、写作、古典文学和中国历史等课程,从中学习功夫、脸谱、

---

[1] 成龙、朱墨:《还没长大就老了》,江苏凤凰文艺出版社 2015 年版,第 298 页。
[2] 成龙、朱墨:《还没长大就老了》,江苏凤凰文艺出版社 2015 年版,第 299 页。

戏装和刀具等有趣些的科目。6个小时的睡眠时间，日复一日，每周7天。没有什么自由时间，至于庆祝活动、外出机会和离开学院就更少了。所以，在学员们长大成人、技术成熟得足以演出之前，中国戏剧学院的灰墙几乎就是他们所接触的全部世界。

福柯的权力—身体—知识理论有助于理解成龙在中国戏剧学院的十年科班学徒训练生活。成龙等京剧学徒受制于父母与师父所签署的契约，师徒之间结成的是一种纯粹的命令与服从的权力关系，而身体是表征这种关系的主要媒介。"这种权力施加在被惩罚者身上。更广义地说，这种权力的对象是被监视、训练和矫正的人。疯人、家庭和学校中的儿童，被隔离的人以及被机器所束缚、工余时间也受监视的人。"① 京剧学徒作为家庭—学校中的儿童，其身体言行是被监视、训练和矫正的对象。在戏曲武生行当中，身体是最主要的生产力，对身体的监视、训练、矫正和惩罚的主要目的是获得更大价值的生产力。因此身体不可避免地卷入了政治领域中，"权力关系总是直接控制它、干预它，给它打上标记，训练它、折磨它，强迫它完成某些任务、表现某些仪式和发出某些信号"②。身体规训是文化资本的根本来源，戏班由此获得了最初的经济资本。

自1970年代以来，自传不再被视为作者本人生活的真实表现，而被看成是一种建构。虽然成龙在自传中的回忆当然是有选择性的，但是其中的描述仍然相当可信，原因在于"其中的故事大多可以在传统京剧的世界中找到，这个世界遵循孔孟之道、儒家的教育系统、严格的惩罚、体罚、死记硬背的学习方法、等级制度等等"③。

中国戏剧学院的制度简单而又严格。师父于占元只相信三条：惩罚、艰苦的训练和等级。艰苦的训练是白天的规律——对于倒霉的学

---

① [法]福柯：《规训与惩罚》，刘北成、杨远缨译，生活·读书·新知三联书店2014年版，第31—32页。
② [法]福柯：《规训与惩罚》，刘北成、杨远缨译，生活·读书·新知三联书店2014年版，第27页。
③ [澳]胡敏娜：《成龙：疼与痛的明星工作》，载[美]张英进、[澳]胡敏娜主编《华语电影明星：表演、语境、类型》，西飓译，北京大学出版社2010年版，第226页。

建构"英雄"传奇

员来说,因为偷懒几分钟而被抓住,意味着增加一个小时的额外训练。惩罚来得又快又疼,它是用藤枝的抽打来计量的。等级有严格的排列顺序,师父的等级最高(绝对不可以拒绝服从和不尊重),然后是师父的夫人,接着是传授演唱、拳击和器械技巧的教员。学员排在最底层,他们之间又有长幼先后的等级差别,成龙和其他师弟们一直受到大师兄元龙(即洪金宝)的欺凌。

艰苦的训练和惩罚构成了学员们日常生活的主要内容。成龙在自传中描述自己的"十年生活如同人间地狱"[1]。其自传中回忆戏曲基本功训练时的笔触仍然令读者感到疼痛。

(下午进行的戏曲基本功训练)就是最重要和最痛苦的训练,柔韧训练是其中的部分内容。戏剧演员必须能在地上劈叉,并且垂直地将腿高高地举过头顶。于是,我们面对墙壁、地板和每一样东西分腿。只要训练一开始,练功房里就会充满吼声。因为,坦率地说,这种训练疼得要命。最苦的是,如果你做不好劈叉,师父就会叫大师兄过来往下压你的身体,直到你的关节分开。如果大师兄一个人做不了,他还会叫其他大孩子过来。他们一边抓住你的腿,一边往下压。不管你哭多久,都无济于事。最后,你就会做劈叉了。练过劈叉之后,我们开始练习倒立。一个戏剧演员的倒立应当和用脚站立一样舒服。对于我们来说,会短暂的倒立是不够的。师父规定,他的每个学员每次倒立必须至少半个小时。15分钟过后,我们的胳膊逐渐麻木,血液直往头上冲,肚子里的五脏六腑开始翻腾起来,但是,我们一点也不能示弱。胳膊一动,就会招来师父藤杖的一顿猛抽,倒下的学员只好为此遭殃。[2]

---

[1] 成龙、杰夫·扬:《我是谁——成龙自述》,陆航、陆承艺译,上海人民出版社1999年版,第223页。

[2] 成龙、杰夫·扬:《我是谁——成龙自述》,陆航、陆承艺译,上海人民出版社1999年版,第57—58页。

练过几小时的劈叉基本功后,学员们的感觉是"已经被撕开了"。类似的痛苦训练还有形体和方位的训练,这种训练所摆的姿势要绝对静止。

每次通常要持续好几分钟。在训练中途,如果师父认为我们动作松懈了,他就会大叫:"不要动!"无论在什么位置,我们都必须使动作定格,直到他给我们继续训练的信号为止。倒霉的学员动一下身体,就得立即付出代价。生气的师父会拿出藤杖,抽打那条移动的胳膊或腿。站错位置将受到更加严厉的惩罚:跪在全体面前,喘着粗气,任凭师父用藤杖粗野地拼命抽打这个可怜学员的屁股。与此同时,其他人只好保持纹丝不动的姿势。[①]

"京剧艺术其实是打进那些男孩的身体的"[②],这么说可能并不完整,不过却适用于成龙的个案。在训练后期成龙被于占元收为义子。义子的身份使师父对他寄予厚望,这种厚望使成龙接受了更为严格的训练及双倍于其他学员的痛苦。由于师父的义子必须给其他人树立一个榜样,要让师父感到骄傲,所以有三条原则适用于师父的义子:训练量应该是兄弟姐妹的两倍,他们每学一样东西,成龙就要学习两样;因为同样错误受到惩罚的时候,成龙要挨两倍的打;兄弟姐妹的失败就是成龙的失败,因此成龙受到的惩罚也是他们的两倍[③]。

十年京剧训练期间的身体堪称是福柯意义上的"被动铭写"的身体。这样的身体在汪民安等人看来,"是备受蹂躏的身体,被宰制、改造、矫正和规范化的身体,是被一遍遍反复训练的身体。……被动

---

① 成龙、杰夫·扬:《我是谁——成龙自述》,陆航、陆承艺译,上海人民出版社1999年版,第101—102页。
② Mackerras, Colin, *Peking Opera*, New York: Oxford University Press, 1997, p. 6.
③ 成龙、杰夫·扬:《我是谁——成龙自述》,陆航、陆承艺译,上海人民出版社1999年版,第103页。

◆ *建构"英雄"传奇*

的身体的最终出路只能是隐秘的自我美学改造：身体不是根据它自身的主动力量而展开，而是根据美学目标来自我发明"①。

结果，十年京剧科班学徒的训练对成龙的事业和人生都造成了深远的影响，以至于成龙认为，"陈志平是陈港生的父亲；但是，于占元是成龙的父亲"②。首先，身体训练为成龙此后的身体表演奠定了坚实的基础。他在电影中华丽的动作奇观表演无疑有赖于其童年练就的功底。其次，极端的训练及惩罚方式成就了成龙在影片内外追求卓越的精神。俗语所说的"吃得苦中苦，方为人上人"贯穿于戏班的日常教育中，这在成龙电影中得到了延续，成了他的信仰。比如，成龙在动作设计中追求独一无二的高难动作，而他所扮演的角色往往先要经历万般磨难才能打败对手。再者，旧式教育体制中的家长制的管理方式造成了他对于"规矩"的追求。这既体现在他生活中的"洁癖"细节上，更体现在他的电影事业中，最主要的影响可见于他对于片场的管理方式。成龙在访谈中如此介绍自己对于电影片场的管理方式：

> 我干净、很整齐，所有在我片场的人第一次开工没有人这样子的，第一天开工我就带一个大草地，全部过来，全部站在那边，我就说，我很正经很严肃的跟大家讲，国有国法，家有家规，电影也有规矩，只是我们不守，讲讲讲，你们遵守的你们就留下来，不遵守走，但是你们答应了我而不遵守的，我马上会把你开除。所以每个人在我那组戏，每个人来探班的，大哥你不像在拍戏，像军队，但是每个人很开心，片场没有一个人抽烟的，一抽烟的走出来以后，有个方块，站在那边，站在那个方块抽烟，抽完以后有个桶给他们。每个人拿杯子要有杯子写名字，拿水瓶要写谁

---

① 汪民安、陈永国：《后身体：文化、权利和生命政治学》，吉林人民出版社2003年版，第17页。

② 成龙、杰夫·扬：《我是谁——成龙自述》，陆航、陆承艺译，上海人民出版社1999年版，第78页。

的，我专门负责一个人站在那边，就是拿水，你拿水，窦，要么就是文涛，马，拿走，我每天在现场一看见谁的，喝不完倒在树上，把瓶子捏扁，摆在那边给阿姨。……在片场你可以到片场去问，他说大哥，每一组戏，我们扫的都晕了，我们来你片场的门口，只是捡几块儿树叶，我是这么干净。①

60年代初，为了让徒弟们增加演出经验并且为学院赚些收入，于占元挑选自己的得意门生组成了"七小福"戏班，成龙与另外六名师兄弟元龙（洪金宝）、元奎、元华、元彬、元德和元彪构成了第一批"七小福"阵容。成龙在传记中谈及了支撑学员们艰苦训练的精神支柱："我们最终将会成为世界上要求最苛刻、最能振奋人心的戏剧流派。它把体操、舞台打斗、滑稽戏、演技和唱功结合起来。我们要为站在泛光灯下做好充分的准备，最终亲眼看到我们为之奋斗的目标——戏剧表演的全盛时期"②。

然而随着香港的现代化进程、电影电视行业在60年代的突飞猛进式的发展，60年代后期，京剧在香港开始衰落，这一事实粉碎了京剧学员们的戏曲梦想。经历了十年艰苦训练的学员们要面对的不是"戏剧表演的全盛时期"，而是其"衰退期"。大量的京剧从业人员开始涌向香港电影行业，成为演员、导演、武术指导和特技人，这其中就包括中国戏剧学院的成龙等"七小福"成员，他们中的大多数人此后成了动作演员或武术指导，成为香港动作电影的中流砥柱。

二 成龙的早期电影生涯

在中国戏剧学院学习期间，成龙就已经参演过电影。1962年他被

---

① 《成龙：北京马路既宽又直 美国人真的修不起》，http：// ent.ifeng.com/entvideo/detail_2012_ 12/11/20039691_ 2.shtml.

② 成龙、杰夫·扬：《我是谁——成龙自述》，陆航、陆承艺译，上海人民出版社1999年版，第79页。

◊ 建构"英雄"传奇

著名电影演员李丽华挑中,首次出演了电影,在《大小黄天霸》中扮演了著名演员李丽华的儿子。之后他还以童星身份参演过《梁山伯与祝英台》(1963)、《秦香莲》(1963)等影片。

　　1971年,由于与中国戏剧学院签约到期,十七岁的成龙离开了戏剧学院。由于京剧从60年代后期开始衰退,加上成龙已经在电影行业积累了一些经验,离开戏剧学院之后,他以"陈元龙"这一名字进入邵氏电影公司的片场,主要担任武打/特技替身,也不断出演配角。在拍摄《新精武门》(1976)之前,成龙在片场的名字一直是"陈元龙"。

　　动作片作为香港电影的最主要类型广受欢迎,因此形成了特技人(也叫武师)这一特殊行业。作为陪衬主角的绿叶,特技人在影片中往往扮演打手、喽啰之类的小角色,使主角得以大施拳脚之威。此外,他们也会扮演主角的替身,完成一些难度较大的打斗动作或者危险动作。他们在影片中跌爬滚打,在表演过程中很容易受伤。再者,这个时期的香港电影特技人并没有固定地受雇于某家电影公司,因此他们的工作并不稳定。在片场等待运气是他们的工作常态,"他们蹲坐在电影城片场的荫凉地里,希望被选中做一天的工作,换取一天的报酬"①。一旦得到工作,他们面临的则是刺激甚至是危险,"跳得更高,翻腾得更快,摔得更远"才是这一行业的真正服人之处。

　　成龙离开中国戏剧学院之后的电影生涯就起始于特技人。他由于年轻大胆、身手灵活而且勇于尝试,逐渐在片场建立了自己的名声,成了一名高级特技人,俗称"龙虎武师"。导演都乐意用他,有什么高难度动作,就会想起他。成龙逐渐积累了丰富的经验,后来又成了助理武术指导及武术指导,这对于他后来的主演及明星生涯做了重要铺垫。

　　特技人过的是"一种令人兴奋、变化无常的生活",使他们"提

---

　　① 成龙、杰夫·扬:《我是谁——成龙自述》,陆航、陆承艺译,上海人民出版社1999年版,第210页。

前衰老，甚至是死亡"①，这就促成了这个群体及时行乐的心态。成龙并不例外，他在这个阶段的生活可以用"挥霍无度"形容，既挥霍着青春，也挥霍着拼命挣回的血汗钱。成龙在自传中回顾了这个阶段的生活，"（高级特技人）是桀骜不驯、衣衫褴褛的精英，从不虚度光阴，因为，他们明白，他们在职业生涯中度过的每一天都有可能是最后一天。他们抽烟，酗酒，赌博，在太阳第二天升起之前把每晚的酬劳花得精光。……我们酗酒，抽烟，玩乐，部分是庆祝又多活了一天，部分是为了忘掉在太阳再次升起以后，为了微薄的报酬又要去面对同样巨大的风险"②。这种片场内跌爬滚打，片场外花天酒地的生活方式持续过一段时间，成了成龙此后自嘲的内容。

　　成龙的特技人生活大约持续了四五年。在这期间，主要由于两个原因，成龙两次离开香港前往父母所在的澳大利亚试图尝试另外一种生活方式。第一个原因要归于1973年李小龙的突然去世。李小龙正当盛名却神秘暴毙，对于香港的功夫片是一个巨大的打击，影片制作数量下降，找不到工作的特技人纷纷转行。第二个原因则是特技人这份工作前途渺茫。心灰意冷之下，成龙两次前往澳大利亚，上过语言学习班，在工地做过建筑工人，时间最长的一份工作是在餐厅里做服务员。

　　但是成龙对于澳洲的平淡生活心有不甘，两次又都返回香港继续电影行业的工作。第一次在澳洲待了几个月之后，他主动从澳洲返回香港，参与拍摄了一些不太成功的影片。第二次则是由于受到了当时的金牌经纪人陈自强的邀请，回港加入了罗维导演的罗维制片有限公司。罗维曾经导演过李小龙的《唐山大兄》（1971）及《精武门》（1972）。李小龙去世之后，罗维一直在物色可以接替李小龙的功夫演员，经纪

---

　　① 成龙、杰夫·扬：《我是谁——成龙自述》，陆航、陆承艺译，上海人民出版社1999年版，第210页。
　　② 成龙、杰夫·扬：《我是谁——成龙自述》，陆航、陆承艺译，上海人民出版社1999年版，第204页。

◇ 建构"英雄"传奇

人陈自强帮他找到了成龙。

1976年成龙与罗维新成立的罗维制片有限公司签署了自己生平第一份演出协议，这份协议跟当时的大部分合同没有什么不同，成龙"同意专职为罗维做8年的表演。每月的收入为400美元，每完成一部影片还可以有400美元的额外收入"①。成龙在罗维公司拍摄的第一部影片是《新精武门》，并担任了一系列影片的主演。

在《蛇形刁手》（1978）、《醉拳》（1978）令成龙一炮打响之前，成龙在电影行业经历了十余年的摸索与积累，从武打/特技替身、龙套角色、助理武术指导到高级龙套、正面角色再到一直不甚成功的主演[《新精武门》（1991）、《少林木人巷》（1976）、《风雨双流星》（1976）、《剑花烟雨江南》（1977）、《飞渡卷云山》（1978）、《拳精》（1978）]，这个阶段被陈墨称为成龙的"史前阶段"，"使成龙对电影的武打、特技、情节安排、场面调度等等有了充分的实践经验，从而为成龙在编、导、演等方面的发展奠定了良好的基础"②。

罗维对成龙有"发现和栽培之功"③，但是罗维公司拍摄的影片并没有发挥成龙的特色，甚至可以说成龙在此阶段一直处于抑郁不得志的状态。罗维希望把成龙打造成新一代的李小龙，这跟成龙的个性"格格不入"④。在《新精武门》中，成龙扮演的是一个"残忍的人，满脑子复仇意识，表情紧张、愤怒，叫声尖厉"⑤，结果《新精武门》的口碑票房在香港以失利告终。老式守成的罗维对于电影发展的走向

---

① 成龙、杰夫·扬：《我是谁——成龙自述》，陆航、陆承艺译，上海人民出版社1999年版，第291—292页。
② 陈墨：《功夫成龙从港岛走向世界——成龙电影创作历程述要》，《当代电影》2000年第1期。
③ 陈墨：《功夫成龙从港岛走向世界——成龙电影创作历程述要》，《当代电影》2000年第1期。
④ 成龙、杰夫·扬：《我是谁——成龙自述》，陆航、陆承艺译，上海人民出版社1999年版，第297页。
⑤ 成龙、杰夫·扬：《我是谁——成龙自述》，陆航、陆承艺译，上海人民出版社1999年版，第296页。

缺乏判断力，不仅没有发现成龙独有的天赋，甚至对于功夫闹剧大为恼火。拍摄于 1977 年的《一招半式闯江湖》被陈志华和成龙拍成了"动作激烈、杂乱无序的复仇闹剧"，罗维审片之后非常恼火，把此片束之高阁。甚至《蛇形刁手》《醉拳》在 1978 年大获成功之后，罗维还是没有意识到功夫喜剧的广阔前景，直到 1980 年才决定对外发行《一招半式闯江湖》，"此片在影迷中引起了轰动——他们意识到，我们试图制作的是第一部真正的武术讽刺笑剧"[①]，证明了罗维并不了解观众娱乐趣味的转变。

"史前阶段"对成龙后来的电影事业及明星形象产生了深远影响，但是这个阶段中的影片并不是观众所熟悉的成龙电影作品或者成龙的主要明星形象。也正因为如此，本文把成龙在 1978 年成名之前的电影生涯归为成龙的早期电影经验。

1976 年回到香港之后，成龙就再也没有离开过电影行业。在此后的岁月中，他以工作狂的敬业态度把大部分时间及精力都投入了电影事业之中。

第二节 成龙电影历程的三个阶段

成龙被公认为电影作者。贾磊磊认为，并不是所有电影导演都能称得上是电影作者，由于种种原因，导演不仅难以绝对控制所创作的影片，而且也难以掌控自己所感兴趣的叙事风格及主题。尤其在高投入的商业电影生产体制中，电影导演很难完全主导影片的价值与意义，往往只是某部电影制作方案的执行者及生产流程的完成者。按照作者论的研究方法，只有那些在电影的生产创作体制中，能够始终控制自己影片的创作方向并形成了一以贯之的美学风格，而且能够保持连续的创作态势，对电影史形成持久影响的电影人，才能被称为电影作者。

---

① 成龙、杰夫·扬：《我是谁——成龙自述》，陆航、陆承艺译，上海人民出版社 1999 年版，第 306 页。

建构"英雄"传奇

这些电影人拍摄的影片才能够以其个人的名字来命名,比如希区柯克电影、法斯宾德电影、黑泽明电影、谢晋电影,成龙电影当属此列①。陈墨则认为,"'成龙电影'已经成了当今世界一种独特的电影艺术及娱乐文化景观。在世界电影史上,成龙这位卓越的电影人足可以与查理·卓别林和巴斯特·基顿这些顶级电影大师比肩"②。

不少学者总结过成龙电影的特征。贾磊磊总结了成龙电影的五个主要特征。第一,每部成龙电影都有精彩绝伦的"动作奇观",动作奇观场面贯穿于成龙电影,构成了其影片的主要卖点。第二,"成龙女郎"是成龙影片中不可或缺的商业元素,也成了成龙电影中一个重要的商业卖点。第三,成龙是一个以自我形象战胜角色的电影作者。作为一个在银幕上从不更名改姓的文化形象,成龙是一个具有市场号召力的票房保证。第四,成龙电影是善于兼收并蓄其他电影元素的兼容主义作品。第五,成龙电影传达了一种"诗性正义",这对底层观众具有很强的市场号召力③。

胡克则首先指出了成龙电影的核心特征,"以成龙为中心设计动作,由成龙在银幕上体现出来,成为成龙电影的显著标志,这保证了成龙成为香港出产的成龙电影的真正作者。无论导演是成龙自己,还是由他选中的合作伙伴,都在探求如何把成龙的动作喜剧化,并且赋予它各种意义。由此他在成龙电影中建立了绝对权威"④。

但是胡克同时也补充道,"而在一些美国摄制成龙出演的影片中,没有以成龙为中心设计动作,往往不太成功,如《杀手壕》、《炮弹飞车》等"⑤。这是非常值得注意的一点,即并非所有成龙主演的影片都被认为是"成龙电影"。上述的成龙电影的典型特征集中呈现于某些

---

① 贾磊磊:《成龙:用动作改变世界》,《当代电影》2014年第3期。
② 陈墨:《功夫成龙从港岛走向世界——成龙电影创作历程述要》,《当代电影》2000年第1期。
③ 贾磊磊:《成龙:用动作改变世界》,《当代电影》2014年第3期。
④ 胡克:《成龙电影中的喜剧性动作与暴力》,《当代电影》2000年第1期。
⑤ 胡克:《成龙电影中的喜剧性动作与暴力》,《当代电影》2000年第1期。

成龙主导/主演的影片中——主要是《A计划》（1983）、《警察故事》（1985）及其后的香港影片——却并没有呈现在另外一些成龙主演的影片中。首先，不仅是成龙成名之前的影片，甚至《蛇形刁手》《醉拳》这些令成龙成名的影片和此后的其他"功夫小子"系列的成龙香港影片也不具备上述典型特征。其次，成龙主演的大部分好莱坞影片也不具备这些特征。

之所以产生这种状况，主要原因在于成龙从事电影行业的时间较长，成龙作品的特征经历了诸多变化。成龙八岁参演第一部影片，十七岁正式进入电影行业摸爬滚打，二十四岁凭借《蛇形刁手》《醉拳》开始了明星生涯，四十四岁凭借好莱坞影片《尖峰时刻》（1998）成为家喻户晓的国际明星，至今六十二岁仍然活跃在电影行业的最前沿。在如此漫长的电影生涯中，成龙作品的特征经历了诸多变化。正如前文贾磊磊等学者对成龙电影所做的特征归纳所暗示，提到"成龙电影"时，人们想到的往往是成龙成名之后的那些具有典型成龙特色的影片，尤其是嘉禾时期的香港影片，而不是成龙"史前阶段"的影片。也正是因为如此，成龙在1978年成名之前的阶段被归入了上一部分中成龙的早期电影经验。

本文重点考察的是成龙明星地位得到确认之后的电影文本，即从《蛇形刁手》《醉拳》之后的成龙影片。由于成龙自24岁成名以来电影作品数量众多且变化甚大，因此在讨论分析成龙电影作品之前，极有必要对他的电影生涯做一个简要的分期/分类。对历史进行分期，一向面临的问题是，历史就如一条大河是贯一而连续不断的。陈衡哲说得好，"历史上的分期，正如昼夜的分期意义；中午确是白天，半夜确是夜间，但在那暮色苍茫，或是晨光微曦中，谁能指定哪一分钟属于夜间，哪一分钟属于白天呢？但这个模糊不明的苍灰天色，却又是划分昼夜的最好界线"[①]。同样，把成龙电影作品加以分期/分类，既

---

① 陈衡哲：《西洋史（上）》，中国出版集团、中国大百科全书出版社2011年版，第14页。

不意味着这几个阶段是截然分开的，也并不说明不同类别之间完全没有相同之处。

但是为了研究的便利，需要找到一些重要的时间点作为分界线。《尖峰时刻》在成龙的明星生涯中是一部非常重要的影片。它作为一个重要的时间点，对于成龙的明星生涯具有重要意义。如果说在成龙的电影生涯中，《蛇形刁手》《醉拳》令他一炮而红，从普通演员变为明星；那么在成龙的明星生涯中，《尖峰时刻》则标志着成龙从区域性电影明星转变为国际明星。

一方面，从作品的产地而言，《尖峰时刻》之前的成龙影片属于香港电影，制作公司主要是嘉禾娱乐事业有限公司（下文简称嘉禾公司）。《尖峰时刻》不但开启了成龙的好莱坞电影之路，也开启了成龙第二个阶段的中文电影生涯。《尖峰时刻》之后的成龙影片朝着两条不同的方向发展：成龙的好莱坞电影和成龙的华语电影。

另一方面，从成龙在影片创作中所承担的职务而言，在其香港影片中，成龙无疑是电影作者；在其好莱坞影片中，成龙主要是电影明星，不再是影片的主导者，更不是电影作者；在其华语影片中，成龙通常还是电影作者。

鉴于上述原因，本文把成龙明星生涯的电影作品分为三个阶段/类别。第一个阶段从《蛇形刁手》大获成功开始，到成龙闯入好莱坞前的最后一部香港电影《我是谁》结束。这个阶段的电影可以称为成龙的香港电影。第二个阶段从《尖峰时刻》开始，仍在继续。包括的是成龙在好莱坞出演的影片，可以称为成龙的好莱坞电影。第三个阶段从《玻璃樽》（1999）开始（成龙在《尖峰时刻》后返回亚洲拍摄的第一部影片），同样仍在继续。包括的是成龙重返亚洲市场所拍摄的影片，可以称为成龙的华语电影。

一　第一阶段：成龙的香港电影

从《蛇形刁手》到《我是谁》，成龙的香港电影阶段时间跨度长达二十年，堪称最具代表性的成龙作品。提到"成龙电影"，人们想到的一般都是这个阶段的作品，最为人乐道的成龙电影通常也出自这一阶段。

"史前阶段"的成龙虽然被称为"票房毒药"，但是成龙活泼幽默、顽皮机警的个性得以表现与发展，其独特的闪光之处吸引了业内其他从业人员的关注，使他获得了出演《蛇形刁手》及《醉拳》的关键机会。当时成龙被租借给思远影业公司，主演了由吴思远制片、袁和平导演的功夫喜剧片《蛇形刁手》和《醉拳》。这两部影片不仅成为香港谐趣功夫片的经典之作，确立了这一电影类型的基本模式，而且奠定了成龙作为谐趣功夫明星的地位。

如果说《蛇形刁手》使成龙首尝成功滋味——之前在《新精武门》等影片中模仿李小龙的愤怒英雄之类的角色已让他背上了"票房毒药"的名声——那么《醉拳》让他找到了一条完全不同于李小龙的功夫之路。《醉拳》在1978年上映之后，立即刷新了香港的票房纪录，成功开启了成龙在香港影坛的动作巨星之路。

成名后的成龙在罗维公司仍然无法获得创作自由，"罗维不愿意在我走红的时候放弃执导我的机会，他也不想错过在履历上另书一笔'百万港元电影'的时机"[①]。成龙无法忍受自己的风格继续被干涉，加之二人之间的关系并不融洽，于是矛盾进一步升级。

同时，《蛇形刁手》及《醉拳》的大获成功不仅让成龙找到了自己的表演之路，而且使他成为数家电影公司争抢的对象。邵氏、嘉禾等大制片公司都对成龙伸出了橄榄枝。当时蒸蒸日上的嘉禾电影公司凭借雄厚实力、优厚待遇和宽松的创作环境成功吸引了成龙，双方于1979年签约。这次签约既是成龙迈出了自己巨星之路上的关键一步，也开始了嘉禾公司的黄金时代。

如果说思远影业公司制作的《蛇形刁手》《醉拳》成就了成龙在

---

① 成龙、杰夫·扬：《我是谁——成龙自述》，陆航、陆承艺译，上海人民出版社1999年版，第324页。

◇ 建构"英雄"传奇

港台及东南亚地区的名声,那么嘉禾公司的产业模式则赋予了成龙宽裕的创作及财务自由,这对于他最终成为国际明星发挥了关键作用。

1. 独立制片人制度

资深电影人张彻曾经如此评论邵逸夫与邹文怀这两位香港电影史上的重要人物,"邵、邹二人都头脑优秀,有魄力。无邵逸夫的勤奋,香港电影不能如此'高速起飞',形成继好莱坞之后的'制造梦境的工场';无邹文怀的善于放权,不能从工场解脱而迅速建立独立制片人制度,在工场衰落后,香港电影就不免会有一个时期处于低潮如美国、日本。两人先后相承,维持了香港电影二十余年的繁荣局面,不得不说是'气运'"①。这个说法经常被引用,大概源于它较为客观地指出了邵氏兄弟(香港)有限公司与嘉禾影业公司对于20世纪60年代至90年代初香港电影繁荣局面的不同贡献。

由于经营理念的不同,邵氏兄弟(香港)有限公司首席执行官邹文怀在1970年携何冠昌等人脱离"邵氏"成立了"嘉禾"。与"邵氏"家长制的大片厂制度不同,邹文怀等人深受美国电影业独立制片人制度影响,"嘉禾"从创业伊始就试图仿照好莱坞的"卫星公司制"。邹文怀甚至带了几个助手远赴美国待了两年时间,利用与福克斯公司的友好关系,学习了好莱坞的独立制片制度,并配合香港的实际情况和需要进行改良。

在"卫星公司制"中,一家有着发行院线、雄厚财力和设备的大型公司作为母公司,小型的独立制片公司则是母公司的"卫星公司";在拍摄影片时,母公司为卫星公司提供一定的财力支持,"财务支持的程度,对题材、剧本、人事上的干预程度,利润的如何分配,各依双方拟定的合同来执行"②。卫星公司并不需要事先出售海外版权,可以在制作完毕后由母公司控制影片的发行权。

"嘉禾"卫星制的产业模式改变了60年代以来邵氏公司在香港影

---

① 张彻:《回顾香港电影三十年》,香港:三联书店有限公司1995年版,第71页。
② 赵卫防:《香港电影史》,中国广播电视出版社2007年版,第223页。

业一家独大的局面。邵氏公司对于香港影业的巨大作用和贡献自有论断，然而"邵氏"的"公司老板和演员收益的极度悬殊"和"家长作风"确实使其流失了一大批不满"邵氏"管理制度的电影人才。嘉禾公司的创始人来自"邵氏"的管理层，创立之后又凭借开明的经营方式吸引了众多逃离"邵氏"的演艺人才。

吴思远曾经是"邵氏"的执行人员，他曾经极力说服邵逸夫与李小龙签订李小龙所希望的大额合同——事后证明也是一份李小龙应得的合同。虽然"老谋深算"的邵逸夫自己也在事后对朋友说，"拒绝李小龙是他唯一的、也是前所未有的重大错误"[①]，但是当时他却不相信仅仅一个演员能值这么多钱，他认为吴思远疯了。错失李小龙是邵氏的一大遗憾，而卓有远见的嘉禾公司随即以高薪与李小龙签约。

虽然卫星制经营方式由于支付给卫星公司和主创的分红减少了母公司的收入，但是由于不必预先支付薪金而降低了母公司的财务负担，因此增加了资金周转速度，从而进一步促进了电影工业发展；另外一方面，分红的刺激吸引了大批有才干的演艺人员，而且邹文怀敢于放权，很少干涉电影人的创作，不仅同意演员参与分红，甚至帮他们开设自己的制作公司，更加使他们充分发挥个人技能，促进了创作的繁荣。

嘉禾公司在几年之内吸引了大批香港影业的干将，不仅与李小龙签约，更吸纳李小龙创立的协和电影公司为子公司。而吴思远在举荐李小龙失败以后，"决心自立门户，思远公司就是这样诞生的"[②]，"思远"也成为嘉禾的子公司。其他子公司还包括罗维的"四维"、李小龙的"协和"、许冠文兄弟的"许氏"、洪金宝的"宝禾"、成龙的"威禾"、曾志伟的"友禾"、陈友和张坚庭的"二友"等。虽然实行

---

① 成龙、杰夫·扬：《我是谁——成龙自述》，陆航、陆承艺译，上海人民出版社1999年版，第310页。

② 成龙、杰夫·扬：《我是谁——成龙自述》，陆航、陆承艺译，上海人民出版社1999年版，第310页。

分红的卫星制后来出现了一些问题,"比如分账清不清楚啦……既然跟人家说要分成了,那账清不清楚?所以后面也有许冠文太太去到嘉禾查账之类的事发生"①,但是固定工资制的改变是大势所趋,香港其他影业公司开始逐渐效仿嘉禾公司的做法,"香港电影从业人员的薪金制度由固定工资制逐渐过渡为片酬制"②。

2. 成龙在嘉禾公司的电影创作

成龙无疑是嘉禾卫星制的最大受益者之一。吴思远认为虽然自己制作的《蛇形刁手》和《醉拳》帮成龙开了个头,但是后续发展同样很重要,"进嘉禾对成龙来说,也是很关键的一步,当时只有嘉禾在各方面的条件比较好,才能有比较好的制作,加上包装、发行等条件,才可以慢慢奠定成龙后来国际明星的地位"③。

在与嘉禾创始人之一何冠昌的首次会谈中,何冠昌代表嘉禾公司向成龙保证他享有完全的创作自由和预算自由,"只要为嘉禾拍片,你就可以完全按照你的方式进行制作。不需要通过预算审批,也没有逐月的制作期限。你负责拍片,而我们将把精力放在赚钱上"④。即使时隔多年之后,成龙在自己的回忆录中还用非常满足的口吻来表达这次会晤之后的愉悦心情,"这就好比出现了一位仙女,她告诉我说,我所有的愿望立即都得到了满足,财富、名望和创作的自由"⑤。

不仅如此,嘉禾公司看到了成龙的巨大潜力。他们认为他到当时为止所拍摄的影片还没有完全开发出他的潜力,"你在动作编排时表现出的想象力,还有那些喜剧元素,这些将使你的作品与我们看到过的所有作品完全不同。对于我们来说,最重要的就是保持你的风格,

---

① 《听吴思远说古》,http://www.douban.com/note/415460249/.
② 赵卫防:《香港电影史》,中国广播电视出版社2007年版,第224页。
③ 《听吴思远说古》,http://www.douban.com/note/415460249/.
④ 成龙、杰夫·扬:《我是谁——成龙自述》,陆航、陆承艺译,上海人民出版社1999年版,第339页。
⑤ 成龙、杰夫·扬:《我是谁——成龙自述》,陆航、陆承艺译,上海人民出版社1999年版,第340页。

以及努力开创新的境界，尝试新鲜的事物、原创的思想。追寻过去成功的足迹当然没有错，但是，我们认为，每一部影片都应该让观众感觉到他们看到了一些过去从未看到过的花样"①。这些评价不仅让成龙感到吃惊，"我从来没有听到过一位香港的制片人会说他想看到新鲜的创意。新事物是有风险的，对于一个像香港社会一样节奏快捷、竞争激烈的行业来说，人们总是认为重复过去的做法要强于拿未来冒险"②，而且后来的事实证明这些关于"动作编排""喜剧元素""新鲜事物""原创思想"的建议为成龙未来的电影创作指明了方向。

嘉禾公司对于成龙的制作方式非常宽容。比如《龙少爷》（1982）一片的拍摄过程可谓坎坷，预算超支、制作耗时，但是何冠昌"兑现了他的诺言"。一方面，为了"营造具有宏大气氛的银幕视觉"，加之"每个特技演员和他们的师兄弟受到金钱的诱惑要求加入成龙的剧组"，《龙少爷》一片雇用了许多特技演员，在"抢包山"片段中，上百个特技演员一起创造了这个蔚为壮观的场面。另一方面，成龙对好莱坞失败之行的愤懑及年轻气盛的冲动，使此片承担了额外的成本。成龙从美国返回香港几个星期之后，"没有准备好剧本，甚至都没考虑过故事的主线"，就带着大队人马匆匆奔赴韩国，"在韩国呆了3个月，花掉了嘉禾100万港元。最后几乎没有什么好拍的了。我把全部人员带回香港，拒绝承认失败。然后乘船前往台湾，实际上一切从零开始"③。仅仅因为成龙在最后一刻"改变了对主要故事情节的看法"，于是又重新拍摄了全部场景，"使数英里长的胶片变成了垃圾"。这些做法使《龙少爷》创下了"耗资和浪费的最新纪录"。然而嘉禾公司对于《龙少爷》的制作周期和耗资并无怨言，何冠昌根本不给他施加

---

① 成龙、杰夫·扬：《我是谁——成龙自述》，陆航、陆承艺译，上海人民出版社1999年版，第339页。

② 成龙、杰夫·扬：《我是谁——成龙自述》，陆航、陆承艺译，上海人民出版社1999年版，第339页。

③ 成龙、杰夫·扬：《我是谁——成龙自述》，陆航、陆承艺译，上海人民出版社1999年版，第379—383页。

◇ 建构"英雄"传奇

压力,"他更关心的是我的情绪,而不是我花了多少时间和金钱"①。这使成龙既宽慰又感动。

除了看好成龙长期发展的巨大潜力,嘉禾公司这么做还有其他几方面的原因。

首先,嘉禾对待成龙如获至宝,还与李小龙有关系。李小龙的骤然成名改变了嘉禾创业初期的窘迫境况,使嘉禾看到港产动作片在全球发行的巨大潜力。不幸的是,李小龙英年早逝不仅使整个香港电影业承受了巨大打击,更使嘉禾失去了支柱,"所以嘉禾急需要一个人来代替李小龙的地位"②。

其次,成龙的明星效应通常在影片开拍前就已经筹集到不少资金。以《龙少爷》为例,制作完毕之前,东南亚的发行商已经为获得这部影片的发行权投入了相当多的经费,因此嘉禾不会有太大的损失。这也是一个互为因果良性循环的过程:成龙为影片投入越多,影片质量越有保障,发行商就越赚钱,因此更乐意为成龙下一部影片投资。"成龙影片"因此成为精雕细琢的品牌保障。

再者,成龙品牌的影片为嘉禾公司出品的其他影片打开了销路。在吴思远看来,"嘉禾在没有了李小龙之后,还能在很长一段时间保持上升,建立自己的电影王国,成龙出的力是很大的。那时候,发行通常是这样,有A级片、B级片、C级片,不可能每一部都是A级片,所以发行的时候,就可以用A级片来带B级片、C级片,成龙后来的片子每部都卖座,很多人跟嘉禾签约都是冲着成龙的片子,与此同时,嘉禾就可以把一些其他水平不高的片子带出去,所以成龙对嘉禾非常有贡献"③。

十分的敬业态度既是成龙对嘉禾的回报,也是一个热爱电影的追梦人对自己精益求精的要求。在嘉禾所拍摄的第一部电影《师弟出马》

---

① 成龙、杰夫·扬:《我是谁——成龙自述》,陆航、陆承艺译,上海人民出版社1999年版,第379页。
② 《听吴思远说古》,http://www.douban.com/note/415460249/.
③ 《听吴思远说古》,http://www.douban.com/note/415460249/.

（1980）被成龙看作生命中"一个阶段的终结"：此前他被"所达成就和其他人的期待所形成的屏障团团围住"；此后，获得了创作自由和预算自由的他"梦牵魂绕的唯一期盼就是影迷和自己所追求的目标"。成龙希望自己为嘉禾拍摄的第一部影片"方方面面都做到完美……同时我也明白每个人都在关注我是否能够保持连续成功。我把何冠昌的许诺牢记在心，拍摄或者重拍直到我觉得自己做得很好为止。有一个镜头表现我把扇子踢向空中，并且单手敏捷地将其握住，我一连拍了50多次！"①。《师弟出马》获得1100余万元港币，打破了香港票房纪录。或许正是从此片开始，成龙越来越走向为电影搏命的不归路。

在嘉禾公司的支持下，成龙对自己的影片越发追求精益求精、尽善尽美，成龙电影的拍摄周期长于一般的香港电影，而且不断刷新香港电影的投资预算，屡屡创下"香港电影最贵投资记录"。

香港电影的生产节奏一向以"短平快"著称。五六十年代的香港电影整体上由于粗制滥造而质量低劣，市场上最为泛滥的是批量生产的"七日鲜"媚俗影片——从开机拍摄到上映仅需要一个星期左右时间的流水作品。后来，随着电影业的发展（包括大型制片公司的崛起、院商的逐渐开明、观众的观影需求的提高等），"制片商不再要求在短短几天时间里一部作品从筹备到上映，加强了对于影片本身制作质素的要求，一般一部影片的拍摄时间在20天到一个月之间，再加上制作后期、安排档期等，可能都要等待两三个月甚至更长时间才能上映"②。

在这种背景下，"两三个月"是一部香港电影生产的正常周期，而成龙在嘉禾制作的第二部影片《龙少爷》花了近一年时间，"用香港的时间观念来看，这几乎是一辈子了"③。自此之后，成龙影片预算

---

① 成龙、杰夫·扬：《我是谁——成龙自述》，陆航、陆承艺译，上海人民出版社1999年版，第341页。
② 香港电影词条：《七日鲜》，http://ent.sina.com.cn/m/c/2008-07-28/18522117945.shtml.
③ 成龙、杰夫·扬：《我是谁——成龙自述》，陆航、陆承艺译，上海人民出版社1999年版，第379页。

建构"英雄"传奇

超支、制作超时的新闻屡屡见诸报端。例如《龙兄虎弟》(1986)投资高达1.20亿港币;1991年上映的《飞鹰计划》,不但是香港历来制作成本最高的电影(据报道达到1300万美元),"摄制的时间也最长,用了将近两年才大功告成。这和成龙平时的个性成了强烈的对比。成龙一离开了拍片场地,就是个急性子人"①。

在香港电影阶段,成龙对电影作品的创作拥有绝对控制权。在1999年的一段采访中,他直言不讳,"在我的电影拍摄现场,问题的最后决定权一定是我。今时今日,我拍的影片都是成龙式的影片,都是我自己风格的作品,因此最能把握我的影片精髓的就是我自己。我找一个导演就是请他来帮我的忙,不是要他重新来打造我的电影、重新创造一种新的电影风格。因此当我在现场看到他有偏差时,我一定会坚持我的意见。……一直以来,你们听到的一些'成龙在拍摄现场更换导演'的消息都是真事。……这是因为我要保证自己的一些企划、一些想法能充分在电影中表现出来,我对自己的电影模式很有信心。比如唐季礼,他拍我的《超级警察》红遍全球,但拍自己的《超级计划》又怎么样?所以我的成龙电影还是有自己的哲学的"②。这里谈到的成龙"自己的电影"实际上就是成龙的香港电影。

从成龙与嘉禾十余年的合作经验中可以窥见明星品牌与电影公司之间互相依赖的复杂关系。进入90年代,金融危机等众多因素不仅导致香港电影行业的资本危机,更导致了中国台湾、东南亚、韩日等重要市场的萎缩,电影工业环境发生了恶劣变化,香港电影在90年代初极盛而衰。虽然受到大环境制约,嘉禾电影的投资及产出均降低,但是仍然凭借一贯坚守的国际化视野以及美学创新,联合海外发行力量,并依赖成龙等明星的动作大片成为香港电影的中流砥柱。

如前文所说,嘉禾得到的经验是,全明星制的带有喜剧色彩的动作影片是打开国际市场的可行配方。成龙电影逐渐采取了高投入、高回报

---

① 闻过:《并非只是打出来的巨星》,《电影评介》1993年第11期。
② 周鹏程:《走近成龙》,《当代电视》1999年第10期。

的"大片策略":大笔资金投入、海外取景并在欧美进行后期制作。年均一部的成龙大片,如《红番区》(1995)、《霹雳火》(1995)、《警察故事4》(1996)、《一个好人》(1997)、《我是谁》等,在制作和外观上都具备典型的国际化特征,不但在香港本土票房名列前茅,并在全球电影市场屡建奇功。这一产业策略终使嘉禾公司在大形势不好的情况下仍然能够站稳。如在香港电影整体陷入低谷的1996年,"'嘉禾'年产影片30部,总票房超过2.45亿港币,市场占有率也达到了35.77%的新高"[①]。成龙电影成了嘉禾公司名副其实的顶梁柱。

3. 成龙香港电影的特征

成龙香港电影主要包括这些影片:《蛇形刁手》、《醉拳》、《师弟出马》、《龙少爷》、《A计划》、《快餐车》(1984)、《警察故事》、《龙的心》(1985)、《龙兄虎弟》(1986)、《A计划续集》(1987)、《警察故事2》(1988)、《奇迹》(1989)、《飞鹰计划》(1991)、《警察故事3》(1992)、《双龙会》(1992)、《城市猎人》(1992)、《重案组》(1993)、《醉拳2》(1994)、《红番区》、《霹雳火》、《警察故事4》、《一个好人》和《我是谁》。从《师弟出马》开始之后的香港影片都由嘉禾公司出品,因此成龙的香港电影基本等同于嘉禾时期的成龙电影。

成龙虽然有份出演"福星"系列影片[②],但是他的戏份与其他众多主要演员不相上下,因此这些影片不算是典型的成龙电影。

另外,虽然本文为了分析方便把1978年到1998年间的成龙电影作品归为一个阶段,但是并不代表这些影片之间在类型、主题、风格等方面都是完全一致的。实际上,从成龙的电影形象来看,这个阶段的成龙电影形象主要经历了从"功夫小子"到"动作警察"的变化,而"动作警察"又内含了从"香港警察"到"国际警察"的地域特征变化;同时,影片的时代背景也经历了从古代乡村故事到现代城市

---

① 引自赵卫防《嘉禾的产业创新与当下意义》,《当代电影》2010年第11期。
② 主要包括《奇谋妙计五福星》(1983)、《夏日福星》(1985)和《福星高照》(1985)。

故事的转变。

　　对于成龙电影的特征,学界已有众多评论。前文提到了贾磊磊和胡克等学者对"成龙电影"特征的归纳,这些特征实际上正是成龙的香港电影的主要特征。此外还有蔡洪声对成龙电影世界的归纳:"伸张正义的世界""惊心动魄的武打世界""乐观的、让人畅怀开笑的喜剧世界""和广大观众息息相通的感情世界"。吴冠平则认为,"正义的故事和喜剧性的动作场面是世界性的,而成龙恰恰出色地结合了这两点"①。

　　本文认为,成龙香港电影的核心特征可以归纳为两个方面:动作喜剧和正义故事。如果说正义故事是成龙所有影片的特征,贯穿了成龙的电影明星生涯,那么动作喜剧则是成龙香港电影的最重要特征,也是成龙作为电影明星品牌的核心特征。

　　成龙的香港电影以动作喜剧这一电影类型为主。如胡克所说,"成龙电影的鲜明特点在于动作性和喜剧性,两者互相配合形成独特风格"②。在其香港电影中,成龙表演了蔚为壮观的奇观动作,既有令人眼花缭乱的街头打斗,又有令人提心吊胆的高难度危险特技。无论是最初确立成龙品牌的"功夫小子"形象,还是随后成为成龙主要银幕形象的"动作警察",仰仗的都是成龙无与伦比的身体奇观。成龙亲自表演的喜剧动作奇观是成龙品牌化表演的核心特征,不仅使成龙成了"动作喜剧"类型电影的同义词,更是成龙品牌电影最重要的核心元素。鉴于奇观动作在成龙明星品牌中所占据的压倒性重要位置,本文将在第二章进行详细分析。成龙影片中的"正义故事"将在第三章进行讨论。

　　成龙香港电影中的喜剧性有两面来源。其一来自情境所产生的喜剧性,比如《A计划2》中多方面人物聚集在张曼玉所饰角色的房间内,却又互相不想让其他人知道。其二来源于动作所产生的喜剧性。

---

① 吴冠平:《好莱坞认知的成龙电影》,《电影艺术》2000年第2期。
② 胡克:《成龙电影中的喜剧性动作与暴力》,《当代电影》2000年第1期。

以成龙为主的演员的身体表演是喜剧性的最重要来源。本文着重分析的是后者,更为细致的分析也将在本文第二章展开。

成龙香港电影的一个重要特征是主角不会死。在其香港电影中,成龙所扮演的英雄人物虽然不是刀枪不入,却永远摔不死也打不死。这就赋予成龙香港电影中的角色以"传奇"色彩,并成为成龙动作喜剧影片的惯例。而成龙的义父、嘉禾创始人之一何冠昌先生则是确立这一惯例的幕后功臣。他是成龙事业上的指路人,成龙对他言听计从。当成龙想让《警察故事3》中自己的角色死掉时,何冠昌告诉他"成龙永远不会死"。他甚至连一场戏都不想让成龙打败,虽然成龙很想这么做[1]。

"好人有好报"的大团圆结局是喜剧文艺作品的标准配置之一,也是成龙香港电影的特征之一。蔡洪声则从观众心理角度出发,解释了为什么这一"英雄主角不能死"的策略行得通,"表面上看,这种现象并不符合现实生活中的'理';但实质上,却抓住了观众的'情'。因为,绝大部分观众的心理都是希望'英雄不死''正义必胜'。看成龙影片,有正义感的人都会扬眉吐气,受欺凌的弱者还可以从中寻到安慰。这是他赢得观众的一个重要原因"[2]。

二 第二阶段:成龙的好莱坞电影

在新线电影公司的推动下,成龙的香港电影《红番区》于1996年在美国上映,斩获了3234万美元的票房,成为成龙打入北美市场的里程碑之作。成龙打入好莱坞势在必行,而众多好莱坞制片公司也对成龙觊觎已久。在众多项目中,《尖峰时刻》最终被选中,成为成龙最终打入好莱坞的影片。《尖峰时刻》不负众望,以1.4亿余美元的票房成绩成为1998年度美国票房排行榜第七名。《尖峰时刻》的商业成功使成龙在好莱坞立足,为他打开了北美市场,使他成为名副其实

---

[1] 引自《玻璃樽》DVD版本中的成龙评论。
[2] 蔡洪声:《成龙的电影世界》,《当代电影》2000年第1期。

的国际明星。以《尖峰时刻》为开始，成龙真正以国际明星的身份开始了自己的好莱坞生涯。2002年10月4日，成龙的名字被镌刻在好莱坞星光大道第2205颗星星上，成为继黄柳霜、李小龙之后的第三位获此殊荣的华裔明星。

1. 成龙80年代的两次好莱坞之行

实际上在《尖峰时刻》之前，成龙在80年代早期就曾经两次前往好莱坞拍摄影片。第一次在1980年。当时成龙在港台、日本及东南亚已经走红，嘉禾公司着力培养他成为继李小龙后第二个打开国际市场的功夫巨星。1980年，嘉禾把成龙推向好莱坞，让他独挑大梁主演了《杀手壕》(1980)。可惜，无论是英语台词、特技动作还是导演罗伯特·克劳斯的工作方式都让成龙倍感拘束，所拍摄的成片并无法展示成龙的身手及创意。

同时，嘉禾公司还让成龙出演了公司独立投资制作的《炮弹飞车》(1981)。此片云集了当时多位好莱坞的明星，其中包括以破全球纪录的500万美元的天价片酬拉来的人气如日中天的好莱坞巨星伯特·雷诺兹、1973 1985年期间007系列电影中扮演邦德的明星罗杰·摩尔、70年代名噪一时的好莱坞性感女星法拉·福塞等大牌明星。为了让自己公司的华语明星通过参演这部主流好莱坞影片获得影响力，嘉禾公司安排了红透亚洲的成龙和许冠文在片中客串出演。嘉禾老总邹文怀解释了之所以这么做的其他原因，"除了最出名的，其他人不太容易放进去"，而且"必定要拍有大明星大阵容的电影放进去才能成为有很多美国各地的人都看到的主流电影。普通戏放中国人进去没有什么意思，放比较有重要性的，有很大影响的片子"①。

虽然《炮弹飞车》及续集在日本和美国等市场获得了商业成功，但是在香港却失败了。在成龙看来，失败的原因在于，自己的香港观众"不愿意看到我和一大群美国演员混在一起。当然，他们也不愿意

---

① 《新航标：嘉禾四十年风云雄霸史 橙天人主新模式（4）》，http://news.chinaunix.net/ent/2010/0509/563523.shtml。

看到片中的中国人荒诞可笑"①。

第一次前往好莱坞拍片以成龙负气返港告终。

但是嘉禾公司并没有放弃让成龙打开国际市场的希望，他们希望成龙"能够为争取新的观众群体再做一次努力"②。在并不情愿的情况下，成龙第二次前往美国，拍摄了当时好莱坞盛行的警察搭档片《威龙猛探》（1985）。成龙对此片更为不满，"剧本里包含了所有典型的好莱坞动作片的陈年套路——连篇的脏话，随时都会有的暴露场面，以及子弹横飞的镜头。动作画面僵硬、迟缓，观众不看都可以说出结果。……如果说《杀手壕》是一个错误的话，那么，《威龙猛探》就是一场灾难"③。返回香港后，成龙对此片重新补拍了一些情节，并重新做了剪辑。第二次前往好莱坞同样以失意告终。

成龙总结过这两次好莱坞拍片失败的原因，"在香港拍片的时候，我要确保每一个镜头都是完美的——它要符合搏击的韵律，要恰到好处地捕捉到事先编排好的拍摄流程。我策划动作场景，监督影片的编辑，雇佣动作演员和特技人员。我可以保证我头脑里的画面能够展现在银幕上。可是，在我接拍的所有好莱坞影片中，我从来就没有那份自由和控制权。……因此，即使成龙主演了那些影片，它们也算不上是'成龙电影'"④。

虽然成龙对于前往好莱坞出演的《杀手壕》、《炮弹飞车》系列以及《威龙猛探》颇为不满，但是这些经历无疑开阔了成龙的眼界，为他未来拍片时所具有的国际视野奠定了重要基础。例如成龙二赴好莱

---

① 成龙、杰夫·扬：《我是谁——成龙自述》，陆航、陆承艺译，上海人民出版社1999年版，第376页。

② 成龙、杰夫·扬：《我是谁——成龙自述》，陆航、陆承艺译，上海人民出版社1999年版，第417页。

③ 成龙、杰夫·扬：《我是谁——成龙自述》，陆航、陆承艺译，上海人民出版社1999年版，第419页。

④ 成龙、杰夫·扬：《我是谁——成龙自述》，陆航、陆承艺译，上海人民出版社1999年版，第420页。

坞的经验直接启发他拍摄了对他极为重要的《警察故事》。

2. 成龙对好莱坞影片主导权的缺失

从香港来到好莱坞，成龙无论身份还是权力都发生了巨大变化：亚洲的主流族裔成了强势西方文化中的边缘少数族裔、亚洲的巨星在好莱坞只是区域性明星、对香港电影的全权控制在好莱坞电影中根本无法实现。无论在80年代的两次赴美经历还是90年代末开始的好莱坞经历之中，这种状况并无大的改观。

与80年代好莱坞经历类似的是，成龙并不拥有其好莱坞影片的主导权。当然由于成龙已经贵为明星，他在《尖峰时刻》及其后的好莱坞影片创作中所获得的待遇当然不是80年代所能比拟的，"我起码可以按照自己的方式进行打斗和表演特技，或者在好莱坞的原则下，尽可能按我的方式行事"①。但是上文已经提到，在80年代的成龙好莱坞影片中，成龙并不拥有类似于香港影片的"自由和控制权"。也就是说，在好莱坞，成龙首先是个动作明星，最多再是个动作导演，而不具有导演或者制片人的最终决定权；然而在亚洲拍电影时，成龙本人拥有影片的最终决定权。这其中既涉及香港电影工业与好莱坞电影工业的不同生产方式，又涉及典型"成龙电影"所特有的创作方式。由于本文第四章将对成龙的好莱坞电影进行更为细致的讨论，所以此处不做具体分析。

对影片不拥有控制权这一事实极大地影响了成龙在好莱坞影片中的形象，使华人观众认为"好莱坞不适合成龙，成龙只有在中国人的电影里面才是真的英雄，才有自己的本色"②。成龙可以被称为其香港电影的电影作者，但是却不是其好莱坞影片的电影作者。

成龙本人对于自己的好莱坞影片有清晰的认识，他数次表达过对于自己好莱坞影片的不认可。在为《新警察故事》宣传时，成龙直言

---

① 成龙、杰夫·扬：《我是谁——成龙自述》，陆航、陆承艺译，上海人民出版社1999年版，第426页。

② 哈哈海豚：《成龙——他本身就是一部"神话"》，《航空港》2005年第5期。

不讳,"在好莱坞拍的都不是我想要拍的东西!我在好莱坞拍的那些东西都是他们想要的,我无法实现自己的想法和意图"①。在提到为什么拍摄《十二生肖》时,也有过类似说法,"在中国我有控制权,但是在拍美国电影时,他们控制我,所以我才执导了自己最新的影片《十二生肖》"②。

同样,成龙对于自己影片的市场定位同样有清晰的认识。被问及好莱坞影片角色为什么不如香港影片中的英雄角色时,他解释说,"我到美国拍电影,拍一些他们喜欢的片子,迎合他们的市场。我知道自己的定位在哪里,我拍完美国那边就回来拍一些大家喜欢的片子,成龙式的片子。在美国拍戏钱很多,但是拍得不开心,老是拍我不愿意拍的东西。我拿在美国拍戏的钱回来才可以投资其他的电影,去捧新人,去做一些我喜欢做的事情,我有多余的钱拿去做点慈善工作,何乐而不为?我就会有两个市场"③。因此成龙并不把自己的好莱坞影片看成"成龙式的片子",而是把自己早期的香港电影和后来的华语电影看成"成龙电影"。

对影片主导权的缺失,使成龙的好莱坞电影缺失了其香港电影的独特之处。好莱坞无法提供成龙所需要的艺术创作自由,更无法实现经典成龙电影的价值立场。影片主导权缺失对成龙电影造成的影响将在第四章深入分析。

好莱坞在世界电影行业举足轻重的地位提供了大部分电影人难以拒绝的诱惑。因此成龙一方面继续在好莱坞挑选拍摄较为合适的影片,另一方面则继续在亚洲拍摄"成龙电影"。

3. 成龙好莱坞电影的特征

成龙的好莱坞电影主要包括这些影片:《尖峰时刻》系列、《上海正午》(2000)、《上海骑士》(2003)、《燕尾服》、《80天环游世界》

---

① 郭智:《成龙:依旧豪气冲天》,《电影》2005年第1期。
② Jackie Chan, http: // www.bjtonline.com/business-jet-news/jackie-chan.
③ 哈哈海豚:《成龙——他本身就是一部"神话"》,《航空港》2005年第5期。

(2004)、《功夫之王》(2008)、《邻家特工》(2010) 和《功夫梦》(2010)。

成龙的好莱坞电影延续了成龙赖以成名的动作喜剧类型。但是相对于成龙的香港电影，无论是从喜剧性还是从奇观动作方面来看，其好莱坞电影都无法媲美。

成龙在好莱坞电影中的形象同样延续了其香港电影中的"动作警察"及其变体的侦探、士兵这类秩序维护者形象。比如他在《尖峰时刻》系列中扮演的是香港警察李警官、《上海正午》《上海骑士》中扮演的是清朝御林军士兵、《邻家特工》中扮演的是特工、《燕尾服》中扮演的出租车司机也误打误撞当上了特工。但是相对于其香港影片中的近乎完美的正面形象，成龙好莱坞角色的英雄形象受到了很大的损害。

对成龙好莱坞电影特征更为细致的描述及成因分析都将在第四章深入展开，所以此处不多做解释。

三　第三阶段：成龙的华语电影

或许是因为对 80 年代的好莱坞失利经历仍然心有余悸，当《红番区》为成龙开启好莱坞事业做足了热身准备，而且《尖峰时刻》被好莱坞公司一致看好时，成龙却同时毫不松懈地在为自己的亚洲市场筹备拍片。成龙所要捍卫的既是电影作者艺术创作的自由与个性，更是文化观念与价值立场的独立性与差异性。在拍摄完《尖峰时刻》之后，成龙立即返回香港，拍摄了《玻璃樽》这部浪漫爱情喜剧电影，以此开始了自己的华语电影阶段。

1. 《玻璃樽》开启成龙电影事业新阶段

《玻璃樽》可以被看成成龙表演生涯中的一个转折点。

一方面，从个人角度来看，成龙招牌式的动作奇观表演实际上很难维持，所以作为演员的成龙亟须转型。这涉及许多个因素。第一，喜剧化打斗越来越难出新意。由于在 80 年代前半时期的《A 计划》系列和《警察故事》中的动作奇观表演就达到了很高的水准，再想超越很不容易。比如成龙在打斗中对于道具的灵活运用，第一次出现时令人拍手叫绝，但是往后再用的时候容易引发审美疲劳。第二，高难度的危险特技同样越来越难实现。《A 计划》中的跳钟塔和《警察故事》中的跳灯柱都是以生命冒险的特技动作，成龙亲自表演的高危特技从此成为成龙品牌的核心特征之一。成龙深知这个品牌特征的重要性，为了维护这一特征，也不惜一再赴险，例如在《我是谁》中从三十层的高楼上跑下来。第三，观众对于电影奇观的期待越来越高。成龙式的动作奇观通过给观众带来视觉震撼力及心理冲击力而确立其价值。但是，现代观众已经习惯了电脑特效给电影、甚至电视带来的上天入海的视觉奇观，因此他们的要求越来越高、越来越挑剔。结果是，同样水准、难度的动作奇观对于观众来说永远不够新鲜、不够刺激。第四，越来越大的年龄是成龙创造新的动作奇观的障碍。随着年纪渐长，无论是身体的灵活性、速度还是动作难度都无法与年轻时期相比。这本来是自然规律，但是对于以动作奇观为品牌核心特征的成龙来说，这简直是要命的。第五，由于成龙资历深厚、年龄渐长，嬉笑打闹的角色显得既不够严肃，也不太适合正面人物。成龙很早就意识到了上述这一系列问题，他所做的最明显的尝试在于"拓宽戏路"，展示自己的演技，试图成为"演技派"明星。

另一方面，从外在环境来看，何冠昌的去世使成龙可以毫不犹豫地探索其他电影类型。如前文所说，成龙对于嘉禾创始人之一兼义父何冠昌言听计从。何冠昌看好成龙的功夫喜剧路线，不想让成龙出演剧情片，比如何冠昌曾经不同意成龙出演陈凯歌的《霸王别姬》。他认为，相对于成龙的动作电影，剧情片的市场空间非常有限。可以说，何冠昌既帮助成龙打造了"功夫喜剧"的金字招牌，同时又限制了成龙其他戏路方向的发展。当成龙在《尖峰时刻》的片场接了一个香港打来的电话之后，这一切都变了，因为何冠昌逝世了。正如成龙本人在《玻璃樽》的评论中所说，他觉得"现在可以变了"。再也没有人阻止他了，成龙能够出演他一直渴望的更具戏剧性的角色了，至少在亚洲如此。

《玻璃樽》为成龙的银幕形象转变提供了契机，使他从硬桥硬马的动作硬汉转变为爱情喜剧中的更为柔和的男主角。类似于《警察故事》，《玻璃樽》在成龙的事业生涯中具有重要意义。这两部影片都是成龙作为少数族裔在好莱坞妥协之后的奋起自证，是成龙对于不甚满意的好莱坞经历的"本土"回应，而两部影片都让他尽兴实现了自己的想法。在《警察故事》里，他创造了前人未曾见过的打斗片段，牢牢建立了自己的动作喜剧商标。在《玻璃樽》中，他塑造了一个不同于以往的角色形象。没有何冠昌的控制，成龙终于敢在一对一打斗中败下阵来，可以在爱情喜剧中出演一个之前电影未能实现的多维人物。

《玻璃樽》是成龙改变戏路的试水之作，可以被看作成龙银幕人格改变的第一步。从《玻璃樽》中可以看到成龙挣扎着想从动作明星转变成演技派演员。此后，在保留自己的一些原有特征之余，成龙的华语电影银幕角色不断朝着更具戏剧性的多元化方向发展。

2. 华语电影阶段的创作状况

从好莱坞返回亚洲拍摄华语电影的成龙重新获得了创作主导权。成龙又为嘉禾公司拍摄了《玻璃樽》和《特务迷城》（2001）。但是由于何冠昌的去世、嘉禾公司内部变动、香港电影业的低迷等，成龙结束了与嘉禾长达22年的合作，《特务迷城》成为成龙在嘉禾公司拍摄的最后一部影片。

2003年8月，成龙与杨受成合资成立了成龙英皇影业有限公司。成龙所拍摄的《新警察故事》（2004）、《神话》、《宝贝计划》（2006）、《新宿事件》（2009）、《寻找成龙》（2009）、《十二生肖》（2012）、《天将雄师》（2015）等华语影片都由成龙英皇影业有限公司出品，成龙可以称为是这些影片的电影作者。

关于成龙的华语电影阶段，还有一点需要提及的就是时代背景。成龙的华语电影阶段始于1997年香港回归，又遇上了2003年《内地与香港关于建立更紧密经贸关系的安排》及其附件（CEPA）的签署，并处于"中国崛起"的大背景之中。无论是 CEPA 协议标志的"香港电影新时期",还是内地电影工业与市场的蓬勃发展,成龙电影都是受惠者。关于这方面的探讨将在第三章第四节的"时代背景:CEPA 签订与'中国崛起'"部分深入展开。

陈犀禾等人认为,CEPA 促成了"你中有我,我中有你"的电影合拍新阶段,而"华语电影"这一概念"呼应了这一宏观的历史和时代变迁,同时解决了为三地电影共同命名时所面临的困境"。"华语电影"的这一提法实际上突出的是"华语文化圈""大中华文化"等内涵,"强调的是华语文化圈内的统一、协作与共荣"[①]。在香港和内地电影交流密切、共同繁荣这一现实之下,用"华语电影"来命名成龙等众多香港电影人的香港影片是恰当的。这也是把《玻璃樽》及之后的成龙影片命名为"成龙的华语电影"原因之一。

3. 成龙华语电影的特征

在华语电影阶段,成龙电影开始了多元化尝试。除了对动作喜剧加以继承之外,成龙华语电影阶段多元化发展的一个新特征是不断尝试扮演正剧角色。比如《新警察故事》中,成龙一改昔日打不死的欢乐英雄形象,变身为因剿匪策略失误导致同事被害的内疚督察,他沉湎于自责和痛苦之中,展示了可圈可点的演技。在《警察故事2013》中,成龙所扮演的内地刑警队长既是一位富有责任感的警察,也是一位护女心切的父亲。《新宿事件》更是一部基调阴冷压抑的现实主义作品,成龙所饰演的铁头从中国内地偷渡前往日本,成龙不仅失去了以往喜剧角色的一身本领,更在片末悲情死去。在《大兵小将》(2010)中,成龙扮演的小人物同样以自身之死成就大义。在《辛亥革命》这部历史剧情片中,成龙则扮演了著名历史人物、辛亥革命领袖黄兴,这个角色同样既没有一身功夫,也没有喜剧色彩。关于成龙戏剧化表演的进一步讨论将在第五章第一节的"明星表演与成龙电影明星品牌

---

① 陈犀禾、刘宇清:《华语电影新格局中的香港电影——兼对后殖民理论的重新思考》,《文艺研究》2007 年第 11 期。

的意义变迁"部分中深入展开，此处不再多加分析。

第三节　成龙的银幕经典形象

在近四十年的电影明星生涯中，成龙主演过几十部影片，在大银幕上塑造了一系列经典形象。总体看来，这些银幕形象大概可以被归为三类：功夫小子、动作警察和平民英雄。

成龙的"功夫小子"和"动作警察"电影形象属于并列关系，而"平民英雄"与这二者却并不属于并列关系。如果说"小子"突出的是成龙角色的性格特征，"警察"强调的是成龙角色的职业身份，那么"平民"则显然具有某种阶级色彩。"平民英雄"主要强调的是成龙角色的底层阶层出身。成龙的很多"功夫小子"和"动作警察"角色显然也可以被归为"平民英雄"这一范畴。这一部分试图对这些银幕经典形象加以梳理总结。

一　功夫小子

由成龙主演的《蛇形刁手》和《醉拳》于1978年上映，不仅成为香港谐趣功夫片的经典之作，确立了这一电影类型的基本模式，而且奠定了成龙作为谐趣功夫明星的地位。这两部影片中的"功夫小子"形象代表了成龙明星品牌的早期形象。在之后的几年中，成龙陆续自编自导自演了《笑拳怪招》（罗维公司出品）、《师弟出马》和《龙少爷》，延续了《蛇形刁手》和《醉拳》的类型、主题、风格及成龙的"功夫小子"形象。

吴思远、袁和平和成龙的铁三角组合通过《蛇形刁手》和《醉拳》确立了成龙谐趣"功夫小子"的形象。这个形象是为成龙量身订制的。制片人吴思远回忆《蛇形刁手》的制作过程时直认："一想到要拍一部功夫小子的戏——以前武侠片都是大侠——现在我立意要拍的是小子，不能跟大侠比，他不威风，不漂亮，但是要逗人喜欢，有观众缘，身手要好，有喜感，当时一想就想到成龙，没有想过别人"①。鉴于成龙"史前时代"主演影片的失败记录，吴思远甚至受到了印度尼西亚、中国台湾和新加坡片商方面的阻力，但是他独具慧眼认定了成龙。

《蛇形刁手》中成龙扮演的少年简福，是一个在武馆打杂的小伙计，他善良简单却在武馆受尽欺辱。出手相助一位老叫花子（袁小田饰演）之后，简福得到了这位高人老伯的指点。从一开始为了逃避挨打学习功夫招式，到后来主动进攻，再到最后在猫蛇相斗中受到启发创立蛇形刁手，简福一步步走向强大，最终打败强敌为老伯复仇，完成了英雄叙事。

《蛇形刁手》的创新之处在于，影片中两位倒霉的主人公改写了过去武侠功夫电影中的那种正气凛然、苦大仇深的形象，以滑稽有趣的动作与和蔼可亲的形象使电影观众获得了一种全新的、忍俊不禁的观影经验。

无论从制作公司、导演还是主演来看，《蛇形刁手》的团队在当时并不出名，制作成本也只有五六十万。但是影片上映之后的观众反应相当好，观众除了喜欢看打斗，对里面的笑料也非常欣赏。此片当年获得了三百万左右的票房，这在当时已经是很好的成绩。吴思远全面总结过《蛇形刁手》成功的原因，"第一是有笑料的动作片比较少有；第二，成龙真的是很可爱，很卖力，很讨人喜欢；第三，整部戏的结构就是小子吃苦，但是他心地很好——一个放置于四海都能接受的桥段，这个戏就是奋斗的过程，尤其是他路见不平拔刀相助老人家，老人家原来是高手，暗中又帮他出手，而且把他训练成才。这样的桥段跟当时香港社会的情况很接近，香港社会当时也是很艰难，每一个人都是要拼搏。我现在回想起来，观众是有共鸣的，能够从中看到一种鼓励人上进的力量，即使你很低沉、很苦，但只要不气馁，努力奋斗，总有成功的一天，所以我觉得，电影跟时代的结合很明显，当时我们不知道，现在事后回想，发现有这方面的原因，而且来看电影的

---

① 《听吴思远说古》，http://www.douban.com/note/415460249/.

建构"英雄"传奇

人,大部分都是中下阶层的,他们在电影里找到共鸣"①。

《蛇形刁手》小获成功给了吴思远信心。起初制作《蛇形刁手》只是尝试,因为吴思远当时不确定观众及海外市场喜不喜欢这种没有流血和"开膛破肚"的功夫电影。现在他觉得这类电影可以拍,可以再把喜剧元素加量。《醉拳》的诞生是《蛇形刁手》团队趁热打铁的结果。在剧本创作阶段,团队就非常明确,"我们讲明这是一部喜剧动作片,成龙演的是一个小子"。只是这一次这个小子不再是籍籍无名的少年,而是香港动作电影中已经成为经典的著名民间英雄黄飞鸿。

《醉拳》中成龙扮演的少年黄飞鸿完全颠覆了关德兴塑造的黄师傅形象。在之前的黄飞鸿电影中,关德兴塑造的黄飞鸿是一个成年人,是行侠仗义、老成持重的正统儒家君子形象。《醉拳》中的黄飞鸿却是武馆师傅黄麒英家里的"顽皮包",影片开始时,他顽皮好动却不愿意认真练功,捉弄自以为是的大师兄,富于正义感却容易冲动,功夫不高却不怕打架,试图调戏年轻姑娘却被姑娘母亲教训,想吃霸王餐又遭到狠揍。在受到了父亲的惩罚,尤其被敌人侮辱之后,顽劣少年在师傅苏乞儿指导下终于发奋练功。练功时苏乞儿用花样百出的怪招指导黄飞鸿,黄飞鸿则绞尽脑汁应付周旋。与仇人一决雌雄的最后时刻,黄飞鸿使用师傅教授的醉八仙拳法,并加上自己独创的何仙姑招式,终于反败为胜。

如果说《蛇形刁手》使成龙首尝成功滋味,那么《醉拳》则让他找到了一条完全不同于李小龙的功夫之路。《醉拳》在1978年上映之后立即刷新香港的票房纪录,成功开启了成龙在香港影坛的动作巨星之路。至此成龙谐趣"功夫小子"的形象已经完全确立。首先,他是一个亲切又顽皮的小人物,幽默善良又正直侠义,虽然冒失冲动但是终获成功;其次,成龙已经开始展示他的身体神话,他不仅精力充沛、体能惊人、身手敏捷,而且具有搏命精神和少年的冲劲儿。"功夫小

---

① 《听吴思远说古》,http://www.douban.com/note/415460249/.

子"形象在之后的几部成龙影片中得以延续,主要有《师弟出马》《龙少爷》。

《醉拳》中的"功夫小子"不仅在形象上一反乾坤,他机灵古怪、惹是生非、嬉皮笑脸、捉弄师长的形象不仅改变了刻板严肃的黄飞鸿形象,更重要的是幽默地挑战了传统伦理道德价值,"颠覆了过去的黄飞鸿形象所负载的传统的价值标准和道德观念"①,显然具有一套新的、合乎人性与时代发展的价值标准。影评人张建德赞许了成龙"功夫小子"形象所实现的突破,"演员创造了一种介于超能力者和邻家男孩之间的角色类型,他们通常喜欢恶作剧同时又非常感性"②。

胡敏娜认为,《醉拳》"将未成年人的恶作剧置于英雄品德之上,让搞笑、嘲讽、滑稽和胡闹无所不能"。而此片中的成长叙事也不同寻常,"这是醉酒、羞辱、痛苦和叛逆和每一个男孩的梦想结局的结合:他打败了敌人,拯救了自己的父亲和村庄"③。

在性格塑造上,成龙饰演的谐趣"功夫小子"通常心地善良、正直单纯,同时又机敏活泼、精灵古怪、顽皮可爱,时常有无伤大雅的恶作剧。顽皮活泼,嬉皮笑脸惹是生非。胡克认为,成龙具有"男童那种'三天不打,上房揭瓦'式的顽皮。超人的武功与顽皮的儿童心理相结合,使他的形象定位于成人与儿童之间"④。

在叙事模式上,谐趣"功夫小子"影片遵循成长叙事的传统规范:无名少年或者顽皮少年历经挫折几经磨难,在关键时刻挽救时局于危难。但是在情节发展上,成龙凭借扎实的戏剧功底、精妙的动作节奏、敏捷的身手和幽默滑稽的笑料改变了成长叙事的苦难模式,创

---

① 陈墨:《功夫成龙从港岛走向世界——成龙电影创作历程述要》,《当代电影》2000年第1期。
② 龙行天下—FROM《蛇形刁手》TO《玻璃樽》,http://ent.sina.com.cn/m/2011-10-12/16223439914.shtml。
③ [澳]胡敏娜:《成龙:疼与痛的明星工作》,载[美]张英进、[澳]胡敏娜主编《华语电影明星:表演、语境、类型》,西飏译,北京大学出版社2010年版,第224页。
④ 胡克:《成龙电影中的喜剧性动作与暴力》,《当代电影》2000年第1期。

造了功夫喜剧这一重要电影类型。谐趣"功夫小子"叙事把正统刻板的传统英雄神话还原为世俗的邻家男孩成长故事,通过把喜剧表演与传统的功夫电影相结合,把意识形态强烈的武侠电影改造为轻松的娱乐形式。

在香港武侠电影瑰丽斑斓的历史中,谐趣"功夫小子"形象是一次创新。在成龙的谐趣"功夫小子"之前,香港功夫片的人物谱系已经存在一些典型的武侠形象,如关德兴在50年代饰演的不苟言笑、正统侠义的黄飞鸿形象,是代表着中国儒家"仁、智、勇"伦理道德观的英雄人物;张彻武侠片中阳刚暴烈的悲剧英雄,刘家良作品中试图恢复传统伦理道德观念的功夫英雄(通常由刘家辉饰演);而李小龙饰演的疾恶如仇、怒目圆睁的民族英雄总是背负了过多的家仇国恨。

裴开瑞分析过"功夫小子"形象所呈现的"青春期"现象。在他看来,青春期是一个现代建构,诞生于一些根本性社会变革,如工业化、延长的教育、晚婚及早熟。这个阶段被普遍看成是身份形成的时期,是从儿童过渡到成人的冒险时期。青春期现象是20世纪中国社会从封建主义到资本主义这一重要转变所带来的结果,概括了疏远/异化、性行为、社会控制、消费主义、经济变革等问题。而成龙在早期电影中扮演了早熟的年轻英雄,成为第一个"青少年"超级明星。他认为之所以所有年龄阶段的观众都喜欢《醉拳》,原因大概在于此片传达了人们对于青春期少年这种中国社会新现象的一种亲切观点,"由于儒家道德框架合并了儿童时期、青春期和青年时期,中国人对儿童时期的'发现'早于西方"①。

他进而把"功夫小子"形象与香港的殖民地心态相联系。香港作为英国殖民地,逐渐向商品资本主义发展,在此过程中从儒家规范中得到解放。因此香港成为第一个展示出青春期压抑的中国/华人社会。成龙早期电影中,就像现代化进程中的华人社会一样,即为青春期少

---

① Chris Berry, Mary Ann Farquhar, *China on Screen: Nation and Cinema*, Columbia University Press, 2006, pp. 146–150.

年担心，因为他们具有西方式的叛逆和个人主义，又恐惧青少年会威胁中国社会道德结构，这种担心与恐惧交织在一起。但是在成龙的影片中没有性行为，更没有品行不端。实际上成龙把青春期描述成充满乐趣、痛苦但最终被驯服的阶段——除了彻头彻尾的恶棍，其他所有人都得到美好结局。与此同时，成龙的青少年人格反映了香港的活力、创造性、异乎寻常的拼命勇气还有香港的次国家地位[①]。

二 动作警察

从《A计划》开始，成龙背离了"功夫小子"形象，变身成为近代殖民地都市香港的底层警察。此后的《警察故事》以现代香港为故事背景，成龙变身为现代动作警察，影片更是大获成功。这两部影片不仅"标志着成龙电影的一次重要的革命性的'质变'"[②]，其中的喜剧动作警察更成为成龙最重要的银幕形象，为此后一系列的警察影片奠定了基础。

为影片中的角色选择警察身份是成龙电影生涯的一个重要转机。首先，警察是国家机器的代表，其基本职能是代表统治阶层维护社会秩序，因而普通警察的身份存在着典型的双重可能性。一方面具有中下层普通市民的平凡经济状况；另一方面又可以通过个人奋斗实现成为英雄的梦想。由于普通市民是电影这一大众传媒的最主要观众群体，普通警察处于底层的经济状况和平凡生活容易唤起观众的情感共鸣，而警察成为英雄的情节又能满足观众的心理投射。

其次，警匪打斗中的暴力不仅满足了观众宣泄不安的想象性心理，而且警察作为公义的象征给影片中以暴制暴的行为赋予了法治与道德上的正确性。

---

① Chris Berry, Mary Ann Farquhar, *China on Screen: Nation and Cinema*, Columbia University Press, 2006, p. 146.

② 陈墨：《功夫成龙从港岛走向世界——成龙电影创作历程述要》，《当代电影》2000年第1期。

◊ 建构"英雄"传奇

再者，经历了 1970 年代的"廉政风暴"运动之后，当时的香港警察队伍励精图治，"法治社会"概念在 80 年代已逐渐深入港人民心，焕然一新的警察队伍获得了各界好评，香港当局及普通民众对警察的社会形象具有足够信心，所以无论是对其歌功颂德的影片还是对其戏谑、甚至批评的作品都有开放性的包容能力。

此外，随着成龙的名气暴涨及眼界开阔，嬉皮笑脸的功夫小子形象必将不会持续长久，已经身为红透港澳及东南亚的动作明星需要一个更为严肃的英雄身份。如此看来，一方面警察身份不仅为成龙的好身手提供了最佳舞台，另一方面成龙更是发挥其天生的幽默感促成了动作喜剧这一电影类型的强势崛起。

警察身份因此是最好的选择。其后在《A 计划 2》（1987）、《警察故事 2》、《警察故事 3》、《重案组》、《红番区》、《警察故事 4》、《我是谁》、《飞龙再生》等影片中，成龙都以身手非凡的动作警察形象示人，并凭借《红番区》中的香港警察形象成功打开了美国所代表的西方市场，成为举世瞩目的动作明星。

在《A 计划》中，成龙扮演了一个刚正不阿、智勇双全的殖民地警察马如龙。首先，这是个富有正义感的香港警察。开埠时期的香港作为英国殖民地，各种社会关系复杂，警察身份受到体制的约束，但是为了追求正义他敢于以生命冒险，并不惧怕得罪上司。其次，作为警察的马如龙信奉法律。面对通缉犯时，他首先想做的只是把罪犯带走，只有在被逼无奈时才出手与对方打斗。再者，马如龙虽然身手了得，但已经不是莽撞滋事的功夫小子。他懂得克制、很少冲动，手下士兵与人发生冲突时，他数次制止了对峙双方动手打架的冲动，甚至试图跟对方敬酒以示和平。最后，马如龙是一个机灵俏皮的年轻警察。遭到上司刁难，他会恶作剧把眼镜放在对方的椅子上；在漂亮女主人公面前他也会吹嘘自己的英勇机智；与敌人追逐打斗的时候当然最能显示他的机智灵活与勇敢强健。

《A 计划》上映之后反响热烈，成为 1983 年香港票房冠军。不仅对于香港电影来说是划时代意义的票房巨作，而且大大提升台湾地区的华语电影纪录，打破了《梁祝》保持20年的观众人次纪录。

《警察故事》被视为成龙的关键代表作，也是香港动作片的里程碑。促成此片拍摄的最直接原因主要有两方面。其一，从《A计划》开始，成龙出演了一系列现代警察的角色，主要是大师兄洪金宝导演的《龙的心》和"福星"系列影片，这一系列电影融合了喜剧、警匪、功夫、枪战等不同电影类型元素，明显影响了成龙下一部电影的题材及风格。其二，成龙二赴好莱坞拍摄《威龙猛探》的失利经历直接激励他拍摄自己的警察故事。

相对于《A计划》中香港开埠初期的殖民地警察马如龙，《警察故事》中的主人公陈家驹已经是纯粹的当代香港警察，《警察故事》因此开启了成龙影片中最著名的当代警察形象。陈家驹是一个疾恶如仇、英勇顽强的底层警察。他不仅拥有强健的体魄、机敏的头脑，而且在与邪恶势力的较量中，他忠于职守、英勇顽强。影片刻画了一个为了伸张正义将生死置之度外的热血警察。

此外，相对于《A计划》中马如龙与兄弟合作才能一起打败对手，《警察故事》中更突出了陈家驹孤身一人与邪恶势力作斗争的个人英雄主义。陈家驹这一警察形象化身为守护正义的图腾。在片首激动人心的追捕中，陈家驹几乎凭借一己之力抓捕了嫌犯朱滔。然而从警方上司随后的安排中可以看出，陈家驹只是一个普通的底层警察。无论是在警方体制内部，还是在面对财力雄厚的嫌犯或其狡猾律师时，陈家驹都处于弱势地位。一个被人嫁祸的小人物凭借自己的智慧、勇敢和坚韧讨回正义并挽救大局，这种惩恶扬善的通俗故事大快人心，符合大众的审美心理，因此具有深厚的观众基础。本片也预示了成龙在未来影片中扮演"小人物成为大英雄"的转向，成龙的角色在今后更多影片中都一人力挽狂澜，这成为成龙影片的另外一个重要特点。

陈家驹这一警察形象最鲜明的特点就是其拼命三郎的精神。时年三十一岁的成龙意气风发，在影片中真身出演的一系列危险特技令观众心惊胆战。片中成龙的经典特技表演主要包括：片首从山坡上冲下、伞勾双层巴士打斗片段、从商场装饰灯柱滑下。这一系列特技奠定了成龙在世界电影特技动作史上的傲人地位，"本片是成龙动作电影的集大成之作，影片中成龙及其成家班一次次突破人体极限上演的高难度动作令人叹为观止。本片荣获第五届香港电影金像奖最佳影片、最佳动作设计2项大奖。而以一部动作电影获得金像奖最佳影片，也是极为罕见的"[①]。

在拼命三郎的形象之外，警察陈家驹依旧延续了成龙之前电影文本中幽默的一面。比如与警察同事合作表演给莎莲娜看的喜剧打斗片段、在莎莲娜面前假装女友怕自己的片段、在乡下警局接电话的忙乱片段、踩到牛粪顺势跳几步太空舞的片段、用两只铅笔当筷子夹面被噎住的片段，影片特意突出这样一些喜剧时刻，强调了家驹讨人喜欢的机灵个性。

如前文所说，在成龙的好莱坞影片中，动作警察仍然是其主要形象。比如他在《尖峰时刻》系列中扮演的是香港警察李警官、《上海正午》《上海骑士》中扮演的是清朝御林军士兵、《邻家特工》中扮演的是特工、《燕尾服》中扮演的出租车司机也误打误撞当上了特工。

成龙还扮演了大量警察和特工的衍生形象。他们都身手不凡，帮助侦破案子或者捣毁了犯罪集团。例如《龙兄虎弟》《飞鹰计划》《十二生肖》中的侠盗角色，实际上演变成了侦探，都帮助捣毁了犯罪集团；《城市猎人》中的私家侦探帮助破了一起大案子；《特务迷城》中的促销员同样依靠自己的身手捣毁了犯罪集团；而《天将雄师》中的霍都护和《神话》中的蒙毅将军都是古代的秩序维护者。

三 平民英雄

如前文所说，不同于"功夫小子"和"动作警察"这两个银幕形

---

① 《14部精彩绝伦的动作片，让你的肾上腺素急剧飙升》，http://toutiao.com/i4617294328/.

象间的并列关系,"平民英雄"与这二者之间有很多交叉之处。

在讨论"平民英雄"之前,有必要认识到这一点:成龙在银幕上的角色一贯是英雄。无论成龙角色的职业、身份、出身如何,他最后都是力挽狂澜挽救大局的那个人。成龙非常在乎自己在银幕上塑造的英雄角色,一向拒绝出演反面角色。在成龙的香港电影和华语电影中,成龙拥有影片创作的主导权,打造银幕英雄形象并不是问题。

为了维护自己的英雄形象,成龙拒绝过很多反面角色的好莱坞片约。他直认,"我不像周润发、李连杰他们好人坏人都能演,我是只能演好人,所以好莱坞有些戏并不是我想拍的"①。比如好莱坞巨星迈克尔·道格拉斯曾经邀请成龙在《黑雨》里扮演日本杀手。在成龙看来,"我不能演一个反派,我的影迷当中有太多的小孩子了,我的言行无疑会对他们造成影响"②,"这样做不仅仅是往亚洲人脸上抹黑,而且我为什么要让我的影迷看着我去演一个罪犯呢?放着亚洲的明星不做,去当美国的流氓没有任何意义"③。席尔维斯·史泰龙与成龙是朋友,也提过让成龙在一部影片里扮演一个有悔过之心并且最终从善的毒品贩子。成龙同样不愿意,在他看来这关乎自己的"价值取向","我不想在银幕上扮演毒贩,即使是一个会转化的毒贩……我不会拿价值取向做交易,即便跟朋友共事也是如此"④。

对于成龙的"平民英雄"电影形象,学界已经做过不少阐释。一方面,"平民英雄"强调的是成龙角色的普通人身份。周星从成龙的外形及角色身份上分析了成龙角色的平民特征,"成龙具有未见伟岸卓越的非超人身材,从视觉上看就很具平民性,显然容易拉近与普通人的距

---

① 郭智:《成龙:依旧豪气冲天》,《电影》2005年第1期。
② 《成龙:坚决不演反派角色 下辈子还做成龙》,http://ent.sina.com.cn/2003-08-09/2126183478.html.
③ 成龙、杰夫·扬:《我是谁——成龙自述》,陆航、陆承艺译,上海人民出版社1999年版,第435页。
④ 成龙、杰夫·扬:《我是谁——成龙自述》,陆航、陆承艺译,上海人民出版社1999年版,第435—436页。

建构"英雄"传奇

离。而从身份上看,成龙经常饰演学徒、警察、侦探、厨师等人物,他们地位有限,生活处境、习俗与普罗大众相仿,境遇难免坎坷。在外形上成龙的百姓资本是与平民英雄相吻合的。重要的是,他总是以外表憨厚、内藏机敏的状态呈现。因此,仿如人们身边亲切可见的小兄弟,亲近感天然而生"[1]。贾磊磊同样认为,成龙角色的社会底层的普通人身份"决定了他在银幕上所表现的是大众最容易认可的普通形象。他的精神和体能是超常的,而他的肢体和感觉却是常人的"[2]。

成龙的角色不仅具有普通人的身份,更具有普通人的性格。其角色的性格通常温良敦厚、容易亲近却又刚正不阿。成龙角色的遭遇就是普通百姓的生活写照。他们不乏智慧却总是受人辖制,他们愿意循规蹈矩,但凡能忍就忍气吞声,却往往被逼无奈,在不得已之时才出手力挽狂澜成为英雄。

在上述前提下,成龙电影的情节逻辑也往往遵守平民百姓的思维逻辑。比如在《警察故事》结尾,家驹终于抓住了黑社会头子,而对方律师却趾高气扬地以法律条文出来阻挡,这让家驹怒不可遏,使他不仅对黑社会头子重拳出击,并且对律师挥拳相向。这一举动虽然有违现代社会法制常规,却大快人心,使观众感到解恨。这种惩恶扬善的举动符合平民百姓的心理期待。当国家机器不能保护普通百姓的正当权利时,涌动在中国观众心理深处的"侠义"心理认可任何人对"恶"行施以正义。

另一方面,相对于超人式的"神话英雄",成龙角色是"平民英雄"。不同于西方电影,"英雄的超凡脱俗,体魄的异于常人,特别是孤胆英雄的无往不胜"[3],成龙的英雄角色凸显了肉身凡人的人性,"成龙在银幕上创造的英雄不是不食人间烟火、不入刀枪剑戟的神话

---

[1] 周星:《论成龙电影的东方文化特征》,《当代电影》2000年第1期。
[2] 贾磊磊:《成龙的谐趣武打片》,《电影艺术》2000年第2期。
[3] 周星:《论成龙电影的东方文化特征》,《当代电影》2000年第1期。

英雄，而是一个有血有肉的平民英雄"①，"虽然成龙的英雄行为让我们惊叹，观众也承认成龙塑造的人物是不折不扣的英雄，但成龙提供的却不是一个神话英雄，而是一个生活在芸芸众生之中的世俗英雄。成龙的英雄往往是小人物"②。

成龙的平民英雄角色又可以分为喜剧英雄和正剧英雄。喜剧英雄既是确立成龙明星品牌的基础，也是大部分成龙英雄角色的特征。"功夫小子"阶段的角色都属于喜剧英雄，成龙香港电影的喜剧"动作警察"更是成龙明星品牌的核心形象，好莱坞电影中的绝大多数角色也都属于此列。此外还有很多其他角色，诸如《快餐车》、《一个好人》、《玻璃樽》、《飞鹰计划》系列、《宝贝计划》中的角色也都属于喜剧英雄之列。

正剧英雄最初属于成龙戏路转型尝试的结果，例如《重案组》中的严肃警察。在成龙的华语电影阶段中，正剧英雄角色出现得越来越多。例如《新警察故事》和《警察故事2013》中的警察角色、《神话》中的蒙毅将军、《新宿事件》中的铁头、《功夫小子》中的韩先生、《辛亥革命》中的黄兴等都是正剧英雄。

此外，值得注意的是，"平民英雄"这一形象不仅是成龙作为电影明星的主要银幕形象之一，更是成龙作为一个成功的社会人给外界的印象。相对于自己的普通家庭出身、十年学艺的艰辛过程、成名之前的坎坷历程，成龙在事业中所获得的成功不可谓不巨大。作为一个成功者，成龙是一个可以激发普通人奋发向上的平民英雄。因此，对成龙来说，"平民英雄"这一形象具有银幕内外的双重意义。

除了"功夫小子"、"动作警察"和"平民英雄"这三种角色之外，成龙还塑造了其他银幕形象。尤其在成龙的华语电影阶段中，成龙的银幕形象朝着多元化的方向发展。例如《玻璃樽》中的富有花花公子、《辛亥革命》中的革命领袖都是成龙拓宽戏路打造银幕新形象的尝试。

---

① 贾磊磊：《成龙的谐趣武打片》，《电影艺术》2000年第2期。
② 王海洲：《成龙电影：英雄形象及其变奏》，《当代电影》2000年第1期。

第二章

银幕上的"动作英雄"
——成龙电影中的身体奇观

作为一种艺术文化形态，电影的最大特征是将视觉和听觉相结合。而作为接受主体的观众，在欣赏电影的过程中首先受到刺激的正是眼睛和耳朵这些视、听觉器官。影像层面的景、物、人具有直观性与具象性，先被观众所感知才能引发观众注意，继而进一步激发情感、触发想象，最后获得理解。而通常容易引起观众注意的，"总是那些具有新、奇、怪特点的视觉式样。观众对影片的最初感知，往往是直接的、迅速的、感性的，是影像直扑眼帘的瞬间体验，很少带有理性思考的成分"①。

在当下"视觉文化转向"的时代，电影视听效果的重要性得到格外的凸显。周宪认为，电影艺术正在经历从叙事电影到奇观电影的转变，"奇观作为一种新的电影形态已经占据了几乎所有的电影样式或类型，成为当代电影的'主因'"，"奇观电影正在取代叙事电影成为电影的主导形态"②。"奇观"概念源自法国哲学家居伊·德波关于"景观社会"的分析，而后英国电影理论家劳拉·穆尔维率先分析了电影中的"奇观"现象。周宪把"奇观"定义为，"非同一般的具有强烈视觉吸引力的影像和画面，或是借助各种高科技电影手段创造出来的奇幻影像和画面"③。他把电影奇观分为四种类型：一，动作奇

---

① 陈晓云：《电影通论》，浙江大学出版社2009年版，第5页。
② 周宪：《论奇观电影与视觉文化》，《文艺研究》2005年第3期。
③ 周宪：《论奇观电影与视觉文化》，《文艺研究》2005年第3期。

观,也就是种种惊险刺激的人体动作所构成的场面和过程;二,身体奇观,它与动作奇观既有关系又不完全相同,实际上就是调动各种电影手段来展示和再现身体;三,速度奇观,是动作片中所发展出的一种独特的以速度见长的奇观电影类型;四,场面奇观,指的是绝非日常可见的各种场景和环境的独特景象。

成龙电影呈现了上述的奇观影像的全部类型。成龙曾经对自己影片的视觉效果做过一次实验。他请了一群学生同时观看自己的《警察故事》和好莱坞动作片《虎胆龙威》(1988)。他首先发现他们的目光都盯在《虎胆龙威》上。原来是《虎胆龙威》的音响把他们吸引住了。成龙于是把两部影片的音响都关掉,结果在没有声音的条件下,学生们全都转而观看成龙《警察故事》的画面了。这个试验证明了成龙电影的视觉效果更胜一筹,成龙更把原因直接归为"我们的动作吸引了他们"[①]。

作为"动作喜剧"电影类型的标签式人物,成龙在电影中呈现了蔚为壮观的动作奇观。其影片中的动作奇观主要由"喜剧身体"和"肉身神话"构成。但是成龙电影还包括另外一类奇观景象:充满诱惑的男女裸露身体所构成的"欲望之躯"。这三个方面共同构成了成龙电影中的身体奇观。本章将对这三个方面逐一探讨,试图揭示成龙如何通过影像层面的身体奇观建立起成龙电影的核心吸引力。

第一节 喜剧身体

成龙是"动作喜剧"电影类型的标签式人物。其影片喜剧性与动作并重,两种元素相辅相成,形成的独特风格为人推崇。成龙的动作设计和表演有机结合了节奏感与喜剧性——或者说节奏感本身往往是其表演喜剧性的来源之一。有鉴于此,在对成龙的身体表演展开具体

[①] 陈野:《成龙谈成龙电影》,《电影艺术》2000年第2期。

◇ 建构"英雄"传奇

讨论之前,有必要对"喜剧性"加以阐释。《电影艺术词典》把"喜剧"定义为"以产生笑的效果为特征的故事片"①,即喜剧电影的最重要特征是"能够产生笑的效果"。那么笑是怎么产生的?当喜剧性作用于接受者时,接受者通过认识过程,产生了心理和生理上的双重变化,由此激活了接受者生理上笑的机能从而发笑。所谓的"喜剧性"包含复杂的刺激性的内容和过程,那么其精神内核是什么?有学者认为,在种种的研究和讨论之中,"最有说服力和影响力的当数'不协调'概念,而所有的不协调概念,都是以康德的期待和落空之间的不协调为基础的。其中比较著名的有:叔本华的概念与客体之间的不协调,伯格森的生命与机械之间的不协调,里普斯的大和小之间的不协调。如此等等"②。

"笑往往是伴随着一种惊奇而发出的"③,即喜剧往往通过背离观众的艺术常识及生活常规的"不协调"表达创造出一种出人意料的惊奇,使观众发笑。可以通过受众"期待视野"的概念对此加以理解。按照德国美学家汉斯·姚斯接受美学中的"期待视野"观点,作为接受主体的读者,"基于个人与社会的复杂原因,心理上往往会有既成的思维指向与观念结构",在阅读文本时所具有的既定心理图式。④ 也就是说,读者在接受过程中具有主动性,如果读者在阅读中的感受与自己的期待一致,便会认为缺乏新意和刺激而感到索然无味。相反,作品如果出乎读者意料,超过了期待视野,读者就会感到振奋。这种新的体验会进一步丰富并拓展新的期待视野。

从电影观众的接受角度来看,观众对于观影过程中的所见之物怀有"心理期待",如果看到的画面契合了自己的"期待视野",就不会产生"不协调"的感受。反之,则影像中所携带的"不协调"因素作

---

① 《电影艺术词典》编辑委员会:《电影艺术词典》,中国电影出版社 1986 年版,第 16 页。
② 康宁:《狂欢的奇观——香港喜剧电影研究》,中国电影出版社 2014 年版,第 21 页。
③ 钟大丰:《喜剧作为类型》,《电影创作》1994 年第 5 期。
④ 童庆炳:《文学理论教程》,高等教育出版社 2008 年版,第 324 页。

用于观众的心理和认知，改变了观众当时的心理状态，因此就激发了观众生理上的笑的机能。例如，熟悉成龙影片的观众都知道，成龙在《龙兄虎弟》《飞鹰计划》和《十二生肖》里扮演的亚洲飞鹰有一个招牌式的耍帅小动作，就是"抛空吃口香糖"。在《十二生肖》中，当成龙又拉开阵势张开嘴准备扔口香糖时，观众根据自己的观影经验，会满心期待口香糖会像以往那样准确无误地落入成龙口中，但是出人意料的是，这一次糖还没落到成龙口中就被他的一个突然出现的搭档接住抢走了。此处的情节发展与观众的"期待视野"产生了"不协调"，惊奇感由此引发了观众会心的笑。

下面将分析成龙电影中的节奏感及动作美感如何背离了观众对于暴力打斗的"期待视野"，并由此形成了成龙电影中的喜剧身体表演。

一　节奏感

节奏感是成龙电影中打斗动作的主要喜剧性来源之一。张彻对成龙的节奏感赞不绝口，他说："《醉拳》以成龙特强的节奏感取胜，尤其'何仙姑'的一段，掌握节奏妙到秋毫，确非一般人所能。"张彻认为"演戏要有节奏感，喜剧尤然……成龙以此成为'谐趣打斗片的巨匠'"，并指出"京戏的'武戏'实际上是舞剧，演员必须掌握节奏，凡京戏的好武生，节奏感必定不差"，并盛赞成龙的"节奏感极好，高出一般演员之上"，他还以《醉拳》为例，指出该片的成功在很大程度上归功于成龙"妙到秋毫"的节奏感，而这又与成龙早年接受的戏曲训练不无关系。[①]

节奏感如此重要，那么到底何谓节奏感？节奏是运动的天然属性。自然界的昼夜交替、草木枯荣、潮涨潮落、四季转换、日出月没属于大自然的节奏，而人与其他动物的心脏搏动、脉搏跳动及呼吸循环等形体状态变更也充满了节奏。这种规律性的交替往复存在于大自然中，

---

① 张彻：《回顾香港电影三十年》，香港：三联书店有限公司1995年版，第119—120页。

与客观的物理现象相呼应，因此使人类从心理上产生了内在的节奏感。由此看来，所谓的节奏，其本质"反映了人们对变化着的客观存在运动关系的一种心理感受"①。

作为一种只能感知的无形的存在，节奏在音乐、舞蹈、电影等基于感受性的客观存在的艺术门类中极为重要。从音乐的角度来看，"音乐中交替出现不同的运动形态，即音响节拍的轻重缓急与松散紧凑"，这些变化和重复的运动形态会产生有规律的长短、强弱的听觉感知现象，可以称之为节奏。节奏包括节拍和速度这两个概念，前者是指音乐规律性的强弱交替的运动，即拍点的组合，后者是指这种律动的速率。作为音乐在听觉上的一种组织形式，节奏具有时间的特征。类似的是，在视觉的审美设计中，"节奏则体现为同一或相似的视觉要素在不同的画面位置上以相异或相似的形象方式连续或重复出现，从而构成了一种具有运动感的视觉律动画面"②。

郑国疆把电影艺术的节奏分为三个类别，即："镜头内部的节奏——综合运动的节奏""情节结构的节奏——电影剧作的节奏"和"镜头外部的节奏——蒙太奇节奏"③。电影镜头内部、镜头外部的综合运动，既包含了镜头组接、镜头调度、情节结构、场面调度、色彩、布景、演员表演和音响效果等方面的综合运动，又包含了时空结合的综合运动。这些运动组合在一起所形成的节奏美成为电影艺术的独有特色。

下文将探讨成龙电影对于节奏感的呈现，主要表现在成龙本人身体表演的节奏、其动作设计所突出的节奏感以及电影剪辑中对节奏的追求。

1. 成龙表演及动作设计中的节奏感

要理解成龙的节奏感就必须要谈到其京剧学徒生涯。京剧是一门

---

① 马建中、索晓玲：《虚拟的时空 物化的律动——动画运动节奏形式审美探析》，《当代电影》2014年第7期。

② 马建中、索晓玲：《虚拟的时空 物化的律动——动画运动节奏形式审美探析》，《当代电影》2014年第7期。

③ 郑国疆：《简论电影的节奏美》，《当代电影》1988年第5期。

融汇了歌唱、舞蹈、音乐、文学、美术、雕塑和武打技艺的综合艺术。京剧训练的基本功可以简称为"四功五法","四功",即唱、念、做、打四种表现方法,其中"做"功又包括"五法",即指手法、眼法、身法、发法(头发)、步法这五个方面的技法。"唱念做打"四项中,对演唱的最基本要求是"字正腔圆"。念白追求的是铿锵和谐、悦耳动听的"音乐感"。"做"功,指的是面部表情和形体动作(身段)的功夫技巧及其在艺术表现方面的运用,其中面部表情须将人物的心态变化准确地形之于色,而形体动作则须将人物的情感和性格通过肢体动作和造型予以表现,并体现"舞化"的动态美。"四功"之末的"打",指的是武技,主要包括"把子功"和"毯子功"两大类:用刀枪剑戟等兵器对打或独舞,为"把子功";在地毯上翻滚跌扑,为"毯子功"。武技多是古代武术的舞蹈化、艺术化,要求美观漂亮,技术难度常常很高。唱念做打、动作杂耍皆须样样精通是对传统京剧演员的要求。

　　成龙多次承认青少年时期长达十年的传统京剧训练对他成为明星至关重要。长达十年的京剧训练为学员们打下了坚实的基本功,在成龙身上更是留下了深深的烙印。艰苦的基本功训练练就了成龙的超凡身体能力,其协调性、柔韧性以及力量要远胜于普通人。

　　而对于节奏感的领悟及追求可谓是京剧训练对成龙的一个非常突出的影响。通过成龙本人的身体表演及其动作设计都可以观察到成龙敏锐的节奏感及其对节奏的追求。

　　对于节奏感的追求一直贯穿成龙的动作设计。节奏感既是成龙本人身体表演的重要原则,更是其动作设计中的追求。《成龙的特技》(1999)是一部成龙监制的纪录片,此片深入分析了成龙电影中的动作场面、背后的拍摄技巧,成龙本人亲自解释并重新回顾了其影片中一些经典的危险特技。在对荷兰籍白人特技队员莫朗解释动作要领时,成龙明确说出了"节奏"(rhythm)这个词,并用"pengpeng…peng…pia"演示了他所示范的踢打动作所包含的节奏。

◊ 建构"英雄"传奇

戏曲表演强调节奏。由于舞台表演的需要，戏曲演员和舞蹈演员一样都善于掌握身体动作的节奏。戏曲讲究"逢动必舞"，认为"舞"包括四个要素，即"动作的美化、节奏化、韵律化和音乐化"，缺一不可。因此戏曲舞台上的一步一指、一动一静全都是舞，具有美的造型和全身的韵律，洋溢着舞的韵味。哪怕看似简单的台步也是源于生活而又高于生活的自然形态，都是"美化、节奏化、韵律化、音乐化了的舞步"①。

成龙饱受上述戏曲传统熏陶，他本人在影片中的身体动作具有清晰的节奏感和令人赏心悦目的美观，很多打斗片段如果和音乐鼓点相配，完全可以称作舞蹈。从两个典型例子中可以窥豹一斑。其一，在《玻璃樽》中，年过四十的成龙和白人拳手伴随着音乐展开对打，此刻影片借旁观者之口指出了动作节奏与音乐节奏的紧密联系："每个拳手在练拳的时候都有属于他自己的音乐，到正式搏击的时候，这首音乐就会成为他的节奏，节奏就会成为他的步法。"第二个例子可见于《上海骑士》中成龙向美国歌舞片大师吉恩·凯利经典影片《雨中曲》(1952)致敬的片段。成龙在这一段落中模仿了《雨中曲》的经典片段，采用的配乐也是《雨中曲》。不同之处在于，吉恩·凯利利用雨伞表演了一场经典歌舞，而成龙则以雨伞为武器展开了一幕巧妙绝伦的杂耍打斗。成龙在摞了数层高的箱子上腾挪跳跃，展示了绝佳的身体平衡能力和灵活性。配以经典的音乐，这一段舞蹈化的打斗富有节奏感和美感。不止于此，成龙在动作设计上还兼顾了一贯的幽默风格，杂耍表演的同时巧妙地向对手施以惩罚。这一向经典致敬的片段成了另外一个令人耳目一新的经典。在影片中，成龙运动的典型特征是身手敏捷轻盈、动作利落潇洒、步伐错落有致。

在以上两个打斗段落中，身体律动与音乐节奏的完美结合，恰恰印证了武侠打斗动作的"武舞"之说，即电影艺术中经过武术动作编

---

① 陈幼韩：《发挥第一道冲击波的光彩——戏曲表演上场亮相艺术摭谈》，《戏曲艺术》1997年第4期。

导设计排演的、以武术技击为基础的武打动作是"高度艺术化和表演化的动作奇观"①，这种武术之舞因此被称为银幕上的"武舞"。

应该指出的是，成龙所表演及编排的武舞段落，并不强调类似于《卧虎藏龙》竹林打斗片段的华美布景，而是突出表现表演者身体与动作的节奏动感之美，这是其打斗设计的一个典型特征。哪怕没有音乐配合，成龙也会为其动作设计找到节奏感，并以固定机位长镜头的拍摄方式让观众感受到这种节奏。一个典型的例子是《A 计划》中马如龙和卓一飞在茶楼上联手痛打对手的片段。此段用两个机位/镜头展示了二人逼退并击打对手、教训完毕然后退回到开始位置。开始是侧拍二人从画框左方一里一外把两个对手步步逼向画框右方，走的同时，分别用手中短棍击打对手。二人的击打动作配合得非常有默契，并不是同时狂轰滥炸式地一通胡打，而是你一下、我一下地轮流快速地打了对方十几下，如果只打了三四次，恐怕很难看出节奏，但是十几次就足够让观众感受到其中的节奏。而且两人击打的位置错落有致——一个打上方另一个则打下方，这种明显的对比成为视觉节奏的来源。这种有节奏的击打突出了二人的霸气，让观众认识到二人胜券在握，心理上的认同使观众可以放松地欣赏这种节奏并会心发笑。把对方逼到墙边时，镜头立刻切换成正对二人的角度。二人似乎教训对方完毕，转身离开，紧接着各自又顺手同时甩棍击打手边的其他对手一下，然后几乎同时转身扔掉棍子，靠在一起同时摆出打斗姿势的亮相。京剧中的锣钹声在亮相时响起，成为这一段落的尾音。如果说第一个镜头中二人配合的连续击打是这一段落的整体高潮，那么第二个镜头中的击打就是稍作停顿之后的一个感叹号。两个镜头中的击打、扔棍及亮相形成了一气呵成的节奏感。

节奏感为打斗赋予了形式美感，加之成龙配合的谐趣表情或幽默情节，就使影片在呈现暴力的同时，又在相当程度上"解构"了暴

---

① 贾磊磊：《武舞神话——中国武侠电影纵横》，中国人民大学出版社 2014 年版，第 164 页。

力，成为成龙电影"有动作而不残暴"的原因所在。

2. 亮相

构成成龙影片节奏感的一个重要程式是从戏曲表演中延伸出的"亮相"。亮相是中国戏曲独有的一个常见的表演程式，也是早期成龙影片偏爱的一个动作设计。亮相指的是主要角色在上场时、下场前，或者一段舞蹈动作结束后的一个短促停顿。亮相采用一种雕塑的姿势，能够集中而突出地显示出人物的精神状态，被称为戏曲表演中的"特写镜头"[①]。

成龙影片中的亮相兼有节奏性和喜剧性两个重要作用。首先，亮相动作本身通常呈现为惹人发笑的喜剧性形态，无论是做鬼脸还是滑稽动作都突出了身体幽默。在戏曲舞台上，演员所表演的亮相动作传递的是差异万千的神态与心情。但是成龙影片中的亮相动作通常都是夸张的神情，具有喜剧性的审美功能。其次，成龙影片中的动作片段打斗激烈往往令观众目不暇接，突然闪现的一个亮相虽然只是一个短促停顿，却赋予了相连动作片段轻重缓急的节奏感。结果作为节奏性停顿的亮相给了观众喘息的机会，并且有助于把打斗的性质从残酷暴力变成杂耍式的表演。这两方面通常共同作用，形成了富有节奏感的身体幽默，为成龙动作喜剧做出了重要贡献。

在《警察故事》中有这么一个片段。成龙扮演的陈家驹为了让沙莲娜驯服地接受自己的保护，设计让自己的警察同事大嘴夜袭沙莲娜。本来只是做戏，没料到沙莲娜用一个花瓶把大嘴砸晕了。接连砸了两次之后，沙莲娜还想用花瓶砸第三次。陈家驹唯恐再砸会出人命，试图拦沙莲娜。但是沙莲娜坚持要砸，挥手下去，陈家驹见势不妙，随即伸手接住了沙莲娜手中的重物。二人一砸一接的动作是连续不断、相继交接完成的。如果从沙莲娜挥手砸下的位置取景，这个镜头只需要一次拍摄就能完成叙事意图。但是影片中的这一动作是被分开处理

---

① 李汉德：《"亮相"漫谈》，《陕西戏剧》1982年第2期。

的，分别从沙莲娜的位置和正对二人的位置拍摄。这一处理明显是导演意图，"因为只有拍摄了两方面的情况，剪辑师才有内容可剪辑。如果导演意图不到，就不会特意再拍摄一次陈家驹接重物的镜头了"①。那么导演成龙如此处理是要突出什么呢？答案在于陈家驹接重物的动作，这个动作从姿态上判断类似于京剧中的卧鱼。这一定式亮相不仅呈现出了人物所具有的动态美感，而且动作本身俏皮可爱颇具喜感。

在影片中亮相的通常是成龙所扮演的人物，但是也有人物群体的亮相。一个典型例子可见《A计划》中水警陆警的酒吧混战片段。在真正开打之前，已经发生了小规模冲突，双方在酒吧大厅的大桌子两边对峙，为首的水警警长马如龙和陆警教官洪天赐跳到了桌子上，但是似乎考虑到都是警方人员，双方扔掉了手中的碎酒瓶等致伤性武器，双方人员的身体都立刻松懈了，原本一触即发的打斗气氛似乎一下子缓和了。但是就在此刻，被人无意撞到而打开的留声机传出了《命运交响曲》的音乐，命运敲门的激昂旋律似乎一下子点燃了双方的战斗欲望，双方成员刚刚放松的身体立刻重新紧张起来，所有人下意识地摆出了打斗的姿势，这一整体性的短暂亮相是一个令观众紧张得足以屏住呼吸的时刻。紧接着马如龙和洪天赐交换了恶狠狠的眼神，一场大混战即时开始。这一段落呈现了双重的节奏感。如果说富有强烈艺术感染力的音乐旋律就是鸣响战斗的号角声，那么双方队员的整体亮相就是身体对音乐节奏的本能反应。而亮相本身连接了之前片段的缓和气氛与之后的紧张打斗，因此亮相的短暂停顿促成了这一片段的节奏感。此外，在音乐响起之前，由于气氛及双方身体的缓和让观众产生了"不会再打了"的"期待视野"，没料到音乐骤起整体亮相之后双方又厮打在一起，这完全背离了观众的"期待"，因此产生了一个喜剧性时刻。

---

① 《你好，陈家驹！》，https://movie.douban.com/review/3484531/?source=bing。

3. 拍摄剪辑所呈现的节奏感

按照 Tony Zhou 在《成龙喜剧电影九大法宝》里的说法，成龙电影的动作节奏被融入镜头拍摄、表演和剪辑方式这三者之中。① 而笔者认为，成龙影片的动作节奏主要通过动作设计及演员表演得到呈现，其特有的拍摄与剪辑方式主要是为了呈现动作设计及演员表演所表现出的节奏。例如，成龙影片在拍摄时很少使用手持和轨道拍摄，成龙对此的解释是"美国电影的摄影机有很多运动，运动镜头越多就表明演员不懂怎么打……我从不移动我的摄影机，总是（使用）固定的广角镜头，让观众看到我上蹿下跳跌爬滚打"。"固定的广角镜头"的拍摄方式往往呈现的是一气呵成的段落，这对动作设计和表演者来说都是一种高度挑战。也就是说，敢于这么拍摄显示出成龙对于其动作设计及表演的自信。

例如，在《特务迷城》的一个片段中，成龙饰演的小北在土耳其街头与一群对手打斗，小北全身赤裸，匆忙之中拿起路边摊位上的咖喱盘子挡住下体，一面遮挡一面与几个对手打斗。这是一段华丽的身体奇观表演，其中第一个镜头足够长，呈现出左右手轮流拿着盘子遮挡身体，总共交替了七八个回合，这么长的一个镜头足以让观众感受到其中的节奏。第一个镜头非常重要，为整段打斗奠定了节奏的基础，任何剪辑只会破坏这个连贯动作的节奏感、美感与整体性。对于这第一个镜头，摄影机只需要选准角度一直拍摄，因为只要拍得足够长，观众自然就能够感受到表演者的动作节拍。

上文已经探讨了成龙影片中与动作设计和演员身体/表演相关的节奏感。此外，成龙影片特有的拍摄与剪辑方式非常有效地呈现了上述节奏感，也值得分析。

美国学者兼动作特技指导克瑞格·瑞德从专业角度考察了成龙影片的动作编排及摄影剪辑，他的论证进一步证明了上述观点。他首先

---

① "Jackie Chan's 9 Principles of Action Comedy", http://nofilmschool.com/2014/12/jackie-chans-9-principles-action-comedy.

分析了成龙影片的动作编排，认为成龙倾向于在标准的武术动作编排的基础上加以改善。瑞德在分析中使用了专业化词汇，认为打斗片段主要包括三种标准结构：MAMs（多对多）、OHMs（一对多）和 Triple Os（一对一）。他认为成龙影片的打斗更倾向使用"多对多"和"一对多"，这两种方式"真正考验了武术指导及演员的能力"①。他认为，与大多数其他的动作片段相比，成龙本人呈现的动作奇观要求动作更加灵活而精准，原因在于成龙的动作奇观避免了好莱坞动作电影中常见的摄影剪辑风格：MSSQUE（许多镜头、一次击打、快速剪辑）和 BEE（首尾剪辑），"MSSQUE 段落是通过三四台不同的摄影机同时拍摄，运用了一种或几种技巧。这些镜头被剪辑到一起给人以速度的错觉……BEE 指的是接着拍摄同一次击打的特写。特写镜头的中间画格被剪掉，把击打动作的开始和结束接连到一起。因此得名'首尾剪辑'"②。MSSQUE 和 BEE 有助于突出强调表演，而且也使表演者看起来更具技巧，因为剪辑掩盖了表演者的身体技巧。

瑞德指出成龙自己设计的摄影及剪辑风格能够捕捉到成家班中训练有素成员们的流畅运动。他把这种摄影剪辑方法称为 PMT（永动技巧）："这个方法由成龙发明，只有他能够最大限度发挥其效用。全世界的导演、制片人和艺术家都认为成龙是电影行业中最棒的打斗武术指导。其 PMT 方法的前提是在整个打斗片段中保持持续的身体运动从而给人留下'动作不停'的印象。成龙的打斗几乎都包括了连续性运动，但是其一直不停的身体运动促进了打斗中的情感绝望。"③ PMT 的一个好处是经常可以采用更宽（远景镜头/大远景镜头）和更深的视域（深焦镜头），这就着重突出了 MAMs（多对多）

---

① Craig D. Reid, "Fighting without Fighting: Film Action Fight Choreography", *Film Quarterly*, 47.2（Winter 1993–1994），p. 32.

② Craig D. Reid, "Fighting without Fighting: Film Action Fight Choreography", *Film Quarterly*, 47.2（Winter 1993–1994），p. 33.

③ Craig D. Reid, "Fighting without Fighting: Film Action Fight Choreography", *Film Quarterly*, 47.2（Winter 1993–1994），pp. 34–35.

和 OHMs（一对多）片段中表演者的能力。这一解释印证了上一段落中我们的判断，即独有的摄影剪辑方法主要是为了呈现精彩的动作设计及演员表演。

4.《醉拳》何仙姑片段的节奏感

上文梳理了喜剧性的内涵、节奏的含义、成龙对节奏感的把握和追求、亮相动作对节奏感及喜剧性的重要作用、拍摄剪辑所呈现的节奏感。在此基础上，此处将回到本小节开始时张彻对成龙在《醉拳》何仙姑一段"绝妙节奏感"的评价，以期考察成龙在何仙姑一段中究竟如何表演出了节奏感。

学界对《醉拳》一片已经进行过诸多方面的论述。比如苏涛指出，袁和平等人的功夫喜剧主要借由两种途径创造了动作场面的节奏感，"一是变焦镜头，二是演员的表演"，并重点分析了变焦镜头对于节奏感的作用。他认为变焦镜头的一个重要功能是制造或调整动作场面的节奏，而快速推拉的变焦镜头，是波德维尔所谓香港动作片特色之一——"停顿/爆发/停顿"模式——这个环节中的重要一环，因为"定镜/快速变焦/定镜"这种手法，可以强调"躯体姿态和动作的表现特质"或者突出"静止姿态/爆发/静止姿态式样的效果"。他分析了《醉拳》片尾黄飞鸿与阎铁心（黄正利饰）决斗的一场戏对变焦镜头的运用。在两人交手的第一回合里，"画面多次由黄飞鸿喝酒的中景拉为两人交手的全景，借此完成景别的转换；抑或由黄飞鸿喝酒的中景推为近景，借以强调酒之于醉拳的重要性；又或者以变焦镜头展示人物被击中后的反应，表现对方神奇招式的威力"[①]。至于营造了动作场面节奏感的第二个元素"演员的表演"，苏涛只提到演员"功底扎实"、"活泼、俏皮"、动作"收放自如、张弛有度"，并没有展开论述。

在有关《醉拳》片尾打斗段落部分演员表演的讨论中，分析最为细致的要数胡敏娜。她认为片尾18分钟的高潮打斗"称得上是这类影

---

① 苏涛：《功夫喜剧：类型、风格与文化想象》，《当代电影》2013年第11期。

片中最为著名的结尾"①。她细致地描述了何仙姑段落的动作,并从两个角度分析了这一段落:京剧训练对于成龙招牌式的"夸张和幽默"的功夫喜剧的重要性;何仙姑的表现是通向结尾的滑稽搞笑和格斗动作设计的关键。②虽然她指出了"香港功夫电影所推出的舞蹈动作般的打斗场面……这种新节奏的来源是中国戏曲"③,却并没有试图阐述演员表演究竟从哪些方面促成了这种"新节奏"。

何仙姑段落是此片中醉拳武术套路的高潮部分,成龙在这一段落中的著名表演是动作喜剧的经典。除了变焦镜头带来的节奏感之外,戏曲训练赋予成龙的节奏感和成龙本人的喜剧性表演成就了这一段落中的身体奇观。

《醉拳》故事的前半部分为黄飞鸿不会打何仙姑招式做了铺垫:跟师傅学习醉拳套路时,黄飞鸿不屑学习"女里女气"的何仙姑招式。但是与对手赤手徒拳生死大战的危急关头,他灵机一动自创了何仙姑招式,由此在打斗中占得上风。01:42:19—01:45:40这一段展示了他自创何仙姑招式并打败对手。在这一小段里,成龙表演的主要是京剧里的旦角,从身体姿态到说话口气都是对女性的模仿。他主要展示了戏曲"四功五法"中的这些基本功:倒立、毯子功里的翻滚跌扑、兰花手的"手"法、妩媚眼神的"眼"法、站和走等行动姿势的"身"法和碎步等"步"法。

以01:42:40—01:42:45这一小段为例可以看出成龙在连续打斗动作中的身体节奏。在这个黄飞鸿(成龙饰)称为"扭屁股"的招式中,他连续做出了"左扭屁股——右扭屁股——浅撅屁股——深撅屁股"的滑稽动作。按照中国武术的说法,"武术运动充满着对立统一

---

① [澳]胡敏娜:《成龙:疼与痛的明星工作》,载[美]张英进、[澳]胡敏娜主编《华语电影明星:表演、语境、类型》,西飚译,北京大学出版社2010年版,第232页。
② [澳]胡敏娜:《成龙:疼与痛的明星工作》,载[美]张英进、[澳]胡敏娜主编《华语电影明星:表演、语境、类型》,西飚译,北京大学出版社2010年版,第230页。
③ [澳]胡敏娜:《成龙:疼与痛的明星工作》,载[美]张英进、[澳]胡敏娜主编《华语电影明星:表演、语境、类型》,西飚译,北京大学出版社2010年版,第232页。

◇ 建构"英雄"传奇

的规律，它在时间、空间的运动中形成动静、虚实、刚柔、快慢、伸缩、开合、张弛、攻守、进退、起伏、轻重、强弱等多种对比、变化的关系"，"前后、左右、东西、正偏、虚实、险夷等对比、变化关系"①都是构成拳术节奏的重要因素。因此扭屁股的"左右浅深"所形成的对比变化成了节奏感的来源。这类在数秒钟的动作中找到节奏的例子在成龙的表演中比比皆是，不仅在《醉拳》中如此，在其后期表演中这种节奏感一直存在，堪称成龙的独特能力。

在 01:42:19—01:43:10 这一小段中出现了四次戏曲式的亮相，黄飞鸿都摆出了搔首弄姿的旦角扮相，他自己戏谑地分别称之为"骚寡妇送情郎""扭屁股"和"美人照镜子"。在另外一个自称为"老娘坐马桶"的动作中，黄飞鸿冲向对手试图坐在他身上，但是对手躲避成功，黄（飞鸿）于是一屁股跌坐在地上，此时特写镜头显示出他因为疼痛而面部憋红甚至扭曲变形，一股有苦说不出的神情，这个夸张的表情也可以算是一个亮相动作。根据前文对喜剧性核心因素的分析，由于之前的几个何仙姑招式已经让对手处于被动地位，观众在此处的心理期待是黄飞鸿一下子坐在对手的身上获得又一次成功。但是黄飞鸿扑空的结果与观众的"期待视野"产生了巨大的"不协调"，直接激发了观众笑的机能，特写镜头中呈现的黄飞鸿的夸张表情进一步确认了这种"不协调"，延长了观众的笑声。

上述四个亮相动作前后连接的都是较为激烈的打斗，亮相所形成的短暂停顿赋予整个段落以"急—缓—急—缓"的节奏感。此外这四个亮相动作本身都以夸张的表情和身体姿势促成了喜剧效果。恰如其分的诙谐表演证明了导演袁和平选角的正确性，他在解释自己为什么选成龙拍《醉拳》时，说："我觉得成龙会达到我拍喜剧功夫片的要求。他身上有喜剧的细胞，而且他的动作也打得蛮不错的。"②

---

① 郭志禹：《武术运动节奏之新探》，《上海体育学院学报》1985 年第 2 期。
② 袁和平：《选成龙拍醉拳，因为他有喜剧细胞》，http://ent.163.com/10/0125/18/5TT3NNS1000344H5_2.html。

夸张变形的人物动作（包括表情）是成龙表演喜剧性的一个重要来源。喜剧电影具有这样的特征："喜剧电影应该在本质上呈现'不协调'的精神内核；外在表现多为夸张变形（尤其在人物动作或语言方面），艺术效果追求'引人发笑'。"① 人物的夸张动作与表情是表现喜剧性的外在手段，这也是成龙的喜剧身体表演中非常突出的一个方面。扮女性是成龙影片中一个常见的逗笑手段，比如《笑拳怪招》中的兴龙在武馆扮女装与人比武，还有《城市猎人》中的孟波反串扮演经典动漫人物春丽。男演员反串是一种约定俗成的夸张形象，观众一看到就能意会这个角色将会做出古怪表情和滑稽动作来逗人发笑。成龙影片中的易装表演来自京剧中男扮旦角的易装传统。成龙利用观众对这一惯例的熟悉，并对易装传统加以喜剧化改造，达到喜剧效果。前文所说的何仙姑招式中的几处笑点的部分原因就在于此。

此外，配乐也强化了这一打斗段落的节奏感。《将军令》是片尾整个打斗片段的配乐，但并非一直在响，而是配合情节发展和人物情绪时起时落。在 01:43:24—01:44:12 这一小段中，配乐响起，振奋人心的旋律令人血脉沸腾，恰当地衬托了男主角的英雄气概。

作为其成名作，《醉拳》呈现了成龙作为表演者所具有的突出的节奏感与幽默感。武侠电影中，好的动作设计固然是成功的一个重要方面，但是此类硬桥硬马的打斗，使表演者的身体节奏几乎完全依赖于个人功底。这大概是众多评论者与观众认可成龙《醉拳》的主要原因。

如果说幽默感是天赋，那么节奏感既是戏曲训练的结果，又离不开成龙本人对于节奏的敏锐领悟能力与表现力。值得注意的是，《醉拳》是成龙早年的作品，成龙在其中的主要身份是表演者。随后，业已成名的成龙得到了嘉禾公司的全力支持，成龙获得了对于影片的控制权。正如《醉拳》中黄飞鸿自创招式时所说："各家各法，各马各扎，师傅一个，不同玩法。"京剧是成龙早期的师傅，以《醉拳》为

---

① 康宁：《狂欢的奇观——香港喜剧电影研究》，中国电影出版社 2014 年版，第 20 页。

代表的早期表演作品呈现出浓重的戏曲痕迹，但是在电影制作中获得了控制权后，他找到了"不同玩法"，迅速显示出自己在导演、动作设计及剪辑等方面的天赋，并闯出了一条自己的独特道路。对于节奏感的敏锐把握与表现一直存在于成龙电影的打斗动作设计与表现中。

二 动作美感

对于动作美感的追求是成龙喜剧性身体表演的另外一个重要元素。前文所讨论的"亮相"动作源自京剧，就是典型的具有美感的动作。无论是成龙在影片中对日常动作的奇观化表演，还是把各种日常用品转化为令人眼花缭乱的打斗道具，这些匠心独具的动作设计呈现了成龙对于动作美感及奇观化的追求，给观众带来了喜剧化的心理体验。

1. 普通动作的奇观化表演

在影片中对生活化普通动作的奇观化表演，是令其观众津津乐道的成龙表演特征。普通动作的奇观化表演主要是指成龙表演的令人印象深刻的耍帅小动作，例如《警察故事》中用脚拍一下圆珠笔然后用手稳稳接住、《奇迹》中的帽子戏法、《龙兄虎弟》里的亚洲飞鹰的"抛空吃口香糖"、《邻家特工》中"缩骨功"式的脱衣服动作、《十二生肖》中玩硬币等。上述影片之间的时间跨度长达三十年，从中可以看出，动作美感是成龙一贯坚持的追求。无论拿笔、挂帽子、吃口香糖还是脱衣服都只是源自日常生活的最平凡无常的细小动作，但是成龙对它们进行了艺术化加工、提炼与美化。反过来看，哪怕对于这些细枝末节之处，成龙都追求与众不同，以此为观众提供新鲜的审美体验。

为了追求这些瞬间动作的美感，成龙付出了不懈的努力。比如在《师弟出马》等影片中多次出现过成龙把扇子扔出又收回的动作，为了把动作完成得优美漂亮，成龙尝试了120多次。身体穿过狭小空间是另外一个成龙经常表演的花式小动作，成龙结合不同的道具对这个动作进行了拓展，比如从马戏团火圈穿过、从超市购物车后方的狭小开口钻进购物车、从车窗钻进车内等。这个动作在《十二生肖》中演变为钻过一个悬挂在空中的相框,是整个精彩打斗段落中的一个闪光瞬间。但是这个动作让成龙腰部受伤出血,"三分钟躺在地上不敢动"。成龙本人在多个场合中也强调,完成这些并不说明自己比别人强多少——这么说当然有谦虚之意——自己能够完成这些动作,主要是因为自己重复做了很多次,不达目标不罢休。

此类简单动作的奇观化也离不开摄影机这种特殊媒介。对于上文中所提到的"抛空吃口香糖"等奇观动作,如果是通过现场表演的表现方式(比如戏剧),哪怕是训练再有素的表演者也不能保证万无一失。进一步来说,摄影不仅记录了某一次奇观动作的成功完成,而且呈现出来的此类动作的成功率万无一失,这成就了另外一层意义上的奇观。

观众对此类动作的积极反应证明成龙所付出的努力是值得的。这些小的奇观动作展示了常人无法达到的敏捷与协调,不仅突出了成龙本人的身体能力,而且强化了人物的俏皮个性,构成了成龙明星人格的重要一面。这些动作背离了生活常规,与观众的心理经验产生了"不协调",惊奇感及由此产生的喜剧性引起观众发笑。观众的会心一笑正是成龙苦心孤诣打造这些奇观小动作的艺术追求所在。此外,这些动作在一部影片中虽然最多只出现几个瞬间,但是每每出现必令观众惊叹不已,心理上从吃惊转为对表演者的佩服与认可,确认而且增加了明星的价值。

2. 道具的绝妙使用

成龙影片动作设计中另外一个为人称道的手段是道具的绝妙使用。任何一种物品,无论大小材质,日常生活中的一切锅碗瓢盆、甚至瓜果蔬菜在成龙的影片中都能成为打斗武器。成龙影片总能够找到或开发出这些物品的新用途,出奇制胜打败对手。在《A计划》的那场著名的小巷追逐战中,成龙用自行车、竹竿和梯子把一群对手打得人仰马翻、笑料百出。筷子、盘子、扇子、瓶子、板凳、冰箱、雨伞、滑板车、衣架,甚至领带都可以让对手吃够苦头,成为克敌制胜的法宝。他总能迅速地利用现有环境,创造性地发挥手边各种器具的作用,令人耳目一新。成龙深刻地理解所处空间及各种器具,"能够凭借灵机

建构"英雄"传奇

一动的灵感处理各种空间与时间的关系,做出各种匪夷所思的高难动作,让观众无法分清是技巧还是巧合,他却总是能够化险为夷"①。

虽然观众可能一时无法分清成龙影片对道具的绝妙使用到底是技巧还是巧合,但是现在已经广为人知的是,成龙的电影思维方式"既不是文学性的,也不是戏剧性的"②,而是"动作先行"的电影思维,即首先从场景及动作设计着手来构思一部影片,《警察故事》的创作过程就是如此。成龙直言:"因为我知道喜欢我的观众,就是喜欢我拍的动作,所以任何事情我是从动作开始。"《成龙的特技》记录了影片《我是谁》中经典的天台打斗的动作设计过程。为了这一段打斗,成龙对天台的环境做了细致查看。天台上的风向标是一个有趣的物件,可惜最后没法在影片中运用。但是天台上的排风口被完美地利用在影片制作中,对手的领带被强风吹起,结果领带成了成龙的武器,令对手窘态百出,成为打斗中的一个喜剧性时刻。

按照戏曲舞台艺术的美学理念,水袖、高帽、扇子、手帕、高跷、刀、剑等道具是演员身体的延伸。类似的道具延长了人体线条,它们所产生的特有的运动线路及轨迹扩大了动作的幅度和空间感,使人体动作更加伸展,线条更长、更清晰。因此这类道具的使用极大地丰富了表演者的表现力与动态美,而这恰恰是视觉艺术中极为重要的一个方面。

成龙熟谙这一艺术技巧。例如,他曾经表示"留长发"是自己拍电影的"独门秘诀",原因在于"这样拍起打戏来有动感"③。究其原因,头发延展了人体的长度,能够随着人体的运动不断改变自身的运动轨迹,不仅丰富了人体运动所带来的视觉感受,而且较长的头发容易产生自身的运动线路,能够有力地衬托表演者的动作力度及表现力。

作为一个经验丰富、观察力敏锐的电影从业者,"留长发"的切

---

① 胡克:《成龙电影中的喜剧性动作与暴力》,《当代电影》2000年第1期。
② 贾磊磊:《成龙的谐趣武打片》,《电影艺术》2000年第2期。
③ 《成龙录制〈我看你有戏〉险"发飙",冯小刚当众鞠躬认错》,http://culture.gmw.cn/newspaper/2015-01/29/content_ 104144253.htm。

身体验证明了成龙对于视觉艺术动态美的下意识追求。由此，长头发等上述道具甚至可以打破人体表现的局限，拓展肢体表现空间，从而变成运动人体的自然延伸。作为一种表现手段，这类道具强化了视觉艺术的视觉效果，所产生的视觉效果是仅凭单纯的肢体动作所远远无法比拟的。

杂技中的道具不同于戏曲舞台上的艺术道具，往往是更为生活化的器具，然而这些道具同样能够实现上述功能。虽然成龙影片打斗设计中也会运用扇子、高跷等戏曲舞台艺术上的常见道具，但是其运用更多的道具往往是杂技式的物品，譬如《特务迷城》街头打斗段落中用到的盘子就是杂技演员常用的道具，这些器具也"能够（被）看做是身体的某一部分功能（的）加强"①。有研究者用诗一样的语言描述了杂技表演中人和道具的"鱼和水"一样的关系，"鱼入水而生命不息，水得鱼而灵气顿生。演员有了道具浑身的解数得以尽情施展，你看，在姑娘脚上翩翩起舞的花伞、雕桌……好似活泼的精灵，在小伙子手中上下穿梭的刀、叉、圈、球……好似有了生命而富于表情"②，看似平常的物件在表演者手中似乎有了灵性，这段话如果用来描述成龙影片很多经典段落中的道具表演，大概也是贴切的。

舞蹈、戏曲艺术中的道具与杂技中的道具拥有不同的功能，前者中的道具"是配合人体动作以表现人物的情绪、情感为目的的，主要的不是显示技巧。而杂技艺术中演员对道具的驾驭主要是表现人的肢体技巧为目的的"③。也就是说，舞蹈、戏曲艺术中的道具拥有叙事功能，但是对于杂技艺术中的道具而言，表现人体技巧本身既是手段又是目的。

虽然成龙影片中对较为生活化的道具的运用更类似于杂技艺术，然而并不能说成龙影片的这类道具不承担叙事功能。还是以《特务迷城》街头打斗段落中用到的盘子为例，盘子既用来遮挡身体，也用来

---

① 胡克：《成龙电影中的喜剧性动作与暴力》，《当代电影》2000 年第 1 期。
② 林又泉：《杂技的美学特征》，《文艺研究》1991 年第 6 期。
③ 林又泉：《杂技的美学特征》，《文艺研究》1991 年第 6 期。

打击对手,因此具有一定的叙事功能。应该清楚的是,成龙影片中的生活化打斗道具更强调的是表演者高超的身体技巧。上述片段强调的就是成龙对盘子得心应手、超越常人的运用,否则在这个被对手左右夹击的紧急时刻,他就不必把盘子抛到空中转个圈再用另外一只手接住。这个杂技表演中常见的花式技巧在打斗中并不实用,之所以这么做,其目的与这个片段的轻快配乐一样,都是为了突出喜剧性的杂耍表演,强调的是成龙引以为荣的"对自己的身体的控制自如"[1]。在杂技表演中,通过人对于物的驾驭,主要表现的是表演者超常的身体技巧,"以显示人的灵巧、有力、智慧和创造力"[2]。也是出于同样的目的,典型的成龙角色往往崇尚动作敏捷,总能迅速掌握环境现存器具的使用要领,在很短的时间内随心所欲地让它为打斗服务,甚至达到出神入化的程度,由此表现出自身高超的身体技巧。

第二节 肉身神话

一 高难度特技

在成龙影片中,由成龙本人表演的高难度特技是另外一类动作奇观,这类奇观不同于上文所述的喜剧身体表演,但是二者共同构成了成龙影片最为著名的动作奇观。美国著名影评人罗杰·艾伯特(Roger Ebert)把成龙与美国著名的冒险运动家埃维尔·克尼维尔(Evel Knievel)[3]相提并论,"知道成龙亲自表演了这些特技使人在观看其影片时具有某种紧张感:一个真实的人在真实的时间里真实地做了这么危险的事。有种埃维尔·克尼维尔的感觉"[4]。《洛杉矶时报》也认为,"成龙的弹跳能

---

[1] 胡克:《成龙电影中的喜剧性动作与暴力》,《当代电影》2000年第1期。
[2] 林又泉:《杂技的美学特征》,《文艺研究》1991年第6期。
[3] 埃维尔·克尼维尔(1938.10.17——2007.11.30)以表演驾驶摩托车飞越障碍物的高难度危险动作闻名于世,被誉为"世界头号飞人"。
[4] 《〈飞鹰计划〉影评》,http://www.rogerebert.com/reviews/operation-condor-1997.

力及敏捷身手让人觉得不可思议,但他不仅是个能打的人,他最著名的是电影中特技动作的高等难度,而且从不用替身"①。这一部分将对成龙表演的高难度特技进行分析,首先将探讨其所具有的体育竞技性质,其次从拍摄剪辑的角度来分析成龙影片如何帮助建构了这类特技表演的奇观性质。

1. 体育竞技的性质

克瑞格·瑞德认为,成龙影片在 80 年代开创的武打片的主要特征是"体育竞技、武术及危险特技"②。与埃维尔·克尼维尔的特技表演类似,成龙的高难度特技动作往往具有"体育竞技"及"危险特技"两个特征。成龙一般徒手完成这些高难度特技,展示了其敏捷、力量与勇敢。在《A 计划》中,成龙模仿了好莱坞默片时代喜剧巨匠劳埃德在《最后安全》中的表演,从数层高的钟楼上冒死一跳,开了成龙影片高难度特技的先河。被誉为成龙最危险特技之一的《警察故事》中的电灯柱滑行也展示了成龙的勇敢及敏捷。为了节约时间抓住罪犯,成龙凌空一跃,抓住了一组用闪烁不定的圣诞彩灯缠绕的灯柱,滑行 100 英尺降到地面,然后他跌落在一道玻璃木制结构的搭棚上,最后落在坚硬的大理石地砖上。在《警察故事 2》的一个追逐场面中,成龙跳上卡车,又从卡车顶跳上一辆行驶中的公共汽车的车顶,为了躲避路边的广告牌,成龙像体操运动员一样或者从广告牌跳过去或者平躺从下方过去,最后撞向旁边大楼的玻璃幕墙进入了大楼内部。《龙兄虎弟》中被人追赶的成龙跑到悬崖边上,纵身一跃跳上了下方的大热气球。《红番区》的一场戏中,成龙被一群小混混围困在大楼顶,最后带着腿伤一跃跳到了对面大楼的阳台上。《我是谁》中,成龙从 21 层大楼的侧墙上跑下来,这面墙的倾角将近 45 度,一个失误会令

---

① "*Biff*! *Bam*! *It's Jackie Chan*!", http://articles.latimes.com/1996-02-23/entertainment/ca-39072_1_jackie-chan.

② Craig D. Reid, "Fighting without Fighting: Film Action Fight Choreography", *Film Quarterly*, 47.2 (Winter 1993 – 1994), p. 30.

建构"英雄"传奇

人粉身碎骨。以上这些令人心惊肉跳的奇观动作都是成龙徒手表演的。

就像有些体育竞技会用到器械,成龙表演的一些高难度特技动作也会利用道具。在《奇谋妙计五福星》的高速公路追逐戏中,成龙展示了高超的轮滑技巧。穿着轮滑鞋的成龙在车流中左右躲避,险象环生,更危险的是他跃上了一辆大众甲壳虫小汽车滑了下来,接着是最危险的动作:他滑进一辆行驶中的18轮卡车的车底并从另外一侧钻了出来。在《警察故事》中,为了追捕公交车里的逃犯,成龙用雨伞把柄钩住了车窗边缘。他不顾一切地拽住雨伞,尝试着拉起自己的身体进入车内。这也是一个危险百出的情境:他的身体在车辆拐弯时因为惯性斜挂在空中、来往的车辆差点撞到他、车内的对手踢打他。这个片段展示了成龙强大的胳臂力量、身体协调能力,当然还有过人的胆识。《简单任务》中成龙踩着滑雪板滑到了悬崖边上,顺势一跃抓住了悬崖边上的直升机梯子,随后直升机爆炸,成龙于是掉进了下方的冰湖。

以上奇观动作基本都发生在打斗追逐场面中,成龙硬闯出一条路的逃跑方式令观者想起优秀运动员的表现。在这些高难度特技表演中,成龙充分利用空间,只要有墙或者树,或者任何可以借力的位置,成龙就能以此为辅助给自己找到逃跑的路。成龙影片所创造的这种运动形式甚至对跑酷这一极限运动具有启发作用。跑酷以城市日常生活环境为运动场所,它并没有既定规则,运动者只是将各种日常设施当作障碍物或辅助物,在其间跑跳穿行。跑酷运动的创始人大卫·贝尔(David Belle)不仅认可成龙影片对于自己的启发,也认为成龙为这些奇观动作所付出的努力和所承担的身体上的风险与自己所从事的极限运动有相似之处,"成龙师父(于占元)当年教他的时候要翻跟头翻500次,我父亲教我跑酷的时候,也做过类似的训练,跳一个东西可能跳上千次,重复一千次"①。

亚伦·安德森(Aaron Anderson)也认为,从竞技体育的角度来

---

① 专访《暴力街区》跑酷王大卫·贝尔:《忍者和成龙启蒙了我》,http://ent.ifeng.com/a/20140730/40210962_0.shtml.

看,"成龙的动作让人想起最好的运动员,如拳王阿里和迈克尔·乔丹,他们能够移动到对手到不了的位置,这一点成就了他们魔术般的成功"[①]。成龙的高难度特技表演具有明显的体育竞技性质。

2. 拍摄剪辑方式

为了强调此类奇观时刻,成龙影片往往对这些高难度特技进行特殊的拍摄剪辑处理,常见的做法包括升格拍摄、重复剪辑和重叠剪辑。

升格镜头通过延长拍摄对象的放映时间,是对关键动作进行的"时间上的延展放大",张彻认为"对港产动作片来说,慢镜可加强愤怒的感觉,又或打击的力量或危险性,而同时又强化其优雅一面"[②],用于高难度特技则主要是为了凸显动作的危险性。

在一个镜头(即使是升格镜头)仍不足以将关键动作充分展现强调的情况下,则会使用重复剪辑,把同一动作完整地重复展示,这么做既不破坏动作的完整性又能明显延长观众对高难度特技的观赏时间。

重叠剪辑也是对关键动作的延展,指的是用多个分解镜头表现同一个完整动作,各镜头之间的剪辑并不以精确的动作节点为依据,而是在下一个镜头的开始部分重复上一个镜头的结尾部分。比如,人物的同一个动作需要依次经历位置 A、位置 B、位置 C、位置 D、位置 E 的变化,那么在重叠剪辑中,镜头 1 会表现运动从位置 A 到了位置 C,而镜头 2 中表现的运动是从位置 B 到位置 D,在镜头 3 中表现从位置 C 到位置 E。因为重叠剪辑的目的是充分展示动作过程,"所以基本上是针对升格镜头的剪辑方式,通常用来强调动作的真实感和力度"[③]。

为了展示高难度特技,成龙电影的特殊摄影剪辑方式经历了明显的探索过程。最早在拍摄《A 计划》跳钟楼这一特技动作时,这一类

[①] Aaron Anderson, "Violent dances in martial arts films", http://www.ejumpcut.org/archive/jc44.2001/aarona/aaron2.html.

[②] 引自索亚斌《动作的压缩与延展——香港动作片的两极镜头语言》,《当代电影》2005 年第 4 期。

[③] 索亚斌:《动作的压缩与延展——香港动作片的两极镜头语言》,《当代电影》2005 年第 4 期。

建构"英雄"传奇

特技的处理方式还非常缺乏经验。从影片来看，此处采用了升格拍摄和重复剪辑，连续展示了同一位置摄影机两次完整拍摄的镜头。片尾花絮显示，成龙为了完成这一个特技动作总共跳了三次。

之后在拍摄《警察故事》时，成龙从商场灯柱往下滑的这一特技动作的拍摄准备则较为充分，影片中这个搏命出演的镜头也以升格拍摄和重复剪辑方式从不同角度被先后展示了三次，这也建立了成龙影片中此类高难度特技动作拍摄的常规方式。相对于之前的"跳钟楼"，成龙已经不必重复表演同一个危险动作了。但是此处的拍摄方式仍然略显单调，比如三次都是在同一水平高度由上而下摇拍、由全景到远景的变焦方式拍摄，缺乏角度和景别的变化。

《红番区》中成龙从停车场楼顶到对面阳台的一跳时的拍摄剪辑方式则臻于成熟。影片中显示的是对这一动作从不同角度的升格拍摄，开始的正面远景仰拍显示了起跳的是成龙本人，接着切换至左侧的小角度俯拍镜头，显示了跳跃中的成龙距离地面的危险的高度，然后右侧仰拍空中跳跃的成龙，最后切换至左侧小角度俯拍镜头，显示成龙跳至对面阳台并安全落地。为了展示这一动作，运用了升格拍摄、重复剪辑和重叠剪辑三种方式，加上丰富的拍摄机位和景别的变化，使观众对这一危险特技的印象更为深刻。从这个动作处理可以看出，此时成龙影片对于危险特技已经掌握了较为成熟的摄影剪辑方式。

《我是谁》中的鹿特丹高楼滑下片段则代表了兼顾表演、摄影与剪辑三方面的典型的成龙电影高难度特技动作。由于需要从21层高楼顶跑下来，这一特技动作需要的时间较长，这为成龙的表演留下了充裕的时间，在一路大叫着跑下来的过程中他交替运用了不同的姿势：滑、跑、头朝下滑、脚朝下滑，此外再加上俯拍、仰拍、航空拍摄、侧拍等丰富的机位变化、不同的景别、升格拍摄、重复剪辑和重叠剪辑等成熟的摄影剪辑手段，把这个奇观动作展示得格外惊心动魄，要是说令观者血脉偾张也并不为过。

以上特殊的拍摄剪辑方式被插进原本为线性的叙事中，虽然强调了奇观动作，但是造成了视觉连贯性及叙事时间停顿——后二者在传统观念中更受重视。然而从另外一个方面来看，为了突出这些花费昂贵且危及生命的奇观时刻，成龙不惜打断叙事。这其实也正是成龙影片更为注重的娱乐体验：提供并且强调观看这些动作奇观片段时的快感。

二 真实性

成龙一向以自己在影片中动作奇观表演的真实性为荣。例如他曾经委婉批评过徐克引导的以电影特效为基础的新浪潮武打影片："我不喜欢武侠片中那些飞来飞去夸张的武打。一点也不真实。任何人都可以像超人或蝙蝠侠一样飞翔，但只有经过特殊训练的人才能像我这样打斗。"① 这番批评实际上针对的是全球动作电影中所普遍存在的电脑特效技术。这种关于"真实"的话语明显显示了"纯粹男性至上"的心理，"迷恋于征服（像武打片一样），将身体能力看做是价值的体现"②，同时把技术暗示为女性化的手段。

真实性的确为成龙电影中的动作奇观赋予了独特的吸引力。罗杰·艾伯特认为运动奇观在成龙影片中处于首要地位并具有最重要的价值，在他看来叙事情节的存在只是为了展示成龙的奇观运动：

> 按照我朋友的说法，观看成龙电影……就像是观看弗雷德·阿斯泰尔和金吉·罗杰斯的电影，"情节的存在只是为了串连起集体歌舞，电影的存在只是因为集体歌舞"。他对《红番区》的看法是正确的……这部电影运用最薄弱的情节做借口，串连起了震撼人心的动作片段，成龙在其中展示了基顿式的优雅身姿和运

---

① Craig D. Reid, "Fighting without Fighting: Film Action Fight Choreography", *Film Quarterly*, 47.2 (Winter 1993–1994), p. 21.
② ［英］里昂·汉特：《功夫偶像——从李小龙到〈卧虎藏龙〉》，余琼译，北京大学出版社2010年版，第60页。

建构"英雄"传奇

动员般的敏捷控制。……情节（成龙访问叔叔，帮他卖小超市，与买主结为朋友）只是串联起了特技与动作。……为这部电影的理性基础辩护的任何试图都是徒劳的。不要告诉我情节和对话。不要老是想着表演。全部卖点就是成龙——他就像阿斯泰尔和罗杰斯一样，展示的是谁也比不上的动作。他在电影中的运动有一种对身体的自信、优雅和体面。他从中获得了无穷乐趣。①

艾伯特对于成龙影片的上述评价总结恰恰与20世纪80年代中后期以来的好莱坞大片的一个重要倾向相一致。周宪认为，这一时期出现的诸如印第安纳·琼斯系列、史泰龙和施瓦辛格等明星主演的票房成功的好莱坞大片，呈现了一种明显倾向，"情节在其中不过是为了展现一连串奇观事件的借口而已"②。

顺此推论，成龙影片的动作奇观实际上恰巧与当时世界主流商业电影的审美取向相一致。然而不仅如此，成龙所赖以成名的奇观元素又不同于上述好莱坞大片。正如周宪所追问的，如果史泰龙和施瓦辛格没有奇观电影所需要的颇具阳刚之气的身体，"他们是否仍然能够成为奇观电影的当红影星？"其言下之意是否定的，即史泰龙和施瓦辛格二人所依赖的是自身的身体奇观元素：男性身体的健美、强壮、力量和刚毅。从另一个方面来看，如果把同样的问题放在成龙身上，答案又是什么？可以肯定的是，成龙虽然拥有男性身体的健美、强壮、力量和刚毅，但是其赖以成名的奇观元素又不同于史泰龙和施瓦辛格等明星。成龙与他们的不同之处的最关键元素在于真实性。因此这一部分将对成龙高难度特技的真实性元素展开讨论。

1. "真实性"之辨

"真实到底是什么？"堪称是人类历史、哲学、美学等诸多领域中的一个亘古之谜。这个问题不仅困扰过古希腊哲人，也始终贯穿于电

---

① 《〈红番区〉影评》，http：//www.rogerebert.com/reviews/rumble-in-the-bronx-1996.
② 周宪：《论奇观电影与视觉文化》，《文艺研究》2005年第3期。

影理论的讨论，例如克拉考尔的"物质现实复原"之说和安德烈·巴赞的长镜头理论都强调了真实对于电影的意义。虽然对于电影艺术而言，"真实不仅不是一条普遍性原则，更不是最高准则"①，但是对于动作片这一类型而言，"真实性"独具意义。

瓦尔顿关于照片和画画之间存在的"真实性"的差异有助于我们理解成龙影片中的真实性。瓦尔顿认为，"我们能够通过照片，因而通过以摄影为基础的电影，确切地看到被拍摄的对象。这和我们通过望远镜看到对象，或在镜子里看到对象是一样的方式。……通过照片，对象确实被看到，但通过对它们的绘画却不能确实地看到它们，因为就像上面指出的那样，照片和它的对象之间的关系是一种因果关系。因此，摄影的内容被认为是没有受到信念的中介，我们的视觉经验也同样如此，但一幅画的内容却并非如此（画家所画的是他认为他所看到的东西，而不是他实际看到的东西）。照片还保持了对象和它的再现之间相应的相似关系，而不像——比如说——因果地产生的写作描述那样，与描述的对象没有相应的相似"②。蓝凡对瓦尔顿的分析做了进一步归纳，"照片和影像与对象的关系是一种'自然性'的对应，绘画与对象的关系则是一种'意向性'的对应"③。

成龙影片中的危险特技影像与成龙本人真正做过的动作之间存在着这种"自然性"的对应。这里的真实性主要包含两个方面含义。其一，这个场景是真正发生过的存在，不是用电脑特效技术等方式做出的虚拟幻想。即罗杰·艾伯特所说的"一个真实的人在真实的时间里真实地做了这么危险的事"。其二，表演者是明星成龙本人，不是替身。通过前文所描述的拍摄剪辑方式，观众可以从脸、发型和身形等方面清楚辨认出影片中表演动作的人就是明星成龙本人。

---

① 王志敏、陈捷：《关于艺术真实、电影真实和现实主义的漫谈》，《社会科学》2007 年第 11 期。
② 转引自蓝凡《真实论：蒙太奇与长镜头的历史辩证新论》，《艺术百家》2013 年第 5 期。
③ 转引自蓝凡《真实论：蒙太奇与长镜头的历史辩证新论》，《艺术百家》2013 年第 5 期。

◊ 建构"英雄"传奇

关于成龙电影中的"真实性"已经有过诸多学术讨论。论者主要从两个方面展开了分析。第一类是关涉香港文化身份的讨论，如拉米立石（Ramie Tateishi）认为成龙动作设计中视觉与类型的杂拼"能够反映出香港电影的消失中的主体的概念"①。第二类观点更把成龙式的真实表演看成具有地理特殊性的视觉奇观：香港电影的表演性身体对应着好莱坞高明的技术。在西方电影中，歌舞片被看作一种身体类型片，像武打片一样展示了一种先于电影存在的技巧。比如琳达·威廉姆斯（Linda Williams）就把歌舞片中的叙述/舞蹈张力与另一种重视真实性的"低俗"类型片——色情片相提并论：像功夫电影一样，色情片表达了一种"观看与更多了解人的身体的欲望"②，记录的是极端状态下的身体。

里昂·汉特则试图勾勒出流行的功夫电影批评话语中所涉及的三种类型的真实性：文献的真实、电影的真实与身体的真实。文献的真实，指功夫电影中刻画的实际武功的真实性。电影的真实，表明了一种追求技术透明化的愿望，对长镜头与广角构图的推崇是对真实性的一种保证。身体的真实则通过特技、身体冒险和武打能力来衡量。他认为，身体的真实是将成龙销往西方的关键——《红番区》的宣传词是"没有恐惧、没有特技替身。无与伦比"，成龙由此被塑造为骄纵的、用替身做动作的好莱坞明星的对立物。③

本文试图从另外的角度讨论成龙电影中的"真实性"，即一方面讨论"真实"给观众带来的独特生理与心理体验；另一方面讨论"真实性"对于成龙电影和成龙明星人格建构的意义。

---

① Ramie Tateishi, "Jackie Chan and the the Re-invention of Tradition", *Asian Cinema*, 1998 (10), p. 83.
② Linda Williams, *Hardcore: Power, Pleasure, and the "Frenzy of the Visible"*, London: Pandora, 1990, p. 36.
③ [英]里昂·汉特：《功夫偶像——从李小龙到〈卧虎藏龙〉》，余琼译，北京大学出版社 2010 年版，第 38—54 页。

2. 真实性带来的独特生理与心理体验

在成龙影片中的跳墙动作中，墙是真的，跳的人也是成龙本人。对比之下，绝大多数其他动作明星的影像无法呈现这一点。索亚斌曾经分析过施瓦辛格在美国动作片《终结者》中的一组"拳击汽车挡风玻璃"的著名镜头。镜头1展示了施瓦辛格趴在汽车前方引擎盖上并挥起右拳击向前景的挡风玻璃。镜头2展示了拳头击穿玻璃的过程。镜头3显示拳头从右侧入画，画框左边的女士惊恐尖叫。镜头2选取了巧妙的角度，施瓦辛格的身体遮挡了出击的拳头——实际上那并不是真正的拳头，而是一根顶端安装着拳头模型的铁杆——加上影片中灰暗的光效，加之只有14帧画面的极短的镜头时间，所以拳击碎玻璃的动作貌似真实，很容易诱发出观者的"真实幻觉"。但是这里的"真实"只是幻觉，完全经不起反复推敲。

对比之下，成龙在《红番区》中有一个类似的打碎挡风玻璃的动作场面，仅仅用了一个侧面俯拍镜头就展示了全部过程：成龙被汽车逼进死胡同，车就要撞到墙的瞬间，成龙用脚蹬墙借力顺势跳上汽车的引擎盖，紧接着踢碎了车前挡风玻璃。成龙、车、车内人和墙所有这些元素都处在同一画框之内，观众清楚明白地看到整个过程。这种亲眼看到的"真实形象"和施瓦辛格片段的"真实幻觉"，"给观众的心理感受是完全不同的"[①]。

那么真实性到底带给观众什么样的心理感受？亚伦·安德森借用了舞蹈研究领域中的"运动知觉"（kinesthetics）这一概念对此进行阐释。类似于上文所述的"舞武同源"之说，安德森认为，由于银幕上的动作表演是为了展示给观众而设计的，与舞蹈有相似之处，因此可以借用舞蹈研究领域中的理论分析电影中的动作表演。运动知觉的概念虽然源自舞蹈分析领域，但是对于任何动作编排的描述都至关重要，适用于动作电影打斗片段的分析。运动知觉是一个复杂的概念，涉及

[①] 索亚斌：《动作的压缩与延展——香港动作片的两极镜头语言》，《当代电影》2005年第4期。

◊ *建构"**英雄**"传奇*

多个不同的相关理论,主要包括"心理动觉"(通过运动进行交流)和"肌肉同情"(与这种交流相联系的现象学"感情")这两个相互关联的主题。

"心理动觉"是通过运动这一介质转移某物的过程。舞蹈理论家约翰·马丁是运动分析中"心理动觉"领域的先行者,他这样描述心理动觉:

> 运动本身就是一种传递审美和情感观念的媒介,从一个个体的无意识传递到另外一个个体。这个观点并没有看起来那么奇怪。早在柏拉图——也许还更远——的时代,形而上学哲学家就有过这个念头。他们把身体运动命名为"肢体动觉"(kinesis);我们发现与运动相关的有一个假定的/所谓的联结呼应,可以称为"心理动觉"(metakinesis)。[①]

虽然这段话讨论的是现代舞,但是由于旨在被观看的武术运动的设计也是以表现性为目的,所以"心理动觉"也可以描述动作电影中的武术动作设计元素。运动本身就是一种媒介,可以传达一个故事或叙事。这个观点既适用于舞蹈,也适用于动作电影中的运动奇观。

"肌肉同情"这一概念指的是运动本身所激发的身体的、移情的"感觉"。除了先天性麻痹等特殊的例外情况,所有人的身体都跟所有其他人一样或多或少能够移动,这使人体验到生命。即使某人的身体在某种程度上受到了损伤,这副身体仍然与所有其他身体一样享有基本的结构相似性。因此每个拥有身体的人都知道在空间中移动身体会"感觉"如何。每次看到另一个人移动身体时,他/她都能毫无疑问地理解这种运动感觉如何。这种感觉虽然通过身体表达,但是包括情感反应和心理反应两方面。

---

① "Kinesthesia in martial arts films Action in motion", http://www.ejumpcut.org/archive/onlinessays/JC42folder/anderson2/.

运动知觉反应理论暗示动作奇观将不可避免地唤起观众某种形式的身体、情感共鸣或响应。在约翰·马丁看来,舞者通过一系列动作表达自己的冲动,而观众通过运动知觉共鸣会对此做出响应。因此运动就连接起了舞者的意图和观众对此的感知,"身体无法完成的动作,也就无法想象可以迫使身体完成。即使在杂技演员和柔术演员的表演中,我们通过肌肉同情,会感受到紧张、技巧的难度,因此我们感受到相应的勇气、技能、优势、或有时对异常姿势的厌恶"①。

由于成龙影片的广告突出宣传成龙亲自表演的危险特技,观众会了解到成龙本人在银幕上表演了这些危险动作,因此能够意识到特效和"真实"运动之间的差异。这种观看背景会加强观众对成龙电影的动觉反应,观众会因此获得额外的生理兴奋。人们知道这种运动本身所隐含的危险后果,观看时的紧张感也来自此。在《醉拳2》的片尾打斗片段中,成龙失去重心跌进燃烧的炭火池中,他赤手挣扎,爬向景深处炭火池的另一边。理智上观众知道触碰燃烧的炭火极其危险,不仅会灼伤所接触的衣物和双手,而且很可能导致更严重的受伤。了解这一点增强了观众的生理反应,所以当看到这一幕时,观众会感到"心惊肉跳"。

按照心理学研究中的"疼痛共情"说法,即"对他人疼痛的感知、体验和情绪反应,即对他人疼痛的'感同身受'"②,上述观众所感到的"心惊肉跳"就属于"疼痛共情"。"心惊"表明在"情"上与表演者产生了"共鸣",属于疼痛感受中的情感成分(情);"肉跳"则属于感觉成分(感),如有"芒刺在身"之"感",这就是所谓的"疼痛共情"。

因此,在成龙真实表演所带给观众的独特生理与心理体验中,既

---

① "Kinesthesia in martial arts films Action in motion", http://www.ejumpcut.org/archive/onlinessays/JC42folder/anderson2/.

② 程真波、黄宇霞:《疼痛共情的神经机制》,《心理科学》2012年第2期。

有"运动知觉"所包括的"心理动觉"和"肌肉同情"反应,也有心理学研究中的"疼痛共情"现象。

3. 成龙明星人格核心特征

真实性除了带给观众独特的心理与生理体验,还成为成龙明星人格建构中的独特面向。

保罗·麦克唐纳考察了明星作为符号与资产在电影工业中的独特地位。他认为,电影商业的通病是确定性与不确定性的对阵,而明星则是保持二者之间微妙平衡的途径之一。一方面,一部影片需要独特性因素来刺激观众"想要看",所以必须使影片的主要内容与其他影片有所不同,并且保持诱人的神秘性质。另外一方面,完全独特又只能给电影观众和生产者带来风险。因此电影的成功有赖于电影之间的相似性或连贯性。明星之所以在电影商业中具有地位,恰恰是因为他们在不确定与确定、差异性与连贯性或者独特性与熟悉性之间提供了维持平衡的方式。也就是说,明星就像类型一样,为一部影片提供了观众所需要的确定性、连贯性与熟悉性。提起某个明星,人们会立刻想起该明星在其他影片中所呈现出的一系列熟悉的已知意义:只有一个成龙,但他总是成龙。例如,观众认可西格尔和成龙都是动作片明星,然而前者代表的是残酷血腥的动作片,而后者则是动作喜剧的代表明星。因此,"在好莱坞明星制的符号化商业中,明星作为差异性与相似性符号具有符号价值及经济价值"①。

为了考虑明星们的媒介化身份如何在电影市场中运作,麦克唐纳超越了明星研究中传统的有关明星形象的符号领域,而是借用了营销理论中的品牌概念,以便吸引人们关注好莱坞的符号化及商业化运作。品牌并不是产品本身,而是使产品概念化的一种方式。尚·诺埃尔·凯费洛(Jean-Noel Kapferer)把品牌描述成"有条件的资产":"没有品牌可以脱离其所依赖的产品或服务……品牌不能独立于(产品或服

---

① [英]保罗·麦克唐纳:《好莱坞明星制》,王平译,世界图书出版公司2015年版,第12页。

务）而存在。"① 在电影商业中，明星类似于有条件的资产，因为只有当他们出现于电影、杂志或其他产品中的时候，他们才有商业价值。由于市场销售的是电影而非电影明星，明星制的品牌化功能起源于明星如何代表着一系列价值和意义，以及明星的"人格"让人如何看待电影、销售电影。制片人兰瑞·马克思对于不同明星之间差异的说法非常具有代表性，"明星把你看的这部电影和其他一大堆电影区分开……关于要期待什么，明星应该告诉观众很多……梅里尔·斯特里普的电影意味着经典。阿诺·施瓦辛格则意味着电影中有肉体横飞的景象"②。

明星因此成为一种符号媒介，被用来创造一系列印象，以销售某一电影体验。从品牌化的角度考量明星制，能够有效理解明星制的商业意义。明星和品牌发挥了同样的商业功能——可以在区分不同商品的同时又通过连续性提供了保障。产品差异化不是创造产品之间的真正差异，而是通过传播产品之间的相异之处，从而鼓励人们形成对产品的不同理解，这种不同理解导致了购买行为的事实改变。差异化的作用可以通过坐标轴线加以表示。纵向差异表达的是根据质量差异对产品进行的等级排列，由此提供了不同价格的定位机制。比如布拉德·皮特参演的电影会比没有明星阵容的电影耗费更多的时间和金钱，那么在差异化的纵向轴线上，皮特的电影与后者处在轴线的不同方向上。另一方面，横向轴线上的差异则是"顾客不同品位的反映"，比如，同样的产品可能有不同的颜色或气味，麦克唐纳因此把桑德拉·布洛克、卡梅隆·迪亚兹、妮可·基德曼和茱莉亚·罗伯茨标签为横轴上具有不同"色度"的当代女明星。按照这个观点，成龙与施瓦辛格和史泰龙同样属于差异化坐标横轴上"色度"不同的动作

---

① Jean-Noel Kapferer, *The New Strategic Brand Management: Creating and Sustaining Brand Equity Long Term*, London: Kogan Page, 2008, p. 10.

② Aljean Harmetz, "Big Hollywood Salaries a Magnet for the Stars (and the Public)", *New York Times*, 25 July, 1988, p. C13.

男明星。

珍妮特·施泰格（Janet Staiger）把明星描述成"某种个性（personality）的垄断"①。按照这种观点，作为明星的成龙是哪种个性的垄断？笔者认为，"喜剧动作奇观"是成龙这一电影明星品牌的核心个性/特征（第五章第一节将对此详加讨论）。例如，标准的成龙电影当然不同于李小龙、施瓦辛格、西格尔或者汤姆·汉克斯电影，观众期待在一部成龙电影中看到成龙式的幽默、喜剧打斗及奇观动作。如果进一步在"动作谱系"男明星的范畴中展开对比，"真实性"则是成龙有别于好莱坞其他动作男明星——无论是施瓦辛格、史泰龙还是西格尔——的核心特征。"真实性"对于成龙电影而言具有重要意义，可以说是把成龙区别于其他动作明星的最根本特征，因此我们认同这一观点，"真实是一种人的判断，而且是一种认同上的价值判断"②。也就是说，我们认为成龙影片"具有真实感"时，不仅是一种客观陈述，更包含了一种肯定性的判断，就像"人的感觉上的美、伦理道德契约上的善"一样，是一种"带了倾向性的认识判断"③。

成龙电影的真实性给观众造成的"心理动觉""肌肉同情""疼痛共情"等反应实际上部分促成了成龙电影在市场上的差异化定位。这种营销策略利用了观看成龙电影时异于其他武术电影的生理反应。事实上，由于观众知道成龙亲自表演特技，还产生了一种家庭作坊式的影迷出版物，列出了成龙最壮观的打斗、最危险的特技以及拍摄时最严重的受伤细节（图 2.1）。成龙影片实质上利用了这一点。其影片营销会宣传他亲自表演的那些特技的危险性，这成了他的独特优势。类似于图 2.1 的成龙受伤列表不仅在成龙的影迷中间广为流传，也常常出现于成龙影片的宣传媒介中。

成龙电影通常制作精良，往往含有大量汽车追逐、爆炸、枪击等

---

① Janet Staiger, *The Hollywood Mode of Production to 1930*, London: Routledge, 1985, p. 101.
② 蓝凡：《真实论：蒙太奇与长镜头的历史辩证新论》，《艺术百家》2013 年第 5 期。
③ 蓝凡：《真实论：蒙太奇与长镜头的历史辩证新论》，《艺术百家》2013 年第 5 期。

场面以及在直升机、卡车、火车和飞机上完成的动作特技，这些都可以与好莱坞标准相媲美。由于成龙不用替身或数字技术，而是亲自表演危险特技，所以尽管这些场景看上去很好莱坞，却拥有好莱坞CGI所无法比拟的"成龙动作"的真实性。例如在《警察故事Ⅳ：第一次打击》（1996）呈现了一场滑雪板追逐戏，成龙从山坡上滑下，跳下悬崖，抓住一架直升机，掉进一片结冰的水中。虽然许多好莱坞动作片有类似场面，却缺乏成龙电影的这种真实性。申米娜（Mina Shin）认为，正是这种真实性及对电影的激情令他的粉丝着迷，并把他与所有其他动作明星区分开来。①

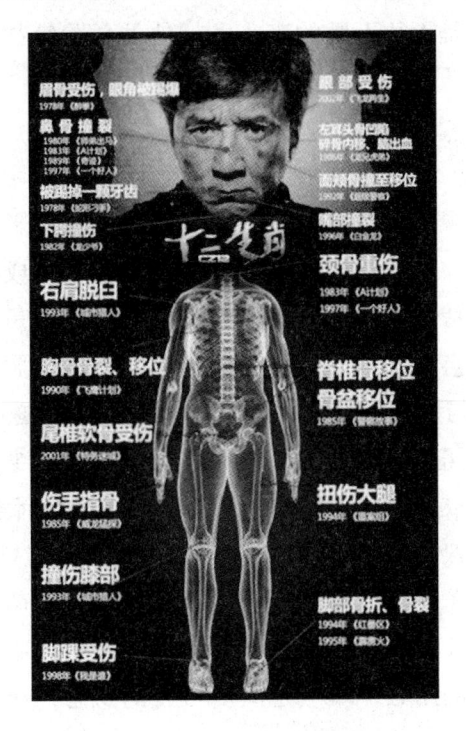

图2.1 成龙受伤位置图

---

① Mina Shin, *Yellow Hollywood*: *Asian Martial Arts in U. S. Global Cinema*, Doctor Thesis: University of Southern California, 2008, p. 121.

◇ *建构*"**英雄**"*传奇*

为了维护"真实性"这一品牌核心特征,成龙不断地挑战极限,前文提到《醉拳2》中成龙跌进炭火这一情节就是典型例证。这被戴夫·凯尔(Dave Kehr)看成"成龙后期某些电影中一种不好的暗流",即成龙成为"他自己受难的监督者","(他的高难度特技动作)看起来更像对其忍耐力的考验而非技能的展示。成龙似乎是感觉到了逐渐减弱的身体敏捷度,以及人到中年反应力的下降。他认为他必须提供的是他自己受难的奇观。一个表现成龙被忙乱地塞进救护车的片尾镜头再一次证明,他愿意做任何事去吸引观众的关注,维持他的影迷的忠诚"①。里昂·汉特则认为,如果成龙电影强调着血肉之躯的脆弱性——他并不是无往不胜的李小龙,他的危险特技表演,正如凯尔所暗示,却又否认着这种脆弱性。②

三 片尾花絮

由于运动奇观在成龙影片中的重要地位,成龙影片特别突出了这些动作的真实性。除了上述的拍摄剪辑方式之外,成龙影片的片尾花絮也突出了危险特技动作的真实性。片尾花絮已经是成龙影片的标志性特征之一。70年代好莱坞明星伯特·雷诺兹的电影经常在影片结尾加进NG镜头,与片末字幕同时播放。成龙与雷诺兹合作过《炮弹飞车》之后,受到了这一做法的影响和启发,在《龙少爷》中正式加入片尾花絮,之后成为成龙动作喜剧影片的标准配置元素。

片尾花絮一般包括三方面内容:动作场面中的失误镜头、演员受伤镜头和少量成龙现场指导的工作镜头或者搞笑卖萌镜头。大卫·波德威尔认为这些片尾花絮"明白显示了他们发乎内心的热情……显示了急于讨好观众的用心,卖点是演员可爱的憨态,让观众一睹他们无

---

① 引自[英]里昂·汉特《功夫偶像——从李小龙到〈卧虎藏龙〉》,余琼译,北京大学出版社2010年版,第54页。

② 引自[英]里昂·汉特《功夫偶像——从李小龙到〈卧虎藏龙〉》,余琼译,北京大学出版社2010年版,第54页。

论在滑稽、特技或严肃场面时出错的样子"①。

曾任职于日本东和发行及宣传部的电影发行商小池晃肯定了片尾花絮对于成龙电影的积极意义,"从香港送来的菲林已有 NG 镜头,日本观众十分受落,我们便要求以后都要加插 NG 镜头。那些镜头表现了成龙亲民和看得开的性格,换作李小龙,恐怕就不会让人看到自己的失败。那些镜头还表现了成龙亲力亲为和百折不挠的精神。观众看过 NG 镜头,会加倍赞叹那些高难度动作。我一向佩服香港人那种不用替身和卖命演出的能力,李小龙如是,成龙也如是"②。

王海洲曾经分析过成龙影片的高难度特技动作如何产生了双重意义。一方面,从影片文本来看,观众认同了成龙塑造的英雄形象,他为了匡扶正义而如此玩命满足了观众对稳定秩序感的潜在期待,因此提升了影片的魅力;另一方面,成龙只是一个演员,一个现实中的活生生的人,他为了博得观众喝彩如此卖力难道不值得尊敬?这样的胆识勇气足以被称为现实生活中的英雄。因此,"'成龙电影'和'成龙本人'产生良性互动,使观众由'本人'到'电影',再由'电影'到'本人',爱舍难分,慨叹不已,最终使'成龙'和'成龙电影'成为文化现象,银幕英雄和现实英雄强力二重奏"③。成龙影片的片尾花絮无疑强化了这种双重意义。

实际上这些纪实性质的片尾花絮通过强调动作的真实性和成龙的敬业与幽默,所达到的最主要功能是建构了成龙的明星人格。片尾花絮呈现的失误动作反证了影片中的奇观动作是几经努力才达到的真实结果。演员受伤则是真实动作所付出的血的代价。《龙兄虎弟》的片尾花絮真实记录了让成龙几乎殒命的一次坠落。从墙头跳向一根树枝对成龙来说原本只是一个易如反掌的动作,但是这根树枝没有能够承

---

① [美]大卫·波德维尔:《香港电影的秘密——娱乐的艺术》,何慧玲译,海南出版社 2003 年版,第 94 页。
② 邱淑婷:《港日影人口述历史:化敌为友》,香港大学出版社 2012 年版,第 129—130 页。
③ 王海洲:《成龙电影:英雄形象及其变奏》,《当代电影》2000 年第 1 期。

◇ 建构"英雄"传奇

受住成龙的体重,他摔到了地上,脑袋重重地磕在一块石头上。从花絮中可以看到成龙耳朵和头上流出了鲜血。这些疼与痛是真实性的一个维度,无论影片之内还是片尾花絮中,呈现了成龙作为普通人为电影拼搏的奋斗精神。

作为一种联系着故事电影正片和明星工作纪录片之间的文本,片尾花絮的弊端在于可能会消解影片中某些奇观场面的传奇色彩,譬如"抛空扔口香糖"的失误镜头会让观众恍然大悟:成龙原来也需要把这个小动作练习好多次。这就好比说,如果只看正片中的动作,观者可能会把表演者看成类似于"神"一样的存在,就像《红番区》中从楼顶跨街的一跳使片中的对手目瞪口呆,直言"他是人吗?";但是看了花絮中的失误动作集锦之后,观者会认为他跟我们一样也会失误会受伤,但是他去做了,并且做成了,因此由衷敬佩"他确实是个英雄"。

相对于神的高高在上触不可及,一个会失败会受伤的英雄令观众从心理上对表演者产生一种认同感与亲近感,加之这个英雄终究会成功,所以失误动作集锦虽然一定程度上会消解影片中英雄的神性,却加强了成龙作为英雄的人性,而且强化了成龙意欲建立的明星人格的真实性面向。

为了展示明星成龙的真实性的这一面向,片尾花絮不惜消解明星的传奇色彩。当然反过来看的话,这些失误镜头之所以被公开展示,也显示了一种自信:并非无论谁都有勇气进行这些危险表演,更不是无论谁都能够表演成功。与此同时,片尾花絮还强化了成龙在银幕内外同样的敬业、幽默、亲切的这一特质,这也是成龙明星人格的另外一个重要面向。

成龙电影中的真实"肉身",一方面是似乎无所不能的神奇身体,表演了真实的令观众惊讶的高难度危险特技;另一方面却又是一具跟普通人相同的会受伤的人类身体。成龙角色及其本人最终能够安然无恙,这种矛盾式的悖论成就了成龙在电影中的肉身神话。

第三节　欲望之躯

"有动作而不残暴，有喜剧而不下流"是成龙电影的招牌式审美诉求，强调的虽然是"不残暴"和"不下流"的艺术表现，不言自明的却是影片包含了动作和喜剧这些刺激感官的奇观体验。前文讨论了成龙的喜剧身体表演，打斗动作所具有的节奏性和动作美感正是成龙电影"有动作而不残暴"的原因所在。至于"有喜剧而不下流"的艺术审美效果是如何达成的，则较少为学界所关注，因此本节以成龙电影中承载欲望的身体为切入点，试图对此加以探析。

成龙电影往往对女性/男性身体进行最直观的影像层面的展示。典型的成龙影片中一向不缺乏男女主角的身体裸露或喜剧化的情欲暗示，这些承载着观者欲望的身体裸露堪称是成龙影片中的第三类身体奇观。在其影片中，影像层面的身体情欲化展示通常符合叙事逻辑，比如洗澡或打斗中被撕扯掉衣服是身体裸露的最常见原因。女主角身体裸露或少衣诱惑的镜头并不少见，例如《飞鹰计划》中女主角的浴巾屡屡被扯掉、《神话》中印度女子在打斗中衣服被扯掉、《天将雄师》中冷月背对摄影机脱光衣服。以洗澡为噱头的男性角色身体裸露更可谓比比皆是，比如《师弟出马》中成龙裸体洗澡、《A计划》中成龙和成家班成员扮演的水警洗澡、《警察故事2》中气愤的张曼玉闯进男警澡堂、《特务迷城》中成龙在洗浴时被对手追杀以至于浑身赤裸跑到街头。这些桥段虽然符合基本叙事进展，却只是打着最省事的幌子迎合观众的窥视欲望，似乎并无新意。至于为何屡试不爽则是本节关注的内容，下文将从香港电影传统、具体呈现方式及观众心理根源等方面进行探讨。

一　香港电影的"俗"趣传统

1970年代是香港文化本土化的重要阶段，而成龙恰恰成名于70

◊ 建构"英雄"传奇

年代末期。香港国际金融中心地位的确立、电视媒介的高速发展、中产阶级的崛起，都给香港人心态带来巨大冲击，香港由此进入本土化阶段。所形成的本土文化是以香港市民社会和广东民间文化传统为基础的杂交文化，"它带有现代社会的特征，在其发展成熟的过程中，又随着社会形势和资本主义垄断经济的发展出现某种程度的后现代性"①，具有浓厚的世俗性和商业性特点。

有研究者认为，草根性、世俗性和娱乐性作为香港本土文化的主要特色，在香港电影中得以淋漓尽致表现，"浓厚的世俗文化催生了香港商业电影独有的特征和模式。由历史因素形成的香港人的漂泊无根感，由商业大都会的环境造成的紧张的生活节奏以及由市民阶层的扩张而形成的市民心态，让香港人形成了拼命赚钱和尽情享受的生存信条，也由此影响了主流商业电影的价值取向和制作模式：重视感官刺激，追求娱乐消遣，拒绝深度思考。从根本上说，香港电影是草根文化的集中体现，迎合的是市民阶层的娱乐需求"②。

黄今则进一步把香港电影的特征表述为"'俗'趣美学"，认为"俗"趣美学与香港本土身份认同息息相关，是香港地域文化的重要表征，也是香港市民文化在特定语境下的产物。香港电影的"俗"趣"在内容题材上突破身体与性、动作与暴力、粗口与俚味等禁忌，在形式上则体现为类型杂糅、打破逻辑、戏仿颠覆，走向极致化的反形式"③。

香港本土的流行趣味在 1970 年代电影中的典型代表是李翰祥的风月片、许氏兄弟的鬼马喜剧片和李小龙的功夫片。70 年代被认为是香港情色电影的巅峰时期。李翰祥的《金瓶双艳》（1974）、《声色犬马》（1974）等风月片充分利用了大众的偷窥及情色消费心理，通过颇具

---

① 王海洲：《镜像与文化——港台电影研究》，中国电影出版社 2002 年版，第 267—268 页。
② 张新英：《王晶：香港商业电影的集大成者》，《枣庄学院学报》2006 年第 3 期。
③ 黄今：《港味的表征——论香港电影的"俗"趣美学》，《北京电影学院学报》2014 年第 2 期。

古典风格的氛围营造和精巧的场面调度使身体暴露与叙事巧妙结合，将女性身体与奇闻轶事共融一炉，突破了港片之前的暴露尺度和观众的心理承受能力，呈现了"香港电影'俗'趣的情色化特质"[1]。香港影评人石琪认为，李翰祥的风月片虽然多以旧中国为背景，但"其实迎合那时香港新风气——脱离了传统道德规限，全力走向资本主义，坦然追求财色，不再隐藏欲念"[2]。也有评论认为，李翰祥风月片的出现是香港本土文化兴起的一个信号，"标志着一种个人主义思想的抬头和追求自我价值行为的肯定"[3]。

许冠文兄弟的鬼马喜剧将视角对准普通香港市民，关注底层民众的生存状况和喜怒哀乐，刻画了众多血肉丰满的香港小市民形象。这些小人物的生活其实是一个时代的缩影，慰藉了殖民文化夹缝中生存的香港市民的压抑与激情，满足了观众的审美需求，因而得到了当时港人观众的深层次心理认同。从香港喜剧的角度来看，许冠文的鬼马喜剧具有承前启后的重要作用。一方面，其喜剧继承了香港喜剧电影"重桥段、轻结构"的传统；另一方面，许冠文更加注重突出个人表演的作用，除了精心刻画人物的诙谐性格和搞笑行为之外，还极具讽刺自省意味，从而把香港喜剧从浅层次的滑稽带入了一个新的境界——"幽默"。许氏喜剧的影响在于，"许冠文之后的香港喜剧多从关注底层去建构香港市民的集体认同"[4]。

成龙从8岁就开始混迹于电影圈，跑龙套、当替身、当武师、当配角，对于受欢迎的电影类型熟稔于心。成龙影片作为主流商业娱乐电影，可以说从一开始就打上了当时香港主流电影的深深烙印。李小龙功夫片对成龙影片的直接影响自不必说，他的《唐山大兄》《精武

---

[1] 黄今：《港味的表征——论香港电影的"俗"趣美学》，《北京电影学院学报》2014年第2期。

[2] 石琪：《邵氏影城的中国梦和香港情》，载黄爱玲编《邵氏电影初探》，香港电影资料馆2003年版，第38页。

[3] 郑淑玉：《李翰祥类型电影的审美文化意蕴》，《电影文学》2012年第9期。

[4] 郑淑玉：《许冠文民生喜剧的审美追求》，《电影新作》2013年第2期。

门》等功夫片则大多建立在民族情感大义的基础上,具有明确的道德价值指向,充满古典英雄主义情怀。与李小龙功夫片相比,成龙电影更传达了"坦然追求财色,不再隐藏欲念"这一香港当时的新风气。"从关注底层去建构香港市民的集体认同"这一论断也适用于成龙电影。

  成龙在成名之前不仅出演过李小龙的影片,也出演过李翰祥编导的经典风月片《金瓶双艳》(1974)。此片改编自古典名著《金瓶梅》,剧情香艳离奇,上映后大获成功。片中明星荟萃,成龙在其中扮演俏皮伶俐、插科打诨的郓哥。这虽然只是一个配角,却是成龙首次在银幕上扮演重要角色,并颇受欢迎。

  尽管无从查证上述经历是否直接影响了成龙电影的创作,但是可以肯定的是成龙对于风月片的类型元素并不陌生。从成龙影片所包含的内容判断,可以确认风月片在电影市场上的流行启发了未来的成龙影片:观众喜闻乐见的情色噱头得以保存。按照黄今的说法,"70年代,功夫片、风月片、市民喜剧在保留一定传统的基础上,倾向于强化感官刺激、奇观体验,香港电影的'俗'趣美学奠定了以身体情色、动作暴力、市民价值观为主的基调"①。可以认为,成龙电影确实追求感官刺激和奇观体验,但是同时又对这些内容的基调进行了调和:坚持市民价值观;把动作暴力调整为喜剧动作;至于身体情色则弱化至较低程度并通过喜剧外观加以调节。

  上文提到"有动作而不残暴,有喜剧而不下流"是成龙电影的招牌式审美诉求。比较容易理解的是前半句,因为"动作"和"残暴"是一对带有因果关系范畴的词语——动作一般指的是打斗,打斗则往往会导致出现受伤流血的残暴场面。而"下流"作为形容词,意思是"引起性欲的或绘声绘色地描述色情的"。对比之下,后半句中的"喜剧"和"下流"却并没有类似的因果词意关系——由于"不协调"所

---

① 黄今:《港味的表征——论香港电影的"俗"趣美学》,《北京电影学院学报》2014年第2期。

产生的惊奇一笑与"下流"之间似乎并没有什么联系。

实际上,关于"有动作而不残暴,有喜剧而不下流"这句招牌,成龙曾经出现过一个有趣的口误。成龙在自传发布会上描述自己的拍戏标准时,出现了口误,将"有动作不残暴,有喜剧不下流"说成"有动作不暴力,有色情不下流",引发全场爆笑,也让成龙急求媒体手下留情。①

如果不理会这个颇富意味的口误,而是从语言的角度进行考察,要想与"有动作而不残暴"形成意义对仗的话,后面一句实际上可以表述为"有情色而不下流"。当然如此表述也存在相当明显的问题:首先,在伦理道德依然是传统教育重要内容的华人观众群体中,"情色"二字难登大雅之堂;其次,成龙影片中的身体玩笑似乎远远算不上"情色"。至此,似乎很难找到与"有动作而不残暴"完全对仗的下句,因此"喜剧"一词似乎是退而求其次的最佳选择。

然而此处需要明确的是,"不下流"一词实际上暗示着影片确实包含着容易引起观众"下流"联想的内容。当然,更为强调的重点则是成龙电影以巧妙的喜剧化方式改造了这些内容。暴力与色情是商业电影吸引大众的两种常见策略,而"有动作而不残暴,有喜剧而不下流"这句口号以明示及暗示的方式表明成龙电影并不缺乏这两类噱头。

二 成龙电影中的女性身体

电影通过影像和叙事等手段对女性角色进行形象构建,似乎只是出于创作者的个人构思,实际上却必然会受到特定社会文化语境的限制及束缚。也就是说,银幕外的现实社会与银幕上的女性形象之间存在着微妙的联系。女明星是能够反映大众文化症候的重要文化图标。

---

① 《成龙新书首发:口误很 duang 曝曾交往很多女友》,http://ent.163.com/15/0408/08/AMLQSJKE00032DGD_all.html.

建构"英雄"传奇

"成龙电影中的女明星已经成为一个时代电影的标志性人物"①，她们在成龙电影中的角色定位及视觉呈现方式是当时社会的审美和消费、艺术和商业的共同产物，反映了影片创作时期的社会思想和价值观走向，也是理解社会文化语境下性别政治的窗口。

1. "成龙女郎"及其角色功能

"成龙女郎"是成龙电影中一个重要的票房卖点。每部成龙电影都有一位或者数位面容姣好、身姿曼妙的妙龄女郎，她们或者是华语电影正当红的女明星，如张曼玉、林青霞、关之琳、刘嘉玲、杨紫琼、利智、郑裕玲、钟丽缇、梅艳芳、袁咏仪、舒淇、徐若瑄、章子怡、李冰冰、范冰冰、徐静蕾，或者是选美出身身材性感的美艳女郎，如杨宝玲、叶芳华、潘秀燕（1991年马埠环球小姐）。出于占领国际市场的考虑，成龙电影中不仅有华人女郎，还经常出现日韩明星及白人女郎，如法拉美穗、池田昌子、伊娃·考伯、罗拉·芳娜、玛丽卡·沙拉瓦特、金喜善等人。

徐辉专门分析过成龙影片中的女性角色，她以1983—1998年之间的九部成龙影片为对象，把女性角色按照在影片中所发挥的作用分为四类：纯粹的被保护对象、引出整部影片的角色、与成龙有"感情戏"的角色和与男主角几乎平分秋色的爱情故事女主角。② 可惜这个分析不够深入，并没有清晰阐释不同类别角色的不同功能。

成龙电影经典时期所处的香港在本质上仍然属于男性中心文化/权力结构的社会，男性中心文化深深内在于香港电影体制。张燕认为，香港电影银幕"叙述的基本都是男尊女卑、男人当道的故事，弘扬的几乎都是男性'救美'、仗义等阳刚美德"③。因此她用一种发展式眼光看待香港电影中的女性形象演化史，把女性角色划分为欲望客体型、

---

① 贾磊磊：《成龙：用动作改变世界》，《当代电影》2014年第3期。
② 徐辉：《成龙电影中的女性形象》，《当代电影》2000年第2期。
③ 张燕：《"看"与"被看"——香港电影中的女性形象透视》，《电影艺术》2003年第2期。

花瓶调料型和关注审视型这三个主要类型。她认为，张彻、胡金铨和李小龙等人的传统武侠功夫片"女性角色几乎等于零"，但是由于女性角色可以反衬男性角色的阳刚之气，加之愈演愈烈的电影商业竞争，女性角色的出现成为必然。成龙的动作喜剧电影把众多女性角色加进银幕，正是顺应潮流之作。除了《警察故事》中清新可爱、刁蛮任性的张曼玉和《A计划2》中屡陷困境的柔美革命者关之琳之外，还有数不清的其他"龙女郎"，她们往往"美丽动人又脆弱无力、单纯可爱又期待拯救"，她把她们指认为"花瓶调料型"的女性角色。上述角色出现在80年代的成龙电影中，这个时期的成龙电影中的女性角色主要是"花瓶调料型"，她们是需要男性英雄去保护/拯救的对象，通常不具备叙事学意义上的"行动者"功能，而是男性欲望的投射客体或拯救对象。

然而"花瓶调料型"这一概括并不适用于《警察故事3》中身手不凡的大陆警察杨紫琼、《醉拳2》中武功高超的泼辣小妈梅艳芳或者《我是谁》中足智多谋的中情局探员Christina、法拉美穗等角色。更确切说来，在这些90年代的成龙香港电影中，除了"花瓶调料型"的女性角色之外，另外一类女性角色登上了银幕，她们是男性英雄的助手，能够帮助男性英雄克服所谓的"去势焦虑"，让他们重新找回失去的男性身份。在成龙的华语电影中，成龙试图改变自己的戏路，尝试了《神话》《新宿事件》《大兵小将》等不同类型的电影。然而这些影片中的女性角色，如《神话》中柔美痴情的金喜善、《新宿事件》中的徐静蕾和范冰冰、《大兵小将》中的林鹏等女性角色又回归至"花瓶调料型"，成为男性主导的电影文化机制内的拯救/保护对象和欲望客体。

2. 女性身体：情欲消费对象

在成龙电影中，无论"花瓶调料型"还是"男性英雄的助手"类型的女性角色，她们的身体都变成了视觉呈现的重要对象，在摄影机前被有意识地建构为指涉欲望的视觉奇观。虽然"男性英雄的助手"

◊ 建构"英雄"传奇

　　这一类女性角色是拥有行动力的主体,却同样无法避免成为男性欲望的投射客体,她们的身体同样是摄影机镜头觊觎的欲望对象,下文对《警察故事3》中杨紫琼影像的深入分析将例证这一观点。

　　经典成龙电影中有一些接近于身体情色的喜剧时刻,典型例证了成龙影片对于类似情色内容的喜剧化处理方式。在《警察故事》中,陈家驹奉命保护证人莎莲娜,无奈莎莲娜对陈家驹不屑一顾,陈家驹不得不找同事假扮杀手来吓唬莎莲娜。准备洗澡的莎莲娜换上睡衣在房间里来回走动并逐一关窗,摄影机以偷窥视角呈现了这一段落。

　　此时的林青霞已经是红透港台的电影明星,她的名字具有极大的市场号召力。作为一个众所周知具有美貌与性感身材的女明星,林青霞在此处第一个镜头中背部全裸换上睡衣(见图2.2),柔软的真丝睡衣一览无余地展示了女性身体的诱人曲线,这一系列动作明确把林青霞指涉为情欲消费的客体,邀请观众对她的身体展开欲望想象。

图2.2　《警察故事》林青霞更衣

　　第二个镜头呈现了林青霞在房内走动的过程。从叙事层面而言,林青霞在房间中走动是为了关闭窗户并查看房子周围状况。从镜像层面而言,此处以中近景镜头呈现林青霞显示了一种刻意而为的客观与克制——如果此处运用凝视状的特写镜头呈现林青霞身体的某个局部位置,比如洁白的颈部或者丰满的胸部,那么第一个镜头中已经受邀进行情欲想象的电影观众会从中得到进一步的欲望满足。但是导演并没有用局部特写的镜语方式公开鼓励观众继续进行情欲想象，而是选择了看似客观的中近景镜头（见图2.3），这使观众足够看清林青霞的表情、动作和身体，可以在欣赏林青霞身体曲线的同时，又没有打断叙事的进展。

第三、第四个镜头显示林青霞打开衣柜，扮成杀手的成龙同事戴着面具从衣服中探出头恐吓林青霞，但是林青霞误以为这是成龙，毫不在乎地关上衣柜门撞了对方的头，随后惊恐地意识到对方确实是个杀手。至此，第三、第四个镜头的惊悚与喜剧效果已经完全盖过了第一、第二个镜头的情欲指涉。这一典型段落是成龙电影中极为常见的片段，成龙无意中看到/接触到了女性角色身体的性感地带，他的即时反应通常遵循"非礼勿视"这一传统伦理规训，会立即转移目光或者身体接触，但是也不会掩饰吃惊与窃喜的神情。影像层面的客观与克制是成龙动作喜剧电影中弱化身体情色的极为重要的手段，同时也是成龙电影美学趣味的选择：指涉欲望又拒绝纵容观众沉溺于色情想象。

图2.3　《警察故事》林青霞着睡衣室内走动

客观克制的影像方式是成龙电影情欲叙事的重要手段，偶有局部特写镜头，更加突出的是喜剧效果。《龙兄虎弟》中成龙与一群蛇蝎女打扮的黑人女子邪教徒打斗，女子穿的是暴露的紧身衣，打斗过程中，成龙双拳正好击中对方丰满的胸部。此时影片以特写镜头呈现双拳击中双乳，丰满暴露的双乳特写镜头无疑是为了满足观者的性幻想。

建构"英雄"传奇

但是这一镜头并未就此定格,而是继续延长并以慢镜头的镜语方式展示了双乳由于受到击打而像皮球一样上下弹跳的画面。如果说胸部特写在镜头开始处传达的是欲望投射,那么在后半部分弹跳的胸部则变成了喜剧,是成龙影片以特有的喜剧化影像方式弱化了画面中的性感与欲望的内涵。此外,在随后的镜头中,女对手会为这一动作懊恼发怒,成龙往往则因为自己接触的是女性身体"不正确"的位置而展示出尴尬表情,并赶紧逃离,双方的此类反应强化了喜剧性效果,由此进一步消解了前一镜头中女性身体所承载的情欲内涵。

这一类由于男女之间"不正确"的身体位置接触而引发的情色喜剧时刻是成龙电影中屡见不鲜的桥段。《警察故事3》中杨紫琼扮演的是来自大陆的警察,她作为成龙的搭档与成龙一起缉拿国际大毒枭。舞蹈演员出身的杨紫琼身手灵活,在此片中骁勇善战的女警形象一改成龙电影中以花瓶著称的女性角色传统,她与成龙珠联璧合的合作使得影片大获成功,以3260万港元的票房成绩成为1992年香港市场十大卖座片之一,并以3.1亿新台币的票房创下台湾地区票房纪录(直到2008年才被打破)。杨紫琼的角色无疑属于"男性英雄的助手"这一范畴,但是这并没有妨碍她成为情欲消费的客体。在贩毒集团之间的混战中,成龙与杨紫琼由于射击的需要进行了一个特别的姿势配合:杨紫琼拿枪射击对手,成龙平躺在地伸出双手接住杨紫琼下落的身体。中景镜头显示成龙的双手正好撑住了杨紫琼的胸部位置,杨紫琼对此略显不快,大喊"放手啊",似乎浑然不知的成龙惊觉之下立刻收手,结果杨紫琼的身体一下子重重压到了成龙的身上。片尾花絮显示,这个镜头至少拍摄了三次,两次NG镜头中成龙的双手没有像正片中那样正好对准杨紫琼的双乳,二人随即笑场。由此可以推断,影片主创在这一片段中追求的正是双手撑胸那一瞬间的情欲化暗示。当然,影片并没忘记建构说得过去的喜剧场景:杨紫琼的身体猛然重压到成龙身上,于是下一个镜头显示成龙随即做出了疼痛的表情。这一喜剧性效果立即弱化了之前镜头中的情欲化暗示。误按到女主角胸部的桥段兼具情欲暗示与喜剧效果，在成龙电影中具有强大的生命力，直到《天将雄师》仍然在用，成龙对这一桥段的偏爱可见一斑。

通过无心而为之的偷窥视角对女明星身体进行情欲消费，是成龙电影情色喜剧时刻的另外一种常见方式。《警察故事3》中，杨紫琼与成龙同在毒贩的船上，假扮为哥哥的成龙莽撞推开杨紫琼房间的门，随着他的目光，画面以近景镜头闪现了正在换衣服的杨紫琼。虽然裸露的只有杨紫琼的腹部位置，但是影视作品中换衣服、紧身衣、睡衣、浴巾、内衣裤和泳装通常都是可以触摸的指涉欲望的具体形式，所以此处明确指涉着情欲想象。成龙做出吃惊状，随着杨紫琼的呵斥立刻关上了房门，关门之后却面露喜滋滋的神情。成龙所表演出的吃惊神态与观众的认同心理一致。然而之后的窃喜神情即刻把观众心理指离了情欲想象，并导向喜剧方向，观众注意力由此转向成龙身上。

类似的情节还有成龙被困于女主角的房间，不得不观看女主角的裸露身体，比如《飞鹰计划》中呈现了典型的这类情节。成龙被堵在Elsa的狭小浴室中，不得不目睹了Elsa如厕小便，之后藏在洗手台底下的成龙又近距离观看了Elsa只穿着三角内裤的修长双腿，成龙皱了皱眉头，表演出了"看到不该看的东西"的表情，随后Elsa取走毛巾架上的浴巾，使成龙无以遮挡，Elsa只要一低头就必然会看见他。在此片段中，浴室、小便及身着内衣的Elsa无一不指向女性身体的情欲化想象。然而由于对主角的认同心理，观众在此处更为担心的是成龙会不会被发现，而成龙几次化险为夷，没被Elsa发现，令观者惊奇，由此引发的喜剧效果在这一情境中占据了更重要的位置。

如果说上一段落的例子是用喜剧效果消解情欲化暗示，那么还有一类以喜剧为主的情景则刻意呈现出情欲化指涉。在八九十年代成龙电影的鼎盛时期，经常运用这一类的喜剧桥段。例如在《飞鹰计划》中，成龙与三个女主角被两个中东邪教徒劫持，三女子因为缺水无法继续前行，此时唯有成龙所穿的盛水马甲可以帮助她们。为了不被中东劫匪看穿，成龙把女子逐个抱在怀里通过吸管喂她们水喝。喝到水

建构"英雄"传奇

的女子立刻精神大振,纷纷配合成龙做出夸张的亲热姿势,导致劫匪最开始误以为几个人只是在接吻。"原来口渴也会引起性冲动"这一句借中东劫匪之口说出的台词明白表达了这一段落所指涉的性欲望。此处的拥抱接吻等亲热姿势在叙事逻辑中是做给中东劫匪看的,但是真正的目标观众是银幕前的电影观众。观众明白成龙只是在给他们喝水,然而喂奶式的喝水姿势、夸张的拥抱体位、三女子身体表现出的享受姿势及她们发出的引人遐想的声音,这些明显的情欲化场景在突出喜剧效果的同时,指涉了性和欲望。

身体被编码为上述场景中的欲望奇观,然而即便在没有身体裸露或男女性爱的场景和镜头中,也能传达性与欲望,因此成为叙事层面的情欲化指涉。《警察故事》中,莎莲娜发现进入自己房间的杀手原来是陈家驹的同事,于是通过录音机这一道具报复了陈家驹。她把二人关于仙人掌和打翻柳橙汁的一番对话进行了巧妙的重新剪辑,剪辑后的对话被陈家驹当成录音证词在法庭上公开播放。

女:哎呀,你干什么?

男:没什么。

女:哎呀,刺得我好痛啊。

男:哎呀,快断了,别坐下去,快断了。

女:这是什么?这么难看,把它扔了吧。

男:什么扔了!这是我的宝贝。

女:哎呀,你弄湿人家了。

男:我帮你擦擦。

女:(笑)哎呀,好痒啊,不是那儿,是这儿……不要太用力,不要那么粗鲁。在沙发上很不舒服,不如上床吧。

男:啊?好,上床。

女:我睡在哪儿啊?

男:睡我的床上。

女：那你呢？

男：睡在你旁边。

女：你用这种办法保护证人，我好喜欢啊。

由于莎莲娜故意使用的娇嗲语调，这段对话在叙事层面上明确指涉了男女性爱的场景，成为语带双关的性笑话。所以此处尽管没有身体裸露，但是叙事常识把影片内法庭上的观众和银幕前的电影观众带入了情欲化的想象。不解内情的法庭观众发出一片哄笑——这段对话听起来确实是粗俗低级的黄色笑话——而陈家驹的大声解释在观者的不齿笑声中显得苍白无力。对于电影观众而言，由于了解对话的真实背景，所以这一片段的情欲化程度被极大降低了。电影观众反应与影片内的法庭观众反应并不相同。法庭观众发笑主要是由于性笑话的情欲内容，并非因为成龙的尴尬处境，而且法庭观众的窃笑强化了成龙的尴尬。电影观众的反应通常会顺应电影叙事机制的引导，笑声既来自巧妙剪辑所引发的情欲想象，却又更多源于陈家驹所处的尴尬境地。这同样证明了成龙电影成功地以喜剧化方式改造了情色内容。

3. 拒绝被"凝视"的女性身体

成龙电影虽然视女性身体为欲望对象，却明确拒绝对女性身体的过度情色消费。首先，成龙影片对于身体裸露的程度是有原则的。女性身体可以背部全裸，无论穿的是何等性感的内衣裤，正面绝对不能露点；男性身体可以背部全裸，正面全裸同样绝对不会露出隐私部分。如果没穿衣物又正向面对镜头，男女性角色通常会尴尬地用手或者其他物件挡住隐私位置。其次，成龙电影视女性身体为戏弄及撩拨欲望的对象，却并不提供机会纵容观众对其进行色情想象。再者，在成龙电影中，美丽的女性身体引发了观者对美好事物的向往，因此她们的身体意指的是"可远观而不可亵玩"的美好事物，通常不会受到伤害。成龙电影审慎地遵守这些秘而不宣的原则，是基于其含蓄及正义的东方传统价值观所做出的美学趣味选择。

◇ 建构"英雄"传奇

　　成龙对《威龙猛探》中裸体按摩女的删减片段是一个典型的例证,证明了成龙对于影片中女性身体裸露的态度。对于自己二赴好莱坞所拍摄的《威龙猛探》,成龙非常不满,回港后重新补拍并剪辑了影片。①

　　英语版本中色情意味浓厚的按摩片段是粤语版本删减的主要内容。成龙饰演的比利和丹尼·艾洛饰演的丹尼前往夜总会寻人,顺便享受按摩服务。无论在影视作品还是现实生活中,夜总会都是一个暧昧的场所。英文版本所呈现的按摩完全是一个色情情景,黑衣按摩女进入按摩室后先与丹尼调情,然后对着丹尼脱到一丝不挂,肚脐以上镜头,胸部无遮掩暴露在镜头前,随后全身镜头呈现按摩女躺到小滑床上,按摩女正面全裸身体的全部隐秘部位清晰呈现在镜头面前,这整个过程都伴随着丹尼激动的喃喃声。按摩女躺到床下之后,丹尼则不断发出满足的呻吟声。在整个过程中,丹尼都是这一色情情境的主角,成龙饰演的比利只是面带微笑地趴在自己的床上准备接受按摩。

　　在成龙重新补拍及剪辑后的粤语版本中,按摩女露点的全部镜头都被删除,丹尼性暗示的声音也被删除。此外还给成龙增加了一句台词,成龙对按摩女说:"按摩的时候用力一点,比较舒服",这些改动不仅为成龙的角色增加了主动性,更重要的是修改了原版本中的色情指涉,进而让整个洗浴场所的色情意味去无影踪。经过这些改动,随后的按摩女扬匕首情节顺理成章成为按摩室片段的重点,突出了按摩女的蛇蝎女郎的危险性质,这似乎是成龙对好莱坞式蛇蝎女郎所能做出的最能接受的改动。

　　此外,影片最大的一处改动要数增加了香港的当红女明星叶倩文,

---

　　① http：//www.tudou.com/programs/view/Ef2lZriuxBY,土豆网站上1小时31分18秒的视频,是一个英语与普通话配音混杂的版本,源自影片的英语版本,完整保持了后期被成龙删除的片段。成龙剪辑及重新拍摄后的粤语视频可见于http：//v.baidu.com/kan/movie/? id=115466&url=http%3A%2F%2Fvod.kankan.com%2Fv%2F30%2F30706%2F360021.shtml%3Fid%3D731009&ifrom=search&vfm=bdvtx#frp=v.baidu.com%2Fv。

她扮演的莎莉为侦破案件提供了重要线索，并与成龙互生情愫，兄弟搭档的警匪片由此变成了更突出成龙戏份的影片。

实际上，删除裸体按摩女的镜头与增加叶倩文所扮角色的一删一增，饶有趣味地呈现了成龙影片对女性角色的理念与立场。成龙前去寻找叶倩文时，正好遇上她与同行表演者载歌载舞正在彩排，青春洋溢的跳舞场面增加了影片晴朗明快的氛围。这种氛围也是成龙电影的一个重要特征，这与原版本里夜总会阴暗暧昧的气氛截然相反。

炙手可热的女明星是重要的电影商业元素，然而又绝对不止于此。在成龙影片中，健康活泼、青春靓丽的女明星本身就是一道美丽的风景，她们引发了观者对美好事物的向往，而她们的身体意指的是"可远观而不可亵玩"的美好事物。虽然观者会受邀对影片中的女性身体进行欲望想象，女性身体甚至经常成为性喜剧的噱头，但是"不可亵玩"绝对是成龙影片的基本原则。因此典型成龙影片中绝无女性露点的镜头，更无其他警匪片中常见的戕害女性身体的罪行。女性身体同样更不会成为罪恶的渊源（《飞鹰计划》中的女教徒似乎是例外，然而她们只是邪教的牺牲品），因此夜总会的裸体按摩女是好莱坞影片中的蛇蝎女郎，而不是成龙影片中的"成龙女郎"的角色形象。

尊重女性身体的这种态度与立场，既是成龙影片的审美取向也是伦理道德选择，反映出了一种东方传统式的含蓄的价值观，是其影片"不下流"的原因所在。在这一点上，洪金宝的部分影片可供对比。成龙和洪金宝被认为开辟了香港功夫喜剧这一电影类型，两人通常被排在香港功夫喜剧英雄榜上的前两位。洪金宝导演并参演的《奇谋妙计五福星》《快餐车》《夏日福星》《福星高照》等影片是 1980 年代的经典动作喜剧影片，其影片的特点是笑料百出和硬桥硬马动作戏。然而为了迎合观众，洪金宝影片不惜耗费大量篇幅呈现无厘头闹剧，其中就包括对女性身体缺乏节制的情欲指涉。在《福星高照》中，女警司霸王花胡慧中陪同"鹌鹑菜"洪金宝、"大地生"吴耀汉、"罗汉果"曾志伟、"犀牛皮"冯淬帆和"花旗参"秦祥林五位好友前往东

◆ 建构"英雄"传奇

京办案。为了得到美女垂青,五人对霸王花大献殷勤、各出奇招。有一招就是其中两个人戴头套扮绑匪把另外一个人跟身着睡衣的霸王花绑到一起,结果同样的小把戏足足重复了五遍,每人都得偿所愿与霸王花亲密接触了一次,一闻芳泽的五人各自做出欲仙欲死的陶醉状。只可惜,这种哗众取宠的把戏不仅略显低廉,而且五次重复足以引发观者的审美疲劳并耗尽他们的耐心。

在续集影片《夏日福星》中,五人又合谋戏弄当红女星关之琳扮演的角色王依青。为了一睹美女的身体,他们费尽心机骗她说房子起火了,关之琳于是躺到了浴缸里,湿衣贴身之时她的双乳终于暴露在众人眼前,影片以特写镜头呈现了这一景观。这一镜头对观众的震撼性毋庸置疑,甚至于豆瓣用户 ayumi H 评论认为"此片最大的亮点就是关之琳在 56 分钟时的露点,切记切记,其他可以一概无视"①。在此片的 620 余条短评中,这条评论排在第一位。

当胡慧中、关之琳等美女角色睁大美丽的双眼,以无辜表情证明她们并不知道发生了什么时,女性身体当真沦为了影片中男性角色的真实玩物以及电影观众的视觉玩物。不像成龙影片中的女性角色,如果被偷窥总会适当进行还击,洪金宝影片中的女性角色空有美丽的身体,美则美矣,却苍白空洞,完全变成了被动的欲望客体。洪金宝等人影片中的女性身体迎合了观众的窥视欲望,女性身体成为猎艳奇观中的猎物,成为纯粹的消费品。成龙影片中的女性身体虽然被用来撩拨观者隐秘的窥视欲望,却会在观众受到激发的关键时刻转而采用喜剧手段转移情欲想象。固然可以说洪金宝影片追求的是无厘头喜剧,而且与同时代"尽皆过火,尽是癫狂"的许多港片(比如王晶影片)的性闹剧相比也算不上多么荒唐。但无法否认的是,对比之下,成龙影片在这方面的自制显得难能可贵。实际上成龙对这一审美取向及伦理道德的原则性坚持也正是其影片老少咸宜的最重要原因之一。

---

① 《〈夏日福星〉短评》,http://movie.douban.com/subject/1303717/comments? sort = new_score.

第二章 银幕上的"动作英雄"

英国女性主义电影理论家劳拉·穆尔维在《视觉快感与叙事性电影》中关于"视觉快感"的理论对于解析成龙电影中的欲望之躯很有启发性。此文发表于1975年,开创性地把精神分析引入女性主义电影研究,成为这一领域的代表性论述。此文批判解读的是"好莱坞风格(包括一切处于它的影响范围之内的电影)的魔力"①,而成龙电影"展示了好莱坞电影的视觉及叙事常规(现实主义表征、流畅剪辑、线性情节、强调角色关系)"②,属于好莱坞风格的主流商业电影,所以恰好落入了此文的分析对象范畴。

穆尔维在论文开篇就指出,由于我们拘囿于父权制的语言体系之中,没有办法从男性的天空中另辟苍穹,因此男性视点是影片内在的叙述动力。她认为,在好莱坞风格主流电影中的色情快感及意义中,女性形象处于中心地位。男性始终处于"看"的主动位置而女性处在"被看"的被动位置,这是此类电影的基本叙事逻辑。在男性视点建构的文化背景下,女性角色变成了男性观众的欲望对象。"在她们那传统的裸露癖角色中,女性同时被观看和被展示,她们的外貌为了强烈的视觉和色情冲击而被编码,从而能够把她们说成具有被观看性的内涵。作为性欲对象被展示的女性是色情奇观的主导动机:从封面女郎到脱衣舞女郎……她(们)承受观看,迎合并意指着男性的欲望。"③

女性形象"被编码成强烈的视觉和色情感染力"。这样,银幕上的女性就处在影院观众、摄影机和影片叙事空间中的故事主人公的三重观看视点之下。由于影片制作者娴熟掌握认同过程的技巧,会把观

---

① [英]劳拉·穆尔维:《视觉快感和叙事性电影》,载杨远婴编《电影理论读本》,世界图书出版公司2012年版,第532页。
② Steve Fore, "Jackie Chan and the Cultural Dynamics of Global Entertainment", in *Transnational Chinese Cinemas: Identity, Nationhood, Gender*, Ed. by Hsiao-peng Lu, University of Hawaii Press, 1997, p. 249.
③ [英]劳拉·穆尔维:《视觉快感和叙事性电影》,载杨远婴编《电影理论读本》,世界图书出版公司2012年版,第526页。

众"吸纳进银幕场景和故事空间"的窥淫情境,把他们深深地拖入故事主人公的位置,"使他们分享他那不自在的凝视"。实际上,叙事电影的成规否认影院观众和摄影机这两种视点,而是使它们从属于影片中故事主人公的视点。而影院观众的视觉快感就来源于他们所认同的故事主人公的视点,这种观看满足了观众的双重视觉快感:"窥淫癖"和"恋物癖"。

"在弗洛伊德那里,'窥淫'意味着主体对客体的控制以及把客体对象化和他者化,在经典好莱坞电影当中,尤其体现在对女性身体的局部特写。"① 成龙影片把女性身体作为色情编码加入了主导的父权秩序语言之内,以此满足了观众的"窥淫"欲望,使他们体验了视觉快感。但是正如前文所提到过的,把女性身体呈现为欲望客体时,成龙影片允许"窥淫"却拒绝观众"凝视"。为了达到这一审美追求,在叙事层面上,会设置紧凑巧妙的喜剧情节转移观众的情欲想象;在影像层面上,采用客观克制的方式,拒绝使用"凝视"状的局部特写镜头,若有局部特写镜头,通常更为强调的是喜剧效果。这些方式弱化了身体情色,突出了喜剧效果,是成龙电影情欲叙事的最关键的手段之一。指涉欲望又拒绝纵容观众沉溺于色情想象,是成龙电影的美学趣味,也是成龙电影招牌中"不下流"的秘密所在。

三 成龙在成龙电影中的裸露身体

按照穆尔维的说法,"窥淫癖"通过观看他人获得快感,而"恋物癖"则通过观看来达到自我建构。如果说成龙影片中女性角色的欲望身体主要是为了满足观者的"窥淫癖"而获得快感,那么成龙本人在影片中蔚为壮观的身体裸露目的何在?是否更多地满足了观众的"恋物癖"从而达到了理想自我的建构?本文认为,这些围绕着身体而存在的镜头建构了成龙孔武有力的男性英雄形象,并把他塑造为一

---

① 张慧瑜:《"好奇"能挑战"恋物"吗?》,《读书》2007年第7期。

个富有性魅力的欲望对象。

在经典的成龙电影中，成龙通常是唯一的主角，女性角色和其他男性角色一般都是配角。虽然女性角色也间或扮演男性英雄助手的角色，但是总体上主要作为男性观众的欲望客体或拯救对象存在。在男性主导的电影文化机制之中，理想的男性英雄才是期待视野的真正核心。因此，在影像层面上，成龙本人占据了最多的银幕空间及时间。本章第一、二节分析了成龙的敏捷幽默、富有节奏感的动作和惊心动魄的高难度危险特技，如果说这些主要把成龙展示为一个守护正义的无畏英雄，那么，裸露的身体——成龙本人在影片中的第三类身体奇观——则把成龙呈现为充满性吸引力的男性英雄。

香港电影专家龙比意（Bey Logan）在《警察故事》DVD附录中幽默地评论道："成龙喜欢在电影中脱掉衣服。"回顾成龙影片，确实可以发现众多以洗澡为噱头的男性角色身体裸露的镜头，比如《师弟出马》中成龙裸体洗澡、《A计划》中成龙和元彪及成家班成员扮演的水警集体洗澡、《警察故事》中成龙在林青霞隔壁的卫生间洗澡、《警察故事2》中气愤的张曼玉闯进男警澡堂、《特务迷城》中成龙在洗浴时被对手追杀以至于浑身赤裸跑到街头等经典场面可谓比比皆是。在不洗澡的时候，成龙也会在某些场合（尤其在无数次打斗中）露出健美肌肉，成为所在场合中的抢眼角色。在成龙影片中，通常只有成龙本人扮演的角色有机会脱掉衣服秀出结实肌肉，其他男性角色并不享有这一特权。下文将分析成龙在银幕上强壮有力的裸露身体如何参与建构了他的英雄形象并展示了他的性魅力。

有鉴于《红番区》在成龙成为国际影星过程中的重要位置，此处以《红番区》中的三处男性身体裸露镜头为主，辅以其他影片中的类似镜头进行对比，分析不同类别的成龙男性身体裸露如何参与了上述建构。

《红番区》中的三处男性身体裸露镜头分别为：镜头一、成龙脱掉外套身着贴身背心与托尼一伙在地下舞厅打斗（图2.4）；镜头二、

建构"英雄"传奇

身着贴身背心短裤连体衣的成龙在卧室里锻炼身体（图2.5）；镜头三、成龙在超市脱掉外套身着贴身背心对镜秀肌肉（图2.6、图2.7）。

图2.4 《红番区》地下舞厅打斗

图2.5 《红番区》着紧身衣锻炼身体

1. 建构理想男性英雄形象

建构孔武有力的男性英雄形象是成龙在影片中裸露身体的第一类功能。动作片英雄的肌肉型身体被许多评论家看成"男性力量的胜利宣言"[1]。从李小龙、成龙到施瓦辛格和史泰龙等动作片明星确实有意识地展示自己健美的体格。因此伊冯·塔斯克（Yvonne Tasker）把动

---

[1] Yvonne Tasker, *Spectacular Bodies: Gender, Genre and the Action Cinema*, London: Routledge, 1993, p.9.

作电影描述为"肌肉电影"。她把肌肉型动作英雄描述为"性感帅哥",其部分定义是"一种持续强调坚毅的意象"①,即由于传统上肌肉特性与男性特质相联系,动作片部分上通过肌肉特性来强调英雄的坚毅。

图2.6 《红番区》对镜自照(一)

图2.7 《红番区》对镜自照(二)

---

① Yvonne Tasker, *Spectacular Bodies: Gender, Genre and the Action Cinema*, London: Routledge, 1993, p. 77.

建构"英雄"传奇

穆尔维认为,电影中的女性身体是被窥视的欲望对象,而男明星则引发观众对"自我理想"的认同,"一个男明星的魅力特征显然不是凝视色欲客体的特征,而是那些更为完全、更为有力的理想自我的特征,这种理想自我产生于镜子面前认知的原初自我"①。身体是"理想自我"想象中的重要组成部分。在影像为基础构成的想象界中,这种认同使观众想象自己的身体更完整、更完美,从而获得了愉快的认知。在经典成龙影片中,成龙扮演的都是正义英雄,是观众在银幕上的"代理人",从始至终都是观众认同的所在。他在动作中呈现出的柔韧、灵活、弹跳能力、力量、耐力、协调性和抗打击能力,无不展示了一个健康、强大的身体。观众认同这个英雄,并想象拥有这样一个身体是何其愉悦。

在文明的社会秩序之中,身体通常被包裹在衣服之下。当英雄露出身体时,健硕的肌肉就成了理想身体的具象化所指,强烈吸引了观者的眼光。当动作男明星展示了肌肉和健美身体时,他们的发达肌肉为观众提供了观看乐趣。《红番区》中镜头一(见图2.4)呈现的是成龙影片中的一个经典动作:与对手打斗对决之前,帅气地脱掉牛仔外套扔到旁边,上身只剩下贴身黑色背心,露出了健壮的胳膊及部分肩背。从叙事角度而言,这一动作并非毫无意义——不穿外套打斗起来更加方便。然而叙事意义并非这一镜头的重点,此处突出的是关于身体影像的两方面内容:首先,一脱一扔的动作非常潇洒,显示出英雄的豪气冲天和无畏决心,而且这样一身打扮的成龙看起来利落干练,在气势上压过了身穿松垮卫衣的对手;再者,脱去外衣才能暴露出成龙腱子肉隆起的健壮胳臂,这才是真正的重点。当他抡拳出击、伸手拉住上方横梁等时候,观者对于"理想"身体的仰慕目光会聚集在这些裸露的肌肉上。打斗停止时,成龙裸露的健美胳臂因为布满汗水而闪闪发光,而这些淋漓汗水和块状肌肉无疑都变成了男性力量的具象

---

① [英]劳拉·穆尔维:《视觉快感和叙事性电影》,载杨远婴编《电影理论读本》,世界图书出版公司2012年版,第527页。

化所指。

　　炫耀肌肉从而建构英雄形象是类似于镜头一中的身体裸露的最主要功能。这一类镜头强调了成龙这一表演者，他是此类身体奇观时刻的唯一主角，在场的所有其他男性角色都身着外套，无一露出肌肉。

　　"电影的形式因素被用来构建表演者等级结构中的差异"①，对不同演员的差异化处理为银幕上明星地位的生产做出了贡献。影像媒介机制通过这种方式建构了成龙的英雄形象，也确认了他的明星地位。一个最为经典的类似镜头出自《醉拳2》的茶楼打斗戏。在这出经典打斗段落中，成龙扮演的黄飞鸿手持竹竿与一群斧头帮成员激烈开打。由于竹竿开裂容易夹人，加之上面的毛刺容易刺手，刘家良饰演的武林高手福民祺于是告诉成龙脱掉上衣，并向他身上泼了一杯酒用来润滑兼消毒。此时的成龙手持竹竿，上身赤裸，肌肉锃亮，被一群身着黑色衣裤的对手团团围住（见图2.8）。成龙一直位于画框的中心位置，上身赤裸的亮色皮肤与周围的黑色衣服形成强烈反差，因此无论从摄影机媒介还是身体形象设计都突出了成龙的明星地位，他是这一奇观时刻的唯一主角。穆尼·瑞扎伊认为，"无论对于男性观众还是女性观众，此刻这个威猛有力的形象完全展示了亚洲男性身体的勇猛"②。

　　由于文化差异，穆尼·瑞扎伊误以为被泼到成龙身上的是水，他并不理解为什么要往成龙身上泼水，"最奇特的一点是我们从不明白为什么他需要裸露并且弄湿上身。不穿上衣似乎有点过头，尽管可以简单认为上衣会妨碍他使用新的不可预测的武器。但是身上喷上水似乎就完全说不过去了，似乎他不用脱掉上衣不用弄湿自己也一样可以打败他们所有人"③。虽然跨文化传播中的理解障碍让他感到困惑，但

---

①　[英] 保罗·麦克唐纳：《好莱坞明星制》，王平译，世界图书出版公司2015年版，第227页。

②　Munib Rezaie, *Neutered Dragon*: *A Critical Look at the Career of Jackie Chan*, Master Thesis: University of Miami, 2010, p. 23.

③　Munib Rezaie, *Neutered Dragon*: *A Critical Look at the Career of Jackie Chan*, Master Thesis: University of Miami, 2010, p. 23.

◇建构"英雄"传奇

图2.8 《醉拳2》赤裸上身茶楼打斗

是他把这一时刻归纳为不穿上衣的成龙全面展示了自己的男子汉气概却不无道理——即使来自相同文化背景的中国观众恐怕也不能完全理解是否有必要在这种打斗场合中脱光上衣。实际上往身上喷白酒的情节设计恐怕与无数的成龙洗澡镜头具有相似的主要功能——淋了水的身体闪闪发光,把他健硕威猛的身体进一步映衬为奇观景象,只不过洗澡裸露属于为了炫耀肌肉而展示,而打斗中的身体裸露更加突出的是他作为富有战斗力的英雄主体形象。

但是,正如穆尼·瑞扎伊所指出,"好莱坞电影中的成龙从未展示过《醉拳2》中上半身全部赤裸进行打斗的这个勇猛形象"[1],这使人想起华裔美国作家赵健秀对李小龙的评论。他参与主编的《唉咿!亚裔美国作家文集》(1974)一书汇集了媒介对亚裔美国人种族的刻画问题,在美国亚裔文学中具有划时代意义。他对于好莱坞盛行的亚裔刻板印象直言不讳,非常直率也经常引起争议。谈到李小龙在美国电视剧《青蜂侠》(1966—1967)中扮演主角的助手时,他说李小龙如果想在美国表演,"他就不得不戴上面具,开一辆白人的车,洗车,只有在得到白人命令之后才能进攻……如果他想脱去衣服成为男人,

---

[1] Munib Rezaie, *Neutered Dragon: A Critical Look at the Career of Jackie Chan*, Master Thesis: University of Miami, 2010, p. 23.

就不得不去中国或者香港"①。这段话暗示赤裸身体可以确认一个人的男子气概，乍听起来有些极端。实际上，比较成龙的中文电影与好莱坞电影可以发现，二者对亚裔男性男子气概的刻画明显不同（具体讨论将在第四章中展开）。

事实是李小龙果然回到了香港并创造了他的功夫电影神话。他对于成龙的影响是多方面的，二人之间的复杂关系与多方面比较一向是大众和学界的热烈议题。可以肯定的是，李小龙在影片中的自我身体展示直接影响了成龙等后来的动作明星。裴开瑞认为，在与西方世界接触之前，"身体缺席"存在于中国艺术中这一更大范围内，而"早期中国文化中男性身体的这种特殊的'不可见性'"与此密切相关。甚至在香港五六十年代非常流行的黄飞鸿系列电影中，关德兴扮演的黄飞鸿还总是身穿黑色长袍，这种情况在张彻的电影中才开始得到改变。因此，武术电影中"衣服脱到腰间、强健而充满愤怒力量的肌肉、时刻准备出击的袒胸的李小龙形象"②，在当时是非常新颖的。

罗贵祥指认了60年代香港健身/健美狂热风潮这一社会背景，他认为，李小龙的形象完美展现了"西方的健身/健美运动与中国功夫无与伦比的结合（詹姆斯·邦德的空手道与中国大陆的轻功/飞行动作相互渗透）"③。裴开瑞认为这一观察"指出了其他类型的华人男性气质与西方的肌肉型文化之间的张力关系"。罗贵祥还指出："美国媒介对世界的统治意味着，很多美国影像和图像所表现的西方男性偶像在中国已经获得越来越普遍的接受。"裴开瑞也认为李小龙借鉴了美国的男性气质传统。所以李小龙不同于其他任何一个华人武术电影明星，他尽情地展示自己的健硕肌肉（见图2.9），就像50年代的"剑

---

① Munib Rezaie, *Neutered Dragon: A Critical Look at the Career of Jackie Chan*, Master Thesis: University of Miami, 2010, p.23.
② ［英］裴开瑞：《明星变迁：李小龙的身体，或者跨区（国）身躯中的华人男性气质》，刘宇清译，《文艺研究》2007年第1期。
③ ［英］裴开瑞：《明星变迁：李小龙的身体，或者跨区（国）身躯中的华人男性气质》，刘宇清译，《文艺研究》2007年第1期。

◇建构"英雄"传奇

与凉鞋"电影明星曾经做过的那样,以及施瓦辛格和史泰龙在后来的电影中将要做的那样。

成龙继承了李小龙上身赤裸的勇猛形象,在影片《A 计划》的一个片段中,以非常相似的形象向李小龙致敬(见图2.10)。成龙扮演的马如龙抓住了与海盗勾结的奸商周永龄,询问海盗罗三炮等人的接头方式,周永龄起初拒不回答,成龙与众兄弟上身赤裸装出一副私刑逼供的凶狠模样,终于逼周永龄说出实话。

图2.9　李小龙经典形象之《精武门》

图2.10　《A 计划》暴力逼供

之所以说这个形象是向李小龙致敬,除了这一身打扮模仿了李小龙的经典形象之外，还因为成龙在这里表演出了李小龙"充满愤怒"的重要特征。成龙在此处进行了双重表演。他首先表演给银幕观众和周永龄观看的是一个愤怒的水警，其次通过他与兄弟秘密交换的眼色，观众才认识到他们是在演戏给周永龄看，即，之前那副暴怒的模样只是给周永龄看，用来吓唬他的。此处的成龙形象与李小龙经典形象具有互文性关系，成龙借用了李小龙经典形象中的愤怒意义，而假装生气这一情节却又巧妙地暗示了"愤怒"并不属于成龙形象。

在上述的镜头中，成龙和李小龙的赤裸身体是维护力量的工具，在与敌人战斗时的身体展示则强调了他们的超级身体武器。在这里，身体具有工具性意义。成龙所扮演的英雄能够在遍布邪恶和危险的社会体系中获得话语权、控制权并最终成为拯救者，根本保证是他强壮有力的超人般的体魄。从这个意义上来看，成龙、李小龙、托尼·贾等人的身体微妙地有别于施瓦辛格和史泰龙等好莱坞动作明星。后者的强悍体魄更多的是健美意义上的强壮身体，在征服敌人的过程中，身体固然也有工具意义，但是最重要的工具是机枪等致命武器。对于成龙等人来说，身体才是征服对手的终极工具，虽然偶尔也有赖于枪械等致命武器，但是与最强大对手的终极对决中，成龙能够打败对方靠的通常是超人的毅力和自己的强大身体，而不是其他外在工具。

下文的观众接受反应验证了成龙在《红番区》中的英雄形象如何引导影迷通过训练身体来建构理想自我。引文来自豆瓣影评，作者"忆·景"是成龙的影迷。评论围绕个人观影感受与成长经验，确认了成龙一系列影片对于作者本人的启示与引导。在他富有强烈个人情感的阐述中，可以看到成龙的英雄形象在其成长经历中的引领作用：

> 24年前，我那时5岁，体弱多病，没有一个小孩愿意和我玩，因为腿脚不灵活，走路都可以摔交（跤）……每次都被人欺负……还不敢跟父母说，因为那意味着还要挨顿没出息的打，孩子们的父母当着我的面说，别跟这个弱智一起玩，小学体育课成

建构"英雄"传奇

绩里的最后一名,也肯定是我的归属……一个人躺在病床上看着打点滴的瓶子,一遍一遍数着泡泡……那时的我恨我的父母为什么把我带到这个世界上……那时我一个朋友都没有……

16年前,看了《红番区》……一天50个俯卧撑,100个仰卧起坐,1000米/天!

12年前,好哥们失恋喝酒闹事,为了他,我一个人挑了4个保安,其中一个鼻骨粉碎性骨折……最后因为哥们哭着喊了一句"您看好了,打您的是他,不是我……"而放弃了所有反抗……

4年前,大学的联欢会上,我们的街舞以压轴出场,以我的压轴动作宣告了毕业……①

虽然该影迷并没有直接说明观看《红番区》的具体感受,但是他显然是以《红番区》为界限把个人经验一分为二。他的个人形象及成长经验在观看《红番区》前后截然不同。身体成为展示这一系列强烈反差的核心载体,并引发了相关的个人经历与情感变化。看《红番区》之前,他的身体"体弱多病""腿脚不灵活,走路都可以摔交(跤)""躺在病床上",羸弱身体所带来的挫败感与羞辱更是铭刻在他的记忆中,"没有一个小孩愿意和我玩""挨顿没出息的打""孩子们的父母当着我的面说,别跟这个弱智一起玩""小学体育课成绩里的最后一名""我恨我的父母为什么把我带到这个世界上""一个朋友都没有"。

《红番区》的观影体验促使他开始锻炼身体,"一天50个俯卧撑,100个仰卧起坐,1000米/天",坚持了四年这样高强度运动的结果是"一个人挑了4个保安",而"其中一个鼻骨粉碎性骨折"更是炫耀性地显示了作者在男性力量上已经具有的优势。街舞堪称当代社会中炫耀男性力量的典型能指,作者在大学毕业晚会上不仅参与了压轴的团

---

① 《我们的飞鹰历经了那么多痛苦,终于成熟了》,http://movie.douban.com/review/5705551/.

体街舞表演，而且在其中表演了压轴动作，"宣告了毕业"的同时也宣告了作者"屌丝逆袭"的青春阶段的胜利落幕。

当身体强大之后，友情与荣誉接踵而至，替代了之前的挫败感与羞辱，他不仅有了"好哥们"，并且成了"我们的"街舞团体的核心人物。《红番区》的观影经验把一个经常躺在病床上的孤独的小男孩变成了一个能够进行身体力量与技巧奇观表演的魅力男性。

这番洋溢着自豪感与成就感的独白讲述了弱者变强者的逆袭经历，典型例证了成龙在《红番区》中的英雄形象如何影响了一个 13 岁的青春期男孩。作者在后文中更具体地提到成龙如何影响了他的价值观，但是在《红番区》这一案例中，最让这个少年震撼的当属成龙孔武有力的身体。这一震撼力如此强大，对于英雄的认同感如此强烈，以至于观者把这一切转化为改造自己身体的巨大动力——他从成龙的英雄形象中看到了理想自我，于是把强身健体当成手段与途径，而强健体魄使他达成了"理想自我"的目标。

2. 建构欲望对象

《红番区》镜头一（图2.4）中的身体展示主要建构了孔武有力的男性英雄形象，而成龙在影片中裸露身体的第二类功能是把自己建构为富有性魅力的欲望对象，《红番区》的镜头二（图2.5）是一个较为明显的例子。在镜头二中，成龙只穿着一件贴身的背心短裤连体睡衣在房间内锻炼身体，他做了几个热身运动之后，开始练习双手撑地倒立的"拿大顶"动作，听到敲门声后用双手行走到门口，从门缝里看见婶婶时，急忙说"等等"然后转身跑去房间里侧，说"我穿上裤子就来"，随后出现时已经套上了一条裤子。

这一段落无疑首先展示了成龙超常的身体力量与技巧。双手撑地倒立的"拿大顶"动作对臂力和平衡力的要求很高，成龙不仅轻松完成了这一动作，而且展示了花样动作，影片以特写镜头展示了他双手撑地时肌肉鼓胀的强壮胳臂。高难度动作和裸露的肌肉共同构成了这一身体奇观时刻，而成龙所穿的衣服与这一奇观密不可分。这身衣服

◇建构"英雄"传奇

款式非常独特，虽然之前的情节中已经展示了这是他睡觉时穿的衣服，但是其柔软材质与贴身款式又不同于普通的男式睡衣，而更像运动衣。这件衣服使成龙的大腿、双臂和部分胸背暴露出来，方便于展示成龙双手倒立时强壮的肌肉。正是这件衣服的暴露性，才使动作与肌肉一起促成了这一身体奇观。

但是，这一身体奇观所建构的不仅是成龙的英雄形象。在电影等视觉媒介中，"作为动作主体的男性身体和作为欲望对象的男性身体之间，始终存在一种张力关系"①。加之赤裸身体的展示通常指涉着情欲化想象，因此上述身体展示与镜头三中的身体裸露具有相似之处：把成龙暗示为欲望客体。但是这个段落的余下内容则比镜头三的暗示更进一步，明显把观众导向对成龙的情欲想象。当叔婶敲门时，成龙从门缝里看见了婶婶，他随即下意识低头看了一下自己的下体位置，急忙说"等等"并转身跑去房间里侧匆匆套上了一条裤子。

他看见婶婶之后的一系列反应、言语和动作具有明显的言外之意，即，那套贴身运动衣只适合于私人空间，不应该被他人/女性看见，也不应该出现在公共空间。既然如此，凸显出来的一个问题就极其重要并且令人困惑：这套衣服既然不适宜出现在女性长辈面前，那又该如何理解它确实呈现于电影院这一公共空间和银幕前的女性观众面前？

实际上，男性的贴身内裤与女性的性感内衣一样都是明确无误的欲望能指。但是由于上述的身体力量与技巧展示奇观非常引人注目，而且唯一的特写镜头呈现的并不是所穿的贴身内裤而是成龙鼓胀的上臂肌肉，所以若非因为成龙看到婶婶之后的一系列反常行为，银幕观众可能并没有特别注意到其所穿衣服的下身部分有何不妥。恰恰是上述开门前的一系列行为令观众猛然意识到自己处于偷窥位置，开始回想到底是哪些内容不适合被婶婶看到，由此恍然大悟：贴身内裤不应该被别人看到——所以刚才我们确实看到了不该看的东西。因此，对

---

① ［英］裴开瑞：《明星变迁：李小龙的身体，或者跨区（国）身躯中的华人男性气质》，刘宇清译，《文艺研究》2007年第1期。

于观众来说，这一系列行为就是"此地无银三百两"的主动提醒，提醒观众回想他们之前忽视的细节，邀请她们展开对于成龙强健躯体的欲望想象。

虽然此处明确指涉男性隐私部位，但是成龙影片的总体影像方式是克制的，与前文所提到的对女性身体采用的影像方式非常相似。局部特写镜头通常只用于展示成龙裸露双臂或腹背上的块状肌肉。

同时，影像层面还往往以喜剧的方式指涉男性隐私部位。图2.11所展示的是成龙角色在打斗中一步步脱到只剩下短裤。如果不是由于前方位置的笑脸，这条短裤就只是一条再普通不过的男士短裤。在紧张的打斗中，黄色笑脸的出现凭空增加了喜剧感。明亮的黄色与周围的灰暗色调形成了强烈反差，而笑脸所在的位置更主动邀请观众对成龙进行欲望想象。这个笑脸所强调的到底是喜剧性还是欲望联想，完全取决于观众个体的不同想象。

图2.11　电影《神话》中穿黄色笑脸短裤打斗

对于男性隐私部位的指涉，还有更为直接的方式，在《醉拳2》《龙兄虎弟》《飞鹰计划》的情节中都有呈现。在《醉拳2》中，成龙饰演的黄飞鸿被敌人打败并羞辱，之后被全身赤裸挂在城门上，并在他身上挂了写有"醉拳之王"的字幅。当父母赶去接他时，很多人围着他议论纷纷。在下一个镜头中，他躺在床上羞愧泪流，家佣在旁边安慰他，并打趣说："我有个好消息，现在镇子上的所有姑娘都想嫁

◇ 建构"英雄"传奇

给你。高兴吗?",言下之意是姑娘们见过他的裸体后都想得到他。家佣的口气非常诚恳,但是这句话对于影片叙事进展并无作用,只是明确地肯定了他的性吸引力。穆尼·瑞扎伊认为这场戏和赤裸上身持竹竿打斗那场戏都"清楚地肯定了成龙的性吸引力"①,而且这场戏更明显地肯定了成龙的性魅力。

邀请观众对成龙展开欲望想象的另外一种方式可见于《龙兄虎弟》和续集电影《飞鹰计划》中的两个相似情节。在《龙兄虎弟》中,成龙扮演的亚洲飞鹰Jackie和好友阿伦及伯爵女儿一起前往非洲,踏上了救人夺宝的旅程。影片以MTV风格展示了旅途中所发生的趣事。趣事之一是Jackie和阿伦背对摄影机撒尿,二人扭头看车时,Jackie不小心把尿撒到了阿伦的裤腿上,阿伦懊恼上车。

在《飞鹰计划》中,成龙还是扮演亚洲飞鹰Jackie,他与同行的两个女伴和两个白人男伴一起踏上了前往非洲寻找黄金的旅途。这次也发生了类似的旅途趣事:三个男人同时撒尿,并把尿液装在瓶子里比多少。Jackie的尿液被装在一个普通矿泉水瓶里,白人同伴A的尿液被装在一个小号的矿泉水瓶里,可以看到Jackie的尿液明显多出一截,白人同伴A连连摇头,成龙则表演出得意扬扬的神情。就在此时白人同伴B刚刚尿完,他的尿液被装在一个大号矿泉水瓶里,结果比Jackie的又明显高出一大截,夸张的差量使Jackie露出错愕的不可思议的表情。而两个女伴在旁边以不可思议的无奈表情看着这一切。《飞鹰计划》中的这一情节堪称《龙兄虎弟》类似情节的进化版,其中的欲望指涉复杂而且耐人寻味。

在分析上述片段中的性指涉之前,有必要先了解学界对于李小龙赤裸身体形象的欲望化读解。如前文所说,作为动作主体的男性身体和作为欲望对象的男性身体之间,始终存在一种张力关系。罗贵祥认为,李小龙对自己身体的展示"流露出很多性欲的元素"。裴开瑞则

---

① Munib Rezaie, *Neutered Dragon*: *A Critical Look at the Career of Jackie Chan*, Master Thesis: University of Miami, 2010, p. 22.

进一步指出，李小龙情欲化的身体展示首先令人震惊地背离了过去的所有武术明星的传统做法。此外，女性角色对李小龙的反应表明，李小龙的身体展示不仅是一种武器或者武力的展示，而且是一种情欲的契机。只不过与影片中的白人和黑人同伴不同的是，李小龙拒绝了女色情欲诱惑，保持了"武"的核心价值——"避免与女人搅在一起，以免她们伤了自己的元气或者分散了自己的注意力"①。

有学者分析过李小龙在影片中所表现的禁欲主义。《唐山大兄》中的郑潮安是李小龙电影中最有血有肉完整立体的形象。他对衣依一见钟情，虽然不敢表白，但至少是存在欲望的，只不过压抑的性欲只有在酒醉后才能表现出来。然而在《精武门》和《猛龙过江》中，他几乎变成了复仇机器，唯独醉心于武术，性欲和女色成了避让不及并严加压抑的东西。李小龙的禁欲主义被归因为"中国传统观念，一向认为色字头上一把刀，学武的人千万不可好色，因为会伤身，并且标志人格的堕落"②。

雷金庆借用福柯的话也表达出类似的观点，这种对于禁欲的炫耀，不但"显示了他们对自身的掌控力，而且显示了他们因此值得拥有掌控他人的权力"③。实际上李小龙的影片遵从了中国文艺传统中"好人禁欲、奸人好色"的二分法，就像《水浒传》中梁山好汉们一样，他最看重的是兄弟之间的义气。

但是李小龙影片中东方习武英雄的禁欲主义传统在西方传播中遇到了跨文化理解障碍。詹·雅金森肯定了李小龙形象是对亚裔美国人刻板呈现的突破，因为李小龙之前的美国电影亚裔男性形象都是付满洲（Fu Manchu）和陈查理（Charlie Chan）等类型的偏女性化的刻板

---

① ［英］裴开瑞：《明星变迁：李小龙的身体，或者跨区（国）身躯中的华人男性气质》，刘宇清译，《文艺研究》2007年第1期。
② 陈家乐：《神话英雄——李小龙影片研究》，《北京电影学院学报》1999年第3期。
③ ［澳］雷金庆：《男性特质论——中国的社会与性别》，刘婷译，江苏人民出版社2012年版，第52页。

建构"英雄"传奇

形象。可惜雅金森无法跳出美国男性特质的传统框架来理解李小龙的行为。对他来说,李小龙令人失望地"塑造了西方文化中亚洲男子建构的无性欲角色,并且从来没有和片中的女性角色过过夜——这在詹姆斯·邦德影片中是不可思议的"①。裴开瑞一针见血地指出,"美国文化传统中体现男性成就的行为,在华人尚武的男性气质传统中,很可能就是一种失败的标志"②。这实际上也反映了不同文化对于性欲在男性特质中所处位置的不同判断。

夹在美国文化与中国文化之间的李小龙形象集中呈现了二者之间的矛盾张力,他赤裸的上身成为这两种文化政治的交锋场合。一方面,他在行动上近似于打斗机器,压抑着对异性的欲望,甚至根本看不出对女性的欲望,因此无法契合以征服女性为光荣之一的西方男性特质。另一方面,他的赤裸身体又提供了"情欲契机",背离了华人尚武英雄衣着严实的传统。因此李小龙的赤裸身体既是"超级身体武器"主体又是欲望客体,强壮、勇猛、愤怒和压抑的性欲是其身体裸露形象的核心意义。

成龙的赤裸身体展示继承了李小龙裸露形象中的强壮和勇猛意义。但是如果说李小龙的赤裸身体形象中的性欲是压抑的,那么成龙则恰好相反。在成龙电影中,成龙角色不仅是个具有性欲的正常男性,是影片中女性角色仰慕的对象,对她们的爱慕来者不拒,而且会通过主动的身体展示邀请观众对他进行欲望想象。如果说李小龙身体展示所暗示的情欲化指涉令人震惊地背离了之前的华语武术明星传统,那么成龙则更进一步,在主流电影中明确通过男性生殖器部位指涉成为主动的欲望客体。

无论在东方还是西方文化中,有关男性生殖器的话语都倾向于隐

---

① 引自[英]裴开瑞《明星变迁:李小龙的身体,或者跨区(国)身躯中的华人男性气质》,刘宇清译,《文艺研究》2007年第1期。

② 引自[英]裴开瑞《明星变迁:李小龙的身体,或者跨区(国)身躯中的华人男性气质》,刘宇清译,《文艺研究》2007年第1期。

晦而暗示。彼得·雷曼（Peter Lehman）认为，由于之前的几乎所有相关研究关注的都是菲勒斯，所以关于阴茎表征的研究非常重要。在他看来，对于象征界中菲勒斯的关注带来了不幸效果——强化了菲勒斯神话——而这类工作的初衷其实是解构菲勒斯神话。西方文化中的阴茎或者被隐藏不见，或者被精心规范而呈现以服务于某种意识形态目的。关注阴茎似乎是父权暴政的终极，但是绝非偶然的是，对于关于阴茎的沉默、阴茎的缺席或者阴茎被精心规范的表征，哪怕最传统的男人都一直非常满意。对阴茎保持沉默或者阴茎的不可见性为菲勒斯神话做出了贡献。阴茎现在和将来都会被关注直到我们把批评聚焦转向它。吊诡的是，为了最终把它去中心化，我们不得不首先让它成为中心。理查德·戴尔1982年的文章非常重要，考察了阴茎/菲勒斯之间的关系，架构了男性特质与男性身体表征之间的某些观念①。

芭芭拉·吉纳维芙（Barbara de Genevieve）认为，"显露阴茎就是显露菲勒斯，就是显露男性特质的社会建构"②。正是在这个意义上，雷曼对电影中的阴茎话语所进行的分析非常重要。在对1970和1980年代好莱坞电影中的阴茎话语分析之后，雷曼得出两点结论。首先，《真实的谎言》非常清楚地展示，为了让我们相信施瓦辛格具有强大的性能力，我们不得不相信小阴茎男人会遭遇悲催的性无能。例如在《龙兄鼠弟》（1988）和《魔鬼二世》（1994）中，施瓦辛格与小个子的丹尼·德·维托（Danny De Vito）组成喜剧化搭档，这种搭配戏剧化凸显了施瓦辛格的高大体型。其次，在有关阴茎尺寸的笑话中，小个子男人是可怜的、被同情的一方，大个子则是被欲望的理想对象。

雷曼的上述讨论显然揭露了一种普遍存在于大众头脑和影视文学

---

① Peter Lehman, "In an Imperfect World, Men with Small Penises are Unforgiven: The Representation of the Penis/Phallus in American Films of the 1990s", *Men and Masculinities*, 1998, 1 (2), p. 124.

② Barbara de Genevieve, "Masculinity and its discontents", *Camerawork*, 1991, 18 (3/4), p. 4.

建构"英雄"传奇

等艺术作品中的流行想象,"较大的阴茎尺寸一直被等同于权力、持久力、男性气概和社会地位的象征"①,即男性身体部位的尺寸大小(既包括阴茎也包括体型)与其男性气概具有直接关系,较大的尺寸往往属于"好"的男性特质,通常被认为更有力量和性吸引力。

但是另一方面,雷曼也指出了阴茎话语在1990年代所发生的微妙变化。他认为,90年代的好莱坞电影把"正常"尺寸的阴茎表征为对于"好"的男性特质至关重要,尺寸"过大"的阴茎是危险的,而"不正常"的阴茎(通常是小阴茎)则居于"坏"的男性特质的中心②。

在上述背景之下,《龙兄虎弟》和《飞鹰计划》中关于撒尿的情节就易于理解了。撒尿是男性生殖器性功能之外的最主要功能。由于传统文化中阴茎的不可见性,撒尿往往与男性的性能力状况相联系,尿得更远或者尿得更多都暗示着更强的性能力。在《龙兄虎弟》里的Jackie与同伴阿伦之间,Jackie显然被刻画为更为理想、更加可靠的男性形象——他的体能优势毋庸置疑,此外他还更加正直、更看重情谊。所以,同时撒尿的时候,被淋尿的一方只能是弱势方阿伦也不难理解。

《飞鹰计划》中的撒尿情节则需要更为复杂的考量。从表面上看,三个男人撒尿比尿量的情节被设置为喜剧——无论是三个男人的夸张表情还是不远处两个女伴无奈的摇头失笑都提示观众把此看成喜剧。但是,在喜剧的外壳之下此处实际上传达了电影作者成龙对于自身男性气概的自信甚至对于西方霸权的嘲讽。

在Jackie与白人同伴A比较之后,显而易见的差异使白人A耸肩摇头自叹不如,Jackie则露出一副得意扬扬的神情,加上两人互为补

---

① Grov Christian, Parsons Jeffrey, Bimbi David, "The Association Between Penis Size and Sexual Health Among Men Who Have Sex with Men", *Archives of Sexual Behavior*, 2010 June, 39 (3), p. 788.

② Lehman, Peter, "In an Imperfect World, Men with Small Penises are Unforgiven: The Representation of the Penis/Phallus in American Films of the 1990s", *Men and Masculinities*, 1998, 1 (2), pp. 127 - 128.

充的反应，这一切虽然具有喜剧性，却完全肯定了 Jackie 在男性气概上更胜一筹。值得注意的是，如果联系到 80 年代成龙在好莱坞受到的少数族裔歧视性待遇和好莱坞主流电影中亚裔男性角色的"无性"刻板印象，这处情节甚至可以被看成一个无声而有力的"回击"：黄种人 Jackie 虽然身高比不上白人同伴 A，但是其男性性器官尺寸却大大超过了对方。

在紧接着的情节中，白人同伴 B 拿出了盛在一个大的夸张的矿泉水瓶中的尿液，又比 Jackie 多出夸张的一大截。关于此处，一方面可以继续前面的思路，白人 B 显然具有最大的性器官尺寸。但是另一方面，矿泉水瓶的夸张尺寸、超出常规的尿量及 Jackie 和白人 A 的错愕神情更为强调的却是白人 B 超常尺寸的怪异，而不是白人 B 的男性气概。

图2.12 《飞鹰计划》三人比尿量

结合上文雷曼对 1990 年代好莱坞阴茎话语的分析，可以看出这个情节不仅把 Jackie 设置为拥有"正常"的"好"尺寸的男性英雄，并且具有明显的种族意义，Jackie 既优于普通白人男性，却又不同于那些"怪异"的白人。

无论是《龙兄虎弟》中 Jackie 处处被设置为比阿伦更富有男性气概，还是《飞鹰计划》中通过比尿量多少的剧情把 Jackie 设置为尺寸最理想的男性角色，这两处的撒尿情节明确无误地邀请观众对成龙展

◊ 建构"英雄"传奇

开欲望想象。

结束这一部分之前,我们回到《红番区》镜头三中成龙在超市身着贴身背心对镜秀肌肉的两张剧照图 2.6 和图 2.7。首先,与成龙对镜自照的其他"亮相"式动作相同,它们最明显的功能在于喜剧意义。其次,图 2.6 和图 2.7 都突出了成龙健硕的臂膀肌肉,建构了成龙的理想男性身体的形象。再者,图 2.7 模仿了迈克尔·杰克逊著名而颇富争议的"摸裆舞"动作,这个动作的争议之处无疑在于其对欲望的大胆指涉,当成龙在喜剧语境下摆出这一动作时,到底是想逗观众哈哈一笑还是想邀请观众对他展开欲望想象?这是个很难回答的问题。可以补充的是,美国版的《红番区》保留了图 2.6 中的动作,却删剪了图 2.7 中的动作,这就使美国版本中的成龙角色更符合好莱坞主流影片中的"无性"的被阉割的亚裔男人刻板印象,成龙于是从香港电影中富有性魅力的男性英雄角色变成了好莱坞电影中的"无性"英雄角色,这一点将在第四章中进一步展开讨论。

第三章

银幕上的"正义英雄"
——成龙电影中的价值观

如吴冠平所说"正义的故事和喜剧性的动作场面是世界性的,而成龙恰恰出色地结合了这两点"①,在成龙电影中,与身体奇观并重的是"正义的故事"。第二章分析了成龙电影如何在影像层面通过不同方式的身体奇观展示把成龙角色呈现为动作英雄以及富有性吸引力的男性英雄。本章将通过把成龙电影文本与时代背景相结合,试图探索叙事及文化层面成龙角色如何被打造为正义故事中的"正义英雄"。

需要说明的是,如前文所说,由于成龙对于好莱坞影片没有控制权,他的好莱坞影片算不上经典的"成龙电影",因此本章分析的是典型的"成龙电影",即成龙的香港电影及华语电影。

第一节 意识形态、价值观与身份认同

在结构主义符号学、精神分析学所奠定的基础上,阿尔都塞提出了著名的意识形态论说。在《意识形态和意识形态国家机器(续)》一文中,阿尔都塞详尽阐释了意识形态理论。他把意识形态看成是一种"表象","在这种表象中,个体与其实际生存状况的关系是一种想象关系"。② 也就是说,意识形态是一整套的实践体系,存在于一系列

---

① 吴冠平:《好莱坞认知的成龙电影》,《电影艺术》2000年第2期。
② [法]路易·阿尔都塞:《意识形态和意识形态国家机器(续)》,李迅译,《世界电影》1987年第4期。

的意识形态国家机器及其实践或常规中。教会、学校、大众传媒等意识形态国家机器把个体"询唤"为主体,通过这种"询唤",意识形态剔除了主体对于社会的不满情绪,使其产生归属感、参与感、安全感和荣誉感,主体从而臣服于主流意识形态。意识形态国家机器由此建构了个体与其生存状态之间的想象关系。

如果说阿尔都塞的意识形态理论为电影的意识形态理论批评提供了坚实基础,那么博德里在《基本电影机器的意识形态效果》中则详细阐释了电影如何从拍摄及放映的技术机制中为意识形态的运作提供了铭文的场地。被隐蔽的摄放机器掩盖了电影的意识形态,从而在镜式文本中使主体建立了自己与世界的想象性关系。他认为可以把电影看成是"一种从事替代的精神机器","它与占统治地位的意识形态所规定的模型相辅相成。压抑的系统(首先是经济系统)恰恰以防止偏离和防止上述'模型'的主动暴露作为自己的目的"[①]。也就是说,电影是意识形态和经济系统这两种力量的互动。陈犀禾等人对此进行了阐释,认为促使电影"发生"的经济欲望是追求最大的利润。然而由于电影技术从未是中性的,所以其意识形态的动机一开始就不那么纯正。与此同时,"电影所以存在的经济动机当然事先排除了那些形式和内容都会困扰付钱观众的电影。因此电影无可避免地附和着资本主义的意识形态,支持该经济制度所能产生的种种病征"[②]。

上述论说确立了电影的意识形态机器功能。电影作为大众喜闻乐见的艺术形式,是大众传媒的重要组成部分,也是拥有庞大受众数量的文化产业。作为社会文化的艺术载体,电影无法割断与时代意识形态之间的联系,也必然反映出影片创作之时的时代精神。反过来也可以说,一个时代的价值观大体决定了当时电影的价值观。

特别需要讨论的是,对于阿尔都塞来说,意识形态又包括哪些具

---

① [法]让-路易·博德里:《基本电影机器的意识形态效果》,载杨远婴编《电影理论读本》,世界图书出版公司2012年版,第570页。

② 陈犀禾、吴小丽:《影视批评:理论和实践》,上海大学出版社2003年版,第215页。

体内容？由于他没有提供一份完备的列表，只能从他的阐释中梳理归纳。他认为，"在阶级社会中，每一批人都要完成各自的任务，而为他们提供的意识形态也正是与他们各自的任务相适应的。比如对被剥削者，就提供一种'经济高度发达的'、'做好本职工作的'、'言行合乎道德的'、'履行公民职责的'、'发扬民族精神的'和'不关心政治的'意识；……当然，像谦逊节制、听天由命、温良顺从，以及像愤世嫉俗、目空一切、骄横傲慢、厚颜无耻、自高自大，甚至像礼貌的谈吐和狡诈的辞令这些相互比照的德行，很多见教于家庭、教堂、军队、圣经、电影、甚至足球场，但是，没有一个意识形态国家机器能像学校那样使资本主义社会的全体儿童一天八小时、一星期五天或六天来做义务（还有不少是免费的）听众"①。

从这段引文来判断，"经济高度发达""言行合乎道德""做好本职工作""发扬民族精神""履行公民职责""不关心政治"都是被剥削阶级灌输的意识形态内容，也是适用于这一阶级的行为规范或"德行"；而"谦逊节制""温良顺从""听天由命""礼貌的谈吐"是好的德行，"愤世嫉俗""骄横傲慢""目空一切""厚颜无耻""自高自大""辞令狡诈"则是不好的德行。无论好的还是不好的，"德行"是意识形态国家机器（包括家庭、教堂、圣经、军队、电影、足球场和学校等）教导观众/听众时的内容。可以说，"德行"即是意识形态内容。这也是阿尔都塞方法的新颖之处，意识形态不再被看作是错误意识的一种形式，而是一种"构成经验自身的社会秩序的客观特征"。

下面这段文字同样提供了理解阿尔都塞意识形态的途径，"我们平常叫惯了宗教意识形态、伦理道德意识形态、法律意识形态、政治意识形态等等，以及许许多多的'世界观'。假设不把这些意识形态的任何一个当作真实的东西（如像'信奉'上帝、安分、公正等那样），我们自然就会承认我们是以一种批判的观点来讨论意识形态的，

---

① ［法］路易·阿尔都塞：《意识形态和意识形态国家机器续》，李迅译，《当代电影》1987年第3期。

建构"英雄"传奇

就会象人类学家检验'原始社会'神话一样来检验它,就会承认这些'世界观'大都是想象出来的,即'与现实不相符合的'"①。

阿尔都塞在此处明确地表达了这一观点:宗教意识形态、法律意识形态、伦理道德意识形态和政治意识形态都属于形形色色的"世界观",即"关于世界的各个方面的观念"。如果从文字角度进行通俗化的解释,意识形态可以对应理解为"观念"。比如伦理道德意识形态可以理解为"伦理道德观念",前文提到的"谦逊节制"可以被认为是好的道德观念,而"骄横傲慢"则是不好的道德观念。

阿尔都塞后续还讨论了意识形态的性质是幻觉和误识,但这并不妨碍此处得出这一推论:意识形态就是观念,德行是其内容。实际上,对"观念"加以判断,确定某一个观念是好的还是不好的"德行",也就是通俗所说的"价值观"。

大卫·波德维尔和克里斯汀·汤普森也讨论过"价值观"和"意识形态"之间的密切关系,"当我们在了解一部片子的外在与内在意义时,可以视之为承载着特定的社会价值。我们称之为象征性意义,而那组被凸显出来的价值即被认为是社会的意识形态。电影中象征性意义的可能性提醒我们,不论指示性或是外在、内在的意义,都涉及到广泛的社会现象。电影里的意义最终都是关于某种意识形态;也就是说,它们都是从文化上对世界的特定信仰所开展出来的。宗教信仰、政治观点,或对种族、性别或社会阶级的观念,甚至我们最无意识形态却根深蒂固的人生观——这些都是构成意识形态框框内的参考架构"②。

价值观不是一般的观念。政治学者潘维认为,"价值观是人们关于社会关系的是非判断,价值观的主要源泉就是社会关系,价值观变

---

① [法] 路易·阿尔都塞:《意识形态和意识形态国家机器(续)》,李迅译,《当代电影》1987年第4期。
② [美] 大卫·波德维尔、克里斯汀·汤普森:《电影艺术:形式与风格》,曾伟祯译,北京联合出版公司2015年版,第75页。

迁的主要动力就是社会关系的变迁"①，即价值观是关于是非曲直的观念。由于研究对象的不同，各个学科关心的价值观也就不同，比如伦理学关心的是与人类基本道德相关的是非曲直观念，政治学关心的则是关系到社会凝聚的价值观，并称之为"现代社会的核心价值观"。"社会价值观"是人们关于社会上人与人之间关系的"是非判断"，它埋藏在我们的意识深处，集中体现为社会"纲常"或"社会行为准则"。

潘维把"核心价值观"定义为"反映的是基本的、需要长期稳定的社会关系的价值观"②，也就是说，核心价值观是能够维持社会基本团结的价值观。他认为核心价值观体系包括七类核心价值观，它们自成一个七层的同心圆体系，自内而外分别是（1）道德观，（2）自然观，（3）群体观，（4）社会观，（5）政治观，（6）民族观，（7）国际观。它们层层相关，共同构筑了现代社会的核心价值体系。在这其中，人类的普适道德观处于内核位置，国际观则处于最外一层。在他看来，最内核的道德观是人类"普适的"价值观。他考察了从部落规范、自然法、宗教法和现代法律的古今中外的各大文明，内容虽然各有不同，却都包含以下六条区分了"人"与"动物"的"普适道德"。人类不能认同：（1）杀人、（2）抢劫、（3）偷窃、（4）欺骗、（5）遗弃、（6）滥淫。这是正义观的基础，也是人类最基本的道德原则。

第二层的自然观基本上是普适的。海洋、山川、平原、空气、动植物等大自然元素与人类的生活息息相关，是人类生存和发展的根本前提。保护环境就是最典型的自然价值观。

群体观和社会观的普适性依次递减。"个体的自由和创造力不是在伤害群体中体现，而体现在为群体的生存和发展做贡献。这种群体观有相当的普适性，也体现在各种成体系的宗教观里"③。社会观是群

---

① 潘维：《论现代社会的核心价值观》，《电影艺术》2007年第3期。
② 潘维：《论现代社会的核心价值观》，《电影艺术》2007年第3期。
③ 潘维：《论现代社会的核心价值观》，《电影艺术》2007年第3期。

体与社会的关系。

政治观是普适性的分水岭。"政治价值观集中体现为如何看待人民与政府的关系,特别是关于应当如何遴选政府官员,以及应当如何约束政府的观念"①,人们在政治观上的显著区别已经说明其非普适性。

民族观当然依民族不同而各自独立。国际观被明显分割成"阵营",不可能普世,因为各国在世界资本主义体系中的地位不同。

潘维接着指出,界定身份认同——确定"我(们)是谁"——是社会行为准则的前提。只有在自我身份得到了清晰界定之后,与身份相关的行为准则才能得到公认,故而能够产生比较稳固的价值观。身份认同也是当代电影与文化研究的焦点话题之一。身份认同英语单词"identity"的词根源自于拉丁语 idem(相同、同一)。identity 有两重基本含义,"即身份(某一个体或者群体据以确认自己社会地位的某些明确的、具有显在特征的依据或者标准,比如阶级、性别、种族)与认同(某一个体或者群体对自己的义化身份的追寻或者确认);身份与认同密切相关,都关涉人或物的同一性(oneness)和区隔人或物的差异(difference)"②。

身份认同是一个很难定义的概念,长期以来围绕其展开的论争主要有两派代表性观点:本质主义模式和建构主义模式。本质主义模式视身份认同如一种深藏于人之内部的"黑匣子"。本质论的基本观点是:"人的某一部分并非由社会领域产生,这里所设想的是一种本质:这种本质造就了一个人的特定性。它通常被认为位于'内里',被理解为比'外部''更深入'或'更真实'……'我是谁'的想法可能而且也会改变,(但需)伴随对'真我'或'深我'的认知,它被认为以某种方式存在于所有社会因素之外。"③ 这种把身份认同看成是

---

① 潘维:《论现代社会的核心价值观》,《电影艺术》2007 年第 3 期。
② 徐德林:《华语电影中的国族叙述与身份认同》,《艺术评论》2009 年第 8 期。
③ 引自张萌萌《西方身份认同研究述评》,《云梦学刊》2011 年第 2 期。

一种"内核"的主张源自欧洲知识界和语言学传统。这种对自身"内里的""深藏的"内核的观念是西方"文明开化过程"的产物，始于强调"自控"的文艺复兴时期。对管制"内部"世界的倡导带来"真实身份"存在于内心的观念，与其相反的是处于"外界"的社会①。

因此，由本质论观之，"身份"是由遗传或人们所生活的环境所决定的，具有普遍性、固定不变性和永恒性，不为其他外力改变，因此对于社会学研究而言具有不可考性，即无法从外部因素探索人的内心。

与本质主义模式相反的是建构主义模式，后者认为身份认同是一种过程，形成于社会互动的过程中，始终处于建构的过程，是流动的、被建构的。本文所赞同的是建构主义模式。的确，由于阶级、宗教、种族、性别和地域等诸多因素并非自然"标识"，而是社会化的"符号"，它们与"身份认同"的交织促成了"身份认同"政治错综复杂的品格。文化研究学者斯图亚特·霍尔认为，"身份"并非自然生成的，而是经由文化塑造和建构出来的；在这个塑造和建构的过程中，"身份"因循着不同的社会、历史、政治、经济和文化的诉求，"处于一种变更、移位、涂抹、同化和抵抗的'运动'状态"。他强调这样的"文化身份"是"复数"的，"是一种必须在不同的语境下加以'想象'和'再现'之物"②。

正是出于类似的认识，钱雪梅指出，由于个人在现实中同时属于不同社会群体，所以个人的身份认同可以划分为许多层次，"比如由近及远，按社会组织划分可以有家庭认同、亲属认同、阶层认同、阶级认同和国家（公民）认同；按地域划分可以有城镇认同、省份认同、国家认同和人类认同（相对于其他物种或太空而言），等等"③。

---

① 引自张萌萌《西方身份认同研究述评》，《云梦学刊》2011年第2期。
② 引自罗岗《"文学香港"与都市文化认同》，《杭州师范学院学报》2002年第1期。
③ 钱雪梅：《论文化认同的形成和民族意识的特性》，《世界民族》2002年第3期。

◊ 建构"英雄"传奇

现实中还存在诸如性别认同、年龄认同、职业认同和族裔认同等其他类型的认同。

此外,在高速变迁的社会,生产技术的进步促使社会分工发生变迁和细化,而社会、政治、文化和经济的运动演化都会给社会关系带来相应的变化,这些都会带来身份认同的改变,促使身份认同处于较为频繁地流动的、被建构的状态。按照潘维的说法,这种情况下,"社会关系不可能稳定,价值观也不可能稳定。绝大部分价值观的变迁是被动的,会跟随、反映并润滑社会关系的变迁"①。

"电影在大众文化与共同价值观的传播、认知、认同,乃至文化自信力的提升上,起着重要作用,有着巨大的影响力"②,这一论断尤其适用于香港的历史境遇。电影是"香港最具影响的文化样式和媒体景观"③,在香港文化产业中具有极其特殊的地位。从历史角度而言,电影是香港辐射如东亚、东南亚地区以及欧美离散华人的重要文化商品,早在20世纪四五十年代就已确立了重要地位,"跨区域性、高度流动性、'造星'的包装能力、影响力使它成为香港大众文化产业的核心"④。70年代末期以来,凭借稳定的产出、国际化视野、精良制作和良好口碑,成龙电影已经成为香港电影中的一面旗帜,不仅是香港电影从繁盛走向衰退的亲历者,更见证了香港社会、政治、文化和经济在几十年间的巨大变迁。

具体到成龙电影,其中蕴含的价值观是其影片风靡世界的最重要因素之一。成龙电影讲述的是"正义的故事",这是成龙电影的基本价值取向。按照前文中潘维对价值观的阐释进行判断的话,成龙电影一直严格遵奉着人类"普适的"价值观,即核心价值观体系中的道德

---

① 潘维:《论现代社会的核心价值观》,《电影艺术》2007年第3期。
② 陈旭光:《大众、大众文化与电影的"大众文化化"》,《艺术百家》2013年第3期。
③ 罗岗:《"文学香港"与都市文化认同》,《杭州师范学院学报》2002年第1期。
④ 陈林侠:《香港的焦虑:政治意识、"再殖民"及其身份认同的前瞻》,《戏剧》2010年第2期。

观，比如扶持弱小、秉持正义等观念一直贯穿于成龙电影中。

从整体来看，有两股不同源流的价值观一直贯穿于成龙电影。首先是香港的市民价值观。七八十年代蓬勃发展的香港城市公民教育，强调香港人要成为"文明"的都市人。包括清洁计划、爱护花草、举报贪污、奉公守法、家庭计划等在内的文明法则是每个都市人都应该肩负的责任。这种文明教育强调从自我约束出发，目标在于包装城市面貌、规划香港的现代性。实质上这种现代文明教育和身属哪一国的国民身份并不相干，属于现代公民的基本素质教育。成龙影片中念念在兹的环保理念恐怕正是来源于此。

其次，成龙在中国戏剧学院接受的儒家教育也为成龙电影奠定了一抹有别于他人的价值观色调。一个人在人生的早期阶段所获得的经验，对其一生有着极其深刻的潜在心理影响。弗洛伊德甚至认为，儿童时期的经验"决定了他的成年人格特征"[①]。儿时的儒家教育可以部分解释成龙本人在影片内外的价值追求。虽然戏剧学院的文化教育并不系统，但是青少年时代十年的耳濡目染对于任何个体而言都不免留下深刻烙印。戏曲学校的学生们虽然在文化课上偷工耍滑，但还是要背《神童诗》《四书》等书，接受的是"尊师重道、四维八德、礼义廉耻、忠孝仁爱"这些传统儒家道德教育。正是由于这种教育根基，成龙在年近六十接受访问时还能流利背出《大学》中的章节，显示出扎实的童子功基础[②]。

但是具体分析的话，不同时期的成龙电影又各自突出了其他类别的价值观。成龙的香港电影可以分成两个阶段：在80年代前半时期，成龙电影主要立足香港，讲述香港本土故事，较为突出的是群体观和社会观；从80年代后期到新世纪前后的成龙香港电影特别突出的是

[①] 引自［美］B. R. 赫根汉《人格心理学导论》，何瑾、冯增俊译，海南人民出版社1988年版，第36页。

[②] 凤凰卫视2012年12月10日《锵锵三人行》，http：//ent.ifeng.com/entvideo/detail_ 2012_ 12/11/20039691_ 0. shtml.

◊ 建构"英雄"传奇

"基本上普适于全人类"的"自然观"。在成龙的华语电影阶段,尤其是 CEPA 之后的成龙华语电影更为突出了爱国主义民族观。

正如钱雪梅所特别强调的那样,"由于社会角色的多重性,每个人的认同都是多重性的统一,多重性的认同始终共存于一个人的自我意识之中;在不同的场合或情景中,总是有某一个认同居于主导地位,它会暂时弱化甚至掩盖或否定其他的认同"①。随着成龙电影打开国际市场、成龙成功进入好莱坞、后 CEPA 时期香港电影人才北上、大陆电影行业及市场的蓬勃发展,成龙电影中所呈现的身份认同、价值观念和意识形态也一直处在流动变迁的状态。因此,对不同阶段的成龙电影加以考察,可以窥见香港认同、国际化认同、中华认同。

格雷姆·特纳认为,"电影像并不反映或者记录现实,像其他的再现媒体一样,它通过文化中的符码、惯例、神话及意识形态,并通过媒体特定的表意实践,对现实的图像进行建构和'再现'。就像电影对文化的意义系统不断发挥作用,对其进行更新、复制或评论,电影本身也是由这些意义系统所产生的。电影制作者就像小说家和讲故事的人,也是一个拼凑者——一种尽量运用手头材料做事的手艺人。电影制作者利用文化中现有的再现惯例和全部技能,去制作一些既新鲜又熟悉、既创新又有普遍性、既个人化又有代表性的影片"②。由于成龙又属于"较为'用心'或颇能'言志'的作者"③,成龙影片作为文本具有重要价值,对之进行考察不仅可以了解电影如何承载了所处文化中的符码、神话、惯例及意识形态,而且可以从中窥见从七八十年代至当下所处的香港的、跨国的及华人世界中的社会文化意义系统的更新、交替与变迁。

---

① 钱雪梅:《论文化认同的形成和民族意识的特性》,《世界民族》2002 年第 3 期。
② [澳]格雷姆·特纳:《电影作为社会实践》,高红岩译,北京大学出版社 2010 年版,第 178 页。
③ 李道新:《"后九七"香港电影的时间体验与历史观念》,《当代电影》2007 年第 3 期。

第二节　香港认同

作为一个土生土长的香港人，成龙早期的香港电影参与了"香港文化身份"的构建。李欧梵曾经简略对比过李小龙和成龙香港经典时期的电影。① 相对于李小龙"过于严肃"的电影表演，成龙电影更令观众愉悦。他尤其肯定了成龙在影片中"同时的既严肃又娱乐"的双重表演："即便处于严肃的情景中，或者，被奸计陷害时，在他的脸色转为郑重、满是焦虑之时，他的身体依然保持着喜剧独有的韵律。有时，情形正好相反：空中场景是生死悬于一线的，此时要求身体高度紧张，但是，成龙的面部表情依然是喜剧片中的一副无所谓的样子。"② 这种双重表演与故事情节天衣无缝的配合又更为难得。

成龙电影虽然愉悦观众却不乏严肃内涵，这也是李欧梵特意强调的一点，他以《A 计划》和《A 计划续集》——成龙"最受欢迎的两部影片"——为例来说明这个问题。《A 计划》和《A 计划续集》的故事时间都设置在 20 世纪初清朝末年，此时处于开埠初期的殖民地香港已是一个颇具规模的近代化都市。这一都市背景的设置也标志着成龙电影的重大转变——从《蛇形刁手》《醉拳》《龙少爷》中的乡野村镇来到了现代城市。《A 计划》讲述了这样的故事：20 世纪初，香港作为国际贸易中心引来各国商家，但是由于海盗猖獗，商船屡屡遭劫，引起了恐慌。殖民地政府于是改编水师，成立一支特警小队负责海上治安。成龙饰演的水警队长马如龙执行公务时遭陷害，愤而辞职。海盗头目罗三炮抓走殖民地政府官员家眷为人质，当局决定利用内线

---

① 李欧梵此文出自尼克·布朗等编《中国新电影：形式，身份认同，政治学》（剑桥大学出版社 1994 年版）一书，故而李所讨论的是 1994 年之前的成龙电影，即成龙的香港电影，最为典型的"成龙电影"。

② ［美］李欧梵：《两部香港电影——戏仿与寓言》，王晓珏译，《世界电影》1998 年第 3 期。

建构"英雄"传奇

周永龄从中调停。马如龙早知周永龄与海盗勾结，因此自告奋勇拯救人质，他制订了 A 计划，通过与上司洪天赐（元彪）及好兄弟卓一飞（洪金宝）的里应外合，最后成功把海盗一网打尽。

在《A 计划续集》中，身为香港中、上、西环的三环总帮办镇三环，暗中勾结西环恶霸扰乱地方治安。水警警官马如龙奉命接管西环后，首先将拘捕西环头号恶霸入狱，引起了镇三环的怨恨。与此同时，内地革命风云翻涌，革命党人来港宣传募捐，并计划营救被捕同人。清政府密使也来港并联络镇三环，企图将革命党人一网打尽。马如龙结识了姗姗等革命党人后被卷入这一漩涡。马如龙最终从清廷手中解救了革命党人，将镇三环正法，恢复了地方治安。

从 1985 年开始的《警察故事》系列是当代故事，前两集完全以商业化的现代香港都市为背景。《警察故事》结构严谨，具有较强烈的戏剧性。影片描述警方在一次围剿行动中拘捕了大毒枭朱滔（楚原饰），并派警察陈家驹（成龙饰）保护朱滔的女秘书莎莲娜（林青霞饰），要她出庭作证人。然而由于指控证据不足，朱滔被当庭释放。怀恨在心的朱滔设局嫁祸家驹谋杀同僚，使他成为通缉犯。莎莲娜了解朱滔为人不择手段，因此偷取其罪证以求自保，但反被追杀；家驹既要逃避警方追捕，又要保护莎莲娜及证物的安全以揭发朱滔奸计，莎莲娜潜入朱滔办公室偷取证物时遇险，危急中被家驹救出。警方救援赶到，朱滔落入法网，家驹洗脱杀人嫌疑。

1986 年的《龙兄虎弟》是一部基调轻松的商业片，成龙扮演了名叫亚洲飞鹰 Jackie 的职业寻宝人。他的朋友阿伦（谭咏麟饰）的女友劳拉（关之琳饰）被邪教恐怖分子绑架，对方期望用她换得所缺的"上帝的武装"。阿伦求助 Jackie，Jackie 以会从恐怖分子手中抢过来伯爵所缺的那两件"上帝的武装"作担保，从伯爵手中借出他所拥有的三件。Jackie、阿伦以及伯爵的女儿西行前往欧洲，展开救人夺宝的行动。

在上述这些电影作品中，成龙角色的身份并不相同，既有香港都市中的警察又有横跨欧亚的寻宝人。然而影片制作时代的历史、文化及社会语境是理解影片所承载的意识形态的重要途径,从这一角度来看,这些影片清晰共享了带有香港烙印的价值观及意识形态特征。本节将通过上述影片分析成龙80年代电影中的香港认同。

一 时代背景:港人积极发展的身份认同

香港作为前英属殖民地,经历了1997年回归,香港社会的身份认同过程错综复杂。香港社会学者吕大乐梳理过香港人的本土意识与身份认同。香港在历史上是个移民社会,香港人的身份认同、归属感与本土意识,可以视为1960年代中期才逐步发展出来的"新生事物"。直到1970年代中期,本土意识才逐步形成,主要的促成因素如下。第一,经济发展给港人带来了安居乐业的条件和社会流动的希望。第二,港英殖民地政府在1967年反英抗议运动后更加自觉地淡化殖民色彩,采取积极不干预的管制方法,并大举进行行政和民生改革。第三,政府与民间的积极互动改变了港人对殖民政府的态度,获得了精英阶层及普通民众的政治认同,"至1970年代末,港人开始觉得自己是在一个有快速经济增长、高效率管理、廉洁政府、相对开放自由的制度环境里生活。尽管这是一个殖民制度,但生活倒是不错,一种'家在香港'的感觉由此而生"[①]。第四,1970年代中期大批内地移民偷渡至香港,形成了香港人的排外情绪,也是加速港人身份认同的一个因素。

香港身份认同一向以香港电影为重要阵地。香港电影既吸收了西方元素,也转化了中国传统特质:它展现了香港独特的经验,也令香港的生活方式具体地构成了一套地道的本土文化。比如电影中的人物有独特的外貌、抱负、生活习惯、说话时夹杂了香港居民常用的俗语,并反映出一套世俗化的港人价值观。因此香港社会中的生活方式,经由香港电影文化生产的过程,建构了香港文化身份认同的公众面谱。

---

① 吕大乐:《从港人身份认同看回归十年》,《同舟共进》2007年第7期。

◇ *建构"英雄"传奇*

在这个过程中,电影发展成为重要的文化凝聚力。

身份认同涉及把个体进行归类。本尼迪克特·安德森在《想象的共同体》一书中指出,某个社群中的成员不可能认识社群中大部分人,只有透过想象,他们才能把握自己所属的那一个群体。在个别成员心中,都有自己所属社群的形象①。而这个文化身份很大程度上是出于"想象",有很强的象征性质,因而令电影电视等大众媒体在确立某个社群身份认同的过程中极具影响力。

不仅如此,身份认同也总是将自己与他人相联系,以区别于他人的"自我意识"开始,即通过"我不是谁"来明确"我是谁"。通过对"他者"的构建而明确自我身份,这也是香港人身份认同的一个重要特点。吕大乐接着指出,香港人身份认同本身是一种否定:是关于香港人不是什么的认识,而不是关于"谁是香港人、本土意识是什么的认识"。香港人一直清楚地了解自己身处"借来的时间,借来的空间",他们并不是主权国的人民,而是生活在殖民制度下英属殖民地的华人。但是自从1970年代中期开始,由于香港与内地在经济、制度和生活方式上的越来越大的差异,香港人越来越感觉到自己是有别于内地民众的香港人。加上1980年代初的中英谈判,造成香港社会对未来局势产生信心危机,更加促使70年代刚发展的本土认同在活力和凝聚力过人的同时也具有狭隘与排他的特点,尤其歧视内地的后来者。

二 80年代成龙电影中的香港认同

在80年代大部分的成龙电影中,都传达了对香港身份的明确认同。成龙扮演的主角往往用言语直陈对港人身份的认同。比如在《A计划》和《A计划续集》中,成龙扮演的马如龙都直接说过具有此类性质的大段台词。在《A计划》中,殖民地政府的英籍保卫司司令为了搭救英国人质不惜与勾结海盗的奸商谈判,马如龙对此直加痛斥:

---

① [美]本尼迪克特·安德森:《想象的共同体:民族主义的起源与散布》,吴叡人译,上海人民出版社2003年版,第5—6页。

"为什么不说是为了你自己的地位着想呢?以前香港有那么多人被海盗抓去了,你们香港政府有没有一毛钱去救他们?保安基金是石队长辛辛苦苦捐来的,是香港人捐出来买船打海盗的。你为了自己的宝座而动用保安基金,你怎么对得起香港人?身为高级官员,对一个勾结海盗的人不但不抓他,还让他跟海盗求情拿勋章,女皇是这么教你来维持治安的?你明明知道老虎会吃人,你还把它养肥了。你知不知道罗三炮有了这批枪会劫走我们多少船,会抓走我们多少水警?你就知道玩古董,你知不知道他们的老婆拖儿带女在等着他们回家团圆。你要这些女人都变成望夫石吗?"

在《A计划续集》中,马如龙解救了内地的革命党人士之后,被对方劝导加入革命者行列一起挽救中华民族,三个人之间的对话颇具深意。

马如龙:我不能参加……我是一个很拘小节的人,无论我的目标是多正确多动听,我绝不会但求目的不择手段,做一些为非作歹的事。其实我也很佩服你们,因为你们才是做大事的人。我也明白要打倒满清是需要很多人,抛头颅、洒热血、不怕牺牲,但是我不敢叫人家这样做,因为我不知道叫这么多人牺牲后,得到的结果是什么。所以我很喜欢当警察,因为我觉得每一条人命都很重要,我要保障每一个人安居乐业。就算一个四万万人的国家,都是由一个个人组成,如果不喜欢自己的生活,那里还有心思去爱自己的国家呢?

万天晴:我明白你的意思。其实大家都在为中国人做事,只不过岗位不同。

马如龙:你的意思是当警察也是神圣任务了?

白影红:但是在一个腐败的殖民地政府里,是不允许一个好警察存在的,他们会继续陷害你!

马如龙:就是因为有这些人存在,我更要留在这里。

◊ 建构"英雄"传奇

首先，上述的台词非常明确地斥责了"腐败的殖民地政府"在香港的不作为，由此确立了香港人的身份认同。同样是被海盗劫持的人质，普通香港人的生死被港英政府漠视，而英国人质却受到高度重视；香港华人官员"辛辛苦苦"募捐、香港人民捐助的保安基金应该用于打击犯罪维护香港社会治安，而不是成为港英政府官员赎回人质保自己官位的钱袋子。如果真的按照英籍保卫司司令的计划做了，无异于投食喂虎，将来还会有无数香港人和普通警察成为海盗犯罪的牺牲品。殖民地政府无疑是打算牺牲被殖民者香港人的利益来换取殖民者的安全及利益——幸好，这一尚未实施的戕害香港社会的计划被有勇有谋的华人水警马如龙及时制止。在这里，港英殖民地政府成为与香港人对立的"他者"。这些华人虽然都生活在香港，这一相同之处虽是身份认同的必要条件却又不足以形成一个共享的身份认同。当"港英殖民者"以统治者、剥削者、获利者这一他者的形象/身份出现时，香港人就成了被统治者、被剥削者、牺牲者，"香港人"的身份认同就同时得到了建构。马如龙既是弱势的"香港人"的一员，又是替弱势被殖民者寻求正义及公正的代言人。

李欧梵把《A计划》和《A计划续集》与创作时的政治背景相联系加以讨论，认为在日渐逼近的1997年中国重新接管香港的时刻，这两部影片建构了殖民地香港的历史传奇。在影片中，成龙扮演的"香港警察"游走于洋人、海盗、革命党人、满清官员和普通百姓等各方面势力之间，象征性地指认并确证了现实"香港"的实际处境。

同时香港也有别于清政府密探所代表的政治母国。虽然续集表面上意指的是1911年的辛亥革命，其具体所指却在于关涉国家民族的政治与革命事件，这不能不使人联想到80年代初关于香港回归的港英政府一系列谈判及使回归成为定局的《中英联合声明》的签署。需要很多人"抛头颅、洒热血"才能完成的革命大事固然是"大事业"，却不是香港警察马如龙的抱负，因为"每一条人命都很重要"，所以"保障每一个人安居乐业"才是他的理想所在。"只有喜欢自己的生活,才有心思去爱自己的国家"等话语隐晦传达了一种不愿意干预政治的实际、求利的市民观念,"个人幸福大于集体利益"远离了传统中国伦理价值观,却恰恰是香港市民价值观的核心。

此处值得注意的是,成龙影片对于香港人身份的认同不同于香港电视对港人身份的建构方式。马杰伟认为,电视相对于其他媒介,与公众的接触面更广泛及更有渗透力,因此在香港本土化过程中扮演着更重要的角色。1960年代末1970年代初的香港居民,并没有一个稳定的文化取向,高速发展的电视媒介马上变成了文化摇篮,孕育出集体的文化认同和社会取向。他以电视新闻为例分析了电视媒介如何参与了香港人的身份确立和本土文化的形成。按全年平均收视计算,新闻报道是1975年收视最高的节目。电视新闻以影像报道社会时事,本地新闻最易拍摄,因此占了新闻时间的相当部分。原本文字的、抽象的社会消息,在电视屏幕的新闻影像中贯穿整合成具体和本地化的社会事件,"从那时开始,香港居民才直接'目睹'各种社会现实……无线电视开播后,香港居民首次透过每日的电视新闻广播'看见'香港,提供了一个共存和团体的感觉"①。

马杰伟进一步套用社会语言学家哈维·萨克斯(Harvey Sacks)的术语,指出香港电视剧(如《网中人》等剧集)充当了"成员归类工具","这种文化分类将大陆人阿灿和香港人对立起来。对内地来的新移民来说,这种铸模和标签的过程是变相的社会控制;但对香港居民来说,内地新移民的负面形象却成了肯定自己身份的文化资源。香港人从相对优于大陆人的地位,去确立自己的身份,并在彼此之间割上清晰的界限"②。当内地来的大陆人被冠以"阿灿"的称呼,被描述成"非香港人"的外来者,香港居民也就此强化了自己"香港人"的身

---

① 马杰伟、曾仲坚:《影视香港:身份认同的时代变奏》,香港中文大学亚太研究所2010年版,第28页。
② 马杰伟、曾仲坚:《影视香港:身份认同的时代变奏》,香港中文大学亚太研究所2010年版,第30页。

◇建构"英雄"传奇

份。也就是说,在香港电视媒介中,大陆人和香港人的对立关系,是确立香港身份的重要因素。

反观成龙影片对于香港人身份的认同,并不主要以"中国内地"为对立的他者,而是主要建构在以英国殖民者为"他者"的基础上。其中原因大概以下两方面。第一,成龙电影在这一方面实际上延续了李小龙式的香港电影中的民族主义叙事传统。都以饱受西方列强的殖民侵略和压迫的民族历史为背景,承载了近现代中国民族认同的话语。第二,这是出于商业的考虑。香港电视主要面对的是香港本土观众,商业运作要求电视媒介内容迎合本地市民的需要。而香港电影的市场一向不止于香港本地,需要面向东亚、东南亚以及欧美离散华人等全球市场,更需要迎合的是全世界观众(特别是离散华人)的民族认同的情感需要。

其次,明确捍卫了香港人利益及价值观。正是由于确定了香港有别于英国殖民地与中国母国的身份认同,马如龙才呈现了明确的香港价值观。无论是打海盗、抓恶霸流氓、与政府内部腐败势力作斗争、甚至与满清政府密探决斗,马如龙毫不犹豫捍卫的都是香港利益,而不是殖民者港英政府或者政治母国的利益(当然他也并未损害民族利益)。当马如龙与他的对手或者朋友谈论殖民的意义或殖民地仆人——香港警察——的命运时,成龙的确插入了他自己的观点,他"以一个香港有责任心的公民和守护者(在影片中以警察出现)的身份,极其严肃地捍卫着香港的地位"[①]。由此,成龙有意识地把当代意义插入情节,使香港观众感受到一种切身的时代意义和震惊。有关历史想象的大众影片通常缺乏这些"严肃的内涵",李欧梵因此不仅肯定了成龙电影中的"健康的肉体的英勇和有趣的自我戏仿"所带来的娱乐意义,更肯定了影片指涉当下的严肃内涵。

成龙的警察形象改变了之前香港电影中过于悲观的"灰色警察"

---

① [美]李欧梵:《两部香港电影——戏仿与寓言》,王晓珏译,《世界电影》1998年第3期。

和沉溺胡闹的"笑闹警察"的非正统形象，以"前所未有的健康清新气息"①恢复了警察作为社会维护者的正面形象，成为主流社会的健康分子。七八十年代香港经济的成功起飞及港英当局宽松的管理使香港人信心十足。马如龙虽然只是受雇于港英当局的一个底层警员，面对白人上司却并不唯唯诺诺，信心满满：豪气冲天的模样十足是当时香港整个社会及民众精神的写真。

马如龙及陈家驹等角色所表现的信奉法制的理念无疑也是当时香港社会新近形成的普遍共识。香港曾是个贪腐盛行的社会，1974年廉政公署成立之后一扫贪腐之风。廉政公署成立后短短数年，香港便跻身全球最清廉地区之列，并确定了香港"法制社会"的性质，这也成了香港人的自豪。《A计划续集》中对镇三环及下属警员的贪污腐败进行了栩栩如生的刻画和犀利的讽刺，马如龙以身作则最终扭转了这些警员的工作态度。马如龙等警察角色哪怕对待犯罪嫌疑人通常也秉持法制的公正态度。观众对香港电影中"你可以保持沉默，但你所说的每一句话，都将作为呈堂证供"这句台词耳熟能详，这种仪式性的常规话语确立了法制在香港社会的权威。无论是香港社会并不久远之前盛行的"贪腐风"，还是当时已成为现实的"法制社会"，成龙电影通过对香港主流社会及文化价值的再生产及创造，向观众进行了"法制"的意识形态传播，使观众再度体验了与物质世界的经验和关系。

六七十年代经济起飞后的香港尤其从市场经济活力中酝酿出一套主导的意识形态，包括"创富神话""功利挂帅""机会主义""个人主义"等，都是香港人认为重要的价值体系。香港被形容为最纯粹的资本主义社会，每个人皆可在其中尽情逐利。这套有关财富的香港价值观明显有别于中国传统儒家价值观，在80年代成龙电影中得到了频频宣扬。

---

① 王海洲：《成龙电影：英雄形象及其变奏》，《当代电影》2000年第1期。

◊ 建构"英雄"传奇

成龙作为成龙电影中的绝对主角,是正面价值观和意识形态的代言人,其角色通过言语和行为传达了上述价值观。在《警察故事续集》中,陈家驹劝导犯罪分子,"想发财,不能危害社会安全",在《龙兄虎弟》中,职业寻宝人Jackie,面对邪教头子对自己信仰的质问,直言"我教主叫我做的事,我从来不敢不做,我吃的饭,住的屋,全部都是我教主供给我,他吩咐我做的事,我只会答应永不拒绝……我信的是万能又万恶的金钱教,我教主的名字是金钱……好过你们这些打打杀杀的邪教"。《警察故事》则揶揄了普通警察的低薪水,"当你负责保护证人期间,政府另外有津贴给你,每天三十二块八,这个数以前早就定下来了,到现在还没调整呢!不够自己贴一点啦,就这样啦"。无论是以肯定的方式赞同对于金钱的正当追求,还是以否定的态度揶揄普通警察薪水低,都传递了对于香港资本主义生活方式的认同。成龙电影将这种对于金钱和财富的认同感带给观众,在宣扬这一特定的意识形态的同时,其实也在塑造实实在在的价值认同。

再者,这些影片格外突出了对普通底层民众的认同与同情。警察身份是"国家机器"的权威代表,代表统治阶层维护社会秩序是其基本职能。马如龙及陈家驹等角色虽然身为警察,却不仅是受制于官僚体制中的普通警察,而且还是在财富本位的资本主义社会中的底层阶级。这一身份存在着典型的双重性,"不仅有中下层都市市民平凡生活的共同经济状况,同时又有着个人奋斗、成为英雄的可能路径"[①]。警察身份不仅为马如龙等角色提供了成为英雄的可能,而且他们处于底层的经济状况和平凡生活更容易唤起观众的情感共鸣。而中下层市民正是电影这一大众媒介的最主要观众群体。对于底层普通人的认同,也是大众文化最具生命力的武器。

如前文所述,"身份认同"涉及与阶级、宗教、种族、性别和地域等诸多因素的复杂交织,可以说"香港人"这一身份认同主要是基

---

① 张燕:《香港银幕上的文化典范》,《当代电影》2000年第2期。

第三章 银幕上的"正义英雄"

于（香港）地域属性所发展的社会文化观念。同在"香港人"群体中，又可以根据阶级、宗教、性别等属性的不同发展出更细致的身份区分。比如在《A 计划续集》中的西环恶霸区心虎和《警察故事》中的大毒枭朱滔，他们房产无数、财富可观，是片中的"有钱人"。成龙扮演的角色及其朋友通常是与邪恶的"有钱人"对立的正义的"普通人"。

尤其在《警察故事》中，不仅揶揄了普通警察薪水低的状况，正直无私的家驹还被诬陷谋杀。他在被逼无奈中劫持了警署署长时，与骠叔对话如下：

> 骠叔：家驹，你这么做好危险的。
> 家驹：对他来说当然危险，当我们在和敌人火拼的时候，他在办公室里想着和什么人吃饭。我们拼命把人抓回来，他只想着程序对不对。告不了朱滔，就想个馊主意叫我去保护女证人，多简单，他动一动嘴，我们就要去拼命！
> 骠叔：家驹！
> 家驹：给我闭嘴，不要过来！（转向署长）你是踩着部下的肩膀升级，你们有没有替部下想一想？死一个部下，你只要写份报告，据三个躬。我们这些人也是娘养的，没有我们这些部下冲锋陷阵，你哪有资格坐这么大办公室？

这些台词与前文《A 计划》中痛斥英籍保卫司司令不顾水警的"老婆拖儿带女在等着他们回家团圆"具有类似意义和相同功能，都强调了底层警察工作的辛苦及工作性质的危险，而他们的上司罔顾这些人的艰难处境，只关心自己在体制内的权力和地位。尤其当陈家驹大声质疑法律的时候（"法律？法律只能制裁没有钱请律师的人"），其实是直接向银幕前的观众喊话。如此表达对社会贫富差异的不满，陈家驹就成了弱势/底层群体的代言人。

◇建构"英雄"传奇

值得注意的是,从经济角度替底层人士发声可能是成龙电影为吸引大众特意而为的策略。80年代的成龙电影一般很少交代主角的出身或者家庭背景。但是通过影片的刻画,比如对其教养、住所(内饰及周遭环境)、饮食等生活环境的大略扫描,可以判断马如龙、陈家驹等角色过的都是普通中产阶级生活,并无经济困顿的状况。由于影片中并没有着重描写角色的经济困境,所以对于待遇差的抱怨大概是形式化的标语或口号。

当然,总体上,成龙电影式的大众文化为观众安排了一个文本中的虚幻的主体位置。当为富不仁的区心虎和朱滔被揭露恶行受到惩罚时,影片实际上赤裸裸地既宣泄又疏导了资本主义社会民众对于财富悬殊、分配不公、权贵特权等真实状况的羡慕嫉妒与厌恶痛恨并存的复杂情绪。当马如龙、陈家驹等无名小辈终于凭借一己之力化险为夷挽救危局成为英雄,大众文化则通过这个世俗神话,使观众心中被压抑的无意识冲动得到了象征性的满足,从而使他们将幻想当作现实来体验。这样,成龙影片一方面在一定程度上疏导缓和了观众在现实生活中的内在焦虑和心理紧张;另一方面又强化了个体对社会的信任感和认同感。

马杰伟等认为,资本社会的意识形态作用,并非如一般阴谋论所言,指资本家把意识强加于社会中的个人。事实上,资本主义意识形态是一种实践,成为集体的思考方式。资本主义已成为那些在香港谋生的市民的个人历史和"真实"经验的一部分。[①] 李欧梵则更明确指出,由于香港历史上没有政党控制艺术和文学,因此如果要说有某种主流的"官方意识形态",那么它显然是由金钱和市场的力量建构而成的。[②] 费斯克对工业化社会中大众文化产品的性质也有类似的判断,"我们的大众文化当然是一种工业文化,我们所有的文化资源也是如

[①] 马杰伟、曾仲坚:《影视香港:身份认同的时代变奏》,香港中文大学亚太研究所2010年版,第115页。
[②] [美]李欧梵:《两部香港电影——戏仿与寓言》,王晓珏译,《世界电影》1998年第3期。

此，而所谓资源一词，既指符号学资源或文化资源，也指物质资源，它们是金融经济与文化经济二者共同的产品"①。

成龙影片将这种对于金钱和财富的认同感觉带给观众，在宣扬单一特定的意识形态的同时，其实也在塑造实实在在的价值认同。

在李欧梵看来，成龙等香港"后现代"电影制作人"以商业产品的形式"尝试对普通香港居民和观众的集体"政治无意识"作出公共表述，并且这种尝试"显然并不费力"②。罗岗在此基础上进行了进一步分析，指出成龙和王家卫既同时是香港电影在跨国电影市场的"象征符号"，也确实代表了香港电影的两个迥异的发展方向。也许从表面上看，成龙和王家卫的影片各自遵循了不同的艺术和商业逻辑，但是在更深层次上却有可能受到了共同的文化逻辑的制约。而这个文化逻辑恰如李欧梵所言，"正是出于对'香港意识'和'香港身份'的探求，香港电影藉其叙述和影像参与了对'香港'的想象性缔造"。"当代理论不断地提醒人们，重要的不是话语讲述的时代，而是讲述话语的时代。在这种讲述的过程中，发言的主体位置往往潜沉为文本脉络的'无意识'。所谓'想象性缔造'便突显了'香港'在殖民历史中的特殊处境"③。

第三节 世界公民价值观

一 时代背景：香港回归

讨论20世纪八九十年代香港电影所处的历史、政治及文化语境，一个无法避免的大背景是1997年香港回归。中英谈判从1980年代初开始，1984年签署《中英关于香港问题的联合声明》，正式确定经过

---

① ［美］约翰·费斯克：《理解大众文化》，王晓钰、宋伟杰译，中央编译出版社2001年版，第33页。
② ［美］李欧梵：《两部香港电影——戏仿与寓言》，王晓珏译，《世界电影》1998年第3期。
③ 罗岗：《"文学香港"与都市文化认同》，《杭州师范学院学报》2002年第1期。

◊ 建构"英雄"传奇

英国百年殖民统治的香港将于 1997 年 7 月 1 日重回祖国怀抱。香港长期以来与内地在制度、生活方式上的种种差异,加上六七十年代的香港经济起飞和七十年代刚刚兴起的港人本土身份认同,回归令港人产生种种疑虑,造成了香港社会的信心危机。

列孚认为,"所谓'九七大限'在一般港人的心理上是存在的。应当承认,由于历史的缘故和文化心理的差异,以及长时间两地的隔阂,缺乏沟通,造成了港人当时对回归中国的疑虑和被动"[①]。西方学者史蒂夫·福尔则更为激进地描述道,自从 1984 年《联合声明》签署后,"这个城市就一直生活在停滞状态之中。但是随着大限之日的逼近,个人、家庭和公司都狂怒地策划着从保持现状到一夜撤离的各种计划"[②]。"九七大限"成为香港人在政治、文化和心理上的界线,引发了香港社会在文化和大众心理上的巨大波动,尤其在"九七"前后,香港成为各种意识形态角力的场所。

可以说,当时的香港人对回归怀有集体无意识式的恐慌和焦虑。李道新认为,对于大多数的香港普通民众来说,1997 年不仅是"患难意识的地平线"或者"前途未卜的大限",而且"将会在一定程度上中断其内心深处一以贯之的时间体验和历史观念",或者说,"在一种充满着紧张感与焦虑情绪的集体无意识之中,随着'九七'的到来,香港社会将会遭遇一段时间的裂缝与历史的虚空,这种独特的精神体验和文化状况,自然也会呈现在这一时期的香港电影里",因为电影无疑是一种难得的"新的记忆方式","存在/时间/影像形成了一个颇有意味的等式:银幕上的影音即为时间的展开,也为存在的表征"。"对于香港社会与香港电影而言,1997 年 7 月 1 日无疑就是这样的一个'时间裂缝',由其带来的社会震荡、心灵创伤与行为偏执,都能

---

① 列孚:《90 年代香港电影概述》,《当代电影》2002 年第 2 期。
② Steve Fore, "Jackie Chan and the Cultural Dynamics of Global Entertainment", in *Transnational Chinese Cinemas: Identity, Nationhood, Gender*, Ed. by Hsiao-peng Lu, University of Hawaii Press, 1997, p.239.

通过存在/时间/影像的等式获得理解。"①

李焯桃生动描述了"九七"前后香港电影所表征的各式各样的总体悲观的"九七情结":"事实上,随着九七逼近眉睫,港片无论定位或关心的焦点,都愈来愈回归香港本身。在《奇异旅程之真心爱生命》及《嬷嬷帆帆》直写宿命大限参悟人生后,仍有赵崇基的《三个受伤的警察》及梁柏坚的《摄氏320》,分别借警察片及杀手片的类型,抒发其对九七的悲观绝望情绪。《三个》把剧情背景局限在九六年除夕一天之内,最终爆发悲剧,时限压力的喻意明显不过"。② 这些影片精准捕捉到了"九七"前后香港民众的焦虑情绪与惶惑心态。下文将首先对成龙电影中的"九七"心绪进行分析,并进而分析成龙电影所采取的更为有效的商业策略。

二 成龙电影的"九七"心绪

有研究者把香港电影中的"九七"情绪心理划分为三类:一,《香港制造》(1997)等类似影片从香港人特有的锐敏和局限视角构建了感伤和颓唐的历史;二,《玻璃之城》(1998)等影片交织了积极甜蜜和消沉迷茫的纠结情绪;三,《老港正传》(2007)等影片则以较为客观的基调构建历史并积极憧憬香港的未来。③

成龙电影虽然也对"九七"进行了表征,却并不同于上述的三个类别。从1980年代后期及新世纪前后的成龙影片中无疑也可以感受到"九七"前后香港社会的人文及历史气息。成龙影片所表征的"九七"心绪虽然有迷茫,却并不同于当时较为本土的香港媒介所持的尖酸讽刺的态度,而是以较为开放的发现的眼光来描绘大陆并积极地想象香港与大陆的未来关系。

---

① 李道新:《"后九七"香港电影的时间体验与历史观念》,《当代电影》2007年第3期。
② 李道新:《"后九七"香港电影的时间体验与历史观念》,《当代电影》2007年第3期。
③ 周振华、丁磊:《从香港电影看港人九七的三种情绪心理》,《电影评介》2011年第1期。

◊ 建构"英雄"传奇

《我是谁》是成龙影片中被探讨最多的关涉这一历史时刻的例子，其片名经常被认为表征了"港人和港片的身份迷思"①。影片讲述的是成龙扮演的失忆特种兵杰克寻回记忆并摧毁恶势力组织的故事。美国中央情报局派出了来自不同国家地区的特种兵组成的特别突击队，劫持了一组科学家和他们发现的神秘矿石。情报局的反派人物为了把这一成果据为己有，针对突击队员制造了一次空难，以此来杀人灭口。除了香港来的杰克侥幸逃生之外，特别行动小队其他队员全部死亡。当杰克被非洲土著人救活后，他因剧烈的碰撞而丧失了所有记忆，对于自己的名字、来历一无所知，逢人只会问"我是谁"，因此被人称为"我是谁"。为了查明自己的身世，杰克重返都市，事件真相最终在鹿特丹水落石出。

李道新对《我是谁》的分析最有代表性。"九七"这一"时间裂缝"使时间连续性被迫中断，引发了"时代错置感"，导致了历史完整感的丧失。如果时间失去了应有的向度，那么记忆也会失去依据；"而当失忆成为追寻的动机，'后九七'香港电影充满了怀旧的无奈"。在"后九七"香港电影中，如此饱含深意的"失忆"主题集中出现，"仿佛在一时之间，跨不过'九七'这个时间裂隙，银幕上的人都会不约而同地失去记忆，并对着电影院里心态各异的观众，不无沉痛而又略显滑稽地追问：'我是谁？'"，这个既深邃又荒诞的问题甚至成为影片主人公的名字。成龙饰演的特别突击队员忘了自己的过去，也忘了自己的来处。面对自己6本不同国籍的护照，却始终想不起自己是谁。影片中频繁出现的"我是谁？"的呼喊、疑虑及其蕴涵的失忆主题，"以非常醒目甚至过于夸饰的效果呈现在银幕上，直达受众的感官"。无论是从作者还是类型的角度来读解此片，来自香港的成龙在银幕上变成"我是谁？"，这一身份困惑的尴尬遭遇和荒诞处境不能不使人特别同情。"个人的失忆引发集体的焦虑，因失忆而失去名字和

---

① 陈犀禾、刘宇清：《华语电影新格局中的香港电影——兼对后殖民理论的重新思考》，《文艺研究》2007年第11期。

身份的'我是谁?',映照的是'后九七'香港回归中国后失去归宿、茫然无措的集体无意识"①。

针对《我是谁》和《紫雨风暴》等"后九七"香港影片中的"失忆"主题,纪陶指出:"失去记忆,在戏剧中可比喻成身份强被掠夺,或者被迫清洗,在九十年代港片出现探求身份的现象,明显是与九七主权移交有直接关系,而失忆更可说是港人在'后九七'的症候群,大家都必须/被迫清洗以往殖民时代的记忆,抛掉以前的价值观及处事方式,要重新学习,重新适应,才能够融入中共的大体系。"② 虽然将电影里的"失忆"主题与现实中的权力政治进行如此直接比附似乎有过度解读之嫌,但是,在李道新看来,这段时期里香港电影中的"失忆"主题,确实不再是偶然的情节设置或者个人的率性而为,而是关联着创作主体担心失去过往身份的隐衷。

需要明确的是,虽然《我是谁》中迷茫无奈的身份困惑关联着港人对回归的集体无意识式焦虑,但这种困惑情绪并不是成龙影片关于"九七"表征的主要基调。总体上,成龙电影是以市场为导向的商业电影,迥异于王家卫或者陈果式的把目光聚焦在香港本地的艺术电影。从1980年代后期开始,成龙电影更是走上了面向国际市场的大投资大制作大场面的好莱坞式大片之路。

在有限的明确关涉"九七"症候的内容中,成龙影片以较为开放的发现的眼光来描绘大陆,积极地想象香港与大陆的未来关系。《警察故事3》(1992)提供了可资借鉴的文本。在本片中,香港皇家警察为了打击毒品贩子,派遣陈家驹(成龙饰)远赴大陆与广州的国际刑警合作一起办理此案。在大陆女公安杨建华(杨紫琼饰)的帮助下,陈家驹化身囚犯打入国际军火毒品走私集团的内部,顺利接近了正在服刑的集团成员豹强,并一起策划越狱。杨建华化身为家驹妹妹,与一行人前往香港,顺利打入贩毒集团内部。之后又前往吉隆坡策划劫

---

① 李道新:《"后九七"香港电影的时间体验与历史观念》,《当代电影》2007年第3期。
② 李道新:《"后九七"香港电影的时间体验与历史观念》,《当代电影》2007年第3期。

◊ 建构"英雄"传奇

狱营救毒贩头目的妻子,虽然危情频发,但是陈家驹和杨家华最终将犯罪分子一网打尽。相对于前两部故事背景完全设置在香港本土的《警察故事》,《警察故事3》把故事背景扩展到了更为广阔的亚洲:先在中国内地的广东,然后又前往马来西亚。把影片的取景地扩展在香港本土之外已经是成龙影片在这个阶段中常用的国际化策略,只不过这是第一次把中国大陆加入其中。

  影片以一种好奇、窥探的目光来发现内地。杨建华带着陈家驹参观武术训练基地的片段,尤其对立地呈现了内地与香港的差异。在这一段落中,杨建华邀请陈家驹参观武警基地。在到处挂有富含时代政治特色的"处处打先锋、样样争第一""当兵不练武,不算尽义务"等横幅的高墙大院之内,身穿统一制服的武警队员们正在训练。他们队形整齐、动作划一,还不时大喊口号。一身便装打扮的陈家驹本来在内地警察杨建华面前嬉皮笑脸,看到这一切时不断感慨表现出吃惊的神情,尤其看到他们练习身体被动挨打的硬气功时既惊叹又不屑。当时香港与内陆已经重启经济交流,这幅素描式场景刻画了港人面对大陆浓厚政治气氛时所感受到的时空错置的不适感和荒谬感。杨建华看不惯陈家驹自以为是的行事作风,为了杀一杀他洋洋得意的威风劲儿,她鼓动陈家驹跟武警总教练王同志"比试一下"。比试的双方也形成了有趣的对比。双目圆睁的王同志一招一式一丝不苟,鲜明呈现了内地的相对闭塞的心理状态;家驹则左蹦右跳机智灵活,活脱脱一个无拘无束的香港大男孩。在嬉笑轻松的香港警察陈家驹眼中,表情严肃的内地警察们是"面目模糊的群体,沉默地服从等级秩序,体现出一种集体主义价值观"[①]。对大陆的真实与想象、表征与判断并存于这一片段中。这种类似于西方殖民者的眼光确实提供了香港与大陆之间的鲜明对照,并由此凸显了香港的自由氛围、平等亲和的等级关系以及对个人主义观念的信奉。

---

  ① 张隽隽:《从六部〈警察故事〉系列看香港身份认同的变迁》,《当代电影》2014年第10期。

然而与同时期的《表姐，你好嘢!》系列片（1990—1992）、《省港旗兵》系列片（1984—1989）等普遍嘲讽甚至丑化中国内地的香港影片相比，《超级警察》对内地的这种好奇、窥视的目光具有客观性、开放性及包容性，其中内含的善意更成为最明显的特征。

首先，对内地环境进行了较为客观的呈现。影片中主要呈现了大陆的警局会客厅、武警训练基地、监狱、农村和集市这些场所。虽然警局会客厅的布景用光略显压抑且把明暗对比光打在内地警察局首长的脸上，对武警训练基地俯拍的拍摄方式突出了高墙形成的压抑、封闭的气息具有意识形态作用。但是总体上，主要通过这些影像手段达到了戏谑效果，而并没有使用夸张或特殊的道具来异化或者丑化内地。

其次，对内地人形象进行了较为积极正面的刻画。杨紫琼饰演的内地女公安杨建华完全不同于《表姐，你好嘢!》（1990）中郑裕玲饰演的来港办案的内地女警察"表姐"，后者的滑稽乡巴佬式的形象堪称是香港电影建构的一个经典的内地人的刻板形象。杨建华不仅身手矫健英勇无畏，而且见多识广机智灵敏，是陈家驹的得力搭档，也是成龙影片中罕见的能与成龙平分秋色的角色。影片不仅把内地女警察刻画成杨建华式的完美形象，对武警总教练王同志这一角色的刻画虽然略显夸张却也较为客观。

最后，陈家驹自我调侃式的言行传达了一种明显的善意。虽然家驹在比武中略占上风，但是王同志显然并未完全输掉，甚至来势汹汹想要继续。由于打的是友好赛，可能又慑于对方的气势，陈家驹为了找个台阶，便问对方大滚轮该怎么用，并顺势踏进了滚轮。王同志跟杨建华会心一笑，用力一推，滚轮在家驹的喊叫声中急速滚到了门外，最终滚轮撞翻，把家驹挂在了树杈上。在这一段落中，王同志的实力并不在家驹之下，虽然比武没赢，却得到机会戏弄了一把有点自大的家驹，成为戏谑陈家驹的主导者。处境更为被动的显然是家驹。倒挂在树上的家驹成为笑话的对象，列队从他面前走过的女警们纷纷冲着

◊ 建构"英雄"传奇

他笑,这一刻的内地女警们被赋予了柔软的人性,不再机械僵硬,面目模糊。由于家驹此处并没有受伤,这一段落意在成为喜剧性的时刻,因此众人的笑也是善意的。家驹不想与王同志一试高低的做法充满了对于大陆合作伙伴的善意,而大陆对手/伙伴也以善意回应了香港警察陈家驹。

在《警察故事3》这部堪称是关涉"九七"最明显的成龙影片中,还明确传达了对于回归的积极期待的信息。在影片结尾,陈家驹和杨建华讨论如何处理女毒贩的巨额存款,明确提到了"九七"。

> 女疑犯:338,576,密码1270WKU,是我瑞士银行上的户口号码,任何人都可以拿到钱。
> 家驹:钱我也很想拿,不过是属于我们香港政府的。
> 杨科长:不对,是属于我们全中国人民的。
> 家驹:让我们香港政府暂时保管,97之后,我们也是中国人,到时候也是你的嘛。
> 杨科长:不行啊,哎哎……

这番对话一方面确认了香港的独特身份,传达了对于香港身份的某种执着、不舍或无奈。然而另一方面也明确认可了"九七"回归这一事实。"我们也是中国人",大家都是中国人,回归只是时间的问题。影片通过陈家驹与大陆女警杨建华的顺利合作,似乎也预示着香港回归大陆将是双赢局面。

实际上,成龙电影并没有纠结于探讨或者表征殖民地香港的复杂的历史心态。就像在《我是谁》结尾时,男主角查明了真相,但是他并没有返回纽约或者香港。纽约似乎代表了阴谋诡谲的都市文明;而香港虽是他的故乡,却只被呈现为一个标签式的冷冰冰的地名,并没有寄托男主角的情感。相反他毫不犹豫地要返回救治了他的非洲原始部落,那里的淳朴温情无疑抚慰了这个曾经遗忘自己身份的香港人。

故乡在哪儿已经无关紧要,要紧的是未来在哪里,广袤有爱的非洲大地于是成为男主角新的希望所在。似乎是在一番感慨之后,决定要与自己的过往告别,为自己的未来重新选择了一个光明的身份。

从上述分析中可以看出,《我是谁》《超级警察》等成龙影片虽然表征了"九七情结",但是这一方面可以算是身处香港的创作主体对港人集体无意识的切身感受与艺术创造;另一方面,无论是《我是谁》中的"失忆"主题还是《超级警察》中对内地的发现与注视,其实已经内在地成为成龙电影商业策略的一部分。原因在于,失忆的处境实际上能够"更加充分地发挥成龙灵活多变、庄谐并重的演技,并因此在国际市场上获得更高的票房收入"[①]。至于在《超级警察》中,迥异于香港都市环境的中国内地不仅呈现为新奇的地域景观,为影片增加了视觉吸引力,内地与香港之间强烈的文化反差更是提供了不少喜剧化情景,非常有利于成龙演绎"动作喜剧"的幽默效果。频繁出现的喜剧效果又反过来弱化了影片所试图表征的政治意蕴。

三 成龙电影中"超地区想象"的国际化特征

无论是对影片中主角未来命运所做的清晰安排,还是把相关情节转化为商业的赢利策略,都显示出成龙的港人独有的务实态度及敏锐的商业嗅觉。从某个角度来看,这也是流淌于香港电影工业血脉中的独有基因。张英进认为香港电影具有"超地区想象"的历史传统,这种传统既是一种文本策略,表现在影片的叙事、人物和类型等方面,更是香港电影工业一贯的市场策略。虽然同台湾和中国大陆相比,香港电影一般被认为不具备"民族电影"的地位。然而由于香港位于历史和政治的边缘地位,"却培养了一种个性鲜明的'超地区想象',吸收、融合着地方性与国际性,由此而超越了民族性"。"超地区想象"的便捷之处在于,"香港电影既可以表现文化民族主义——即文化自

[①] 李道新:《"后九七"香港电影的时间体验与历史观念》,《当代电影》2007年第3期。

◊ 建构"英雄"传奇

豪感和民族归属感——而又不必支持或认同代表中国民族国家的那些对抗势力(共产党或国民党)"。香港电影所生产的大量的关于中国和中国精神的符号,也进一步证明了"超地区想象"的优势。"香港电影游走于地方性、本土性与全球性、跨国性之间,从自己独特的'超地区想象'中获益良多。这种想象方式,既是投资与经营中久已有之的一种策略,也是香港影人在文化身份、电影表现问题上最钟爱的选择之一"①。

实际上,从80年代后期开始,成龙电影一直稳步地朝着国际化方向前行。在整个90年代后半阶段的成龙电影中,国际化已经是成龙影片的基本特征。具体说来,成龙影片主要采取的国际化策略包括以下几个方面。

一,把功夫电影这一较具民族特色的电影类型进行现代化改造,比如与其他经典电影类型相结合,由此出品了警匪片(《警察故事》系列影片)、间谍惊悚片(《警察故事4.简单任务》《一个好人》《我是谁》)、《夺宝奇兵》式的冒险片(《A计划》《龙兄虎弟》《飞鹰计划》)甚至漫画片(《城市猎人》)。这就使成龙电影较少以功夫/武术为导向,而更像是好莱坞动作片。

二,与当时港片普遍较为低劣的品质相比,成龙的电影追求制作精良的宏大场面。其影片往往包括汽车追逐,爆炸,枪击,还有在直升机、卡车、火车和飞机上做的动作特技,这些可以与好莱坞标准相提并论。然而由于成龙不用替身或数字技术,而是亲自表演危险特技,所以尽管这些场景看上去很好莱坞,却拥有好莱坞CGI所无法比拟的真实性,因此给看惯好莱坞影片的观众带来了格外新鲜的视觉及心理体验。

三,为了更容易进入国际市场,成龙跨地跨国在全球拍摄影片,雇用外国演员,用多种语言拍摄,以便让他的影片看起来更具国际卖

---

① [美]张英进:《香港电影中的"超地区想象":文化、身份、工业问题》,《当代电影》2004年第4期。

相。在参演洪金宝执导的《快餐车》时，此片中的欧洲古堡以及当地的风土人情显示出不同于以往港片的异域特色，加上非亚裔演员的使用，使此片的外观看上去更像是一部国际化作品，"只要少许翻译，任何人都可以观看和理解"①。

《快餐车》的跨国拍摄经历及成功经验直接启发了成龙电影的跨（国）地性趋向。因此从《龙兄虎弟》开始，成龙影片开始大量跨地跨国取景。《龙兄虎弟》拍摄于非洲、法国和南斯拉夫，除了三个主角由香港演员扮演，其他演员全部是西方人。《飞鹰计划》（1990）主要在非洲沙漠腹地拍摄，《警察故事3：超级警察》（1992）主要取景于马来西亚、吉隆坡和广州，《城市猎人》（1993）拍摄于日本，《重案组》部分取景于台湾，《红番区》故事背景设置在纽约，实际拍摄于加拿大的温哥华，《霹雳火》在日本和美国实地取景，《警察故事4：简单任务》从乌克兰到澳洲，《一个好人》拍摄地在澳大利亚，《我是谁》从非洲到欧洲，《特务迷城》主要拍摄于欧洲和土耳其，《飞龙再生》拍摄于英国和爱尔兰，《神话》主要取景印度、中国云南，《新宿事件》（2008）主要取景日本。可以说，成龙电影的足迹踏遍了全球五大洲，而且这些影片中的演员肤色族裔各异，中文、英语还有其他很多不同语言常常混杂互用。

伴随着跨国（地）性拍摄的需要，成龙角色的身份也不断发生变化。以《警察故事》系列影片为例，在《警察故事3》中，成龙所扮演的警察从之前两部影片中香港本岛的普通警察升级为"超级警察"，这种身份调整便于成龙自由地来往于香港、大陆及东南亚地区，歼灭亚洲贩毒集团。如果说《警察故事3》中成龙已经被暗示为邦德式的超级警察的话，那么从《警察故事4》开始，香港警察陈家驹已经变身为邦德式的国际知名超级警察，他受美国中央情报局委派，要调查一个国际性核武器贩卖集团，这个犯罪集团的危害性更甚于《警察故

---

① 成龙、杰夫·扬：《我是谁——成龙自述》，陆航、陆承艺译，上海人民出版社1999年版，第415页。

◇ 建构"英雄"传奇

事3》中的犯罪团伙,因此陈家驹不得不从香港前往乌克兰的白色雪原又辗转至澳大利亚追逐罪犯。因此《警察故事4》的重要意义在于,身为香港警察的陈家驹要维护的不再仅仅是香港甚至亚洲的地区性秩序与安定,而要行使自己作为地球公民的责任。

　　身份的变化相应地引起了价值观的变化。吴冠平曾经专门讨论过成龙从1995年至1998年的几部作品,包括《红番区》、《简单任务》、《一个好人》、《我是谁》和《尖峰时刻》。他以"无意识的东方主义救赎"为题讨论了这一阶段中成龙电影中的价值观。如果说成龙在影片中践行"人不犯我,我不犯人"的中庸之道,凭借道义而非暴力服人的做法具有东方儒家文化特征的话,那么"四海之内皆兄弟"的价值观则"既承传了香港武侠片那天赋异禀的冲天豪情,又为其增添了几分国际化的精神内质"①。

　　所谓"国际化的精神内质"具体所指为何?第一,种族和谐是其要义之一,而这种理念在成龙80年代初的影片中并不存在,比如《A计划》系列影片中的英国白人殖民者就全部被刻画为中立或者负面的形象。如前所述,从80年代后期以来,肤色族裔各异的演员成为成龙电影国际化的重要策略及显著特征。在《龙兄虎弟》中,成龙扮演的亚洲飞鹰来到了欧洲,坦言"在飞鹰的眼睛里,没有种族和地域的界限"。在《红番区》中,种族和谐、世界人民友好相处的主题已经呼之欲出。最典型的有两场戏。第一场戏发生在酒吧里,成龙扮演的陈强去寻找女主人公,与酒吧里吸毒、淫乱的混混们进行了一场打斗。值得注意的是,这个混混团体中包括了黑、白、黄三个肤色的人,影片也特意给了这些不同肤色的演员特写镜头。无论是教训他们"你们是不是认为成群结党地去打人、偷东西、恐吓、收保护费可以过下半辈子?你们连开个舞会都要躲在这种暗无天日的地方。为什么要变成每个人看见都讨厌的社会废物呢?",还是打赢后跟他们说"有空我们

---

① 吴冠平:《好莱坞认知的成龙电影》,《电影艺术》2000年第2期。

一起喝酒"，这些台词都超越了"长中国人志气"的狭隘的种族主义观念，既有东方式"兄弟情义"的江湖豪情，更传递出成龙试图超越种族界限宣扬"人类大家庭"的开放理念。第二场戏是骠叔与黑人女友的婚礼。实际上，影片对这场戏进行了充分的铺垫。陈强知道骠叔要结婚了，但是不知道新婶婶是什么人，所以当他看到一位跟骠叔熟稔的华人妇女时，想当然地以为这就是新婶婶，于是把准备的礼物拿了出来，结果对方却并不是骠叔女友。正在尴尬之时，一位又高又胖却不乏可爱的黑人妇女出现在面前，而她才是骠叔的女友。经历了这次喜剧性的误会之后，骠叔与黑人女友的婚礼成了一场热闹的国际性聚会，黄、黑、白三个种族欢乐齐相聚，影片"种族平等、天下一家"的价值理念已经毋庸赘言。"种族和谐"也是成龙影片一直高调宣扬并熟练运用的人道主义主题，无论《十二生肖》中肤色各异的国际海盗还是《天将雄师》中不同族群的人们共筑雁门关都是这一主题的延续。

在此有必要与李小龙影片加以对比。虽然李小龙影片中的华人也经常身处外国人的环境，但是这些外国人在李小龙和成龙影片中的功能却大为不同。申米娜用"民族主义"与"世界主义"来分别指称李小龙电影和成龙电影的意义。李小龙强调自己的中国性，并成为民族主义的象征。他运用外国布景和外国演员来处理世界各地离散华人的困难处境，并以此传达中国民族主义。而成龙却不一样。虽然成龙影片也经常涉及身处外国环境里的中国移民，可他的重点并不放在离散华人的生活困境上，而只是用外国布景来删除中国文化的特殊性，由此让电影在国际观众中更有市场。也就是说，同样的外国演员及外国环境在李小龙那里成了其民族主义的工具，在成龙那里却成了其国际化策略的工具。

张建德认为，李小龙的事业生涯表征了"文化民族主义"，这种民族主义形式以族裔为基础，含蓄地有别于那种以政权/国家为基础的国家民族主义；而李小龙的案例格外有趣，因为"他直率地坚持自己

建构"英雄"传奇

的中国性,而这却与他的国际吸引力看上去并不矛盾"①。甚至于他的反西方情绪都没有打扰西方观众。相反,这种反西方、反殖民主义的情绪顺应了当时的政治运动潮流。至于成龙,如史蒂夫·福尔所说,随着成龙影片地理和营销半径的扩大,附着在成龙明星人格上的文化意义已经逐渐被剥离并解除了香港文化的独特性。②

世界公民需要团结协作共同应对世界性的难题。如果说在 80 年代前半时期,成龙电影主要立足香港,讲述香港本土故事,较为突出的是群体观和社会观,那么从 80 年代后期到新世纪前后,这个阶段的成龙电影特别突出了对于"基本上普适于全人类"的"自然观"这一价值观的维护。比如在《我是谁》中,"我是谁"为了防止有人继续开发神秘而危险的矿石,拒绝把相关资料交给中情局特工,他说:"我还记得小时候,我爸爸跟我说过,要做正当的事,还要阻止别人做不正当的事。我爸爸还说过,不要破坏大自然的净土!"大概因为唯有在面对共同灾难的时候,人类才能放弃个体私利,联合起来成为一个家庭式的整体。因此,成龙扮演的角色往往协调不同群体的利益,共同应对核武器、毒品、污染等威胁人类福祉的全球性问题。在吴冠平看来,"《简单任务》的故事要让美国人编,俄罗斯肯定是全球核威胁的头号敌人"③,而成龙影片在叙事上把敌人设置为威胁整个人类的恶势力,巧妙地把香港、俄罗斯和美国的正义力量拧成一根绳子,共同对付与人类为敌的多栖间谍。联结成龙影片中人物的不是"《教父》式的强调种族、契约和利益关系的兄弟概念",而是"人类性、世界性的话题",即普适价值观成为成龙影片中把不同种族人民凝聚在一起的力量。在陈墨看来,成龙将目光投向世界,把任务定位在世界范围内与犯罪分子作斗争,"(这)让香港加入世界大家庭并为这一大家

---

① Stephen Teo, *Hong Kong Cinema: The Extra Dimensions*, London: BFI, 1997, p. 113.
② Steve Fore, "Golden Harvest Films and the Hong Kong Movie Industry in the Realm of Globalization", *The Velvet Light Trap* 34 (fall 1994), p. 117.
③ 吴冠平:《好莱坞认知的成龙电影》,《电影艺术》2000 年第 2 期。

庭的和平、公正、安宁做出一份贡献,不仅具有深刻的现实意义,同时还具有广泛的象征意义"①。

囊括了上述国际化外观及精神内质的成龙电影成了威廉斯所谓的"全球电影",即资本密集、越来越不具有民族特色的、主要包括相关的"动作电影"。② 按照骆思典提供的数据,1994—2003年间在美国电影票房最高的10部亚洲影片中,有6部都是用英语配音的成龙影片,分别是《红番区》《警察故事3》《警察故事4》《一个好人》《醉拳》《飞鹰计划》③。这证明了成龙电影是当时亚洲电影中的佼佼者。此外,这些主要都是成龙八十年代后期至九十年代的作品,又足以证明这个阶段成龙香港电影的国际化策略在商业中是奏效的。

在分析了成龙1980年代后期至1990年代影片的国际化特征之后,申米娜认为成龙影片之所以否定中国性去追求世界主义,其目的是"试图与香港和中国社区还有国际电影市场的变化保持一致"④。全世界包括中国社会以及亚洲和世界的经济、政治和文化环境都在经历重大转型和重新组合,而成龙处于这一重大时期的中心。通过追求世界主义,制作好莱坞卖相的、不太强调中国性的国际化香港动作电影,成龙电影适应了世界的变化,成为亚洲电影好莱坞化的先驱,这也是今天的一个新趋势。申米娜因此认为成龙典型例证了王爱华所说的新"世界性阶级",是跨国"弹性公民"的绝佳例子。

---

① 陈墨:《功夫成龙从港岛走向世界——成龙电影创作历程述要》,《当代电影》2000年第1期。
② Alan Williams 把当代商业叙事电影的类型区分为三类。第一类是"全球电影";第二类是中等投资制作的"国产片",是专门为国内观众制作的产品;第三类是"低成本、以电影节为导向的所谓'艺术','独立'或'作者'"的电影, Alan Williams, ed., *Film and Nationalism*, Brunswick, NJ: Rutgers University Press, 2002, p.19; 引自[美]张英进《中国电影与跨国电影研究》,《文艺理论研究》2008年第6期。
③ [美]骆思典:《全球化时代的华语电影:参照美国看中国电影的国际市场前景》,刘宇清译,《当代电影》2006年第1期。
④ Mina Shin, *Yellow Hollywood: Asian Martial Arts in U.S. Global Cinema*, Doctor Thesis: University of Southern California, 2008, p.122.

◊ 建构"英雄"传奇

实际上,成龙的好莱坞影片也大都延续了这个阶段港片角色的"世界公民"特征,只是更加缺少"香港本地经验"。陈林侠把成龙在好莱坞电影中的角色指认为"本地经验被抽空了的'世界人'"。成龙在好莱坞影片中似乎成了一个缺乏固定身份、漂浮于生存土壤之上的"世界人"。在面对西方诸多差异的时候,他总能迅速地融入其中并乐在其中,可以轻松地与黑人、白人、印第安人等所有不同人种交往。《上海正午》《上海骑士》的清朝侍卫江文,虽然远离家国漂泊在西方异国他乡,却并未因此感到孤独;《尖峰时刻》系列和《邻家特工》中都是从香港"借调"到美国的"特工",他基本都能在异国环境中轻松自如地开展侦查工作,如此等等。

在香港学者刘兆佳看来,"香港华人对社会持实用主义态度,他们视社会为谋取生存手段或发达致富之地。换言之,人们对香港的归属感,并不表示一种社群的团结性或者是他们对某地域的集体输诚。香港华人可能只是依恋一些流动的及无形的东西:一种生活方式或一种超越地域疆界的价值观。"①

成龙不拘泥于具体社会身份的做法,正与香港人"实用主义态度"的社会观、价值观紧密相连。"由于香港长期处于'中转港'的地位,即'借来的一段时空',香港人对本土的精神、情感依恋较为弱化,往往依据自身生存的需要、注重超越地域疆界的现代价值观。成龙在好莱坞电影中的东方形象很少出现文化乡愁,一定程度取消了'离散群体'的沉重感"②。正因为如此,成龙扮演的角色往往与过去的文化体验及生存状态无甚联系。例如在《上海正午》和《80天环游世界》中,虽然出现了中国,但这似乎并不重要,很快就在西方世界中失去了意义。在前者中,他毫不留恋东方的清廷故国,更愿意留

---

① 刘兆佳:《"香港人"或"中国人":香港华人的身份认同 1985—1995》,载刘青峰、关小春编《转化中的香港:身份与秩序的再寻求》,香港中文大学出版社 1998 年版,第 10 页。
② 陈林侠:《跨文化背景下东方人参与的"东方主义"——以成龙的好莱坞电影为个案》,《戏剧》2013 年第 1 期。

在西方的美国；在后者中他虽然为了兰州的安危前往欧洲，但同样没有固守本土，而是完成了一次环游世界的壮举。因此，在好莱坞影片中，他似乎是"世界人"，但又是一个本地经验被抽空了的"世界人"。

当《龙兄虎弟》中成龙扮演的亚洲飞鹰坦言自己信仰的是"金钱教"，"在飞鹰的眼睛里，没有种族和地域的界限"时，这确实是一种双重意义上的坦率。为了最大化追求影片的商业利润，跨越种族和地域的界限是势在必行的策略。从《龙兄虎弟》开始直到新世纪前后阶段的成龙电影没有过多纠结于"九七情结"，而是以"世界公民"的身份用超越地区性政治的姿态迎合商业。

第四节 爱国主义民族观

一 时代背景：CEPA 签订与"中国崛起"

实际上，成龙主拍好莱坞电影的几年，恰恰也是香港社会屡屡遭遇冲击的时期，如亚洲金融风暴和 SARS 危机等一系列突发事件给香港造成了极大激荡。虽然香港在中央政府的支持下成功抵御了这些危机事件，然而整个经济的不景气却是显而易见的事实。香港电影业更是进入了萧条时期，不仅亚洲金融危机使香港电影瞬间流失了逾半的海外市场，香港本土电影市场从 90 年代中期以来堪称每况愈下[①]。因此，香港电影既面临外埠市场的萎缩，而本土市场又因突飞猛进的家庭播放技术和猖狂的盗版光盘而票房减少，香港电影陷入了几十年以来的最大困境。

恰在此时，CEPA 的签订为香港经济带来了一线生机。为了促进

---

① 1997 年至 2003 年的香港票房总收入分别是 11.56 亿港元、10.88 亿港元、9.16 亿港元、9.64 亿港元、10.34 亿港元、9.08 亿港元、8.99 亿港元，其中香港本地电影总票房分别是 5.47 亿港元、4.21 亿港元、3.52 亿港元、3.82 亿港元、4.56 亿港元、4.33 亿港元，引自钟宝贤《香港电影业的兴衰变幻（1997—2007）》，《当代电影》2007 年第 3 期。

◊ 建构"英雄"传奇

香港的经济繁荣,加强香港与内地之间的紧密联系,中央政府与香港政府于 2003 年 6 月 29 日和 9 月 29 日正式签订《内地与香港关于建立更紧密经贸关系的安排》及其附件(CEPA),其中有关电影的条例被普遍认为是已陷入困境的香港电影的"福音",具体内容如下:

  1. 香港拍摄的华语影片经内地主管部门审查通过后,不受进口配额限制在内地发行。
  2. 香港拍摄的华语影片是指根据香港特别行政区有关条例设立或建立的制片单位所拍摄的,拥有 75% 以上的影片著作权的华语影片。该影片主要工作人员组别 1 中香港居民应占该组别整体员工数目的 50% 以上。
  3. 香港与内地合拍的影片视为国产影片在内地发行。该影片以普通话为标准译制的其他中国民族语言及方言的版本可在内地发行。
  4. 香港与内地合拍的影片,港方主创人员 2 所占比例不受限制,但内地主要演员的比例不得少于影片主要演员总数的三分之一;对故事发生地无限制,但故事情节或主要人物应与内地有关。①

也就是说,在 CEPA 框架内,只要有三分之一的演职人员来自内地,香港与内地合拍片便属于国产片,不受外国片的配额限制,而获得国产片待遇会在资金安排和票房分账上更为有利。中国内地 13 亿人口的庞大潜在电影市场一直是好莱坞等发达电影工业巨头觊觎的对象。CEPA 的签订无疑让香港电影人看到了新希望。协议签署后,香港与内地合拍片蔚然成风,"香港电影产业把内地市场视为重点开发领域,提出'北上'的口号,两岸三地的中国电影开始进入一个互相渗透、互

---

① 《内地与香港关于建立更紧密经贸关系的安排》附件 4。

相影响、互相整合、互相竞争的'你中有我，我中有你'的新阶段"①。

CEPA 的签署标志着香港电影进入新时期，内地电影和香港电影由此进入深度合作的阶段，在 2004 年已经初见成效。在数量上，内地与香港合拍片从过去每年 10 部，一下跃升至 2004 年的 30 部，成就了一批成功的合拍大片。在票房上，内地和香港电影票房同时跳升，《十面埋伏》《天下无贼》《功夫》《新警察故事》《2046》《千机变 2》《手机》《龙凤斗》等 8 部合拍片进入了内地票房十大卖座影片榜单，也是自 1990 年代中后期以来国产片票房首次超过进口分账大片，占据了 2004 年 55% 的市场份额。

这一良好势头在之后的年份中继续保持。"2005 年国产影片票房再次超过进口片，《神话》《七剑》《功夫》《头文字 D》《韩城攻略》《情癫大圣》《如果爱》《千里走单骑》《天下无贼》等合拍片均有不俗表现。2006 年全国票房 26 亿元，国产片票房前十位中有《满城尽带黄金甲》《夜宴》《霍元甲》《宝贝计划》《伤城》《墨攻》《龙虎门》《云水谣》等 8 部合拍片。2007 年，国产电影票房前 10 名中，合拍片占到 9 部"。② 由此，CEPA 扩大了香港电影进入内地市场的发展空间，也带动了内地电影市场全面复苏。

成龙无疑是 CEPA 协议的重要受惠者之一。成龙于 2003 年 8 月与英皇娱乐有限公司合资成立了成龙英皇影业有限公司，此后成龙主演的所有华语影片都是与内地公司合作的合拍片，其中的大部分如《新警察故事》《神话》《宝贝计划》《新宿事件》《寻找成龙》《十二生肖》《天将雄师》等都由成龙英皇影业有限公司与内地公司合作出品。而《新警察故事》《神话》《宝贝计划》《功夫之王》（中美合拍片）、《十二生肖》《警察故事 2013》《天将雄师》顺理成章地以合拍片身份

---

① 陈犀禾、刘宇清：《华语电影新格局中的香港电影——兼对后殖民理论的重新思考》，《文艺研究》2007 年第 11 期。

② 《30 年合拍片历程：开放　合作　共赢》，http://www.dmcc.gov.cn/publish/main/266/2010/2010 0727170150471422030/20100727170150471422030_.html.

◊ 建构"英雄"传奇

进入了内地市场,并且大部分都位居当年中国内地票房榜前十名。像《大兵小将》这部小成本制作的合拍片也赢得了口碑票房双丰收。如果说,成龙与吴宇森、周润发、林岭东、徐克、李连杰等人从90年代纷纷前往好莱坞可以看成是当时香港电影业的某种潮流的话,那么在21世纪之后的香港电影人集体"北上"的大潮中,成龙依然是其中的中流砥柱。

邱淑婷以成龙为例说明香港演员在香港回归后的形象转型,并把原因归为两方面:一是源于回归后有所改变的港人意识,二是为了迎合庞大的国内市场。虽然戴锦华尖锐地指出《神话》对于"渐次暧昧而日趋尖锐的香港/中国身份表述"持有既认同又拒绝的矛盾立场[1]。但是在邱淑婷看来,成龙一向标榜自己是"香港人",在《神话》中却刻意重申了其"中国人"的身份,"片中的Jack是一位现代考古学家,也是秦代将军蒙毅的转世。他不断梦见前生的自己,拯救来自朝鲜的玉漱公主(金喜善饰);在古墓拾获宝剑后,即返回秦朝并把梦境实现。成龙与Jack,是现实与虚幻的重叠,两者都想追本溯源,寻回自己'中国人'的本来面目,并肯定'忠君爱国'的公民责任"[2]。虽然《神话》对于"香港/中国身份"的表述可能复杂暧昧且意味深长,但是其对于国内市场的指向却明确无误。

陈犀禾等人认为,CEPA促成了"你中有我,我中有你"的电影合拍新阶段,而"华语电影"这一概念"呼应了这一宏观的历史和时代变迁,同时解决了为三地电影共同命名时所面临的困境"。"华语电影"的这一提法实际上突出的是"华语文化圈""大中华文化"等内涵,"强调的是华语文化圈内的统一、协作与共荣"[3]。在香港和内地社会共同繁荣这一现实之下,用"华语电影"来命名成龙等众多香港

---

[1] 戴锦华:《百年之际的中国电影现象透视》,《学术月刊》2006年第11期。
[2] 邱淑婷:《CEPA签订前后香港警匪片的变化》,《电影艺术》2010年第4期。
[3] 陈犀禾、刘宇清:《华语电影新格局中的香港电影——兼对后殖民理论的重新思考》,《文艺研究》2007年第11期。

电影人的香港影片，为我们提供了观察和理解香港电影的新视角。

如果进一步从更大的语境进行考察的话，CEPA协议的签订又处于"中国崛起"这一大背景之中。石之瑜等人认为，"1997年之后，中国的崛起逐渐成为在中文世界传播中的普遍印象"。1997年中国共产党召开了第十五次全国人民代表大会，又适逢香港回归等事件，引起了全世界的瞩目。之后的亚洲金融危机中，中央政府支持香港特区政府成功挫败了国际金融投机客的大举入侵，人民币成为强势货币，中国成为经济大国。2001年，经历了数轮谈判之后，中国加入了世界贸易组织，北京市成功地赢得了2008年第29届夏季奥运会的主办权。2003年提出的"和平崛起"一说成为中国的世界定位，引发了讨论至今的软实力话题。中国的航天技术一再突破瓶颈，于2003年和2008年成功进入太空，成为世界上第三个载人航天成功的国家。2008年举办的北京奥运会更是成为"中华民族成熟的里程碑"①，标志着中国在国际社会中进行形象展示的一个最高潮。经历了这些事件之后，"中国这个身份所赋予的国家信心对中国民众来说一飞冲天"②。对于外部世界来说，"2008年北京奥运与全球金融危机之后，中国的崛起已经成为世界公认的事实"③。

北京奥运会不仅向世界宣告了中国的崛起，更是极大激发了两岸三地及全世界15亿炎黄子孙的民族自豪感。实际上，申奥本身就被赋予了浓厚的民族情感色彩。一个庞大但历史上积弱的民族渴望被外部世界认可和尊重，申奥蕴含的就是这种情绪。因此，北京奥运组委会一改过往奥运会筹办主要着眼于经济和商机的资本主义考虑，而是以北京要做好东道主为骄傲。从筹备到举办奥运会的七年间，一系列民众参与的奥运相关活动成为增加民族自信心、强化民族认同感的契机。

---

① 邱震海：《北京奥运：中华民族成熟的里程碑》，《商务中国》2008年第10期。
② 石之瑜、张登及：《中国崛起的认识论及其叙事衍生》，《世界经济与政治》2010年第1期。
③ 许纪霖：《普世文明还是中国价值——近十年中国的历史主义思潮》，《开放时代》2010年第5期。

◇ 建构"英雄"传奇

申奥时民众支持率高达96%，创造了堪称空前绝后的最高纪录。在人民网举办的"奥运财富"投票活动中，超过一半的票投给了"激发爱国热情"，近2/3的投票给了"树立民族自信"。

二 成龙本人的身份认同转变

作为世界范围认知度最高的华人演员，成龙密切参与了北京奥运会的相关活动。他于2000年受聘成为第一个北京申奥形象大使。作为奥运会的申奥形象大使和火炬手，成龙不惜推辞自己的商业活动，全力以赴投身到这件中华民族的盛事中。从申请到举办的八年之间，成龙参与拍摄了申奥陈述片、北京奥运会会徽发布式、奥运会倒计时100天、奥运会开幕式和奥运会闭幕式等相关活动。在这些活动中，他都是所在环节的核心人物，比如在会徽发布仪式上他与奥运会冠军邓亚萍护送会徽入场，也是闭幕式的明星大合唱《远方的客人请你留下来》中的核心人物。他还参与了多首奥运会歌曲的演唱，他所参与演唱的奥运会歌曲《北京欢迎你》在2008年响彻祖国大江南北。他不仅呼吁全民行动起来，共同为北京奥运贡献心力，还利用自己的全球影响力宣传北京奥运，比如，2008年4月接受CNN节目《亚洲名人聊天室》访谈时，他特意身穿中山装，呼吁人们支持奥运。

一方面，成龙流通世界的友好形象和积累多年的全球人气契合了"和平崛起"的中国所希冀向外部世界传达的中国文化主流价值观。所以他当仁不让地被选中，对外在西方世界中被呈现为中国形象和中华文化的名片，对内则成为抚慰民众情绪、凝聚民族认同、引领国族共识的标志性人物。

另一方面，"将自身形象从动作明星、草莽英雄拔擢成当代中国文化形象代言人和意见领袖"① 也是成龙团队打造其形象的目标所在。比如奥运会之后，成龙在2009年中华人民共和国建国60周年的联欢

---

① 刘帆：《皮相爱国主义与伪英雄赞歌——评电影〈十二生肖〉》，《电影艺术》2013年第2期。

晚会上演唱了《国家》，这首主旋律歌曲不同于成龙之前所演唱的商业歌曲或者奥运会歌曲，其政治内涵似乎微妙地把成龙从爱国明星转变为主旋律政治代言者。而《国家》这首歌是脍炙人口的奥运歌曲《北京欢迎你》创作团队为成龙量身打造的歌曲。创作团队的核心人物王平久同时也正是成龙在政治和社会形象方面的主要设计顾问之一。此外，成龙于2013年当选为中国人民政治协商会议第十二届全国委员会委员。很难说这些重要的政治性"在场"是出于成龙的本意还是局势进展所致，但是他确实没有拒绝这些场合。

如果说最初成龙因为其友好形象及巨大的国际影响力而被选中成为申奥形象大使，那么后来他的全力支持则更多是出于个人的主动选择。最初他以香港影星的身份参与奥运会，到2008年奥运会举办时，他已经成为全世界华人口中的"成龙大哥"。奥运会筹办的七八年间俨然见证了成龙个人身份认同的转变。在众多曝光的近年访谈中，成龙无数次提到个人身份认同的心理路程。下文分别是2008年接受杨澜采访和2012年接受《锵锵三人行》采访时成龙的自述。

> 成龙：因为我也不知道（申奥成功自己竟然激动到哭），还没有回归之前，很多事情跟我没有关系，回归以后觉得自己是一个堂堂正正的中国人了，好像有义务去为国家做点事情了。以前也没有说有义务为谁做事情，都是为自己为香港做事情，现在好像是为国家了。我每次看见那些选手，比如刘翔，一拿到金牌的时候，还有那个最厉害的女排，最后那球一杀下去，他们抱着哭的时候，我的眼泪就下来了。我真的想自己有一天可以站在那儿，代表国家，可以为国家拿点荣誉回来。[①]

> 成龙：小时候可怜，到了后面就是也可怜，就是我分阶段的……小时候就是生在英国统治的地方，那我住的地方就是美国领事馆、

---

① 接受杨澜专访《成龙自曝曾为北京奥运哭了很多次》，http：//2008.163.com/08/0808/08/4IQFSPID00742QDT.html。

◆ *建构"英雄"传奇*

法国领事馆、英国领事馆都是领事馆的人,那我永远是走后楼梯、后电梯,看见外国人走过,我要向边走,那我是住在法国领事馆,我三岁讲很好的法文,我跟法国领事馆。……永远给人家打不能还手,到了后面我顶不住了我就打人……完了还要给爸爸打,还要去道歉,还要到人家那边,站在那边道歉……就是很压抑,就是一看,反正看见外国人就怕,永远在我眼睛里面,外国人是至高无上、最有钱的、权势很大的……后来(为了谋生)就去赚钱,赚了钱之后,就是发财立品嘛,你发了财,慢慢之后,我对这个社会有责任,我再回想我以前的电影《醉拳》,《醉拳1》很卖座,但是不行……我马上有机会拍《醉拳2》,就是不要喝酒,不要打拳,马上把我以前犯的错纠正过来。那慢慢慢慢社会、大众、政府、国家、地区给我很多责任……现在我们中国强盛,所有人都拿我们中国来做问题,我们自己人都不支持自己的国家,谁支持自己的国家?我们知道我们自己国家很多问题,我们关起来讲,对外我们国家是最好的……①

成龙:我是在香港长大,见到外国人就很怕,你说我们是中国人,不是英国人,英国人我到英国要拿签证,进不去,那我到底是什么人?那我再想想,我觉得我们很多中国人在香港的很可怜,我爸爸到了澳洲,澳洲籍,我是不中不英的一个香港籍,老婆台湾籍,儿子美国籍,你在香港85%的人都是如此,你看美国人,一家都是美国籍,中国的都是中国籍,我们有这么多籍,为什么我们都要这四分五裂的。……我可能走的地方多,看的电影多,后来好不容易今天回归了,我可以给你讲,我是一个中国人。……我找到身份认同了……②

---

① 《成龙:北京马路既宽又直 美国人真的修不起》, http://ent.ifeng.com/entvideo/detail_2012_12/11/20039691_4.shtml.

② 《成龙:香港人不中不西 缺乏身份认同感》, http://ent.ifeng.com/entvideo/detail_2012_12/12/20073336_0.shtml.

可以说经历了奥运会之后,"中国人"成了成龙的新的身份认同。成龙把自己的人生分成不同阶段:低人一等的儿童时代、被欺负管制的少年时代、赚钱谋生阶段和"发财立品"阶段。实际上成龙"发财立品"的阶段非常漫长,可以认为从《A计划》《警察故事》等动作警察影片开始,原因在于,从这些影片开始他不再是《醉拳》中的胡闹少年,而是成为一个具有社会责任心的角色。成龙虽然享有世界声誉,却也经历了普通人无法想象的身份困惑。无论是儿时居住于香港使馆区的心理阴影,80年代初前往美国因为种族、语言、文化等原因所经历的歧视及失落,还是多年中来往于世界各地所遭遇的不被认同的香港人身份,都让他对于身份问题格外敏感。香港回归为香港人提供了名正言顺的新身份。而以大陆为主体、北京奥运为里程碑的"中国崛起"使世界看到了一个强大的中国,成龙更在这一历史性事件中成为中国名片,这一切都使成龙备感民族自豪。由此他发自内心地希望人人都爱国,中国更强大。

三 21世纪后成龙电影的爱国主义民族观

成龙最近几年的华语电影作品较为突出地传达了"中国人"这一新的身份认同所承载的价值观,即爱国主义民族观。按照潘维的解释,以"现代民族"为基础的国家才是民族国家。"现代民族"这个政治概念不同于"传统民族",前者指的是"国家行政疆界内的所有人民",比如,中华民族、美利坚民族、德意志民族;而后者指的是现代民族内部依照人种、宗教、文化、语言、天然地理界线等元素而划分的民族。经历了20世纪的浴血奋战之后,中华民族才建立了今天的现代民族国家,这也是中华民族终极的安全保障。因此,对于中华民族来说,"爱国主义就是爱我们中国……只要自认是中华民族的一分子,爱国主义是天经地义的核心价值观"[①]。

---

① 潘维:《论现代社会的核心价值观》,《电影艺术》2007年第3期。

◊ 建构"英雄"传奇

值得注意的是,爱国主义和民族主义堪称民族观的一体两面,两者关系密切却并不相同。《牛津英语词典》把 nationalism(民族主义)定义为"an extreme form of patriotism marked by a feeling of superiority over other countries"(一种极端的爱国主义形式,以民族优越感为标志)。由于这两个概念时常被混淆,所以潘维后来又进一步对爱国主义和民族主义加以辨析,爱国主义是"以爱家乡为基础的高尚情感,层层扩展,扩展到热爱国家疆界内的社会共同体";而一旦爱国主义中混入对他国社会共同体的歧视,同意为本国利益牺牲他国利益,就成了民族主义。也就是说,爱国主义是内向的、防御性的;而民族主义是外向的、进攻性的。[①]

以沈大伟(David Shambaugh)为代表的西方学者认为,二元化身份认同存在于中国社会的深层集体无意识之中。一种是根植于历史耻辱的排外主义身份,其根源在于从鸦片战争直到二战的屈辱历史;另一种是伴随着经济全球化和中国融入国际社会而形成的世界主义身份,中国的自信民族主义更具爱国主义性质而非民族主义性质,其根源在于中国现在取得的成就和对未来的谦逊,在于中国的国际角色,比如大国地位、安理会常任理事国、全球经济增长引擎、自身的经济社会巨变、对和平解决国际热点问题的贡献、对国际秩序的支持作用等。[②]

这种二元化身份认同所形成的民族观在成龙影片《十二生肖》中得到了极佳例证。《十二生肖》是成龙自导自演的动作冒险类电影。正如影片的另外一个名字《飞鹰计划3:成龙传奇》所提示,成龙在此片中延续了《龙兄虎弟》《飞鹰计划》中的侠盗角色。影片中,为领取国际文物贩子劳伦斯开出的巨额奖金,以杰克(成龙饰)为首的盗宝集团四处寻找圆明园十二生肖中失散的最后四个兽首。他们逐一化解了寻宝过程中的一系列惊险局面。在此过程中,志愿者 CoCo 和

[①] 《潘维:别把爱国与民族主义混为一谈》,http://opinion.huanqiu.com/1152/2015-04/6178744.html。

[②] 陈岳:《北京奥运会与民族主义:理性的呼唤》,《现代国际关系》2008 年第 11 期。

关教授等人的爱国情怀感化了杰克等人，使杰克在最后关头放弃了金钱，转而全力挽救差点被销毁的国宝，最终将寻回的兽首文物归还中国。

从《龙少爷》《龙兄虎弟》《飞鹰计划》《醉拳2》《神话》到《十二生肖》，保护/寻回文物/财宝是成龙电影三十余年中的一个常见的叙事动机。在《龙少爷》《醉拳2》《神话》中，成龙的角色是文物的保护者，把它们从不义之人的手中抢夺回来完璧归赵。而在《龙兄虎弟》《飞鹰计划》《十二生肖》中，亚洲飞鹰杰克变身为文物/财宝的寻获者，虽然他有足够的能力寻找到目标文物/财宝，但是没有一次真正拿到过这些不义之财：《龙兄虎弟》中的"上帝武装"被埋在炸毁的山洞里，《飞鹰计划》中的数吨黄金被湮没于大漠黄沙中，而《十二生肖》里的全部黄金沉没于公海海底。因此财宝的叙事功能只是让成龙角色踏上冒险之旅，为其展示个人英雄本领提供舞台。影片突出的是主角如何克服重重困难确立了英雄的地位。至于财宝，只是"英雄之所以为英雄"的注脚，所以上述影片最后都以传统中国文化的"君子轻利"的价值观处置了不义之财。

如果说三部影片中的亚洲飞鹰都是出于资本主义个人目的去寻宝，那么《龙兄虎弟》和《飞鹰计划》的结局主要传递了"不义之财不得也罢"的东方式的价值观，而《十二生肖》则格外传递了一种明显的爱国主义价值观。《十二生肖》一开始就交代了八国联军入侵烧抢圆明园的背景，十二生肖铜首就此被抢走。一百多年后，这些流落海外的文物一件件被高价拍卖。CoCo等文物保护协会的志愿者和关教授等人的爱国热情感染了杰克，最终将这些流落海外的文物追寻回祖国。影片内含的逻辑是，我们曾经因为落后而任人宰割，被人掠走珍宝财富，而今我们已经不再是历史上那个弱小落后的旧中国，我们应该，也一定有能力把本属于我们的东西拿回来。在祖国国力强盛、国际地位提升的大背景之下，追寻国宝的过程也正是民族扬眉吐气的过程。这种叙事设置迎合了中华民族心理深处的"二元身份认同"，无疑维护了民族尊严,不仅激发了华人观众的民族热情和民族自信心,而且能够达到激励民心、增强民族凝聚力的传播效果。

恰恰源于爱国主义和民族主义之间极其微妙的转化关系,《十二生肖》也被批评含有类似于"中国不高兴"或者"中国可以说不"的民族主义思维。刘帆严厉批评了影片中的两个情节:"利用文物大盗杰克去抢龙首""笑纳法国人嘉芙莲从已经抵押给银行的资产中偷回的那幅《乾隆秋猎图》",在他看来这些做法是为了"目的正义"而忽略了"程序正义",对此他斥之为"以暴制暴"的强盗逻辑[①]。

如果说影片流露出的民族主义端倪值得警惕,那么宣扬爱国主义价值观却是无错的。实际上,《十二生肖》最为人诟病之处恐怕在于娱乐影片犯了主题先行的说教流弊,比如刘帆就痛斥影片中"粗暴的呵斥说教"是对爱国主义的"庸俗贩售"。影片中的CoCo是文物保护协会的志愿者,是一个热情高涨的爱国主义者,对于中华民族被侵略的历史怀有复杂的民族主义情绪。影片借CoCo之口义正词严地批判了侵华罪行并对杰克等人进行了一段又一段的爱国主义教育。

CoCo这个角色引起了观众热议,尽管有评论认为姚星彤的表演不够娴熟,"让人出戏",但是这种尚嫌稚气的表演恰恰契合了影片中CoCo年轻冲动,一腔爱国热情的角色设置,隐藏于这个角色背后的其实正是为了唤起民众爱国心而振臂高呼的成龙本人。CoCo的说教无论是在杰克等人眼中还是在观众眼中都很幼稚。影片中众人皆以一种躲避、无奈、甚至戏谑的方式对待她的爱国主义宣讲,但是最终正是CoCo纯真的理想主义式的爱国主义情怀打动了这群老于世故却良知未泯的盗宝团伙。

一方面,CoCo的大声疾呼似乎说教意味过于浓厚;另一方面,也正是由于她对于信仰无知无畏式的坚持才能够最终打动JC等人。如果对商业娱乐片的情节设置不过分苛求的话,这种设置也并非完全没有

---

① 刘帆:《皮相爱国主义与伪英雄赞歌——评电影〈十二生肖〉》,《电影艺术》2013年第2期。

依据。只是影片上映的时机恰逢商业社会的价值多元化大潮,当"爱国主义"如此明确地成为一部娱乐片的主题而主角从爱财转为爱国的动机又稍嫌不足时,难免会有观者怀疑其中的爱国主义情怀到底有几分真诚。

实际上,类似于《十二生肖》的以全球市场为目标的成龙电影,虽然在全球票房见高,但是确实也经常被诟病为"缺乏感染力",其原因大概可以从下述两个方面来分析。

其一,为了占据更多的全球市场,成龙影片在价值观上越来越试图呈现出一个大同的乌托邦世界,追求的虽然是普适价值,却往往失之于生命质感。比如,环保是一个关乎个体生存和人类命运的重要话题,成龙影片也经常宣传环保,但是其影片中却并没有试图展示环境遭到破坏之后人类的异化与自然界的悲戚境况或者世界末日状况,因此影片没有提供给观众感受与思考的机会,这就必然造成了某种感同身受体验的匮乏。因此,对于"环保"理念的宣传就失之于简单化,"环保"于是成为一种停留在口头上的缺乏感染力的说教,甚至被批评为卖片的噱头。

可以从下述两个方面来理解这种情况。一方面,大部分成龙电影属于动作冒险类型,这种影片通常强调的是身体、现代化武器、汽车、飞机追逐等奇观体验。这虽然符合大部分此种类型片观众的观影期待,却也造成了此类型影片往往无法深度呈现人类个体的生存境遇及情感体验,是这类影片的通病。另一方面,作为成龙电影的道德范畴的核心特征之一,"仁慈"始终贯穿于其中。他的影片过于"仁慈",因此很少把美好的东西撕碎给观众看。不仅他的角色从来不会真正伤害对手,影片也很少展示其他角色所承受的痛苦、伤害或者苦难,正面角色死亡则更少。因此如果影片中有谁受到折磨,那个人物通常是成龙所扮演的角色。如果故事需要让某个其他角色受伤,影片很少会展示此人受伤的模样,而一般通过其他人讲述的方式来传递叙事信息。比如,在《新警察故事》中,前台女接待收到了炸弹包裹,影片只是通

◇ 建构"英雄"传奇

过爆炸声响、痛苦的尖叫声以及其他人讲述"她被炸掉一只手"来解释她所遭受的伤害与痛苦。

其二，在人物刻画上，成龙影片越来越试图抹掉"区域性"特征，他所扮演的角色也越来越趋向于成为一个本土经验被抽离的空心化的"世界人"。实际上，娱乐产品在试图成为全球化产品的过程中，本土经验如果被抽离，影片必然会丧失震撼人心的力量。本土经验并不仅仅意味着"区域性经验"。无论来自哪里，人类之所以为人类，是因为必然有类似的情感体验与心理经验。《泰坦尼克号》讲述的是欧美本土人的爱情灾难故事，却风靡全世界。一个发生在20世纪初的欧美故事之所以引起不同肤色不同国家观众的共鸣，大概离不开影片深度探讨了爱情、权势、财富、理想、自由及复杂人性等诸多人类共通的体验。经典的艺术作品之所以成为经典，在于能够满足不同背景观众的多角度考察。就像《十二生肖》中大盗转而爱国这一情节被批评"设置突兀"一样，成龙影片往往在复杂人性的探讨上失之于简单化，因而造成了艺术感染力的欠缺。

富有生活旨趣的底层小人物的酸甜苦辣，往往成为成龙电影艺术感染力的重要来源。无论是早期的《警察故事》《A计划》还是最近几年的《宝贝计划》都是这种作品的典范。相比之下，成龙主攻国际市场的大部分影片都缺乏这种生活质感的感染力。

《大兵小将》的成功印证了上述讨论。相对于《十二生肖》，《大兵小将》较为有机地结合了爱国主义/家国情怀与故事内容及角色。《大兵小将》的故事源自成龙1990年前后的一段构思，之后他曾将这个故事讲给很多人听。最终内地导演丁晟写出了剧本，并得到了成龙的认可。影片故事发生在战国时代的公元前227年，卫国军队奔袭梁国时反遭梁国军队伏击，血战之后唯有装死的梁国士兵（成龙饰）和身负重伤的卫国太子（王力宏饰）二人存活。梁兵俘虏了卫将，试图把他带回梁国领赏。将军有着统一诸国的宏图壮志，而小兵只想返回家乡过自己的太平小日子，理念不同的二人不仅争执冲突不断，还在逃亡路上遭遇了一系列险境。最终二人回到梁国时，发现梁国已被秦兵占领，梁兵放了卫将，自己被秦兵射杀。

一方面，《大兵小将》延续了成龙的"底层人物"的影片形象。小兵这个角色沿袭了成龙电影中的底层小人物形象，比如底层警察形象和《宝贝计划》中的善良小贼"人字拖"。他虽然沿袭了底层人物的部分性格特征：生存智慧、善良、乐观、狡黠、执着不认输，却又不同于早先的底层警察形象，不仅没有超人般的一身功夫，也没有多少道德或者责任的包袱，他唯一的人生向往就是回家种好自己的五亩地。

另一方面，此片又突破了成龙影片以往对于香港市民的世俗价值观的依赖。片中对小兵的性格刻画使其更加贴近中国普通百姓，而相对远离了竞争残酷、力争上游的资本主义都市生活。小兵为了求生可以假装胸口被射入箭镞体现了农民式的朴素生存智慧，他对于"五亩良田油菜花"的无限憧憬又贴切传达了中国普通百姓"老婆孩子热炕头"的朴实生活理想。这种设计背离了成龙影片之前的港人形象，而是刻意突出了一个最普通的"中国式老百姓"形象，更能引发中国普通百姓的共鸣，"是一个功夫化的内地底层草根，无论其性格还是立场，和深受内地低收入阶层喜爱的赵本山所塑造的底层人物更为接近"[①]。

影片大部分以成龙所扮演的小兵的视点展开，毫无疑问的是，小兵所持的立场是影片所认同的价值观。在小兵和太子的对立矛盾冲突关系中，小兵想要抓住太子换良田，然后去过平淡美满的家庭生活，太子当然不甘心束手就擒，戎马征战统一天下才是他的抱负所在。前者不理解后者，而后者也看不起前者。有趣的是，他们谁也没有试图说服对方，基本上都在各说各话。

大概因为胸怀天下的太子通常才是内地观众所习惯的历史主角，

[①] 何兵：《当小草根遭遇大历史——评"中国"电影〈大兵小将〉》，《电影艺术》2010年第3期。

◊ 建构"英雄"传奇

影片对小兵的形象建构采用了先抑后扬的方式。小兵开场时装死求生的做法为人不屑,而且在太子心怀天下的宏大抱负对照之下,小兵一开始就坦承的并从未改变的人生追求实在过于平庸。实际上,土地意味着家园,对大地之母的眷恋传达了人类对生命、繁殖的本能向望。对于土地、家庭的追求属于普适价值的范畴。随着剧情的发展,越发揭示了小兵看似渺小的追求其实弥足珍贵。尤其当太子不得不痛苦目睹弟弟被蛮族杀死时,大人物的历史使命在"亲情"这个永恒价值面前被异常含蓄地批评了,而小兵所追求的家园梦——也就是影片对于"家"的价值强调——在此就统一起了贵族间的手足相残和小兵的安居乐业梦想这两条主要线索。

片尾高潮处,这个伟大的小兵最终没能实现他的家园梦。虽然他曾经数次躲过死亡厄运,最后却在距离家乡咫尺之遥的地方被另外一个国家的军队射死在河边。乱世人命贱如蝼蚁,影片以小兵之死祭奠了真正重要的和平与家园梦想。创作者在此处的短短陈词中,也终于明确表达了之前含蓄隐约的价值立场:无论历史大人物的动机多么正当,战争永远是大部分人的噩梦。小兵所抱有的家园梦想是最值得珍视的价值,实现安居乐业的朴素愿望既是中国老百姓的也是世界人民的通约价值。

《大兵小将》在遵从对"和平""家园""亲情"这些普适价值观念之上,以令国人亲近的小兵形象贴切讲述了中国老百姓的朴素愿望,让内地影评人精神为之一振。

首先,成龙在本片中奉献了可圈可点的表演。虽然成龙担纲主演,但是动作戏的场面较以往少了很多,文戏与武戏的分配较为平衡,"令观众看到成龙内心戏的功力……今后,大家会说他是演技派"[1]。

其次,评论认为影片的深层叙事既超越了香港草根叙事传统,也超越了内地宏大历史叙事传统,内地宏大历史议题与香港草根世俗立

---

[1] 《〈大兵小将〉:成龙内心戏有力量》,http://cd.qq.com/a/20100301/002812.htm.

场在此片中实现了前所未有的互相融合、平等展示及同生共存。《大兵小将》的故事构想源自成龙,而熟谙内地传统的电影人丁晟在影片中成功缝合了香港类型特征与内地价值观念。影片因此被看成是"香港回归之后两地通力合作所制作出的一部崭新的'中国'电影"。虽然"成龙电影"这一标签,早在很多年前就已经超越香港文化,"成为了代表'中国'、'华人'文化特征的国际品牌",但是直到《大兵小将》,"成龙电影""才真正兼顾到香港与内地的叙事与文化传统,才真正开始了对'中国'、'华人'这个大文化圈的代表"①。

无论这部影片中是成龙主动吸纳了内地传统,还是内地同化了成龙,格外需要注意的是,相对于纯粹接受西式教育的香港同行,成龙本人的儒家教育根基可能使他更易于接受虽相异却同源的内地文化与美学。

如果说《大兵小将》传达了普通中国老百姓对于和平和家园的朴素向往,那么成龙2015年的贺岁影片《天将雄师》则凭借一个国际题材的故事传达了"中国崛起"后的中国主体自信。此片虽然还是采取内地与香港合拍的形式,却被认为是"一部典型的香港风格的古装动作片",只不过成功地把香港古装动作片转化为与时下的国家战略相呼应的商业大片。

不同于《大兵小将》的较小投资规模,《天将雄师》恢复了成龙影片"大制作"的特征,由成龙和约翰·库萨克、阿德里安·布洛迪等国际一线影星联合主演,影片厚重的史诗格局"被认为是近些年最具国际范儿的国产大片"②。影片讲述的是西汉汉元帝年间的故事,成龙饰演的西域都护府大都护霍安遭奸人陷害,被刺配至雁门关修城。就在此时,罗马将军卢魁斯护卫遭到哥哥迫害的罗马小王子逃命至雁

---

① 何兵:《当小草根遭遇大历史——评"中国"电影〈大兵小将〉》,《电影艺术》2010年第3期。
② 张慧瑜:《从"雄师"和"战狼"看新的中国故事》,http://www.nfcmag.com/article/5611.html。

建构"英雄"传奇

门关。双雄在西域戈壁相遇,从开始的兵戎相见到惺惺相惜,最终化敌为友共筑雁门关。一日,霍安在为洗清自己冤屈四处追查时,无意间撞破了自己的好兄弟殷破与罗马大王子提比斯不可告人的秘密。与此同时,提比斯为追杀卢魁斯与小王子一行人也亲自带兵赶来西域。为保护小王子和西域诸国的安危,霍安与卢魁斯联手与提比斯在戈壁大漠展开了一场大战。

在《天将雄师》中,成龙变身为西域大都护,充当了东西方政治和商贸调停人的角色。相对于成龙香港警察和国际警察的角色,西域大都护无疑是一个印有更多中国传统文明形态的身份。实际上,与《神话》中的双重身份类似,此片中的霍安也拥有双重身份。一方面他是个匈奴孤儿,被汉代名将霍去病收养;另一方面他又被朝廷任命主管西域都护府,代表着中原王朝管理地方事务。影片中霍去病不再是武力驱逐匈奴的象征符号,而是变成了和平的守护神,他去世后留下的铠甲成为影片中的和平图腾。霍安继承了霍去病的精神,协力维护西域 36 国的和平安定。所以关于中华文明内部各族群的关系,影片展现的不再是少数民族与中原军民之间的战争历史,而是以汉朝为主、多民族和谐共存的故事。

影片的国际化视野在于,设置罗马贵族内斗的线索,让中国与罗马在中国西部边陲相遇并进行平等对话。借助于成龙所使用的港味英语,霍安与罗马大将军进行了平等对话,这也隐喻了中西文明的平等关系。这就一改百余年来中国在艺术作品中"弱势民族"的悲情形象。在中西双方的交流中,霍安用中国的和平理念来劝说罗马内部你死我活的战争逻辑。而在中西合作协力修筑雁门关新城的过程中,西方的科学知识也被中国人学习利用。因此,共筑雁门关的过程也隐喻着中西关系更是一种协作关系而非对抗关系。

在《天将雄师》中,中华民族与外族之间友好合作,以共同放弃战争来实现中西和平,恰恰契合了当下历史格局的变化。自 2008 年奥运会象征着中国和平崛起之后,2013 年以来中国又提出了建设"新丝绸之路经济带"和"21世纪海上丝绸之路"(即"一带一路")的战略构想,这一切都显示出已经成为世界第二大经济体的中国将更加主动地参与世界经贸体系的重构。《天将雄师》敏锐地捕捉到这种历史潮流,展现了中华文明对多元文化的包容与尊重,以文化自觉和文化自信的姿态向外部世界传递了中国的和平决心。

就《天将雄师》接受采访时,成龙说了这么一段话,"花木兰本是中国故事,为什么外国人拍的《花木兰》全世界都知道?不可否认,人家电影的影响力比我们强,很多美国片里都有大大的美国国旗,宣传他们的大美国主义,我们为什么不能用电影把我们中国的影响力发扬出去?……有人说成龙是'中国名片',我很开心,但压力也很大,我背负了很大的责任。我要做的是,用我影响力,把外国人拉到中国拍戏,替我们把中国文化、中国的发展传扬出去"[①]。从中可以清楚感受到成龙作为中国电影人的责任感和使命感。

在21世纪的前十年,成龙凭借自己影片的全球影响力成为中华文化代言人。CEPA十年之后,在华语电影蓬勃发展的工业环境及中国崛起的历史大语境中,成龙通过《天将雄师》又一次找到了适合自己的位置。在影片内,他扮演了中华文明的代言人,成为交汇中西文明的角色。成龙以自己的电影作品为载体,扩大了中国文化的国际影响力,他本人则成为这种代言的场外注脚。

---

① [新华访谈]《成龙谈国家:说我是"中国名片",我压力很大》,http://news.xinhuanet.com/gangao/2014-12/24/c_1113766554.htm。

第四章

"他者英雄"

——好莱坞电影中的成龙角色

在《尖峰时刻》中，成龙纵身一跃抓住了"好莱坞"的牌子，这是一个极为刻意的设计，也是象征性的一幕——成龙终于实现了他的美国梦（图4.1）。从此片开始，成龙主演了一系列好莱坞主流商业电影，主要包括《尖峰时刻》三部曲系列、《上海正午》、《上海骑士》、《燕尾服》、《环游世界八十天》、《功夫之王》、《邻家特工》、《功夫梦》。虽然票房有高有低，口碑褒贬不一，但是成龙凭借《尖峰时刻3》的2000万美元片酬成为好莱坞"两千万美元俱乐部"的成员。"两千万美元俱乐部"身份象征着一流国际电影明星的地位，不仅是对明星商业价值的肯定，更是对明星综合价值的肯定。

图4.1 《尖峰时刻》成龙抓住了"好莱坞"的牌子

成龙虽然成了家喻户晓的国际明星，但是评论界普遍认为其好莱坞电影比不上其香港电影。主要批评在于以下三个方面。

首先，成龙招牌式的身体奇观，尤其"高难度特技"，在其好莱坞影片中难度大幅降低。比如罗贵祥认为，尽管成龙的好莱坞影片通过电影摄影技术放大保留了成龙的杂耍技巧和编排良好的武打动作，但是他向死亡挑战式的奇观特技已经被大幅收敛了，并以《尖峰时刻》为例证明成龙的好莱坞电影特技"没有香港电影中那么异乎寻常"[1]。

其次，成龙在好莱坞电影中的次等位置的男性特质（尤其性状况）是学术界研究的热点。典型观点是成龙在白人主宰的美国社会中处于次等地位，而且他没有能力"得到"一个白种女人[2]。国内学者也不无遗憾地认为，成龙虽然是闯荡好莱坞的最成功的华人影星，但是在好莱坞影片中"扮演的也不过是次于西方白人的人物形象"[3]。

最后，在好莱坞影片中，成龙并不代表西方主流的男性英雄形象，成为西方文化中的"他者"。虽然他的角色依然善良、正直，但是却往往被建构为一个木讷、顺从、无知、不被尊重的人，甚至被女性化，他无法像自己的香港电影那样可以代表完全健康的主流形象。正如蔡伟杰对成龙的好莱坞角色所做的判断，"尽管成龙可以表演令人印象深刻的特技，然而由于他扮演青少年、无性并且只能说破碎的英语，在男性表征的主流美国体系中，他与好莱坞男性英雄，如布鲁斯·威利斯或者梅尔·吉布森，仍然不是同类"[4]。

上述现实把成龙角色从香港电影中富有性吸引力的"主流英雄"

---

[1] Lo Kwai-Cheung, *Chinese Face/Off The Transnational Popular Culture of Hong Kong (Pop Culture and Politics Asia PA)*, New York: University of Illinois, 2005, pp. 141 – 142.

[2] Munib Rezaie, *Neutered Dragon: A Critical Look at the Career of Jackie Chan*, Master Thesis: University of Miami, 2010, p. 9.

[3] 陈林侠：《跨文化背景下东方人参与的"东方主义"——以成龙的好莱坞电影为个案》，《戏剧》2013 年第 1 期。

[4] Choi Wai Kit, "Post-Fordist Production and the Re-appropriation of Hong Kong Masculinity", *Hollywood Masculinities And Hong Kong Cinema*, ed. Laikwan Pang and Day Wong, New York: Hong Kong UP, 2005, p. 210.

变为性道德堪忧的"他者英雄"。但是从跨文化交际的角度来看，成龙在好莱坞所获得的成功具有重大意义。首先，虽然成龙的好莱坞形象经常与好莱坞早期银幕上的亚洲男人刻板形象相联系，被批评为刻板印象，但是相对于傅满洲、查理陈等银幕形象已经是进步。其次，相对于总体仍然被边缘化的其他华人影星，比如主要扮演冷酷神秘帮凶、打手的李连杰、周润发等男影星和性感而危险的巩俐、章子怡、张静初等女影星，成龙所扮演的主流角色是对好莱坞银幕华人形象的重大修正。再者，成龙银幕角色所传达的东方特有价值观，比如低调、与人为善的特征，一定程度上调整了西方社会长期以来的对东方的偏狭期待。

　　本章将深入探析成龙好莱坞电影中的上述特征及意义，什么因素限制了成龙的身体奇观表演？成龙如何应对这些限制因素？成龙的好莱坞角色究竟呈现了什么样的男性特质使之成为被异化的"他者"英雄？从跨文化交际的角度来看，成龙好莱坞电影如何传达了积极意义？

第一节　被压制的动作奇观

　　成龙的好莱坞影片尽管在北美地区取得了巨大的商业成功，由于动作编排精彩程度的下降及难度的降低，这些影片受到了批评。《尖峰时刻2》《燕尾服》《上海骑士》中的打斗动作场面都不如成龙香港影片激烈[①]。如第二章所说，蔚为壮观的身体奇观是成龙香港影片中的主要特征。但是在成龙的好莱坞电影中，身体奇观更多呈现为喜剧身体表演。虽然仍然存在一些高难度特技，但是"挑战死亡式"的危险特技大幅减少，无法与成龙之前香港电影中的同类特技相提并论。高难度特技的明显减少，比如嘉禾电影中常见的动作奇观在《尖峰时刻》（1998）和《上海骑士》（2003）中的明显缺席，让研究者认为

---

① Roger Ebert, *The Tuxedo Review*, https://www.rogerebert.com/reviews/the-tuxedo-2002.

"成龙的好莱坞电影显著不同于他的香港电影"①。

本文认为，这既涉及香港电影业与好莱坞电影业生产运行方式的差异，又涉及两地电影特技人职业素养的差异，还关系到成龙在两地电影业结构里的权力差异。

一 好莱坞的工业政策

在《奇观身体——性别、类型与动作电影》中，伊冯·塔斯克把好莱坞动作英雄分为明星、表演者和演员三个类别，每个类别都承担着"男性及艺术身份的显著不同的内涵"。明星是健美运动员类型，是实际及隐喻意义上的有英雄/传奇色彩的文化呈现，施瓦辛格和史泰龙是最典型例子。表演者主要通过展示某类身体技能的能力得到认可，尤其是与武术相关的技能，典型代表是查克·诺里斯、史蒂文·西格尔和尚格云顿。他最后指出，动作电影中似乎没有为"演员"留下多少空间，原因在于，在西方传统中，"好"电影演员的定义主要集中于"持续展示复杂性格的能力"，动作电影一般没有兴趣建构复杂角色。②

史蒂夫·福尔借用了塔斯克的术语来讨论为什么成龙既有别于西格尔和查克·诺里斯这些具有奇观技巧的"表演者"，又不同于施瓦辛格和史泰龙这些具有奇观身体的好莱坞"明星"。他认为成龙挑战了好莱坞动作明星的主流模式，因为他既是"表演者"又是"明星"。此处，福尔解释说"对亚洲观众来说，成龙既是明星又是表演者——部分是因为他是个奇观表演者所以才是个明星"。他宣称成龙在亚洲的动作明星模式并不容易进入美国电影行业的营销美学，所以在《红番区》——为成龙成功打开美国市场的影片——的美国预告片及美国

---

① Lauren Steimer, *Star-Laborers, Body Spectacle, and Flexible Secialization in Global Action Cinema*, Doctor Thesis: New York University, 2010, p. 130.

② Yvonne Tasker, *Spectacular Bodies: Gender, Genre and the Action Cinema*, London: Routledge, 1993, pp. 74–75.

◇建构"英雄"传奇

版本中,成龙似乎完全被定位为"表演者"。这就强调了成龙的体育精神及惊人特技的危险奇观。部分由于美国主流观众相对不那么熟悉成龙,所以才采取强调动作奇观的这种宣传策略①。

劳伦·斯泰默(Lauren Steimer)赞同史蒂夫·福尔的观点,认为很重要的是要认识到成龙在好莱坞动作市场中是一个反常现象②。成龙既是明星又是表演者,而这种地位对于美方制片人来说是最主要的尴尬。美国演员一般不会亲自做特技,虽然他们通常对此并不承认。在大片厂制度之前,演员如果有能力的话经常会自己表演特技。但是一旦演员成了明星,成为某家制片厂签约的知名商品,他们就不再被允许亲自表演特技。在片厂制度的顶峰时期,片厂能够为他们的部分明星投保险,但并不是项目中的所有主要演员都要求签署保险合同。如果有演员在片场受伤,拍摄就得停止直到表演者恢复或者找到其他演员来替代。那时候,明星各自都属于不同的制片厂,事故和制片延期不像今天的影响那么严重。由于好莱坞电影工业在制作和回报上经历了逐年衰退,生产的电影越来越少,而且大多数电影并不能从国内收回成本,所以当代好莱坞动作影片所需要的巨额投资需要保险政策来增加投资回报的可能性。

有鉴于此,劳伦·斯泰默主要考察了好莱坞保险规则对成龙好莱坞电影动作奇观所造成的影响。当代好莱坞电影的融资方式很大程度上依赖于预售、缺口融资和大规模银行贷款。预售的投资者需要市场成绩良好的明星参与项目。缺口融资提供未销售的海外发行权,也需要制作方确保至少一位在海外市场成功的明星参演。电影的主要资金来源于国际银行。由于电影是高风险投资,投资者要求电影提供"完

---

① Steve Fore, "Jackie Chan and the Cultural Dynamics of Global Entertainment", in *Transnational Chinese Cinemas: Identity, Nationhood, Gender*, ed. by Hsiao-peng Lu, University of Hawaii Press, 1997, pp. 252–253.

② Lauren Steimer, *Star-Laborers, Body Spectacle, and Flexible Secialization in Global Action Cinema*, Doctor Thesis: New York University, 2010, p. 134.

第四章 "他者英雄"

片担保"保险和剧组成员保险政策。

所谓"完片担保"也叫完工保险，是电影保险中最特殊的一类，已经成为好莱坞电影制作中很重要的一项制度。投资者在投资一部影片时会面临很多风险，例如编剧、导演及演员能否有效发挥其创造力、电影的宣传发行是否能够顺利推进、影片能否最终收回投资并获取利润等。在这所有风险中投资人和制片人最难以承受的便是一部影片最终无法完成。因为如果一部影片不能完成，那就无法实现任何价值。所以提供完片担保的公司需承担三项责任，一是保证项目能被完成和递交发行，当影片超过预算时，需提供超支资金；二是如果电影项目制片人中途无法或不愿继续项目，由完片担保方接手；三是在最糟的情况下，当完片担保方决定放弃完成电影项目，需要向影片投资方赔偿已经投入的资金。

剧组成员保险通常是一部电影保险最大的花费所在，主要涵盖因演职人员意外去世、受伤、生病或因故不能再参与拍摄而给电影项目造成的额外花费。电影项目中越重要的人，投保费用和获赔额也越高。例如1994年，43岁的好莱坞影星约翰·坎迪（John Candy）在拍摄《恶夜骇客》时因心脏病突发身亡。为其提供保险的消防员基金保险公司支付了高达1500万美元的保险费用。

讽刺的是，让保险公司拒绝为成龙提供保险的恰恰是那些让成龙获得国际票房吸引力的动作奇观。在嘉禾时期，成龙成为盈利明星恰恰是因为他在片场所冒的风险。成龙的困境类似于好莱坞的特技表演者。制片厂不给特技表演者买保险，因此他们要为自己的保险负责。但是，由于成龙还是明星，他的存在对于电影完成及增加投资回报率极为必要，所以在好莱坞项目中他被迫改变自己的表演方式以减少受伤风险。于是成龙在好莱坞影片中再也不能表演香港电影中的高难度特技，因为那会使片厂无法获得完工保险。

除了保险政策之外，美国职业安全与健康管理局的规定也影响了成龙危险特技的表演方式。1970年12月29日，美国职业安全与健康

◊ 建构"英雄"传奇

法案（Occupational Safety and Health Act，OSHA）经时任美国总统理查德·尼克松签署后颁布实施。此法案旨在通过发布和推行工作场所的安全和健康标准，阻止和减少因工作造成的生病、受伤和死亡。不尊重此法案的公司会收到巨额罚款单。好莱坞工会影响力巨大，因此近年来电影行业一直谨慎遵守 OSHA 规定。制片方通常安排一个安全官员来确保与所有 OSHA 规定相符，由此来限制工会投诉。好莱坞的自我监管对于成龙的表演技巧影响至深。

特技表演者被看成是独立的合约工作人员，不是 OSHA 条款下的雇员。制片人不需要保证特技工作人员的安全，但是他们必须为演员支付保险。尽管成龙传统上身兼明星与特技人的双重角色，但是他在片场的行为必须符合 OSHA 的条款，原因在于他是个演员，这样他就被归类为雇员。对于演员和特技人之间的这种区别对待造成的主要结果是，相对于成龙，特技人被允许制造更为活跃的动作奇观表演。

最常适用于成龙工作的规则是"个人防护装备"（PPE）[①] 和"坠落保护"[②]。"个人防护装备"规定要求雇主支付并提供安全设备以消除伤亡风险。这使成龙在很多好莱坞影片中一直不得不使用安全绳索。这些设备保护成龙免受伤害但是大大限制了成龙的运动能力，因此影响了成龙动作奇观的舞蹈特征。成龙数次表达了他对安全规定的懊恼，说"要遵守那么多安全和保险规定……我知道他们想确保我可以安全地做特技，但是有时候即使非常简单的动作，他们也坚持让我使用护具，这就让人恼火了。因为要浪费那么多时间"[③]。

"坠落保护"规定要求对于超过 6 英尺高的跌落需要安装安全杆和限制装置。杰·霍尔本（Jay Holben）在介绍《尖峰时刻》的制作

[①] United States, Department of Labor, Occupational Safety and Health Administration, "Personal Protective Equipment", 29 CFR. 1910, 132.

[②] United States, Department of Labor, Occupational Safety and Health Administration, "Fall Protection", 29 CFR. 1910, 66. App C.

[③] "Hollywood's Insurance Rules Frustrate Daredevil Actor Jackie Chan", *Insurance Journal*, 16 Oct. 2006, http：//www.insurancejournal.com/news/international/2006/10/16/73323.htm.

背景时说,"成龙因为其非凡的特技及敏捷而闻名世界。美国制片公司,对于明星的身体状况一般更为谨小慎微,很少允许主演去表演挑战死亡式的特技。但是成龙继续亲自完成他的大部分特技——额外的妥协是成龙需要一直系着安全绳"①。在成龙香港电影中,许多高难度特技涉及从高处跌落以及房顶上的不稳定位置的大幅移动。在上述限制下,成龙很难表演其香港电影中的招牌高难度特技,所以此类动作奇观在其好莱坞影片中只能大幅减少。

拍摄《尖峰时刻》的一个段落中,成龙打算徒手爬树跳进二楼的距离地面 20 英尺的窗户。几次预演都毫无问题,但是实拍的时候保险公司的职员并不同意这样做。成龙在自传中这么回忆:

> 我爬上第一棵树,才上了一半,就有人大叫,"停!停机!"
> 3 个保险公司的职员在导演身边站成一圈,冲着他嚷嚷。"他不能那样做",他们说,"如果他摔下来受伤了怎么办?"导演试图向他们解释我已经这样做了五六次了,可他们就是不听。
> 他们花了几个小时铺设软物充塞的保护垫,这样,他们可以看着我摔下来,而所有的摄像机都抬高了角度,避免把护垫也拍进去。
> 我并不是说小心谨慎不对,尤其是演员处在性命攸关的时候。但是在香港,我们相信,保护我们的是练习,而不是护垫。②

成龙在好莱坞影片中不得不大幅改变他的动作美学以符合 OSHA 的政策。造成的结果是,不仅挑战死亡式特技的数量减少了,成龙在香港影片中建立了高难动作的"真实性"口碑,在好莱坞影片中也受到了损害。好莱坞影片中成龙必须做足系着安全绳等保护措施,才能符合 OSHA 的政策。虽然通过对电影摄影进行调整可以使保护设施看

---

① Holben Jay, "Feats of Flexibility", *American Cinematographer*(August 2001), pp. 42 – 50.
② 成龙、杰夫·扬:《我是谁——成龙自述》,陆航、陆承艺译,上海人民出版社 1999 年版,第 426 页。

◊ 建构"英雄"传奇

起来不那么明显，但是难免还会令观众对成龙式高难度特技的心理期待产生落差。

除了安全政策之外，与成龙合作的好莱坞特技人也影响了成龙的动作奇观展示。在大多数好莱坞影片中，成龙特技队的队员并不出现在银幕上。成龙虽然会与自己的特技队员一起编排特技，但是出现在影片中的通常并不是成家班队员，而是已经在好莱坞工作了很久的工会特技人。

这些好莱坞特技人或者因为缺乏与成龙合作的默契感，或者因为缺乏成家班队员的京剧训练背景，他们与成龙的合作也改变了成龙影片中"一对多"（OHM）的动作奇观。尤其是击打时机把握的不准确，造成了在《上海骑士》的一个片段中，特技团队的反应速度特别慢。在这个片段中，王冲试图从一群流氓手中救出小查理·卓别林，成龙的表现就受到了特技队员的限制。首先，特技团队的反应时间跟成家班相比慢的不可思议，击打的频次比成龙的嘉禾电影慢多了。其次，他们没有协调地轮流击打成龙，而是同时打他或者一对一跟他打。这就让成龙的OHM的动作奇观失去了"永动技巧"的效果。

二 成龙对好莱坞影片主导权的缺失

除了好莱坞电影行业对于安全及相应保险规则的要求、好莱坞特技人的表现之外，另外一个极其重要的影响因素是成龙对于好莱坞影片并无生产主导权。这一处境完全不同于成龙在香港电影公司中的状况。嘉禾为成龙影片提供了堪称绝对的自主权。与嘉禾签约时，公司向他保证，"只要是我拍摄的电影，他们不会在预算上进行限制。我可以完全按照自己的想法，拍到满意为止。这样短短一句话，确实是作为电影投资公司最大的魄力。我的电影从那时起，就逐渐形成了不惜工本的'坏毛病'"[①]。

[①] 成龙、朱墨：《还没长大就老了》，江苏凤凰文艺出版社2015年版，第161页。

对于自己的香港电影几乎拥有绝对的自主权，令成龙能够追求影片质量的精益求精。成龙对于自己影片的每个环节都追求完美，尤其以对于动作场面精雕细琢的追求闻名于业内。在成龙赖以成名的香港影片中，"动作"是影片核心。成龙认为自己剧本创作的最大特点是"从动作场面出发"，不同于别人"从故事剧情出发"[1]。他与团队在精彩动作的基础上进一步构思剧情。这就使他对动作场面的要求达到了挑剔的程度。成龙对于动作要求的标准是"完美"。比如《A计划》跳钟楼的特技非常危险，但是他为了追求最佳效果前后跳了三次。第二章中也提到他对于一些小动作也要求完美，比如《龙少爷》中为了表现成龙把扇子踢向空中然后单手敏捷地将其握住，成龙一连把这个镜头拍了50多次。对其他演员也是如此要求。所以成龙拥有主导权的影片都会在动作片段上耗费很长时间，比如《醉拳2》10分钟的打戏花了三个半月拍摄[2]。《十二生肖》的每一场打戏都足足拍摄了一个半月。为了《十二生肖》的四个镜头，剧组前往瓦努阿图[3]。这就导致制作一部影片的整体时间偏长。如第一章中所说，在八九十年代，"两三个月"是一部香港电影生产的正常周期，而成龙影片一般一年才能出一部，例如在嘉禾制作的第二部影片《龙少爷》花了近一年时间，"用香港的时间观念来看，这几乎是一辈子了"[4]。

这种自主权因此也是一把双刃剑。由于制作时间增长，制作费用通常也相应增加。成龙影片的制作成本大大超出了当时香港电影的平均制作成本，"在香港，一部影片的预算通常在几十万美元到一百万美元出头之间，一个明星经常要同时拍摄好几部影片，影片的制作周期短而且快，成龙的影片一直都是例外。他的制作预算是最高的，而

---

[1] 成龙、朱墨：《还没长大就老了》，江苏凤凰文艺出版社2015年版，第162页。
[2] 成龙、朱墨：《还没长大就老了》，江苏凤凰文艺出版社2015年版，第153页。
[3] 成龙、朱墨：《还没长大就老了》，江苏凤凰文艺出版社2015年版，第2页。
[4] 成龙、杰夫·扬：《我是谁——成龙自述》，陆航、陆承艺译，上海人民出版社1999年版，第379页。

◇ 建构"英雄"传奇

且高出很多；他的摄制日程安排与许多好莱坞大制作相比堪称奢侈，据报道，成龙每部影片赚 500 万美元。他得到这些额外待遇完全是因为他的电影被认为是票房大片，不光在香港如此，他的主要观众在东亚，但是从中东到拉丁美洲的观众都知道他的影片"①。

虽然嘉禾不太限制成龙电影的预算，但是其制作成本不仅超出香港电影的平均制作成本，而且数额之巨大令嘉禾管理层及外界惊诧。成龙电影成本屡屡创下华语电影的记录，预算超支的新闻屡屡见诸报端：《龙兄虎弟》（1986）投资高达 1.2 亿港元；《飞鹰计划》（1991）不但是香港历来制作成本最高的电影（据报道达到 1300 万美元），"摄制的时间也最长，用了将近两年才大功告成"②；《一个好人》的制作成本超过了 2 亿港元；《特务迷城》以 2 亿港元的耗资成为香港电影史上最庞大的制作。为使《新警察故事》（2004）效果更加理想，成龙不断加重动作戏份而严重超支近 2000 万港元。2015 年的《天将雄师》制作成本也高达 4 亿元人民币。

实际上，对于动辄投资上亿元的大片拥有如此高度的自主权，成龙不仅是香港电影行业中的唯一，可能也是中外电影史上的罕见特例。固然，一方面这要归功于嘉禾公司所给予成龙的信任及财务和创作自由，但是另一方面，也是由于成龙对于电影项目的全身心投入。他对于影片项目从头到尾的高参与度及家庭式管理方式可能也是电影史上的特例。

在其香港电影及华语电影制作中，成龙事无巨细地高度参与整个项目的生产过程，采用的是熟练的家庭式管理方式。他追求"成龙式的拍戏方式"，自言"每一部戏我都是这样，什么都管"③。这种"家

---

① Steve Fore, "Jackie Chan and the Cultural Dynamics of Global Entertainment", in *Transnational Chinese Cinemas: Identity, Nationhood, Gender*, ed. by Hsiao-peng Lu, University of Hawaii Press, 1997, p. 242.
② 闻过：《并非只是打出来的巨星》，《电影评介》1993 年第 11 期。
③ 《成龙：我在哪，哪就是成龙剧组》，http://www.jfdaily.com/wenyu/bw/201502/t20150208_1225584.html.

庭式的管理方式"是成龙影片生产方式的最大特征。有评论把这一特征与成龙早年在中国戏剧学院的生活生产方式相联系①。最能够说明这一特征的是成龙因为电影《十二生肖》所获得的一项吉尼斯世界纪录。由于他在此片中身兼出品人、监制、导演、主演、编剧、武术指导、摄影、美术指导、场务经理、生活制片、灯光、音乐、道具、替身和主题曲演唱这十五项职务,所以获得了"一部影片中身兼职务最多的电影人"这一吉尼斯世界纪录。在其香港影片及华语影片中,成龙一直全方位参与剧组事务,他的"家长权威"是这种管理方式的重要特征。比如虽然他并不是《天将雄师》的导演,但是在《天将雄师》的制作专辑中,可以看到"(成龙)不仅耐心指导演员们的武术动作和表演细节,还事必躬亲的关心剧组每个人的衣食住行。帮助抬举摇臂、分发食物和饮料、派发红包简直就是'小儿科'"②。

相对于成龙在其香港影片中的"家庭式的管理方式"和绝对主导权,成龙好莱坞影片则是美国电影行业成熟工业化体系的产品。在成龙所主导控制的香港影片生产中,固然有职务分工,但是也鼓励大家主动承担更多的现场工作,会以成龙等负责人的现场命令为准。这种工作方式较为灵活,是成龙最喜欢的方式。在好莱坞的工作方式则不相同。部分由于行业工会的压力,好莱坞不得不为职工创造更多的就业机会,"流水线生产其实是把一项工作加以细化,比如布景和道具本来可以一人完成,但好莱坞却把工作分配给两人甚至更多人去做"③。因此,相比之下,好莱坞的电影片场分工明确,不同的岗位权责分明,人人各司其职。

成龙熟悉并尊重好莱坞的工作方式。他曾经多次比较美国的电影行业如何不同于香港电影行业。在香港,"现场有什么活要干,大家

---

① 《大哥很忙》,http://www.nfpeople.com/story_view.php?id=4020.
② 《〈天将雄师〉曝成龙特辑 十种神功打造剧组》,http://yule.sohu.com/20141124/n406326791.shtml.
③ 何建平:《好莱坞电影机制研究》,上海三联书店2006年版,第63页。

◇建构"英雄"传奇

都习惯了第一时间冲上去,也不太去管什么分工不分工,活在手边就直接做了。比如我说,把那个龙头搬开,管道具的不一定在旁边,那成家班的人在,他们就会冲过去搬开。我自己也是这种工作方式,手边有什么活经常随手就做了,而且我也喜欢这样的工作方式"①。在其好莱坞片场则完全不同,"美国就不同了,导演说,把那个东西搬开,场工就会答应:'好,来了'就慢悠悠的走过来,他们永远不会用跑的(方式)。按照美国的工会条例,如果你要人家做这个事情,还要让人家跑着做,那如果人家摔伤了就是你的责任,你就要赔钱"②。

成龙在自传中对《尖峰时刻》片场的描述印证了两种工作方式的巨大差异:

> 我有一间租来的漂亮公寓,在片场还有一部豪华拖车、一个私人教练和一辆随时等候的轿车,甚至连我的特技演员们也有私人房间。在香港拍片时,我们挤在一起,共享一切,同吃一口大锅里的饭。我打点一切并且做我想做的一切——我是导演、制片、摄影、道具,还兼做看门人,做任何事情。而在这里,除了表演以外,他们不让我做其他事情,甚至不愿让我待在片场里,这样他们可以检测灯光。当我在片场时,他们有一个临时演员跟我一样高,肤色相同,穿着和我一样的服装。
>
> ……片中的对白似乎永远没有尽头,武戏收场却很快。我们花10天的时间拍摄对白戏,只有两天拍武戏;而在香港,我们用20天拍动作戏,两天留给对白。③

华谊兄弟传媒集团的执行总裁王中磊也曾经对比过成龙团队的

---

① 成龙、朱墨:《还没长大就老了》,江苏凤凰文艺出版社2015年版,第149—151页。
② 成龙、朱墨:《还没长大就老了》,江苏凤凰文艺出版社2015年版,第151页。
③ 成龙、杰夫·扬:《我是谁——成龙自述》,陆航、陆承艺译,上海人民出版社1999年版,第425—426页。

"家长气息浓郁的管理方式"和好莱坞大制作的严谨管理方式的迥异。他以现场执行制片人的工作为例说明好莱坞的严谨,"现场执行制片人不管多晚收工,(每天)都会传一张单子给联合制片人。说今天早上发的通告是什么,晚上完成了百分之多少,哪场戏没拍,没拍的原因是删掉了、改天拍还是天气问题。最后还有一个综合的告知,觉得现在是一级红色信号,补拍这场戏可能会造成别的延缓,或者是绿灯,他觉得是可控的",在他看来,好莱坞的工作方式严谨但是不够灵活,可能会由于官僚化造成额外经济耗费。成龙的团队相对来说既有家庭管理式的秩序又较为灵活,比如《十二生肖》中成龙的角色本来要去跳最高的迪拜塔,但是中途《碟中谍4》的类似片段打乱了计划。既然没办法超过《碟中谍4》,那成龙团队就转而去跳火山了。这种重大改动涉及整个项目的很多方面,如果发生在好莱坞项目中必须经过层层审批才能最后做出决定。但是在成龙团队中,"家庭式的管理方式"中的信任关系大幅降低了这种交流沟通的成本①。

好莱坞的生产管理方式对于成龙好莱坞影片中的动作奇观表演也造成了重大影响。一方面,好莱坞主流商业影片有较为稳定的融资及生产方式,会按部就班严格按照设置流程及预算计划进行影片摄制。成龙坦言"由于牵涉到财务计算方面的专业,美国电影不会因为追求更好的效果而多拍一个礼拜"②,这对于"不限工本"追求完美动作场面的成龙来说是极大的限制。以上文提到的《上海骑士》中的打斗片段为例,如果有更充裕的拍摄时间,成龙恐怕不会满足于现有的表演片段。

另一方面,成龙在好莱坞影片中主要身份是明星,然后是动作导演,而非导演或制片人,因此并没有影片的最终决定权。如果说安全政策主要的效果在于限制了成龙特技的危险程度,那么成龙对影片主导权的减少则无法把观众的注意力聚焦在成龙身上。在成龙的香港影

---

① 《大哥很忙》,http://www.nfpeople.com/story_view.php?id=4020.
② 成龙、朱墨:《还没长大就老了》,江苏凤凰文艺出版社2015年版,第153页。

◇ 建构"英雄"传奇

片中，成龙绝对是观众注意力的中心。其好莱坞影片却并不总是如此。比如第二章中提到的成龙对高难度特技的常见的拍摄及剪辑方式，就是把一个镜头从三个角度拍摄连放三次的做法，在《红番区》《我是谁》等影片中都出现过。这种影像方式不仅强调了动作的真实性与危险性，更主要的是显示了成龙作为演员敢于拼搏的无畏精神，从而突出成龙的英雄形象。这种影像方式在好莱坞影片《燕尾服》中也用到了一次，问题的关键在于这个镜头所呈现的并不是成龙扮演的英雄角色，而是片中主要反派角色摔死的特写镜头。由于这种剪辑方式关涉到成龙影片的一个重要传统，加上成龙仍然是其好莱坞影片中最重要的动作明星，所以这个镜头的处理方式并不符合成龙电影的惯例，甚至可以说是影片的一个失误。由此推论，如果成龙本人能够控制此片的导演或者剪辑工作，恐怕反派角色摔死的镜头不会以现存的方式呈现。

成龙不仅明显注意到这两种生产方式的不同之处，而且多次提到不适应好莱坞的工作方式。比如他坦承自己拍摄华语电影的部分原因在于自己可以拥有绝对控制权，"在中国我有控制权，但是在拍美国电影时，他们控制我，所以我才执导了自己最新的影片《十二生肖》"①。

三　成龙在好莱坞影片中的弥补及调整措施

为了获得再现权力，少数族裔往往不得不与强势主流文化周旋、协商甚至妥协。成龙也在力所能及的范围内主动做了一些弥补性调整，以适应好莱坞的生产管理方式。首先，对于各司其职的好莱坞片场管理方式，成龙学会适应及尊重，"我是来演戏的，就乖乖当个演员"②。其次，针对安全政策所带来的局限，主要通过特效及调整电影摄影以使保护设施看起来不那么明显。最后，对于好莱坞特技人不娴熟的配合，最常用的技巧是使用较多的花哨道具来吸引观众的注意力，以便

---

① Jackie Chan, http://www.bjtonline.com/business-jet-news/jackie-chan.
② 成龙、朱墨:《还没长大就老了》，江苏凤凰文艺出版社2015年版，第149页。

让成龙成为动作场面的关注焦点。

劳伦·斯泰默认为,虽然日常道具当武器是成龙港片的一个常见元素,但是成龙在好莱坞电影中过度使用了这个技巧①。《上海骑士》中的特技队员签署的是私有合同,他们自付保险,所以成龙可以让他们弹到空中并被飞来物体砸中。成龙本人却只能使用道具并轻微跌落。为了让自己成为动作奇观中的焦点,成龙在场面调度中格外注意对道具的控制,他让道具保持流动性,特技人的身体于是成了道具的目标或者成龙喜剧性打斗创意的来源。在《上海骑士》的追逐片段中,成龙翻转桌子,用雨伞攻击他的敌手,让特技人在空中旋转。在斯泰默看来,成龙之所以在此处编排了模仿《雨中舞》经典片段的舞蹈,原因正在于成龙之前的运动方式受到了限制。虽然这个说法尚需证实,但是这种推理也并非全无道理。成龙在好莱坞影片中采取的上述弥补性调整手段虽然并不充分,却也在一定程度上减少了好莱坞安全政策及好莱坞特技人对自己动作奇观造成的消极影响。

第二节 无性的龙:刻板的亚裔男人形象

《新牛津英汉双解大词典》把"刻板印象"(stereotype)定义为"关于某类人或某类事物的一种被广泛认可但是固定且过分简单化的形象或观点"②。尽管刻板形象有时有助于人们了解其他人或群体的一些显著特征,但通常都因其过分简化,影响到人们对其他人或群体进行全面客观的认识,"而种族刻板形象更是故意夸大或简化了某一种族外貌、个性和行为上的某些特性,致使人们产生偏见"③。

---

① Lauren Steimer, *Star-Laborers, Body Spectacle, and Flexible Secialization in Global Action Cinema*, Doctor Thesis: New York University, 2010, p.142.
② 《新牛津英汉双解大词典》第2版,上海外语教育出版社2013年版,第2154页。
③ 卢婧洁:《〈甘加丁公路〉:解构美国电影中的华人刻板形象》,《当代外国文学》2003年第3期。

◊ 建构"英雄"传奇

种族主义的亚裔男人刻板印象一直存在于美国电影中。好莱坞影片中的亚裔少数种族角色总是被归入消极、无性的人物类别,"这一类别不仅不会对白人英雄造成威胁而且确认了白人英雄的性统治"①。蔡伟杰指出了美国银幕上两种类型的亚洲男人刻板形象,第一种是邪恶的傅满洲,"他能够迷惑倒霉的受害者,尤其是白人妇女",对他的刻画显示出"对亚洲男人性侵略的焦虑……从陈查理到近期的愚蠢的亚洲工程师等无数被动的、无性的亚洲男性角色是典型例子,例证了规训或者干脆阉割亚洲男人的这种需要";第二种常见的刻板印象是"无能的亚洲男性人物",他们渴望白人女性,就像影片《十六只蜡烛》中的 Long Duk Dong"②。

美籍华裔作家赵健秀是一名较为激进的文化民族主义者,他参与主编的《唉咿!亚裔美国作家文集》(1974)在美国亚裔文学中具有划时代意义。《唉咿!亚裔美国作家文集》的前言堪称"亚裔文化民族主义的宣言"③。在前言中,美国白人社会主观臆断的东方主义式的华人刻板形象,被依照具体功能划分为"种族主义之恨"与"种族主义之爱"这两种类型。前者反映了种族主义者对华人"黄祸"的恐慌,害怕华人移民会威胁并颠覆白人的统治地位,警告美国人小心这群来自神秘东方的异族,试图将华人群体孤立于美国主流社会之外。邪恶狡诈的"傅满洲"就是"种族主义之恨"这类刻板形象的代表。后者,鉴于美国社会中激进的黑白种族纷争,不甚激进的华人群体成为种族主义者拉拢的对象,华人从潜在的"敌人"被转化为"仆人",由此成了"美国良民"的刻板形象,试图将华人蜕变成一个驯服于美

---

① Kwai-Cheung Lo, "Double Negations: Hong Kong Cultural Identity in Hollywood's Transnational Representations", *Cultural Studies*, 15.3/4 (July/October 2001), p.475.
② Wai Kit Choi, "Post-Fordist Production and the Re-appropriation of Hong Kong Masculinity in Hollywood", *Masculinities And Hong Kong Cinema*, Ed. by Laikwan Pang and Day Wong, New York: Hong Kong UP, 2005, p.209.
③ 卢婧洁:《〈甘加丁公路〉:解构美国电影中的华人刻板形象》,《当代外国文学》2003年第3期。

国主流社会的次等族裔。华裔侦探陈查理是"种族主义之爱"这一类型的典范。

为了分析成龙与好莱坞电影中的亚洲男性刻板形象典型人物陈查理之间的相似之处,罗贵祥首先分析了陈查理这一角色。让族裔差异和种族刻板印象互相对抗,这在好莱坞电影中历史悠久,1930年代开始的陈查理系列影片就是典型例证。少数族裔侦探类型的影片总被放置于喜剧形式之内。通过喜剧形式,陈查理这个亚洲男性刻板印象被刻画成一个品德高尚、成熟、理性、善于破案的人,但是同时他的亚洲特征(如说话、穿衣和外貌)也被喜剧化地保存了。陈查理既能通过在所有嫌疑犯面前重演暴力行为来确认谁是谋杀犯,同时又因为他被重写的种族特征成为一个奇观。陈查理角色所体现的矛盾形象产生了一种社会控制力,让他既被同化进入美国主流文化,同时又呈现了外来者的异国风情。诺曼·邓津(Norman Denzin)认为,"陈查理同时即被排除又被包括进西方的东方主义话语之中,这种话语让他既是陌生人同时又是朋友"[1]。陈查理这个角色让人感到既熟悉又陌生,是主体的同时又是客体,因此他通过自相矛盾的固定而可变的族裔身份,提供了某种娱乐性的异国情调。这就继续维护了白人对于非白人他者的优越等级。

在罗贵祥看来,尽管成龙的角色完全没有像之前的亚裔角色那样被女性化为一个娘娘腔男人,但是他的族裔已经被架构在一个消极的女性化空间。《尖峰时刻》自然也包含了陈查理电影中的许多刻板/俗套元素,例如,把黄色黑色种族刻板印象并置是为了制造乐趣,而不是为了威胁主流白人观众;此外,主要角色的矛盾形象既熟悉又具有异国情调。无论在警察局还是在犯罪组织内部,种族等级秩序都被进一步强化。成龙的角色是对陈查理的重复,二者的唯一差别在于,在《尖峰时刻》这部90年代后期的电影作品中,成龙表演的身体运动及

---

[1] Denzin, Norman K., *The Cinematic Society: The Voyeur's Gaze*, London: SAGE, 1995, p. 91.

◇建构"英雄"传奇

特技都比高加索男演员扮演的东方人物陈查理更为壮观①。《陈查理传奇》的作者加州大学圣巴巴拉分校英文系教授、华裔博士黄运特也认同这一观点,在他看来"陈查理是靠智慧,李小龙是靠体能,两个合在一起就变成了成龙"②。

　　成龙在好莱坞影片中的性状况也是学术界讨论的热点。西方学术界认为他延续了美国银幕上亚洲男人"无性/无能"的种族刻板印象。马克·加拉赫坦承,在好莱坞看来,亚洲男性的性欲根本不存在,因为大制片厂还并没有认为亚洲情侣在商业上行得通,而西方文化禁忌仍然禁止亚洲男人爱上白种女人。正是在这一大前提下,"成龙的美国电影把他刻画成一个无性的独行侠"③。

　　本节以成龙香港影片为参照,通过分析好莱坞影片中对成龙角色的具体刻画,试图探讨成龙角色如何被塑造为亚裔刻板印象。好莱坞影片中成龙角色的性状况及性道德尤为令人震惊地揭示了亚裔刻板印象的严重程度,是本节的分析重点。在对比分析之余,本节也试图分析成龙角色如何变成了西方世界中的"他者英雄"。

一　刻板亚裔形象的演绎

　　《尖峰时刻》系列是商业上最成功的成龙好莱坞影片④,因此也可以说是成龙在北美传播最为广泛的影片。由于《尖峰时刻》系列影片是成龙最广为人知的好莱坞影片,下文将主要以该系列影片为例,来分析成龙好莱坞角色所表征的种族主义刻板印象。

---

　　① Kwai-Cheung Lo, "Double Negations: Hong Kong Cultural Identity in Hollywood's Transnational Representations", *Cultural Studies*, 15.3/4 (July/October 2001), pp. 474 – 476.
　　② 《"陈查理"与"李小龙"的合体是"成龙"——美国电影中的华人形象》,http://epaper.ynet.com/html/2014-09/05/content_83834.htm? div =-1.
　　③ Mark Gallagher, "Masculinity in Translation: Jackie Chan's Transcultural Star Text", *The Velvet Light Trap*, 39 (1997), p. 33.
　　④ 《尖峰时刻》三部电影上映时都是年度热卖影片,其中《尖峰时刻》成为1998年美国第七卖座的影片,《尖峰时刻2》成为2001年美国第五卖座的影片,《尖峰时刻3》虽然没能进入票房前十,也是2007年美国国内票房第16名。

在《尖峰时刻》系列影片中，成龙被迫表演了好莱坞电影中业已存在的种族主义刻板印象。作为动作喜剧搭档电影，三部影片讲述的都是香港警察李警官（成龙饰）和洛杉矶警察詹姆斯·卡特（克里斯·塔克饰）两个搭档合作破案的故事。由一黄一黑两个少数族裔男性领衔主演这部影片，具有一个重大优势，即他们可以互相挖苦对方而不会让观众担心，因为哪个族裔都没有明显的侵略对方的历史。"喜剧的类型惯例及文本策略保证观众能够主动消费并且从种族笑话和刻板形象中得到乐趣，却不会为此受到批评或者质疑"。① 但是，即便在这两个角色之间，成龙明显也是更为低劣的那个外来的"他者"。在三部影片中，卡特以不可思议的刻板印象方式侮辱李警官。下面是他跟李说过的一些话：

"我爸爸能把你爸爸从这儿踢到中国或者日本或者随便什么你所来自的鬼地方。"

"我一巴掌能把你扇到明朝去。"

"你上次约会是在哪年？鼠年？"

"我又高又黑又英俊。你是个第三世界的丑鬼"（李警官回复说女人们都觉得他可爱，像史诺比。卡特则恶毒地回复"史诺比都比你高六英寸"）

"给我的搭档从儿童服装部拿件衣服来。"

"你成不了黑人。成为黑人得达到身高要求。"

无论卡特讥讽的是他本人还是其他亚洲人，李警官的态度通常都是无奈及忍让。至少在第一部影片中，李警官没有进行言语报复。续集中两人开始互损，但是大部分仍然是卡特针对李警官的贬损。李警

---

① Ji Hoon Park, Nadine G. Gabbadon, and Ariel R. Chernin, "Naturalizing Racial Differences Through Comedy: Asian, Black, and White Views on Racial Stereotypes in Rush Hour 2", *Journal of Communication*, 56 (2006), p. 174.

◇建构"英雄"传奇

官向卡特还击时，通常用的只是卡特嘲笑他的话，例如《尖峰时刻2》中卡特说"一巴掌把他扇回明朝"，李警官在影片的后半部分套用这句话跟卡特说要把他扇回非洲，这种鹦鹉学舌般的回复完全丧失了卡特贬低他时的那种创造力。

不仅香港影片不会这么刻画成龙的角色，同样很难想象其他好莱坞动作男明星会在影片中遭遇成龙角色的上述嘲讽。如果施瓦辛格或者史泰龙与另外一个明星联合主演，他们永远不会成为被笑话的嘲讽对象。尚格·云顿身材较矮，但是没法想象有人总是嘲笑他的身高——除非反派角色这么挑衅，但是敢这么做的反派角色最后肯定下场很惨。

除了对李警官进行个人人身攻击之外，卡特几乎以同样的方式侮辱电影中的其他亚洲人。例如在第一部电影中，他进入一个亚洲刺客所在的房间，他说"我要踢掉你的黄……"，但是话没说完就被人打断了。无疑这句话想表达的是"踢掉你脸上的黄色"。这些话让人想起好莱坞早期历史中白人演员饰演中国角色的做法以及他们所完美演绎的"黄祸"，例如米奇·鲁尼在《凡蒂尼早餐》中扮演的亚洲人角色。这一幕如果反过来——主流好莱坞电影描写一个亚洲人对一群黑人说"我要把你们脸上的黑色踢掉"——肯定会引起整个美国社会的轩然大波。也就是说，影片不仅利用了亚裔人"模范少数族裔"的刻板印象，还利用了现实中亚裔美国人较为温和的政治态度。

在《尖峰时刻2》中还有一处关于亚洲男性生殖器的刻板讥讽。李警官和卡特跟一群亚洲男人包着浴巾在按摩店里打架。在打斗中，卡特扯掉了一个亚洲男人的浴巾，用毛巾打他之前，卡特厌恶地看着对方的下体说"难怪你疯了"，暗示并嘲笑对方的生殖器尺寸太小。尽管这种侮辱并非针对李警官，但是几乎可以肯定，如果叙事安排卡特看到赤裸的李警官，恐怕也会出现类似的笑话。

这系列影片不仅对亚裔男性进行了刻板刻画，对亚洲女性也进行了同样的刻板演绎。首先，在《尖峰时刻2》中，李警官把卡特带到一个挂有按摩院招牌的亚洲妓院。在袁书看来，这场戏并不是非要不可，它之所以存在，只是想要证明"年轻的亚裔女性是被动的、顺从的和巴结男性的，无论面对的男人是白人还是黑人，是黄种人还是黄种人"①，这样的镜头无疑使人想起那些持有东方论观点的影片，比如《苏丝黄的世界》。类似的情节设置无数次出现在好莱坞影片中，甚至成龙80年代中拍摄的好莱坞影片《威龙猛探》中就有非常相似的一幕，"'东方'在此被建构为（西方）征服和统治的性对象和性从属空间"②。其次，中国著名女明星章子怡在此片中扮演了一个反派角色。作为一个冷漠残忍的角色，她毫不犹豫地炸毁了美国办事处，并且面不改色地开枪扫射人群。这似乎让观众看到了黄柳霜所饰演的著名的"龙女"重新复活。"龙女"往往被刻画成邪恶残忍而又神秘性感的女性，是好莱坞电影对亚洲女性的一类刻板印象，类似于黑色电影中的"蛇蝎美人"。

《尖峰时刻》中还有一个时刻值得一提，因为它所暗示的亚裔刻板形象令人震惊。卡特在机场接李警官的时候，以为他不会说英语，所以把他当白痴对待。李警官为了观察他一直保持沉默，同时也一直试图逃跑。最后他跟卡特二人在出租车外面用枪互指。出租车司机要求他们解释的时候，李警官就用流利的英语告诉他自己在教同伴如何给嫌疑犯解除武装。卡特当即傻了眼，这时我们听到了一声响亮的铜锣响声。任何熟悉好莱坞亚裔男性刻画的人都会立刻认出这个响声，因为《十六根蜡烛》（1984）中 Long Duk Dong 每次出场都伴随着这么莫名其妙的一声响。Long Duk Dong 这个角色表征着滑稽可笑的亚裔刻板印象，以至于 Giant Robot 杂志③的合伙创始人 Eric Nakamura 把 Long

---

① ［美］袁书：《美国语境中的功夫片读解：从李小龙到成龙》，徐建生译，《世界电影》2005年第1期。

② Nick Browne, "The Undoing of the other Woman: Madame Butterfly in the Discourse of American Orientalism", 引自 Graham Russell Gao Hodges, *Anna May Wong: From Laundryman's Daughter to Hollywood Legend*, New York: Palgrave Macmillan, 2004, p. 37.

③ 这本杂志关注的是亚洲和亚裔美国大众文化。

◇建构"英雄"传奇

Duk Dong 描述成"这个角色集中了所有可能的坏的刻板印象"①。这也再次证明,《尖峰时刻》利用了已有的亚裔刻板印象刻画,并把它们加到了成龙角色的身上。

李警官这个角色与成龙香港角色保持一致的特征是避免杀人。在其香港影片中,成龙展示了东方传统伦理劝人向善、尊重生命的价值观。哪怕对手再罪大恶极,他也一般不会动手把对方杀死,而是把对方交由法律处置。或者他会试图给那些凶手悔过自新的机会。在大部分打斗中,他只是全力应付他们的攻击,不仅不会杀害他们,还会向陷入困境的对手伸出援助之手。这样的例子数不胜数,例如《醉拳2》中为对手扑火,《神话》中为对手关闭切割机。

如果说香港影片中的上述做法增加了成龙角色的道德感,让他成为东方文化更加敬重的英雄形象,那么同样做法放在好莱坞影片中恐怕只会起到相反的作用,误导西方观众对其男性特质的认知。这主要是由于好莱坞动作影片的强势传统。在好莱坞动作片的传统中,英雄总要杀死坏人并最终获胜。英雄不仅会毫不怜悯地杀死坏人,甚至还要在杀人后抖个包袱。比如卡特在杀死坏人时表现得非常冷酷无情,杀完之后会往尸体上扔一块餐巾说"伙计自己擦干净吧,你死了"。卡特边杀人边吹牛,而李警官却竭力不让坏人死掉。在《尖峰时刻2》中,他伸手拉住对手不让他掉进水里,在《尖峰时刻3》中他又伸手拉住坏蛋不让他从楼顶掉下。实际上,他在三部影片中没有亲手杀死一个人,主要反派人物的死亡方式完全相同,都是从高处摔落跌死的。李警官无疑是个好人,但是相对于好莱坞的传统英雄形象稍微欠缺了一点男子汉气概。一个连坏人都不忍心杀死的人无疑是一个西方社会所需要的"他者"顺民。

在《尖峰时刻》系列电影中成龙被迫演绎了已经存在了很久的刻板亚裔形象。这些刻板印象在电影中的存在可能不会被一眼看出,因

---

① Munib Rezaie, *Neutered Dragon: A Critical Look at the Career of Jackie Chan*, Master Thesis: University of Miami, 2010, p. 46.

为这些侮辱被包裹以"兄弟情义"的伪装,这种兄弟情谊使得这些内在的笑话易于被接受。因为李警官跟卡特一直是搭档兼朋友,观众轻松地接受了这些关于种族刻板印象的笑话。

化装成喜剧的种族歧视非常有问题,"恰恰由于通过幽默使得种族差异合法化,因此就把种族歧视表现为自然的、不可挑战的"①。穆尼·瑞扎伊认为这也正是成龙的美国电影与其中文电影的最大问题及差异所在——"观众总是嘲笑成龙,而不是跟他一起笑。尽管他才是动作明星,但是在《尖峰时刻》系列电影中,一个本应是兄弟般的人物总是把尖厉的嘲笑及羞辱矛头对准他"②。

除了上述化装成喜剧形式的种族主义讥讽与羞辱之外,成龙好莱坞角色的性格特征也有别于其香港影片,表征了美国社会中的亚裔刻板印象的特征。

首先,他变成了一个严肃的、紧张兮兮的角色。他只想着如何完成任务,比如在《尖峰时刻》中救出苏扬、《上海正午》中救出公主或者《上海骑士》里为父亲复仇。因此成为一个苦大仇深的形象,只能在打斗中表现出他的灵活、敏捷与机灵。而在其香港影片中,整体上他都是好玩、幽默而且聪明的角色,既知道如何放松自己,又能愉悦观众,比如在《A计划》中的自行车追逐戏或者《警察故事》里踩了牛屎就顺便跳上一段霹雳舞步。

其次,他成了一个顺从的下属。在好莱坞影片中,他往往完全听命上司或者权威的安排。一个值得比较的例子是《尖峰时刻》中他与韩大使的关系和《警察故事》中他和骠叔的关系。韩大使和骠叔都类似于他的职场父亲。但是他和骠叔的关系显然更为亲密,他在骠叔面

---

① Ji Hoon Park, Nadine G. Gabbadon, and Ariel R. Chernin, "Naturalizing Racial Differences Through Comedy: Asian, Black, and White Views on Racial Stereotypes in Rush Hour 2", *Journal of Communication*, 56 (2006), p. 174.

② Munib Rezaie, *Neutered Dragon: A Critical Look at the Career of Jackie Chan*, Master Thesis: University of Miami, 2010, p. 51.

前更为自在。在韩大使面前他甚至不敢直视对方,这可能反映了西方对于东方文化中父亲权威地位的想象。于是,香港影片中勇敢、独立、向来对权威无所畏惧的英雄角色,在《尖峰时刻》中,变成了明知道有炸弹也不敢坚持提醒大家只能任由悲剧发生的角色。

最后,无知是他在好莱坞影片中的重要特征。作为一个外来他者,成龙角色的语言劣势或者文化常识的不足让他成为被讥笑的对象。好莱坞影片大都利用了这一特点,突出他对于西方环境的格格不入,比如在《尖峰时刻》中,他因为说了"nigger"一词而引起黑人的愤怒。相比之下,在成龙的香港电影中,他一直是一个见多识广、机智过人的角色。很难想象他会因为如此低级的言语错误而误判环境引发冲突。

二 "无性"/"性变态"的刻板亚裔男人形象

性状况是亚裔男人刻板印象的一个重要方面。在成龙好莱坞角色的刻画中,这也是尤为重要的一个方面。下文将具体分析好莱坞影片中的成龙角色如何被刻画成一个"无性"甚至"性变态"的刻板亚洲男人形象。

在香港影片中,成龙无疑被设置为一个具有性吸引力的男性。如第二章所说,香港影片把成龙塑造为一个富有性魅力的欲望对象。在成龙的香港影片中,两性爱情关系通常并不如特技和打斗镜头重要。但是如果影片涉及爱情关系,那么成龙一定在其中占有最重要的地位。在《警察故事》前三部中,成龙有一个美丽的女朋友阿美,她深爱着他而且很容易吃醋。在《龙兄虎弟》中,他被表现为一个更值得女主角罗娜去爱的角色。在《飞鹰计划》中,他受到片中三个女主角的喜欢,三人也为了他争风吃醋。在《城市猎人》这部导演特点更为明显的影片中,成龙的角色更被刻画成一个被所有女人喜欢的花花公子,片中的四个女主角都想得到他,而且不止如此,"他的力比多简直要溢出银幕,每个路过的女人都想得到他"①。在《红番区》中他也得到

---

① Munib Rezaie, *Neutered Dragon: A Critical Look at the Career of Jackie Chan*, Master Thesis: University of Miami, 2010, p. 19.

了两个女主角的喜爱。因此，成龙的角色对于女性角色具有绝对吸引力，这在其香港影片中是毫无疑问的。

香港影片中以打斗或者洗澡为噱头的场面展示了成龙的赤裸身体，尤其突出了他的性吸引力。正如前文所说，男性身体既是动作主体又是欲望对象，这之间始终存在一种张力关系，成龙香港影片中的那些围绕着身体而存在的镜头不仅建构了他孔武有力的英雄形象，而且把他呈现为充满性吸引力的男性英雄。在《醉拳2》中，家仆打趣成龙扮演的黄飞鸿，说见过他裸体的姑娘们都上门提亲了。男明星脱掉衣服的类似场景常见于好莱坞影片中。比如，克拉克·盖博由于在《一夜风流》（1934年）中这么做而一举成名，马修·麦康纳也喜欢在电影中无端脱掉上衣，他们无疑都是好莱坞历史上最富有魅力的电影明星。脱掉上衣对于男女观众都很有吸引力，无疑香港电影包含的成龙身体裸露场面是出于同样的原因。

但是，总体上香港影片表现成龙性魅力的方式不同于好莱坞同类影片。香港影片可能会暗示成龙角色有过无数女友，但是在银幕上不会呈现他与任何一个女人发生身体上的实质关系。即便在《城市猎人》和《玻璃樽》这两部把他刻画为花花公子的影片中，他与女性角色尺度最大的表演也只是点到为止的亲吻戏场面。相比之下，在好莱坞动作影片中，无论施瓦辛格、史泰龙、还是汤姆·克鲁斯或者杰森·斯坦森，在电影中都被编码为"高度性化"的充满男子气概的人。以007系列影片为例，国际侦探邦德通常都会与其中的"邦德女郎"发生性关系，征服片中的女性成为表征邦德男性魅力的必要手段。

香港影片之所以如此表征成龙的性吸引力，主要原因恐怕在于东方文化价值观的影响。首先，中国传统的道德伦理教化一向包含着"非礼勿动""男女授受不亲"的礼教规范，在公共场合不宜展示过于私密的举动。此外，东方文化习惯于含蓄、内敛的情感表达方式，这自然会影响到艺术创作者的审美表达。周星认为，中国电影"崇尚节制含蓄的创作思路,特别表现在男女情感的交往中,不用说张狂的性爱,就是现代人随意的接吻牵手也变成了温情脉脉的情感高潮点,不到关键不会轻易表现"①。这一判断适合成龙的香港影片,成龙影片对于"有喜剧而不下流"的价值追求恐怕与此密切相关。这种表达方式也影响着接受者的审美判断,成龙的东方观众容易领会影片中的含蓄情感表达。比如影片中成龙角色与女友亲吻就足以传达并令观众理解二人之间的亲密关系。处于相同文化背景下的创作者与接受者更易于达成默契。成龙影片的审美取向也是伦理道德选择,反映出了一种东方传统式的价值观。

显然,由于跨文化理解的障碍,香港电影表征成龙性吸引力的方式并不见得被西方观众所理解。如第二章所说,西方学者詹·雅金森按照自己对于詹姆斯·邦德形象的理解,就非常困惑李小龙为什么从来没有和片中的女性角色过夜,由此认为李小龙塑造了"西方文化中亚洲男子建构的无性欲角色"。恐怕正是出于类似的跨文化理解障碍,西方观众仍然无法理解为什么成龙的香港影片对于两性亲密关系的银幕表征不会超出亲吻。

在为成龙量身打造好莱坞角色时,西方制作者可能借鉴了成龙香港影片表征亲密关系的一些做法,比如成龙角色在银幕上的最亲密举动止于亲吻。但是把这种角色刻画置于西方主流商业影片的类别中考察,就容易发现成龙角色实际上被刻画为一个"性无能"的亚洲男人刻板形象。

也就是说,成龙好莱坞影片很少把他建构为一个具有性吸引力的男性。第一类情况下,他根本没有机会获得爱情关系。在《尖峰时刻》和《上海骑士》中,他并没有爱情关系。在《八十天环游世界》中,虽然他才是动作明星兼男主角,却扮演一个仆人,只有他的白人男主人才有机会与女主角谈恋爱。第二类情况下,虽然有爱情关系,

---

① 周星:《论中国电影艺术风格特质》,《南京师范大学文学院学报》2008年第4期。

却被呈现为一个对女性缺乏吸引力的角色，在爱情关系中笨拙可笑。比如《尖峰时刻》后两部和《燕尾服》。第三类情况主要体现在《上海正午》和《邻家特工》中。虽然这两部影片中的爱情关系设置主要是叙事所需，但是成龙没有成为讥讽嘲笑的对象。

成龙香港影片中一向不乏以性为噱头的幽默，而且这些性笑话都偏向于他——他富有魅力，女友会围着他团团转。如第二章中所说，由于男女之间"不正确"的身体位置接触而引发的性喜剧时刻、通过无心而为之的偷窥视角所产生的性喜剧时刻都是成龙香港电影中常见的性幽默方式。另外，由于误解而形成的性幽默也往往常见于成龙影片。在《警察故事》中有两个典型的例子。其一，陈家驹把穿着睡衣的女证人莎莲娜带回公寓，而他的女友阿美正打算给他一个惊喜生日派对。当阿美看到家驹护着莎莲娜，立刻想到了最糟糕的事，懊恼地把蛋糕摔到陈的头上。此处的暗示是阿美误以为家驹与莎莲娜上床了，所以才又气又恼。其二，莎莲娜在法庭上播放剪辑过的对话录音，在没有画面的情况下，录音让听众以为二人当时正在做爱。在这一幕所开的玩笑中，假设这两个角色发生了身体关系，成龙角色所遭遇的误解成为这两个时刻的喜剧性来源。这些幽默不仅没有攻击他的性能力，反而确认了他对于女性角色的吸引力，并由此认可了他的性吸引力。

与香港影片完全相反，好莱坞影片中的性幽默往往以成龙为讥笑对象。

首先，他与女人相处时表现出的无能与木讷往往成为喜剧性的来源。在《燕尾服》中，成龙扮演出租车司机吉米·唐，暗恋一个在美术馆工作的女孩，但是在她面前总是过于激动而无法正常说话。他的朋友鼓励他约女孩出来，并教他练习台词。但是最终面对女孩时他说的是："你好，我是吉米·唐，看见你时，我就做了一个湿梦。""湿梦"是一句俚语，意思是夜间遗精。似乎讨论夜间遗精还不够，影片接着就展示了他所穿的 Hooters 上衣，背后写着"Hooters girls dig me"

◇ 建构"英雄"传奇

（大胸女喜欢我）。这几个词位于一个红色方框里，占据了银幕的很大一部分，显然是为了吸引观众的注意力。片首的这些情节无疑把他呈现为一个不仅不懂英语而且非常不了解女人的角色。在接下来的片段中，吉米·唐打开车门时不小心撞到了一个壮汉，他除了逃跑之外并无还手之力，最后躲在车底下任由壮汉在车顶上又跳又骂，这一切窘迫境况都被吉米·唐所追求的美术馆女孩看在眼里。在女人面前如此可怜无能又可笑，熟悉成龙香港电影的影迷们恐怕很难接受这种设置。在香港影片中，成龙角色与女人相处时非常有自信。

在《尖峰时刻》系列影片中，成龙在爱情关系中的无能、木讷既符合"模范少数族裔"的刻板印象，典型例证了好莱坞影片中的亚裔男性刻板印象。相对于卡特"高度性化"的黑人刻板形象，李却似乎没有什么性欲望。第一部《尖峰时刻》里的成龙完全缺乏力比多。他在乎的唯一女孩就是被绑架的小女孩，而他之所以对小女孩如此上心，完全是因为"这么设置剧情可以减少任何可能发生的爱情关系"①。《尖峰时刻2》李与搭档伊莎贝拉的爱情关系令人困惑。影片结尾，两人在机场分手时，她亲了他。可以肯定地说，这一幕非常奇怪，因为前面根本没有铺垫。影片叙事试图通过让他们跨过马路并且让李重复质问她的动机来迫使他们产生爱情关系，但是这种做法根本没有产生一丁点浪漫。如果有点什么作用的话，就是伊莎贝拉似乎一直利用自己的性吸引力来操纵他。在《尖峰时刻3》中，尽管伊莎贝拉这一人物被提到了好几次，但是并没有出现。按照片中的暗示，由于某种没有解释的原因，卡特击中了伊莎贝拉的脖子，虽然她还活着甚至能够工作，但是她与李分手了。因为这件事，这对搭档一直争吵。

李：她当时是我女朋友。
卡特：你好像都没有跟她睡过觉。

---

① Kwai-Cheung Lo, *Chinese Face/Off*: *The Transnational Popular Culture of Hong Kong Popular culture and politics in Asia Pacific*, University of Illinois Press, 2005, p. 139.

李：要不是你弄成那样，我正打算呢。

对于西方观众来说，好莱坞动作英雄如果有女朋友，就自然会有性关系，但是此处暗示李和伊莎贝拉还没有发生过这层关系。李冷淡地确认了对他性状况的这个攻击。从上文的讨论来看，他们之间的爱情关系存在几种可能性。第一种，他们想等到结婚才发生关系。第二种，李根本没弄清楚他们之间的关系属于什么性质，他也从未有机会与她发生关系。第三种，他们实际上是男女朋友关系，但他没有在床上实现这层关系。虽然可以提出更多种可能性，但是显然问题的关键是领衔男主角竟然因为缺乏性关系而被嘲笑。这明显有悖于好莱坞动作片的传统——可以对比一下邦德系列或者《碟中谍》系列影片——而其中的原因也一目了然：因为这里的动作英雄是黄种人。

如前文所说，好莱坞电影中消极、无性的少数种族角色不仅不会对白人英雄造成威胁，而且确认了白人英雄的性统治。哪怕在《尖峰时刻》中基本没有什么白人角色，更别说有性吸引力的白人角色了。原因恐怕正如罗贵祥所说，"影片所不想冒犯到的是主流白人观众"[1]。即便在刻板印象较为弱化的《上海骑士》中，成龙"无性"的亚洲男人形象也并无改善。片中的成龙角色并没有机会奉行实质的性关系。搭档让他为女人提供性服务以赚取收入，但是当他推开房门之后，发现成龙竟然只是在以怪异的体位为女客人按摩。类似情况也发生在《燕尾服》和《上海正午》中，成龙角色与美女独处一室时都只是为她们提供了按摩服务，以此规避两性关系并逗乐观众。

其次，《尖峰时刻2》《尖峰时刻3》把他塑造为一个性道德可疑的人物。《尖峰时刻2》揭示他实际上有性欲望，因为他偷窥伊莎贝拉脱衣服。但是当伊莎贝拉在他跟卡特面前脱衣服的时候，他明显局促不安，甚至扭头不看她的身体。可惜这种方式的性欲望并不具有积极

---

[1] Kwai-Cheung Lo, "Double Negations: Hong Kong Cultural Identity in Hollywood's Transnational Representations", *Cultural Studies*, 15.3/4 (July/October 2001), p.475.

◊ 建构"英雄"传奇

的感染力，因为这揭示了他既想偷看而且并不自信，令人想起类似于《十六只蜡烛》中 Long Duk Dong 的"猥琐之徒"这一普遍存在的亚裔刻板印象。对此，可以对比一下《警察故事2》和《神话》中的类似场面。在《警察故事2》中，一位女警官无意间在一个双面镜子前扯起裙子，此时成龙和两个男同事就站在镜子后面。他们以一种自然的吃惊和好奇的神情接着往下看。既没有像李那样把目光投向别处，也没有像卡特那样贪婪地盯着看。《神话》有一个类似场面，在印度女子莎曼纱与追赶而来的对手对打的过程中，高开衩的裙裾露出了她的长腿及底裤，虽然她立即拉扯裙子遮住了身体，但是一旁观看的成龙显然看到这一切并被吸引了，不禁"哇"了一声。莎曼纱于是问他"哇什么"，成龙自然而狡黠地说"哇就是夸你打的好啊"。可以看出，在类似场面中，成龙角色在香港及华语影片中的反应自然、自信，因此令人信服，也更具有感染力；而在其好莱坞影片中，他被塑造成一个无法自信应对女人的"无性"刻板形象。

最后，成龙好莱坞角色甚至达到了猥琐的地步，严重损害了成龙银幕形象一贯的道德感。在《尖峰时刻2》中他的性道德已经有问题了，他从偷窥伊莎贝拉脱衣服中获得了极大的乐趣，这种做法极其低劣，令人不屑。但是这还远远比不上《尖峰时刻3》。李与卡特去巴黎寻找拥有三合会名字的女孩。把她带回酒店后，他们讨论如何让女孩放松并说出他们想知道的信息。卡特毫不出人意料地提议让她心情放松喝点香槟酒。而李的提议居然是"我们可以放部黄色电影，只要9.95块"。这句台词成为整个角色道德感的污点，因为这句话揭示了他潜在的怪异甚至变态的性欲望，甚至连卡特这个聒噪的一心想与三部电影中所有女性角色上床的人，都对这句话大吃一惊。

在《尖峰时刻3》的片尾花絮中，可以看到成龙还说了这一幕中的其他台词，有"我喜欢有故事情节的那种黄色电影""我喜欢有淋浴场景的那种电影""我喜欢有衣帽间场景的那种电影""我喜欢有监狱场景的那种电影""我喜欢有白人女孩的那种电影""我喜欢有毛发的女人的那种电影"。其中最让人震惊的是"我喜欢有马的那些电影",在此处的语境中,这句台词暗示的是人马性交。成龙当时恐怕并不知道这句台词的具体所指。花絮显示,成龙说这些台词的时候,周围的工作人员纷纷发出笑声。在说这些台词的中间,成龙略显困惑地看向镜头外的导演布莱特·拉特纳(Brett Ratner),问他是不是在教他说一些不好的词。成龙说过自己并不明白《尖峰时刻》中的很多幽默。这些花絮说明电影制作者利用了成龙的英语语言弱势,让成龙说出他并不非常清楚其潜在含义的台词。虽然这些台词没有在正片中出现,但是可以看出,电影制作者完全不顾成龙在香港电影银幕上已经建立的英雄形象和一贯的道德感,不惜用极其低俗的台词来换取观众的一点笑声。这种做法不仅损害了这个角色的道德感,更是破坏了成龙业已建立的银幕英雄形象。

成龙多次流露出对《尖峰时刻》的不满,"我拍每部电影都有原因,我有话要说。不像《尖峰时刻》,拍它没有什么原因,给我钱就行。我最不喜欢《尖峰时刻》,但是讽刺的是它在美国和欧洲卖得最好"①。个中原因恐怕离不开上述分析的其角色的种族刻板印象。

实际上,《尖峰时刻》系列影片中愈演愈烈的种族主义刻画恐怕也损害了影片本身的利益。《尖峰时刻3》最后收获了两亿出头的全球票房,远远低于前两部影片的回报率。

第三节 成龙好莱坞电影的积极意义

一 对于成龙个人的意义

一系列好莱坞影片的成功使成龙打开了他梦寐以求的西方市场,他终于成为享誉世界的电影明星。在好莱坞的成功对于成龙个人而言意义重大。如袁书所说,成龙与好莱坞的关系实际上"错综复杂"。

---

① "Jackie Chan Biography", http://www.imdb.com/name/nm0000329/bio.

◊ 建构"英雄"传奇

一方面，好莱坞觊觎成龙和他动作喜剧类型影片。收编其他地区的电影人才一直是好莱坞的重要艺术及商业手段，例如经典好莱坞时期的欧洲电影人、七八十年代的澳大利亚电影人以及世纪之交的香港电影人。在艺术上，这些外国电影人已经颇有造诣，他们为好莱坞影片注入了新鲜的文化血液。在商业上，他们加强了好莱坞电影商品对于这些外国人才原有忠实观众的票房号召力。好莱坞需要成龙，既是为了分享利润，也以此振兴当时正在走下坡路的美国电影业。

另一方面，成龙需要好莱坞来打开更大的国际市场。从80年代起，在美国之外的电影市场中，成龙就已经是与施瓦辛格和史泰龙抗衡的动作明星[1]。他的影片是票房大片，不光在亚洲如此，从中东到拉丁美洲的观众都喜欢他的影片。作为当时的亚洲巨星，如果说成龙在电影上还有什么遗憾的话，就是他对于80年代初在好莱坞的失利经历一直耿耿于怀。好莱坞毕竟是世界电影工业的中心，对于任何一个追求上进的电影人来说，能在好莱坞闯出一番事业都好比是摘取了电影业皇冠上的璀璨宝石。

在21世纪最初几年，成龙在好莱坞具有强大的票房号召力。约翰·W. 柯恩斯（John W. Cones）认为，"票房号召力"指的是"当某人或者某物（如演员、导演、制片人、项目和发行人等）的承诺被显示给银行时，银行就会贷款给电影制作，部分是因为这些个人、实体或项目之前有成功表现"[2]。票房号召力是明星地位的划分标准。好莱坞记者詹姆斯·厄尔默（James Ulmer）利用了票房号召力的估算数据，在《好莱坞报道》的常规栏目"明星权势"指数中对电影演员加以排名。对于厄尔默来说，票房号召力被定义为"不管项目中其他因

---

[1] Steve Fore, "Jackie Chan and the Cultural Dynamics of Global Entertainment", in *Transnational Chinese Cinemas: Identity, Nationhood, Gender*, ed., by Hsiao-peng Lu, University of Hawaii Press, 1997, p. 243.

[2] John W. Cones, *Film Finance and Distribution: A Dictionary of Term*, Los Angeles: Silman-James Press, 1992, p. 43.

素如何，仅凭演员或导演个人的名字能够为电影吸引到的全部融资的比例"①。为了测量票房号召力，厄尔默根据对电影行业专业人士的测验和访问，设计了自己的专利排名系统——厄尔默指数。好莱坞电影在北美地区和国际电影票房主要地区的电影买方、卖方、买卖经纪人、公司主管和融资人按照百分制给电影演员打分。在2002年的明星权势榜中，成龙得分为86.84，排在第十六位。

在类似的其他排名榜中，成龙同样位置显赫。在美国权威电影杂志《首映》的"好莱坞100权力人物排行榜"中，成龙分别名列第89位（2001）和85位（2002）。该排行榜由杂志访问好莱坞的电影公司高层及导演选出，是极具公信力的好莱坞权势人物排名榜，上榜人物不仅包括好莱坞明星还有经营、行销和创意总监等好莱坞电影公司高层人士。

奎格利民意调查排行榜（Quigley Poll）是自1932年开始实行的年度调查，由电影发行方选出为其影院赚得最多票房收入的10位明星。由于挑选的影片是由那些靠其选择的电影来吸引观众以维持生计的人评选出来的，因此该调查长期以来被视为明星真实票房记录的最可靠的指标之一。在2001年奎格利全球演员票房号召力排行榜上，成龙打入前十名，排名第十。

2002年10月4日，成龙的名字被镌刻在好莱坞星光大道第2205颗星星上，成为继黄柳霜、李小龙之后的第三位获此殊荣的华裔明星。拥有一颗星星代表对世界电影和娱乐产业有杰出贡献的人的永恒纪念。这种半官方化的方式深入人心地肯定了获得者在好莱坞的突出地位，象征了电影明星的巨大成就。为隆重其事，好莱坞更将10月4日定名为"成龙日"。

2012年8月20日《纽约时报》评选出史上20位最伟大动作巨星，成龙力压施瓦辛格、史泰龙、约翰·韦恩、克林特·伊斯特伍德、

---

① James Ulmer, *James Ulmer's Hot List Actors Vol.*6, Los Angeles: The Ulmer Scale, 2006, p. iii.

◊ 建构"英雄"传奇

李小龙、杰森·斯坦森、范·迪塞尔等中外新老动作明星，荣登榜首。给他的获奖评论是"成龙的动作片将武打与斗智、紧张与幽默融为一体。他善于在酣畅淋漓的打斗过程中运用搞笑元素。此外成龙还是一名非常敬业的演员，他因拍戏受伤的事例已屡见不鲜，并且他拍危险镜头时很少使用替身"[1]。

从90年代中后期开始，成功的电影事业使成龙获得了国际电影行业的认可，让他获得了《综艺》杂志年度国际影星（2001）等众多行业荣誉（具体见文后附录）。

不仅如此，由于在影片中所塑造的和善正义角色，加之在银幕外的慈善与友好形象，成龙还获得了西方民众的认可与喜爱。他为此也收获了无数荣誉，例如美国总统运动奖（1996）、洛杉矶警察部荣誉警察（2001）、美国癌症基金禁烟大使（2001）、全美家庭心目中的英雄大奖（2002）、多伦多警署荣誉警察（2002）、2002年世界杯大使（2002）、联合国慈善大使（2004）、世界消防员大赛大使（2006）等。正是由于深入人心的正义形象，他多次为美国警察局代言。还在2005年与施瓦辛格合作拍摄了抵制盗版的公益广告。

由于在西方世界广受欢迎，成龙受邀拍摄了许多知名品牌的商业广告，如百事可乐、银联、American Express、V8、Woolworth、Hanes Tagless、Mountain Dew 等。

由于成龙广受民众欢迎而且人生富有传奇色彩，他成为一系列动漫游戏的主角。其中最广为人知的要数《成龙历险记》。华纳动画天地电视台于1998年向成龙提出了拍摄以成龙为原型的卡通动画片的构想。《成龙历险记》随后付诸现实，由美国索尼哥伦比亚影视公司制作，2000年9月9日—2005年7月7日在Kids' WB华纳动画天地电视台首播。该剧以成龙的人生和影片为原型，风格类似于成龙电影，同样突出了成龙动作喜剧特有的历险、爱心和幽默。

---

[1]《外媒评史上最伟大的20位动作巨星 成龙居首》，http://ent.huanqiu.com/star/mingxing-guoji/2012-08/3047815.html.

成龙在世纪之交成为全球家喻户晓的明星，直到今天他在全世界范围的影响力仍旧不见衰退。他在西方及全世界所达到的认可程度及影响力不仅远远超出其他华人明星，也是大部分西方明星所无法比拟的。《福布斯》的"全球100名人榜"是衡量好莱坞影歌星、体坛名将与社会名流财富与影响力的重要指标，通过评估过去十二个月中的收入、媒体曝光率、新闻报道量、电视电台访问、登上杂志封面次数及搜寻网站链接次数等内容，综合评分后排出这项榜单。在2015年的福布斯"全球100名人榜"中，成龙名列第38位，是唯一一位入榜的华人。在英国民调机构舆观调查网（YouGov）公布的2015年"全球最受赞赏男性"榜单中，成龙名列第四，排在比尔·盖茨、奥巴马和习近平之后①。这份榜单的结果来自对来自23个国家和地区的2.5万人做的调查统计。

二 "模范少数族裔"的成功演绎

究其在西方如此成功的原因，恐怕在于成龙出色地演绎了美国主流社会所想象的"模范少数族裔"。美国印第安纳大学历史学教授吴艾伦（Ellen D. Wu）总结了华人如何变成了美国社会中的"模范少数族裔"②。二战期间，由于担心针对华裔的种族主义偏见（比如"黄祸论"）会危及美国与中国结成的跨太平洋联盟，白人自由主义者兴起了一场推翻排华法案的运动。美国国会于1943年废除了排华法案。华人的形象于是发生了巨大的转变，从"黄祸"转而变成了"守法的、热爱和平的、谦躬有礼的'我们'中的一分子"。

在1950年代，美国遭遇了一次全国性的青少年犯罪危机。在试图摸索解决这一问题时，社会学家、记者和政策制定者翻新了上述尚未

---

① "World's most admired 2015: Angelina Jolie and Bill Gates"，https://yougov.co.uk/news/2015/01/30/most-admired-2015/.

② "Asian Americans and the 'model minority' myth"，http://www.latimes.com/opinion/commentary/la-oe-0123-wu-chua-model-minority-chinese-20140123, 0, 849364.story#axzz2rVBYiqAx.

◊ 建构"英雄"传奇

成熟的华人刻板印象。《纽约时报》杂志强调,中国青年表现出对长辈"毋容置疑的服从";《瞭望》杂志盛赞他们"道德高尚";纽约的众议员亚瑟·克莱恩称赞曼哈顿华埠选民"尊敬师长"、"家庭稳定、充满爱意"并"渴望教育"。

这些说法越来越受欢迎,因为它们支持了冷战时期的两个主导思维:稳定的核心家庭的价值观和反共产主义价值观。首先,华裔美国家庭得益于儒家传统而井然有序,对他们的这种刻画使现代保守主义观念产生共鸣。其次,观察者大加称赞美国本土的华裔以及他们的"受人尊重"儒家思想,这让美国唐人街和"文革"时期的中国之间形成了鲜明的对比,以此暗示了美国生活方式所具有的优越性。

到了1960年代,华裔美国人已经被誉为"模范少数族裔",他们的特点是,注重家庭、社会地位向上移动/力争上游,而且政治观点温和,其中"家庭关系密切、家教严格"成为新的种族刻板印象的基调。

华裔美国人"模范少数族裔"的印象在美国社会主流意识形态中具有比较广泛的社会心理基础。原因在于,华裔美国人确实是在种族主义偏见和阴影中,凭借教育和勤奋工作的个人奋斗方式获得了较以前高的社会经济地位。正如邵怡所说,"如果一个少数群体在没有特别法案或福利支持的情况下完全依靠自身努力获取成功,并显示出美国中产阶级特征(如较强的职业道德、进取心、自律、尊重权威等)的话,主流群体当然会称之为'模范'并对之表示好感"[①]。

虽然无论成龙本人还是他所饰演的角色都并非美籍华人,而是来美国出差的中国人,但是成龙无论在好莱坞影片中还是在现实中都出色地演绎了美国主流社会所想象的"模范少数族裔"。成龙的好莱坞角色呈现了一些香港影片角色所没有的特征,它们恰恰正是美国主流意识形态所期待的模范少数族裔应该具有的品质。比如《尖峰时刻》系列影片中李警官对于上司的顺从和谦卑,实际上是"模范少数族

---

① 邵怡:《美国亚裔刻板印象:黄祸论到模范族裔》,《江苏技术师范学院学报》2006年第1期。

裔"刻板印象的重要特征，不仅象征着对父权秩序的尊重，而且也象征着不会挑战、威胁或者抵抗西方霸权。《燕尾服》中吉米·唐无限仰慕并崇拜白人上司的老练与自信，也再度确认了白人的种族优越地位。在《八十天环游世界》中，身手不凡的王星只是笨手笨脚的白人科学家的用人，他毫无条件而且无比忠诚地帮助主人获得了事业上的成功和爱情上的丰收。这些特征重申并维护了原有种族秩序的尊卑地位。《上海正午》中的清朝大内高手王冲，毫不留恋地隔断了自己与东方的关联，宣称"这里是西方，不是东方"，饥渴地投入了美国价值体系的怀抱之中。这样的选择证明并重申了美国价值观念及生活方式的优越性。

当然除了上述迎合西方主流意识形态的模范少数族裔特征，成龙的好莱坞角色大体上都延续了他业已建立的银幕人格中的很多积极的方面，比如身手不凡、正直、善良、幽默、扬善除恶而且排斥低俗。此外，如本章前文所述，虽然成龙对其好莱坞影片制作的控制权远远无法与其香港影片相比，但是在他出演的所有好莱坞影片中，他都坚持了自己的"榜样角色"的底线原则，比如不演反派人物、不说脏话等。第一章已经解释过成龙对于英雄角色的坚持。也是出于同样的原因，他建议《尖峰时刻》导演把原剧本中的脏话删除。

在现实中，身为巨星的成龙同样树立了榜样力量，这也增加了他的受欢迎程度。他在事业中敬业、追求卓越的态度有目共睹。在生活中，他以健康向上的形象出现在公众面前。无论在东方还是西方，成龙都待人和善，不仅对待粉丝友好，还热心慈善事业，并且以身作则宣传环保、戒毒等价值理念。这些实践契合了西方主流社会所需要的榜样形象。

三 对中国形象的正面传播及儒家价值观的张扬

由于复杂的历史及文化原因，多数西方评论家和观众认为成龙在

◇建构"英雄"传奇

美国的出场本身就是"对亚洲价值观的张扬和多元文化的强化"①。

第一,"被看见"是任何一种文化获得传播的前提,一个华人演员在好莱坞主流商业影片中作为男主角出现,本身就意义重大。如果说,为了把电影商品卖给全世界,好莱坞影片本身的价值观越来越不敢呈现种族主义的话,那么好莱坞行业中的种族歧视则不仅历史悠久,而且非常明显。例如,无论是傅满洲还是陈查理,其扮演者无一是华人演员,大部分扮演者都是白人演员。由白人演员饰演黄种人的做法,就是好莱坞历史上的"黄脸戏",前文提到米奇·鲁尼在《凡蒂尼早餐》中扮演亚洲人就属于这种做法。以陈查理为例,好莱坞拍摄的47部陈查理电影中,扮演者没有一个华人演员,主要的扮演者是两位白人演员:瑞典演员 Warner Oland 和美国演员 Sidney Toler。为了确保对华人群体的霸权统治,美国白人统治阶级不仅建构了华人刻板印象,并且经由白人演员的银幕演绎才确立这些刻板印象,清楚证明了华人刻板印象对于维护霸权统治的重要意义。

"黄脸戏"的做法既体现了当时美国社会主流意识中的保守作风,也反面证明了华裔/亚裔演员在 80 年代之前的好莱坞的低下地位。实际上华裔/亚裔演员只能扮演反面角色或者白人的助手。李小龙的经历是一个典型例证。李小龙出演过美国 ABC 电台播出的电视剧《青蜂侠》(1966—1967),凭借在片中展现的灵活拳脚及敏捷身手受到了美国观众的欢迎。然而由于好莱坞根深蒂固的种族歧视,当时的制片公司不能接受由白人以外的演员担任主角。李小龙虽然相貌英俊功夫高强,却一直得不到重用,只能做配角、龙套或者武术指导,始终无法成为第一男主角。志向高远的李小龙为此郁郁不得志,因此决心先去香港拍电影。这使人想起美籍华裔作家赵健秀对李小龙的评论。他对于好莱坞盛行的种族主义刻板印象直言不讳,在谈到李小龙在《青蜂侠》中扮演男主角的助手时,他说如果李小龙想在美国表演,"他就不

---

① [美]袁书:《美国语境中的功夫片读解:从李小龙到成龙》,徐建生译,《世界电影》2005 年第 1 期。

得不戴上面具,开一辆白人的车,洗车,只有在得到白人命令之后才能进攻……如果他想脱去衣服成为男人,就不得不去中国或者香港"。

嘉禾公司老总邹文怀也曾经提及当时的美国社会对于黄色人种的认知匮乏。在80年代初嘉禾公司进军国际化的过程中,邹文怀特意让成龙和许冠文客串了嘉禾投资的好莱坞独立影片《炮弹飞车》。此片耗资近2000万美元,熟谙明星制的邹文怀以大手笔的500万美元片酬拉来当红好莱坞巨星伯特·雷诺兹担任主演,此外还有罗杰·摩尔、彼得·方达等多位好莱坞明星。此片收获了巨大的商业成功,斩获了7200余万美元的北美票房,名列1981年北美电影票房第六位,同时也打破了北美独立制作电影的票房纪录。谈及为什么要让成龙和许冠文出现在《炮弹飞车》这部好莱坞明星云集的影片中,邹文怀提到了这么一个初衷,"事实上,在《炮弹飞车》里放许冠文和成龙,有两个原因,美国版图大,有不少中部地区的人可能从来没有看见过中国人或其他亚洲人,有些以为我们还是留长辫子的,于是我希望把一些中国脸孔加进我的主流美国电影中,希望多些人习惯看见中国人"①。

两相比较,成龙在好莱坞影片中"被看见"的意义就显露出来了。无论哪种文化的传播,其前提都是受这种文化影响的人群/事物能够"被看见"。只有具备了可见性之后,才有可能获得更大范围的传播继而有机会得到接受与认同。正如嘉禾安排成龙和许冠文出现在《炮弹飞车》这部好莱坞主流影片中,就传达出嘉禾公司极为宝贵的文化传播意识。三四十年前,中国的国际地位无法与今日同语,加之当时信息途径有限造成消息闭塞,较为保守的美国中部地区人可能从未见过亚洲人并不是传说。邹文怀"让多些人习惯看见中国人"的想法及做法恰恰是电影传播中国文化最重要的第一步。成龙作为嘉禾公司的顶梁柱明星,最终在好莱坞"出场"也离不开嘉禾公司的国际化策略安排。

---

① 《新航标:嘉禾四十年风云雄霸史　橙天入主新模式》,http://ent.sina.com.cn/f/m/xhb10/index.shtml。

◊ 建构"英雄"传奇

第二，成龙所扮演的正面角色是对好莱坞银幕华人形象的重大修正。虽然好莱坞由于强大的历史惯性往往把他的角色塑造为西方世界中的亚洲他者，但是相对于邪恶阴险的傅满洲、智慧但迂腐的陈查理等东方主义意味浓厚的华人刻板印象，成龙的华人角色显然是好莱坞银幕历史上华人形象的大幅进步。同时，相对于总体仍然处于边缘位置的同时代其他华人影星，成龙所扮演的都是主流角色。李连杰、周润发等男影星在好莱坞影片中很少继续华语电影中的英雄角色，主要扮演冷酷神秘的打手或者帮凶，李连杰主演的《狼犬丹尼》甚至被海内外华人观众认为是一部"辱华"电影。巩俐、章子怡、刘亦菲、张静初等女影星基本上延续了好莱坞银幕上华人女性的两种刻板印象：性感诱惑而又神秘危险的蛇蝎女郎式的"龙女"形象和等待西方男性救援的"苏丝黄"式的柔弱女人形象。

在陈林侠看来，上述华人演员的好莱坞实践落入了阿里夫·德里克所谓的"东方人的东方主义"议题。在赛义德的"东方主义"概念中，"西方"的知识、制度和政治/经济政策长期将"东方"假设并建构为异质的、分裂的"他者"。也就是说，"东方主义"是西方针对东方的偏见性思维方式/认识体系。东方在西方关于东方的观点中发挥了何种功能，是"东方人的东方主义"议题的关注点。德里克问道，"当我们把'东方人'置入这个画面，不是作为欧洲话语的沉默客体，而是作为东方主义出现过程中的能动参与者置入这个画面时，东方主义以及整个现代意识的问题又会怎样呢？"[①]。陈林侠认为，华人演员进入好莱坞工作就是一种从东方进入西方的跨文化实践，这种做法构成了东方人参与的东方主义，并且也是具有逾百年历史的"东方人参与下形成的东方主义传统"[②]的一部分。在他看来，正是在这个意义

---

① ［美］阿里夫·德里克：《中国历史与东方主义问题》，载罗钢、刘象愚主编《后殖民主义文化理论》，中国社会科学出版社1999年版，第78页。
② 陈林侠：《跨文化背景下东方人参与的"东方主义"——以成龙的好莱坞电影为个案》，《戏剧》2013年第1期。

上，相对于当代其他好莱坞华人演员，成龙在好莱坞的成功极为重要，其特殊意义在于"由东方人参与的东方主义逐渐修正西方已成模式的东方主义"。

具体来看，成龙的好莱坞角色不仅是正面角色，其角色刻画相对深入，所扮角色的类型也相对多元化。他的角色通常既有智慧又有身手。在《尖峰时刻》系列中，虽然李警官总是被黑人搭档卡特揶揄讥讽，但总体上李警官是更为宽容、更为成熟的一方，而且情节的发展往往证明李警官对环境的预判要比卡特准确。《邻家特工》是成龙角色被刻画的最充分的好莱坞影片。此片是类似于《超级奶爸》式的合家欢家庭动作喜剧。成龙扮演打算退役的超级特工 Bob，为了方便起见假装成一名钢笔商与隔壁的单亲妈妈谈恋爱，对方的三个小孩成为两人关系进一步发展的障碍。在单独照顾孩子们的时候，不巧陷入了一群犯罪分子的阴谋。Bob 不仅带领孩子们挫败了犯罪团伙的阴谋，还赢得了孩子们的喜爱和尊重，并促进了他们与母亲间的亲密关系。影片最后 Bob 与白人女友 Gillian 举行了婚礼。

值得注意的是，在婚礼上，Bob 与女友亲吻了一下。虽然这只是蜻蜓点水的象征性的一吻，对于好莱坞银幕上的华人爱情关系却具有突破性意义。通常有色人种被认为处于美国社会的次等地位，与白种女人谈恋爱是一个文化禁忌。能否"得到"一个白种女人在好莱坞银幕上是一个极具意味的象征。艾伦·瓦尔泽姆（Allen Walzenm）在评论李连杰与艾莉雅在《致命罗密欧》中的爱情关系时认为，"我们已经到达这么一个点，允许一个亚洲男人与非亚裔美国女人产生爱情，只要她不是白人而且这段关系的本质非常模棱两可"[1]，这句话也适用于成龙。瓦尔泽姆认为，在《上海正午》中，"虽然叙事给了成龙的角色两种爱情选择，但是意味深长的是，没有一个

---

[1] 引自 Munib Rezaie, *Neutered Dragon: A Critical Look at the Career of Jackie Chan*, Master Thesis: University of Miami, 2010, p.9.

是白人"①。罗贵祥则如此描述《尖峰时刻2》中成龙与女主角罗丝雷恩·桑切斯（Roselyn Sanchez）的亲吻，"打破了白种女人对亚洲男性的性吸引力这一文化禁忌，尽管罗丝雷恩是阿根廷人，并非真正的盎格鲁撒克逊人"②（实际上演员罗丝雷恩是波多黎各人）。如果沿着上述逻辑考量，Bob与白人女友的一吻无疑具有突破性意义，原因在于，华人男性在银幕上终于"得到"了一个纯正的美国白种女人。哪怕这种"得到"并没有像邦德电影那样被呈现为英雄与美女上床的镜头，而只是被呈现为一个浅浅而简短的卡通式亲吻——他们的嘴唇碰到一起之后，镜头立刻切换到旁边孩子们的幸福笑脸上。

　　源于类似的原因，陈林侠肯定了成龙对于好莱坞电影的"东方主义"特征的修订。他认为，虽然成龙顺从于西方文化权力话语，但是他同时又通过借用东西文化的"接触地带"，"营造出了文化的'疏离感'，传达出一种'似西似中'但又'非西非中'的文化样态，对应于西方社会的某种期待，一定程度上调整、修正了东方形象"③。虽然成龙的好莱坞角色并未根本扭转好莱坞电影中的东方主义刻板形象，但或多或少促使其发生了变化，结果是在好莱坞银幕上，"东方主义略有褪色，正面形象悄然增加"。

　　第三，成龙在银幕内外主动为中国宣传，成为西方民众眼中的中国符号。

　　好莱坞影片的叙事并没有刻意强调成龙角色是来自香港还是中国大陆。源于香港与中国大陆的复杂关系，这引起了部分华裔学者对其文化身份的关注。例如张建德认为，在好莱坞制作中，"第一，对美

---

① Munib Rezaie, *Neutered Dragon: A Critical Look at the Career of Jackie Chan*, Master Thesis: University of Miami, 2010, p. 9.

② Lo Kwai-Cheung, *Chinese Face/Off The Transnational Popular Culture of Hong Kong (Pop Culture and Politics Asia PA)*, New York: University of Illinois, 2005, p. 242.

③ 陈林侠:《跨文化背景下东方人参与的"东方主义"——以成龙的好莱坞电影为个案》，《戏剧》2013年第1期。

国观众而言，成龙这个香港人的来源地未被充分表征。第二，对华裔种族性的强调一直多于对香港文化特殊性的强调"①。罗贵祥也有类似看法，"通过把香港电影人刻画成大陆人，涉及香港电影人的好莱坞电影以香港的独特性为代价，在叙事上否定了香港的文化身份"②。好莱坞电影中的香港明星普遍被刻画为来自中国的外国人或者类型化的中国人，"但是他们的文化血统对于电影情节并不重要"③。确实成龙角色的文化身份在好莱坞电影中并没有那么重要。正如成龙本人数次表示，他的美国电影是为美国观众和美国市场制作的。主流美国观众对香港/中国的关系并不敏感。把任何一个政治问题带给美国主流观众都是不明智的商业决定。

作为中国人，成龙顺水推舟地在各种西方场合推广中国。例如他在世界各地以中国人的身份积极参与慈善活动。而且他在参加世界各地的重要活动时都会身着唐装，通过这种具有民族特色的服装来显示自己的地域性和民族性。这种做法不仅增添了他在西方世界眼中的异国情调、流露出他的民族自信心，而且宣传了中华民族的一种文化符号。

实际上，由于高度传播的电影角色形象及友善正面的公众形象，成龙本身已经成为一个最为外部世界所认可的中国文化符号。在中国外文局对外传播研究中心等单位联合发布的《中国国家形象调查报告2012》中，调研者选取了美国、英国、澳大利亚、印度、马来西亚和南非6个国家的数千名受众为调查样本，向受访者出示了茶叶等23种涵盖了多个领域的中国文化元素素材。调研结果显示，各国受访者最喜欢的中国文化元素排名趋于一致。成龙排在第三位，仅次于熊猫和长城（后面依次是中国美食、故宫、龙、茶叶、中国功夫、扇子和瓷器）④。

---

① Teo Stephen, *Hong Kong Cinema The Extra Dimensions*, London：BFI，1997，p. 128.
② Kwai-Cheung Lo，"Double Negations：Hong Kong Cultural Identity in Hollywood's Transnational Representations"，*Cultural Studies*，15. 3/4（July/October 2001），p. 466.
③ Teo Stephen, *Hong Kong Cinema The Extra Dimensions*, London：BFI，1997，p. 133.
④ 察哈尔学会、中国外文局对外传播研究中心、华通明略：《中国国家形象调查报告2012》，《公共外交季刊》2012年第4期。

◊ 建构"英雄"传奇

第四，成龙在银幕内外传达了东方特有的儒家文化价值观，透露出儒家文化复兴的希望。

成龙影片大量展示了中国人的性格和情感。除了面对犯罪嫌疑人的时候，他都是一个温和、豁达而幽默的热心人。哪怕在激烈的追逐打斗中，他也会为了婴孩、甚至宠物狗的安全而不惜自身冒险。这种尊重生命、慈悲为怀的做法还往往体现在他与对手的打斗中。虽然他拥有超人般的身体技能，却极其低调，不愿招惹是非并极力避免暴力。他主要是为了防卫或者抓住嫌疑人而出手，总是不忍心伤害到对手，哪怕是罪大恶极的犯罪嫌疑人，他也不会狠心致其于死地。

成龙在影片中的上述展示容易令西方观众对其中内含的东方价值观念产生亲近感。他的角色具有普通人的弱点，因此不是被仰望的类神式的英雄——与好莱坞主流动作片的西方英雄明显不同——他所具有的"人"性更能引发观众的共鸣。

成龙影片中所展示的中国传统儒家文化价值观的优质内涵，不仅成为反照西方现代社会诸多顽疾的一面镜子，而且提供了一剂可用的药方。东方敬重长辈的伦理观念，应对着西方的过度自由放任无序；东方对于家庭的重视，应对着西方社会单亲家庭日益增多的社会现实；东方对于暴力的忍耐，应对着西方枪支泛滥犯罪率升高的现实；东方人人之间一团和气的和谐相处模式，应对着西方社会高度文明却冷漠的人际关系。正因为如此，吴冠平以"无意识的东方主义救赎"点明了成龙影片对于西方社会的意义。

作为成功的商业片，成龙影片在全世界广为流传，也把所承载的儒家文化价值观传递到了世界上的各个角落。成龙其人其作在西方世界的成功，不仅证明了儒家文化的优质内涵可以被西方所接受，而且显示出在"中国崛起"和"全球本土化"的背景之下，儒家文化有可能给西方现代主流文化提供补充性观念与价值，这也正是儒家文化复兴的契机。

第五章

建构成龙明星品牌的"文化英雄"形象

对电影明星进行品牌研究是保罗·麦克唐纳在2013年的《好莱坞明星制》一书中重点推出的关于明星制研究的新路径。这种研究方式超越了传统明星研究中把明星看成文本或形象的纯符号领域,提供了考察电影明星的符号化及商业化运作的新角度,为考察成龙现象提供了一个合适的框架。

成龙电影是任何有关成龙研究的最根本内容,因此前文第二、三、四章对成龙电影做了充足而必要的分析。在此基础之上,本章基于麦克唐纳"明星品牌"的框架,试图考察成龙如何在电影场域内主动建构了成龙这一电影明星品牌,又如何在电影场域外通过资本的转换使成龙品牌的影响力超越了电影场域,如何试图增加成龙品牌的传奇色彩,以及报纸等不同媒介对于成龙品牌的建构又发挥了什么功能。这一考察过程也恰恰可以揭示成龙品牌如何从银幕上的"动作英雄"转变为社会场域中的"文化英雄"。

第一节 电影场域中的成龙品牌

一 明星品牌

通过对意义和商业的结合,明星创造了电影产品之间的差异性和延续性,保罗·麦克唐纳于是借用了市场营销理论中的"品牌"概念,把明星比拟成品牌。品牌不是商品,而是考量商品的一种方式。

◊ 建构"英雄"传奇

在品牌化的过程中，产品/服务被比喻成一个人，由此被赋予人的性格或特征。明星制的符号化商业则颠覆了这一品牌比喻。明星是作为品牌的个人，是一种符号媒介，被用来创造一系列印象，以便销售某一电影体验①。可以说，成龙明星品牌涉及一系列关于成龙的互文本媒介内容，以成龙电影为主体内容、成龙本人的银幕外公共活动为外围内容。

凯费洛的"品牌化体系"一说为明星品牌概念提供了重要前提。品牌不仅是符号（能指和所指的相互作用），而且是产品或服务的符号。在"品牌化体系"中，品牌名字/符号、品牌概念和产品/服务这三者互相联系。通过三者之间的流通，品牌化形成了商业符号学，这是因为符号标志着商品之间意义上的不同。符号化体系把"品牌能指"（名字/物质符号）与"品牌所指"（相关的无形概念）和它们的"指涉物"（相应的产品或服务）集中在一起。当品牌化促进了消费者对某种产品的了解、认知、意识和感知，那么品牌就变成了资产。如果能够证明，利用这种资产极大提高了经济回报，不利用的话经济回报将会少很多，那么"品牌资产净值"就产生了。凯费洛不再把品牌当成静止的物理客体，而是认为"品牌拥有人格。通过交流，它逐渐建立起性格。通过讲述其产品或服务的方式，它显示出自己如果是人将会是哪一种"②。

在明星制的符号化商业中，所销售的不是明星符号——（能指与所指的结合，其中明星能指是明星的身体和声音等具体记号，明星所指则是这些具体记号所关联的含义的集合）——而是作为一种途径被用来理解所销售商品（即电影）的明星符号。把明星符号和电影之间的流通看成品牌化的一种形式，可以看出这种流动不仅是符号学关系，

---

① ［英］保罗·麦克唐纳：《好莱坞明星制》，王平译，世界图书出版公司2015年版，第40页。

② Jean-Noel Kapferer, *The New Strategic Brand Management: Creating and Sustaining Brand Equity Long Term*, London: Kogan Page, 2008, p. 183.

而且是商业关系。正是通过这种符号化和经济化的阐释,以及带有市场价值意义的阐释,品牌化的概念才有助于理解电影明星制的符号化商业。

麦克唐纳强调了明星姓名在明星品牌中的重要意义。用以标识明星的差异性和连贯性的关键符号媒介有两种,其一是身体,其二就是姓名。作为一种符号,明星姓名的作用是指认并确认了专由某个演员所提供的娱乐服务。凯费洛认为,"实质上,品牌就是影响消费者的名字"①。在明星制的符号化商业中,明星的姓名能够鼓励消费者做出消费决定。明星姓名发挥了符号/文化和经济/商业的作用,不仅指明了某个特别的身份,也给市场提供了建议。这种双重作用就使明星姓名融入了消费资本制度中广泛存在的姓名通货体系。无论对于明星还是品牌,这种指认都变成了"姓名经济"的一部分,而姓名经济"涉及长期的社会与文化资本的积累,这种资本而后又转换回经济资本"②。

在电影明星制的符号化商业中,明星名字发挥了下述四种符号化作用。第一,姓名是独特性的标识。明星作为差异的标识如此有价值,以至于保护其独特性已经从明星体系渗透至整个表演行业。按照美国影视演员工会(SAG)的成员规则要求,两个成员的工作名字不能相同。第二,名字不是空洞的标签而是意义的来源:名字不仅不同而且传达意义。明星的名字不仅指明了而且描述了一系列的意义。第三,明星姓名维系了明星曝光的传播和重复。通过让名字在预告片、海报、电影片头和片尾字幕、DVD 盒子、杂志、书套还有网络这些多元文本中出现,明星得到了媒介化的身份,而大众传播渠道不仅确保了明星名声的空间与时间传播,也确保了明星的重复出现。第四,因为其符

---

① Jean-Noel Kapferer, *The New Strategic Brand Management*:*Creating and Sustaining Brand Equity Long Term*, London:Kogan Page, 2008, p.11.
② Moeran, Brian,"Celebrities and the Name Economy", *Research in Economic Anthropology*, 22, 2003, p.300.

◊ 建构"英雄"传奇

号化和商业化作用,明星姓名是最有价值的财产。明星姓名作为表示商业实体的符号化标志,起到了与商标一样的作用。

二 姓名与成龙品牌的确立

"成龙"及其英文名字"Jackie Chan"是成龙品牌的最重要符号之一。"在好莱坞历史上姓名的管理、创造和修正是最平常不过的做法",同样做法也流行于香港电影行业。"成龙"及"Jackie Chan"在最终确定之前经历了一系列复杂的变化。

"成龙"这一名字的直接来源是李小龙。成龙出生时的名字叫陈港生,在中国戏剧学院学艺时用的是艺名"元楼",在电影业内成名之前曾经以"陈元龙"这一名字担任男主角及武术指导。

李小龙突然去世之后,香港功夫片顿时一片前途惨淡。香港电影业急于挖掘可以接替李小龙的功夫演员,出现了一股以"龙"命名的动作演员改名热潮,比如"梁小龙"(原名梁财生)、"黎小龙"(原名何宗道)、"吕小龙"(原名黄建龙)、"唐龙"(韩国演员金泰中)、"巨龙"(马来西亚演员,原名不详)等。"成龙"一名也是这一热潮的产物之一。陈港生当时的艺名还是"陈元龙",被经纪人陈自强从澳洲叫回香港出演罗维导演新片《新精武门》的男主角。罗维曾经导演过李小龙的《唐山大兄》及《精武门》。李小龙去世之后,罗维一直在寻找可以接替李小龙的功夫演员,他找到的是陈港生。给陈港生改名是打造新明星的第一步。罗维导演专门找到香港著名女作家潘柳黛,请她帮忙给陈港生取名字。最终从"大龙""文龙""子龙""云龙""成龙"等预选名字中,选定了"成龙"。从《新精武门》开始,"成龙"这个响亮的名字就成了陈港生的新身份。

当时陈港生并不出名,而"成龙"这个名字至少具备两方面丰富甚至耀眼的内涵。一方面,在香港电影功夫片的语境中,这个名字无疑令人立刻联系到李小龙。"李小龙"是一个具备传奇品质的国际明星品牌。听到这三个字,听众会立刻想起一位拥有凌厉身形和华丽拳脚的银幕华人功夫高手,还有他正当盛年却神秘暴毙的传奇人生。这是李小龙品牌的核心特征所在,也是"李小龙"这个符号所传递的意义。"成龙"这个名字无疑利用了李小龙这位巨星的"传奇地位的文化历史价值",主动提示观众期待类似于李小龙式的电影体验。

另一方面,"龙"这个字在中国社会中,具有丰富的历史及文化含义。历史上,龙作为权力和威严的象征,专指皇帝,只能被皇室使用。因此在中国文化中,龙被广泛视为尊贵、吉祥和力量的象征,成了中华民族的图腾式象征。现在,"龙的传人"成为世界各地华人的自称,表达了对于中华民族的情感认同。汉语语言中有若干成语包含"龙"字,如"望子成龙""真龙天子""龙凤呈祥""骥子龙文""龙肝凤髓",也都传达了人们对于龙这一吉祥符号的敬仰与认可。出于同样的原因,汉语名字也大量使用"龙"字。"龙"不仅出现在商标、企业和旅游景点等名字中,更多出现在人们的名字中。

实际上,"李小龙"这个名字本身就是这一传统的产物。1950 年,只有十岁的李振藩第一次触电大银幕,拍摄了香港影片《细路祥》,此片的编剧袁步云为李振藩改名李小龙。类似的是,"成龙"这个名字既包含了对于吉祥顺遂的希冀,又传达了一种高远志向。雷金庆还特别指出了龙与华人男性理想之间的关系,"这些与龙有关的名字直指男性特质的核心。龙除了是中国的象征,也是有着伸缩自如、可软可硬能力的阳物象征。因此'小龙'和'成龙'的出现并非偶然,而是明确地指向了男性理想"①。

正是由于上述两方面原因,陈港生一开始"不敢"选"成龙"这个名字,因为这个名字过于耀眼,"太大了"。实际上,改名为成龙之后他并没有立刻成功,《新精武门》(1976)、《少林木人巷》(1976)、《拳精》(1978)、《蛇鹤八步》(1978)等影片票房并不理想。"成龙"这个名字甚至成了批评奚落的对象,"成什么龙啊!成 song(尸从)

---

① [澳]雷金庆:《男性特质论——中国的社会与性别》,刘婷译,江苏人民出版社 2012 年版,第 210 页。

建构"英雄"传奇

还差不多,要不就成虫""大鼻子小眼睛,长成这个样子还好意思叫成龙"①。这也从反面例证了"成龙"这个名字的独特之处。

明星姓名的作用是简练囊括了人们对于某一明星的了解。随着陈港生凭借《蛇形刁手》《醉拳》爆红之后,"成龙"这个名字随即成为"成龙品牌"的意义来源。在当时,"成龙"令人想到的是功夫喜剧类型电影和一个顽皮幽默、身手敏捷的功夫小子。

Jackie Chan 这个英文名字也是经历了一番变化之后才最终被确定的。返回香港拍《新精武门》之前,陈港生在澳洲做过一份水泥工的工作,给他介绍工作的人顺便给他起了一个常见的英语名字 Jack。陈港生认为 Jack Chan 这个名字没有韵律感,就自己改为 Jacky。以"成龙"的中文名字在《蛇形刁手》《醉拳》中大获成功之后,陈港生跳槽进入嘉禾公司。嘉禾老板邹文怀认为,Jacky 这个名字感觉不会红,加之来到嘉禾要重新开始,建议改为一个女孩子的名字 Jackie。实际上,Jackie 作为一个偏女性化的名字,与当时已经成名的成龙电影的一个重要品质之间有相通之处:亲切而不具备威胁性。如果说"成龙"这个名字指涉了李小龙,那么对于已经通过功夫喜剧确立自己名声的成龙来说,"Jackie"这个英文名字隐约暗示了成龙与李小龙之间的不同风格:成龙是一个更具亲和力的功夫明星。成龙于是正式获得了自己的英文名字 Jackie Chan。

Jackie Chan 这个英文名字对于成龙品牌的意义非常重大。原因主要在于,一个合适的英文名字是打造为国际明星的头一步。嘉禾公司一直具有明星品牌的意识。自李小龙去世之后,嘉禾公司一直在物色接班人,起初力捧动作明星王羽但是并不成功。后来嘉禾不惜重金把已经一炮打红的成龙挖进自己公司,把他培养成为李小龙式的国际巨星也是嘉禾公司国际化征程的一个重要目标。在成龙第一部嘉禾电影《师弟出马》中,"Jackie Chan"第一次出现在银幕上。从此片开始,

---

① 成龙、朱墨:《还没长大就老了》,江苏凤凰文艺出版社 2015 年版,第 316—320 页。

"Jackie Chan"一直与"成龙"并列出现在银幕上。"A Jackie Chan Movie"对于非华语观众的意义,跟"成龙电影"对于华语观众的意义是一样的。也就是说,"A Jackie Chan Movie"与"成龙电影"具有相同的内涵。

麦克唐纳也讨论过"Jackie Chan"这个英文名字的重要意义。语言上的差异会造成"文化折扣"的障碍,因此会妨碍媒介产品的跨境流动。一个合适的英文名字能够帮助演员进入文化市场。在他看来,在跨国人才进入好莱坞时,即使像陈港生这样身怀功夫的演员,要不是他在香港电影中已经凭借"Jackie Chan"这个英文名字闯出自己的事业,否则也永远无法打入好莱坞。在这个例子中,"Jackie"这个名字不只是把男明星名字加以亲切化的做法,这种改变缩小了地理文化差异,形成了文化亲近的表象,从而帮助他进入了英语国家的市场。通过这个例子,麦克唐纳解释了明星姓名在明星劳动力的国际市场中的特殊意义。

成为明星品牌需要时间及经验的积累。大部分电影演员,包括那些后来成为明星的演员,在其事业的早些年中并没有品牌可言。原因在于,在明星制人才等级结构中他们仍然是"初出茅庐者"或者"名不见经传者"。这类演员通过表演给电影带来意义,但是不能实现品牌化所带给电影的创造认知的根本功能,所以无助于市场销售。成为明星品牌不可避免地需要时间,因为必须要积累一系列与众不同的意义和成功电影的商业记录。在一系列电影获得商业成功之后——这些成功不必是连续的——演员不仅由此确定了一系列显著的意义,而且获得了经济地位,此时以他们名字为关键符号的明星品牌就形成了。

三 成龙电影明星品牌核心特征:喜剧动作奇观

经过了陈墨谓之"史前阶段"的数年积累,成龙品牌在70年代末得以确立。《蛇形刁手》《醉拳》的巨大成功确立了"成龙电影"的最初核心意义:顽劣的邻家小子式的主人公和喜剧化的奇观打斗。

◇ 建构"英雄"传奇

进入嘉禾公司后,"Jackie Chan"成为成龙的英文名字,出品的《师弟出马》和《龙少爷》完全延续了上两部影片的功夫喜剧类型,因此强化了上述"成龙电影"的核心意义。"A Jackie Chan Movie"于是具有了"成龙电影"的内涵。

需要清楚的是,明星品牌的核心意义并非固定不变,而是一直不断地发生变化。促使演员获得最初明星地位的显著意义会构成该明星品牌持久的核心特征。这些特征如果不会出现在该明星的全部表演中的话,也将出现在未来的大部分表演之中。这些核心特征的稳定使得明星作为横轴差异化符号继续发挥作用。这些意义将会继续存在,但是到了适当的时候明星品牌也可能会获得其他特征,可以补充修饰核心特征。因此在明星品牌的研究中,有必要寻找那些定义了品牌的核心意义。在品牌的核心意义之上又积淀了补充意义及次等意义,后者拓展了品牌,久而久之有可能推动明星品牌朝着新的方向发展。

在成龙品牌的发展过程中,《A计划》明确改变了最初确立成龙品牌的"功夫小子"式的核心形象,成为成龙品牌的第一个转折点,也是最重要的最成功的转折点。与后来的《警察故事》一起,《A计划》为成龙品牌增加了他最著名的"现代警察"形象,并成为此后成龙影片中最主要的一类形象。虽然"现代警察"替代了"功夫小子"的人物形象、"现代动作打斗"也替代了"古代中国功夫",但是"功夫小子"形象所确立的核心特征大部分得到了保留,比如普通人身份和喜剧化打斗,也有一部分次等意义得到了修饰,比如类似于《蛇形刁手》中拧断对手脖子的残暴动作逐渐被取消,也可以说,"对敌人手下留情"被吸收为成龙品牌的一个补充意义。可以认为,《A计划》系列和《警察故事》系列影片完全确立了"成龙品牌"电影的核心特征,即"有动作不残暴,有喜剧不下流"的动作喜剧。

虽然由于扩展国际电影市场的需要以及成龙本人年龄的逐渐增长,成龙品牌不断获得了新的补充意义及次等意义。但是整体上,"平民英雄"这一形象贯穿于成龙电影,其品牌核心特征也一直较为稳定地出现在成龙的大部分影片中。这也恰恰体现了麦克唐纳所说的明星品牌所应该具有的"延续性"。

除了明星姓名之外，另外一个用以标识明星的差异性和连贯性的关键符号媒介就是明星的身体。电影明星是通过身体和声音所表演出来的品牌。无论其他因素为明星地位的生产做出了何等贡献，电影明星之所以成为明星，出演电影都是前提。麦克唐纳因此认为，任何有关明星品牌的分析都必须考察明星是如何在银幕上被制造出来的。

成龙的案例典型例证了明星身体对于明星地位的重要性。实际上，身体奇观是成龙品牌电影最重要的核心元素。本文第二章已经详细讨论了成龙电影中所呈现的蔚为壮观的身体奇观，并把其分为三个主要类别：喜剧身体、肉身神话及欲望之躯。这些不同类别的身体奇观大部分是由明星成龙的身体表演来完成。此外，在经典成龙电影中，叙事、摄影、灯光和剪辑等各种电影形式因素都突出了成龙在影片中所构建的身体奇观表演，由此强调了成龙的明星地位。

动作奇观在成龙品牌中占据了压倒性的重要位置，是成龙品牌化表演的核心特征，使成龙成了"动作喜剧"类型电影的同义词。无论是最初确立成龙品牌的"功夫小子"形象，还是随后成为成龙主要银幕形象的"动作警察"，仰仗的都是成龙无与伦比的动作奇观。但是，动作奇观这个核心特征对成龙的电影事业实际上产生了二元悖论式的矛盾作用。

一方面，动作奇观作为成龙品牌稳定的核心特征，使得成龙在明星坐标轴中作为横轴上的差异化符号发挥了巨大作用。麦克唐纳认为，"要想具有任何符号化或商业化价值，明星品牌必须呈现出一套强劲稳定的意义"。原因在于，明星品牌作为一种媒介，主要功能是引导消费者对于电影的认知。也就是说，明星品牌化身份就像是一个棱镜，可以使所出演的电影在市场的众多产品中被定位。正因为如此，观众会认为一部"成龙电影"有别于"李小龙电影"。

类型和明星都是电影工业制造产品差异化的工具，因为它们都确

建构"英雄"传奇

认了一部电影能提供什么以及不能提供什么。史蒂夫·尼尔（Steve Neale）认为，电影类型是"多维度的"①，因为类型是由几种元素形成的类别，而明星只是其中的一类元素。出演某部影片的明星部分地定义了该影片的类型，明星品牌也相应地由电影类型定义。因此明星为类型的形成做出了贡献，而类型也在明星品牌的形成过程中发挥了积极的作用。

但是单凭类型无法区分不同的影片，而明星则成了有助于区分同种类型影片的"特别添加物"。里克·奥尔特曼（Rick Altman）认为"就像超市中的分类产品，类型电影可以由任何一家制片商生产发行……无论一个策略能够多么有效地避免类型化认同，都会反过来强调制片厂给类型带来的特别添加物"②。同一种类型电影可以由完全不同的制片厂生产，因此为了有别于其他同类型影片，片商往往通过营销来强调明星品牌表演这种"特别添加物"。喜好动作片的观众会对"成龙电影"和"史泰龙电影"产生不同的期待——前者会有喜剧动作，而后者则会有更多血肉横飞的场面。

为了提高公众对于影片的认知度并影响他们的购买决定，电影营销通常会对参演明星进行大幅宣传。麦克唐纳指出，"就是在这种有关销售的交织传播之中，明星品牌的符号化商业扮演了重要角色。任何明星表演都是营销工具，因为明星阵容把明星品牌引入一部电影之中，明星品牌作为相似性与差异性的标志，在媒介市场中把这部电影定位成某种特别的作品"。明星的姓名和身体不仅通过影院海报、电视或者收音机插播的短广告和网站这些促销媒体得到流通与传播，而且还在宣传资料袋、记者招待会、媒体放映会和首映庆典这些公关渠道的活动中扮演重要角色。

以《尖峰时刻》海报为例（图5.1），可以看出营销如何突出强调了成龙的名字和身体。《尖峰时刻》是成龙成功打开好莱坞的第一部

---

① Steve Neale, *Genre and Hollywood*, London: Routledge, 2000, p. 2.
② Rick Altman, *Film/Genre*, London: British Film Institute, 1999, p. 115.

第五章 建构成龙明星品牌的"文化英雄"形象

图5.1 《尖峰时刻》海报

影片。在此之前，成龙已经是一个在世界各地拥有无数影迷的亚洲巨星。作为一个明星品牌，他已经建立了"身体奇观"这套"强劲稳定的意义"，这正是成龙品牌的商业价值所在。好莱坞最大化利用了成龙品牌的符号化价值。在海报中，成龙与搭档克里斯·塔克（Chris Tucker）的身体左右对称，基本占满了整幅海报。成龙的头顶上方是他的英文名字"jackie chan"。成龙左手握拳，右掌伸出摆出了一个常见的功夫姿势，并且露出了他的招牌笑容。在他双手下方的中间位置，是"东方的最快手"这句广告词。成龙所摆出的功夫姿势配上"东方的最快手"的解说词所突出的就是成龙品牌的动作奇观表演。对于熟悉成龙香港电影的观众来说,成龙的笑容代表了更多的符号意义,会引发观众对于《尖峰时刻》喜剧类型的期待。

动作奇观作为成龙品牌稳定而强大的核心特征,具有良好的票房号召力。《尖峰时刻》系列影片的商业成功证明了这一点。

另一方面,如前文所说,动作身体奇观作为核心特征,实际上很难维持,主要原因有如下四个方面。第一,喜剧化打斗越来越难出新意。第二,高难度的危险特技同样越来越难实现。第三,由于观众对于电影奇观的期待越来越高,同样水准、难度的动作奇观对于观众来说永远不够新鲜不够刺激。第四,越来越大的年龄是成龙创造新的动作奇观的障碍。

主要由于上述原因,作为成龙品牌核心特征的动作奇观越来越难保持其早期的吸引力/价值。成龙很早就意识到了这一问题,一直试图为成龙品牌增加其他的核心特征。他所做的最明显的尝试在于"拓宽戏路",表现自己的演技,试图成为"演技派"明星。

四 明星表演与成龙电影明星品牌的意义变迁

演员与角色之间的矛盾统一是表演艺术的核心问题。巴里·金(Barry King)在思考演员与角色之间的关系时,比较了"模仿化演绎"(又被译为"实力表演")和"典型化演绎"(又被译为"本色表演")。在前者中,演员通过改变声音和身体来再现角色间的差异;在后者中,演员本人声音与身体的连贯性得以保持,所以演员可能看起来只是在简单地扮演他/她自己[①]。"模仿化演绎"与"典型化演绎"形成了鲜明对照。

模仿化演绎强调角色多于演员。好莱坞女明星梅丽尔·斯特里普是"模仿化演绎"的一个典型代表。她在《法国中尉的女人》(1981)、

---

① Barry King, "Articulating Stardom", Screen, 1985 (5), p. 30.

《西尔克伍德》(1983)、《走出非洲》(1985)、《铁娘子》(2012)等影片中，都能够根据现实主义的目标和要求表演出不同的说话腔调和口音。通过形体和声音的转化，她把所扮演的角色调整到和叙事环境一致的风格。她的表演技巧往往得到观众的认可，为此获得过第55届和第84届奥斯卡最佳女主角奖。丹尼尔·戴-刘易斯、科林·费斯和中国明星李雪健等人也都是"模仿化演绎"的代表性演员。

典型化演绎则强调演员多于角色。与斯特里普形成鲜明对照的是阿诺德·施瓦辛格。在《掠夺者》(1987)、《孪生兄弟》(1988)和《终结者2：审判日》等影片中，他在运用身体和声音方面具有很多雷同的地方。施瓦辛格的这种表演"持续突出显示明星形象的相同性，而不去挖掘角色的相异性"①。由于施瓦辛格在影片中的表演总是相似，所以他的表演没能得到评论界的认可，被批评为"扮演的永远是自己"。

麦克唐纳继而指出了施瓦辛格案例中所存在的更深层次的原因，"施瓦辛格在评论界所受到的怠慢和冷落也可以分析出文化产品里面的一个通常的悖论，那就是利润是和艺术相对立的"②。施瓦辛格在影片中采用的是典型化演绎，这使他的形象有别于斯特里普所代表的艺术性表演。由于动作片英雄的男性特征把施瓦辛格这样的明星同"身体文化的体力劳动"相联系；而电影属于文化产品的领域，斯特里普惟妙惟肖的口音转化表演因此具有文化优势，所以占据了更高的艺术成就地位，相比之下施瓦辛格身体表演所呈现的雷同之处就被判定处于劣势。

同为动作类型男明星，成龙显然遭遇到了与施瓦辛格类似的表演评价。作为香港本土明星，成龙从《蛇形刁手》《醉拳》之后的绝大部分影片获得了良好的口碑及优异的商业成绩，但是他却从未获得过香港电影金像奖对其演技的正式认可。在1983—2013年期间，成龙得

---

① [英]保罗·麦克唐纳：《重新认识明星现象》，李二仕译，《世界电影》2001年第4期。
② [英]保罗·麦克唐纳：《重新认识明星现象》，李二仕译，《世界电影》2001年第4期。

建构"英雄"传奇

到了第 23 次香港电影金像奖提名,其中数次获得过最佳动作指导奖、最佳影片奖,但是却没有一次获得过最佳男主角奖。

诺贝尔文学奖获得者莫言这么评价成龙:"与所有的人一样,成龙先生会渐渐变老,但电影里的成龙,则会永远那么年轻、矫健,身手不凡。他在电影里塑造的人物,是个性鲜明的艺术典型,但在观众的心里,那就是成龙自己"①。成龙所塑造的"艺术典型",也就是典型化演绎所形成的"演员大于角色"。也就是说,动作喜剧类型影片中的典型化演绎成就了成龙的明星品牌,同时又限制了成龙作为演员获得更多的艺术认可。

为了"拓宽戏路",表现自己作为演员的演技,成龙在不同时期做出了很多次尝试出演正剧角色。这些表演主要可见于《龙的心》《重案组》《玻璃樽》《新警察故事》《神话》《新宿事件》和《辛亥革命》等影片。在《龙的心》和《重案组》中,成龙扮演的都是严肃的、没有喜剧成分的角色。在好莱坞拍摄完《尖峰时刻》之后,成龙回到香港拍摄了《玻璃樽》这部爱情喜剧,试图不依赖身体奇观,转而尝试新的电影类型。《新警察故事》和《警察故事2013》虽然被认为属于《警察故事》系列,但是完全没有继承之前四部影片的喜剧类型。在《神话》中成龙一人扮演两个角色,虽然影片部分依赖于身体奇观,但是成龙总体上扮演的严肃的正剧角色,古代将军蒙毅完全是一个严肃的悲剧角色。《新宿事件》和《辛亥革命》则基本上脱离了喜剧及动作这两个类型,都是严肃的正剧。

在上述表演中,成龙试图突破成龙品牌的核心特征:动作+喜剧。可以看到,上述影片基本上都对这个核心特征有突破也有继承。相对于"动作"特征在成龙品牌中的难以撼动的位置,喜剧特征更容易被改变。上述影片中只有《玻璃樽》是完全意义上的喜剧类型,其他都是正剧。由于爱情片的男主角通常是英俊高大、风流倜傥的类型,此

---

① 成龙、朱墨:《还没长大就老了》,江苏凤凰文艺出版社2015年版,序言。

第五章 建构成龙明星品牌的"文化英雄"形象

片并不成功,也证明了这一类型并不适合成龙,因此成龙此后并没有再出演爱情喜剧这一类型。其余的影片都是严肃的正剧,大部分角色还同时展示了成龙品牌的核心特征——动作奇观。

实际上,对于戏路的拓宽及突破,成龙一直没有停止尝试。早在上述"拓宽戏路"尝试正剧角色之前,在动作喜剧类型之内,成龙就对自己的喜剧表演方式进行过升级。他把自己早期的表演方式称为"夸张喜剧"。比如他打人之后会做出怪相来引人发笑,这主要可见于《蛇形刁手》《醉拳》等影片中。他承认,"看自己以前的喜剧影片会起鸡皮疙瘩,因为那很不自然"。所以他把喜剧形态升级,从低级的夸张打闹方式进化为高级的"环境喜剧"。他对此做了简单而生动的解释,"别人给我倒茶,我不要,把手盖在杯子上,他还在倒,烫着了我,我叫了声'唉呀!',这是环境造成的喜剧,我自己不笑,让观众笑"[①]。"环境喜剧"也是成龙从好莱坞喜剧大师基顿和卓别林表演中汲取的营养,在他看来他们的表演平淡又写实,就是"环境式的喜剧"。

回到成龙表演这一问题上:成龙到底有没有演技?实际上,在第二章"身体奇观"的"喜剧身体"部分的探讨中,已经分析过成龙在其无数影片中所展示的世界大师级别的身体表演。他的身体有别于施瓦辛格等西方动作明星的健美身材,并不主要强调力量、肌肉或者威猛的外形。他的身体表演不仅展示了人体的敏捷、柔韧与灵活,而且呈现了极为难得的节奏韵律感和动作美感,这就使他的打斗表演呈现出舞蹈化效果,带给观者一种特殊的艺术审美愉悦。在《醉拳》何仙姑段落的分析中,已经探讨过他如何通过身体与表情的结合进行了一场经典而夸张的喜剧表演。

遗憾的是,无论"身体表演"还是"喜剧"在艺术地位排名中一向不占据优势,二者的结合只是更强化了这一劣势地位。如前文所说,"身体表演"被认为与"体力劳动"相联系,得不到类似于口音转换

---

① 陈野:《成龙谈成龙电影》,《电影艺术》2000 年第 2 期。

建构"英雄"传奇

式的"智力劳动"的艺术认可。从亚里士多德到黑格尔、叔本华、尼采,大多数悲剧理论家都给悲剧以更高的地位,称之为"诗艺的冠冕""文艺的顶峰"。相比之下,夸张模仿的喜剧手段被认为是肤浅无深度的艺术形式。

大概由于这个原因,成龙对于演技的追求,一方面是为了改变以动作奇观为成龙品牌核心特征;另外一方面也是在获得了商业声望之后对于艺术地位的追求。成龙于是在生产经典成龙式动作喜剧影片之间不断地尝试正剧表演,试图以此拓宽自己的"戏路"。

"在电影明星的身体表演中,脸由于其丰富的表情达意功能,加之特写镜头的出现与广泛使用,使其成为演员身上最重要的表意元素","特写镜头对电影演员的面部表现有极高的要求,是对演员演技的最大考验之一"①。下文通过《神话》中成龙的面部表演来分析成龙的表演技巧。成龙在此片中一人分饰两个角色:当代的香港考古学家杰克和秦朝的忠诚大将蒙毅。杰克这个角色延续了成龙品牌喜剧化身体奇观的核心特征,而蒙毅将军则是一个悲剧角色。蒙毅奉命率兵前往秦国境边界迎接皇帝的异族新妃——丽妃,并在一场生死大战中拼命救出了丽妃,在返回京城的路上二人相依为命、惺惺相惜,不由得互生情愫。快要到达京城时,丽妃主动向蒙毅示好,并要为他跳一支独属于他的舞。蒙毅虽然也对丽妃产生了爱慕之意,但是对他来说这是一种绝对不该有的犯上的想法。在他看来,身为人臣的忠义责任高于一切。

看着丽妃翩然起舞,蒙毅通过面部表情传达出了内心的波澜起伏。这一段落用特写镜头呈现了成龙的脸,这段内心戏也堪称是他一个人的独角戏(见图5.2)。一开始他紧张不安并不太敢看,因为身份高贵的皇妃娘娘为他跳舞是有违伦理之举,但是看着丽妃的美丽身影,他不禁微微地笑了,眼神同时流露出温柔,神情也随之放松,观众可以

---

① 陈晓云、缪贝:《电影明星的身体呈现与视觉政治》,《上海大学学报》(社会科学版)2013年第3期。

第五章 建构成龙明星品牌的"文化英雄"形象

感受到他对丽妃的爱意。但是紧接着他的眉头略微一紧，眼神变得严肃，同时笑容也消失了，整个人紧张起来了，令观众意识到他想到了二人相爱却不能在一起的无奈。成龙怅然若失，随后抬头看见仍在跳舞的丽妃，他失落的眼神又开始充满了生气，脸上漾起了浅浅的微笑。在整个观看的过程中，成龙通过眼神和表情数次呈现了喜忧表情之间的微妙转换。没有对话没有身体其他部位动作的脸部戏是表演中较为极端的一个状况，对于演员非常具有挑战性。成龙在这一段落中奉献了自然而且到位的脸部微观表演，通过眼神和表情传达了对丽妃的温柔爱意以及身为臣子的身不由己，令观众对他复杂矛盾的心情感同身受，这一段落因此极富感染力。

图 5.2 《神话》蒙毅心情复杂地看丽妃跳舞

这一段落的感染力也离不开摄影机制对于成龙明星地位的强调。这一镜头运用了叠化技巧，成龙的脸部特写始终位于前景，占据了画框的中心位置，而翩然起舞的丽妃身形被虚化，作为陪衬位于远景。这样一来，就突出了成龙的表演，把观众导向了对成龙角色情感的认可，由此强调了成龙的明星地位。

实际上，《神话》中还有另外一个镜头更加明显地展示了摄影机制对于成龙明星地位的强调（见图 5.3、图 5.4）。蒙毅将军受奸臣之命前往城郊为皇帝取不老仙丹，奸臣暗递的眼色已经预示了蒙毅此行的悲剧命运。蒙毅于是来到丽妃轿前，二人告别，蒙毅发誓要为皇帝

◇ 建构"英雄"传奇

拿回仙丹保住丽妃性命。二人告别的段落运用了内反打镜头，蒙毅的脸占据了大约三分之一的画框，银幕上主要呈现了他的脸部表情，他眼神坚毅，面部肌肉紧绷。同时，丽妃仰视着他，她的脸占据了约五分之一的画框。

图5.3 《神话》蒙毅告别丽妃

图5.4 《神话》丽妃与蒙毅告别

在紧随其后的带领蒙家子弟兵出发的片段中，蒙毅的脸占据同样大小的画面，伴随着士兵们响彻云霄的"誓死效忠将军"的画外音喊声，他的面部表情由严肃转为感动，泪水盈眶却又被忍住，他的神情转而变得更加坚毅决绝（见图5.5）。

此处在与丽妃告别、带领士兵出发的片段中，摄影机制、丽妃的

第五章 建构成龙明星品牌的"文化英雄"形象

图5.5 《神话》蒙家子弟兵誓死效忠将军

眷恋和属下的臣服都成为蒙毅英雄地位的注脚，极尽所能地刻画出了蒙毅视死如归的忠肝义胆。

上述段落不仅证明了成龙可以进行内敛含蓄的正剧表演，而且也可以看出成龙电影如何调动所有因素建构成龙的明星地位。可以说，成龙的演技一直被低估了。与其说观众只认可成龙所打造的那个"艺术典型人物"，倒不如说是他的动作奇观表演过于辉煌，对比之下，使成龙品牌的其他特征、成龙作为演员的其他潜质显得黯淡无光。也就是说，成龙并不是没有演技，只是他走演技派的路难以超越其动作奇观表演所达到的高度。

模仿化演绎一度被认为优于典型化演绎，具有更高的艺术地位。这从二者之前的汉语译名也可以看出，前者被称为"实力表演"，后者则是"本色表演"——只有足够有实力的演员才能进行模仿化演绎，典型化演绎更多只是演员的本色而已。

实际上，对于二者孰优孰劣一直存在争议。历史上，匈牙利电影理论家巴拉兹曾经指出：最著名的电影明星根本就没有扮演谁，或者不如说他们只扮演了自己。而英国著名演员劳伦斯·奥立弗也曾说过，"我要角色来符合我"。林洪桐因此提出，在演员与角色这对矛盾关系中，"演员是主导，是'我'改变了'我的一切'，而'我'又按'角色的一切'体现出来。因此，充分发挥演员自身的独特魅力并将

◇ 建构"英雄"传奇

其和谐地注入角色,则成为创作的一个关键"①。也就是说,必须要强调演员的"自我魅力"本色,这是表演最重要的基础。

明星表演实际上结合了模仿化演绎和典型化演绎。一方面,明星在一部影片中的出场往往会被强调,这样才能"把明星品牌作为可见、熟悉而知名的人物加以奇观化"。从身体特征来看,成龙具有中等身材、大鼻子、神气的笑容、不大的嘴巴、一笑露出一口整齐的白牙、略微外八字的走路姿态以及较快的步伐,此外他说话时音调不高,发音清晰节奏平稳。这些身体及言语特征在成龙的电影表演中很少改变。

另一方面,明星在每部影片中都要对具体的叙事环境做出回应,所以其各个角色永远都不会完全相同。在《警察故事4》中,成龙的动作及说话方式不仅与《警察故事》中的陈家驹相似,也与其在《A计划》、《我是谁》、《一个好人》和《快餐车》中的方式相似。与此同时,成龙之前从未扮演过这么一个角色,要求他运用自己的身体和声音去演绎《警察故事4》中的具体场景。典型化演绎和模仿化演绎就成为明星表演中的双重元素。在《警察故事4》中,成龙是成龙但也是陈家驹。麦克唐纳则认为,"明星表演调整了典型化演绎使之适应模仿化演绎的需要,并通过重复进行模仿化演绎实现了典型化演绎"②。

为了追求艺术地位,成龙也确实有意地改变自己的话语方式来适应角色及叙事需要。他在角色表演中可以说英语,这对于一个成年之后才学习外语的演员来说,并不是一件容易事。如果让斯特里普用中文表演,效果恐怕很难比得上成龙。另外一个例子可见于成龙的国语表演。通过现有的影像视频可以了解到,作为一个粤语环境中长大的香港人,成龙在2000年前后普通话说得还不太通顺,但是在《新少林寺》中,他已经能够用河南方言说台词了。实际上,对于不同语言的掌握证

---

① 林洪桐:《演员与角色关系的另一种阐释》,《电影艺术》2011年第3期。
② [英]保罗·麦克唐纳:《好莱坞明星制》,王平译,世界图书出版公司2015年版,第236页。

明了成龙的语言天赋,也证明了他不仅可以在"身体文化的体力劳动"方面取得卓越地位,还可以进行更具"文化优势"的语言表演。

在成龙试图转型的上述影片中,由于表演、剧作或者其他种种原因,观众的评价褒贬不一。但是可以确定的是,它们总体上票房成绩并不如同一时期的主打"动作喜剧"的成龙电影。比如《新警察故事》《新宿事件》《辛亥革命》和《警察故事2013》的票房都无法与《宝贝计划》《十二生肖》《天将雄师》这些影片相比。

这恰恰证明了明星品牌"典型化演绎"的悖论所在。虽然经常出现对明星表演的批评,认为明星往往无论扮演什么角色看起来都一样,但这恰恰就是电影的符号化商业所需要的。要想实现电影明星的价值,他们在影片中必须要是可以被辨认的、可见的并且可营销的身份,因此需要他们的表演更加强调典型化演绎。麦克唐纳认为,"制片人支付给明星们越来越高的报酬也恰恰是想让他们成为高度可见而且为人熟知的资产"①。这可以部分解释为什么施瓦辛格的片酬和主演影片的票房收入都要比斯特里普高出许多。

或者更深层次的原因是,明星既然由于某一类"典型化演绎"而成名,也主要是由于那一类角色深度契合了演员本人的某种内部特质。比如玛丽莲·梦露是性感的、克拉克·盖博是风流倜傥的、奥黛丽·赫本是清纯无邪的。这些演员们的典型化演绎满足了大众心中对于这类人物的想象,也是他们之所以成为明星的外部原因。而"动作英雄"作为成龙电影明星品牌的核心形象,也离不开他敏捷俏皮的身手。

第二节 电影场域之外的品牌主动建构

电影是成龙品牌影响力的核心来源,其电影生涯的时间跨度较长,所生产的电影作品数量庞大,且仍在继续。但是同时,成龙在电影之

---

① [英]保罗·麦克唐纳:《好莱坞明星制》,王平译,世界图书出版公司2015年版,第236页。

◇ 建构"英雄"传奇

外的社会拓展活动对于成龙品牌的影响也不容小觑。本节将对成龙在电影场域之外的品牌拓展展开讨论。

一 明星品牌拓展

麦克唐纳对电影明星品牌的拓展进行了分类。在他看来,当明星离开使他们成名的那类电影角色或者功能活动时,明星品牌的拓展也就出现了。他把明星品牌拓展广泛地分为创新性拓展和业务拓展两类,两者下面各有次级分类。创新性拓展(明星的熟悉形象被延伸至创造性工作这一新领域)主要包括艺术拓展(从一种电影类型转到另外一种类型)、功能性拓展(身兼多职的影人)和媒介延伸(明星演话剧或者跨行当歌星)。业务拓展则包括执行拓展(演员们组建自己独立的制片公司)和商业拓展(电影明星为产品代言)。

成龙品牌的拓展活动囊括了上述麦克唐纳所列出的全部的拓展方式。在创新性拓展这一类别中,他不断地尝试动作喜剧之外的其他电影类型(艺术拓展);作为"一部影片中身兼职务最多的电影人"吉尼斯世界纪录的获得者,他是最典型的身兼多职的影人(功能性拓展);除了演电影之外,成龙还经常以歌星的身份出现在演唱会、晚会、综艺节目及其他活动当中(媒介延伸)。在业务拓展这一类别中,他曾经组建过自己的独立制片公司:威禾公司和成龙英皇影业有限公司(执行拓展);作为全球家喻户晓的明星,成龙代言过的商品更是数不胜数(商业拓展)。第一节实际上分析了与电影有关的拓展活动,包括创新性拓展中的艺术拓展和功能性拓展,也包括业务拓展中的执行拓展。

但是,成龙品牌之所以具有如此高的声望,显然还要考虑到上述品牌拓展之外的其他方式。这也就显露出麦克唐纳品牌拓展分析的局限性:他的分析主要局限在明星的经济活动范畴之内,并没有把明星在社会活动方面所进行的品牌拓展纳入其中。笔者把这些称为明星品牌拓展的第三个类别:社会拓展(如图5.6所示)。在明星品牌的社

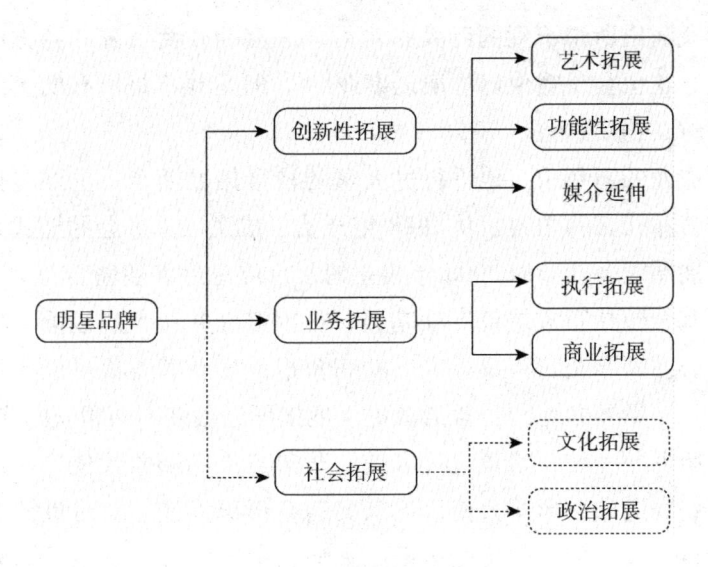

第五章 建构成龙明星品牌的"文化英雄"形象

```
                          ┌──→ 艺术拓展
              ┌─ 创新性拓展 ─┼──→ 功能性拓展
              │             └──→ 媒介延伸
              │
明星品牌 ─────┼─ 业务拓展 ─┬──→ 执行拓展
              │             └──→ 商业拓展
              │
              └─ 社会拓展 ─┬──→ 文化拓展
                            └──→ 政治拓展
```

图5.6　明星品牌拓展

会拓展类别中，明星付出时间、精力和钱财，主动参与利他性质的社会活动。这类活动包括两方面内容：文化拓展和政治拓展。文化拓展指的是明星运用自己的影响力，参与利于文化发展的社会活动，比如公益代言及慈善活动。政治拓展指的是明星积极参与政治活动，既可以是对政治事务发表公开言论，也可以是为自己争取政治地位或影响力。明星品牌的社会拓展主要发挥了两方面的作用，一方面，通过明星的品牌效应促进了社会对于利他性活动的关注；另一方面，这种活动为明星品牌增添了补充性的次级意义，增加了明星的影响力/文化资本。

　　明星是时代的晴雨表，考察明星品牌的社会拓展对于考察明星所表征的文化意义极为重要。历史上，很多电影明星都进行过广泛的社会拓展。好莱坞历史上不乏这种例子，施瓦辛格在攀登上健美、演艺事业的高峰之后，又选择从政树立政治形象，担任了加利福尼亚州的州长；女明星简·方达不仅是奥斯卡最佳女主角和性感女神，还因为热衷参与社会运动被称作"河内的简"。从功利的角度来看，"结交政治人物、发表公共事务言论，甚至参与政治活动，可以为演艺圈人士

— 271 —

带来拍戏演出所得不到的巨大影响力、丰富的政商资源和各方面的潜在利益，这也会反哺他们的演艺事业"①，但是并不是所有明星的社会活动都意在物质利益。

在成龙的案例中，他进行过大量的社会拓展活动，主要包括慈善活动和公益代言等内容。从1988年开始，成龙以基金会的形式在世界各地开展慈善事业。以2008年成立的北京成龙慈善基金会为例，主要的三项基金包括救灾储备专项基金、贫困家庭儿童大病救治专项基金和龙子心专项基金，涉及救灾、救病及捐助教育等方面。成龙的身影经常可见于世界各地的公益活动中，他担任过很多不同领域的代言人，如反盗版形象大使、禁毒宣传大使、防治艾滋病形象大使、联合国亲善大使、香港旅游形象大使、北京奥运会形象大使、上海世博会形象大使、特奥会大使、广州亚运推广大使、中国妇女发展基金会爱心大使、中国海关官方代言人等。还曾为"反歧视同性恋""呼吁保护野生动物"等活动拍摄过公益广告。

二 文化资本理论视角下的明星品牌拓展活动

把明星品牌的拓展活动置于法国社会学家皮埃尔·布迪厄的文化资本理论有助于此处的讨论。在其著名论文《资本的形式》中，布迪厄跳出了"经济主义至上"的简化论，把资本划分成经济资本、文化资本和社会资本三种形式，首次完整提出了文化资本一说。在他的理论中，"资本"其实指的是"行动者的社会实践工具"②。经济资本相当于一般经济学意义上的资本，"可以直接转换成金钱，这一转换过程是以私人产权的形式制度化的"。社会资本由社会关系所构成，"在一定条件下也可以转换成经济资本，而这一转换过程是以某种高贵身

---

① 《外国明星和政治的那些事儿：里根总统演员出身》，http://news.qq.com/a/20150123/062613.htm。

② 宫留记：《资本：社会实践工具——布迪厄的资本理论》，河南大学出版社2010年版，第103页。

份的形式被制度化的"①。文化资本是布迪厄此文的讨论重点。他指出了文化资本的三种构成形式：第一，具体形式，可以称为"身体化文化资本"，在长期教育下行动者通过耳濡目染的身体规训所形成，表现在行动者的气质、谈吐、教养等心智偏好和外在性情倾向方面；第二，客观形式，可以称为"客观化文化资本"，以图书、艺术品、古董等文化产品的形式承载价值；第三，体制形式，可以称为"制度化文化资本"，是诸如文凭、荣誉、学术头衔等权威制度所授予和认可的资本。

实际上，布迪厄在阐述其理论时还经常提到另外一种资本：象征资本。象征资本概念来自对韦伯的权威观念的改造。有学者把这看成是布迪厄所提到的第四种资本形式，"象征资本是一种隐蔽的、无形的经济资本形式。……象征资本是用以表示礼仪活动、声誉或者威信的积累策略等象征性现象的重要概念。声誉或威信有助于加强行动者的信誉或可信度的影响力，这类资本是象征性的"②。

"场域"是布迪厄理论体系中的另外一个支柱性概念。场域不是一个实体存在，而是一个空间概念，指的是"行动者使用资本的空间"③。布迪厄认为，一个社会应该被分割成许多不同的场域，行动者在这些"结构化了的空间"中为了特定目标而进行一些竞争。上述提到的经济资本、文化资本、社会资本和象征资本则是行动者在场域中通常所使用的筹码。

经济资本、文化资本、社会资本和象征资本可以互相转换，这是社会活动中"交换经济"得以存在的基础。麦克唐纳认为，在电影生产场域中，"电影演员通过以人的形式积累并再现经济与象征资本，

---

① ［法］皮埃尔·布迪厄：《资本的形式》，载薛晓源、曹荣湘主编《全球化与文化资本》，武锡申译，社会科学文献出版社2005年版，第6页。
② 宫留记：《资本：社会实践工具——布迪厄的资本理论》，河南大学出版社2010年版，第156—158页。
③ 宫留记：《资本：社会实践工具——布迪厄的资本理论》，河南大学出版社2010年版，第3页。

由此在电影场域中得到不同定位"①。

在电影场域中,"一线明星"拥有最多的经济资本,而"声望明星"拥有最多的象征资本。演员所出演影片的票房收入或者家庭娱乐影碟的销售可以衡量影片的商业成功,而影片的成功记录就定义了一线明星的地位。与一线明星形成鲜明对比的是"声望明星"群体。定义声望明星地位的不是票房,而是"奖项提名及获奖的积累或者是文化合法的出版物所给予的肯定好评"。"声望明星实际上是演技派明星的子集:他们是艺术定价表演者中的'一线人物',因为所获得及积累的文化荣誉而受人尊敬"②。一线明星的表演通常更加突出典型化演绎,也就是说演员比角色更重要。但是声望明星获得声誉则是因为他们的表演由模仿化演绎所主导。如果说金·凯瑞、汤姆·克鲁斯、梅尔·吉布森等演员凭借票房成功获得了一线明星的地位,那么,杰夫·布里吉斯、凯特·布兰切特、梅丽尔·斯特里普等奥斯卡奖最佳演员则通过一系列表演类的获奖荣誉确认了自己的声望明星地位。对比之下,声望明星拥有丰富的象征资本,但是,如果与一线明星比较市场价值,声望明星拥有的经济资本则相对较少。

"文化奖项代表了有形的象征资源或资产,可以累积或投资,以便于实现艺术地位、信誉和名声这些'利润'。在电影文化中,声望经济通过年度国际奖项体系得以维持:节日奖项、行业奖、批评家奖项还有观众奖项。"电影奖项划分了"最好的"演员与其他演员的界限,直接有形地表现了演技声望。在电影文化场域中,奖项代表了一种通货形式,其价值并没有被定义——至少表面上没有被金钱经济的商业术语界定——而是通过在詹姆斯·英格利所谓的"声望经济"中达成的效果被界定。"电影奖项具有象征价值而非经济价值:它们是

---

① [英]保罗·麦克唐纳:《好莱坞明星制》,王平译,世界图书出版公司2015年版,第259页。

② [英]保罗·麦克唐纳:《好莱坞明星制》,王平译,世界图书出版公司2015年版,第252页。

第五章 建构成龙明星品牌的"文化英雄"形象

敬意的象征,正因如此可以被理解成代表了皮埃尔·布迪厄所说的'象征资本'的一种形式"①。

如上文所说,成龙对于演技的追求,除了在于改变以身体奇观为成龙品牌核心特征之外,还表明了他对于声望这种象征资本的渴望。成龙作为香港本土明星,从未获得过香港电影金像奖"最佳男主角"的荣誉。对此成龙显然感到失望,在第 33 届金像奖颁奖典礼上自嘲"拍电影 53 年了,我都没有拿过最佳男主角"②。作为已经拥有经济资本的一线明星,成龙对于演技奖项的看重实际上确认了奖项作为象征资本的权威。

电影产品除了为电影明星带来经济资本之外,还为他们带来了象征资本。这类象征资本不同于上述所说的电影奖项象征资本——当然奖项也是影片所带来的——而是通过影片中建构的银幕形象为明星累积了某种特定的符号意义。以成龙为例,他在出演的所有影片中都是正面人物,其中大部分的角色是警察,这就积累起他"幽默、正义、善良、亲切、智勇双全的英雄"的符号意义。

这种符号意义在电影之外的场域中成为一种象征资本,可以转换为其他形式的资本,比如经济资本或者文化资本。电影明星拍摄商业广告就是象征资本转换为经济资本的最佳例子。格兰特·麦克拉肯(Grant McCracken)认为,名人代言商业产品时,"代言的不是他自己而是他扮演的舞台角色……是他所扮演过的虚构角色的综合体。……当名人为广告带来意义时,他们仅仅传递了在另一个意义传递过程中所被赋予的意义"③。三菱汽车广告中的成龙让观众首先想起来他的诸多电影角色,成龙通过影片所建立的符号意义由此传递给三菱汽车,

---

① [英]保罗·麦克唐纳:《好莱坞明星制》,王平译,世界图书出版公司 2015 年版,第 253 页。

② 《成龙颁发最佳电影 抱怨未曾拿过金像影帝》,http://ent.163.com/14/0413/23/9POFIH2B00034TG2.html。

③ Grant McCracken, "Who is the Celebrity Endorser? Cultural Foundations of the Endorsement Process", *Journal of Consumer Research*, 1989, 16 (3), pp. 312–315.

◊ 建构"英雄"传奇

帮助三菱建立起一种品牌内涵，让消费者联想到"安全""勇猛""可靠""追求卓越"等品质。麦克拉肯认为，正是因为"关联营销"的广告思维，演员定型对于代言人/产品关系才至关重要，"如果没有定型，演员无法为其所代言的产品带来清晰无误的意义"①。从另一个方面来看，广告收入这种经济资本并不是明星商业代言的唯一收益。为有声望的品牌代言也反过来可以增加明星的媒介化身份，使他们在不同媒介中更具可见度。比如能够成为 Chanel、Gucci 等奢侈品牌的代言人是女明星的荣誉，进而增加了她们的象征资本。

三 成龙品牌拓展中的资本转换

在成龙品牌的社会拓展类别活动中，象征资本和/或经济资本被转换为象征资本及文化资本。上文提到成龙发起并参与了大量慈善活动。在慈善活动中，明星投入的至少是象征资本，有时候还有经济资本。以成龙最早一次参与慈善活动的情形为例，可以看出不同资本的投入及转换方式。成龙刚刚走红之后过着花天酒地的生活，并没有做慈善的想法。但是"因为有名了，就开始有人叫你出席一些慈善活动"，然而他并不愿意去，拒绝过很多次之后，最后勉强同意，跟着工作人员一起去了香港大口环儿童医院。因为他并不太情愿，所以是晚上去的，"还戴着太阳镜，都不晓得去干什么"，医院里浓浓的药味甚至让他有点害怕②。但是孩子们对他的由衷喜爱，加上他们的可怜状况以及工作人员的溢美之词激发了成龙的羞愧心、爱心与荣誉心。一个星期以后他又主动带了很多礼物去了那个医院。

在这次经历中，由于其影片所累积的符号意义，公众把成龙等同于其塑造的银幕形象，成龙本人因此获得了公众的认同与喜爱。正是因为成龙具有丰富的象征资本，才被多次邀请去探望病童。但是第一

---

① Grant McCracken, "Who is the Celebrity Endorser? Cultural Foundations of the Endorsement Process", *Journal of Consumer Research*, 1989, 16 (3), pp. 312–316.
② 成龙、朱墨：《还没长大就老了》，江苏凤凰文艺出版社 2015 年版，第 194—195 页。

次去的时候，成龙所投入的主要是其作为电影明星的象征资本——他几乎没有做任何准备，只是人到了医院。第二次去的时候，他所投入的不仅有象征资本还有经济资本。

在随后的连续多年的慈善活动中，成龙投入了大量的金钱、时间和精力，在全世界进行了很多慈善之举。这些慈善活动获得了关注，经过不断的累积逐渐为成龙品牌增加了"慈善"的内涵，也由此为成龙个人增加了象征资本。

公益广告也类似地增加了明星的象征资本。比如为"洛杉矶警察"代言的广告明显利用了成龙在电影中的警察形象的符号意义，但是这个代言显然又丰富了成龙品牌中的警察形象，印证并提升了其银幕警察形象的可信性。在为北京奥运会等大型国际性活动做代言人的过程中，最初是组织方利用了成龙品牌的国际影响力这一象征资本，随着这些广告在发布会、电视、网络、户外广告、杂志等不同媒介上的大范围深度传播，成龙也收获了更丰富的媒介化身份，他由此被看成了一个"国家符号"，这种符号意义显然进一步增加了他的象征资本及文化资本。在这个过程中，象征资本处于不断循环互为促进的增加中。

慈善活动、公益广告等社会拓展活动所积累的象征资本一方面导向了成龙的文化资本的增加，尤其是"制度化文化资本"的增加。他获得了诸如香港浸会大学荣誉社会科学博士（1995）学位和人类学荣誉博士学位（2009）的荣誉学位，成龙一直遗憾自己没有获得过正式的文凭认可，上述荣誉大概可以部分弥补这种缺憾。

另一方面，也导向了成龙的社会资本的增加。比如成龙获得过法国艺术与文学骑士勋章（1990）、感动中国十大人物（2003）、凤凰十周年慈善成就奖（2006）、马来西亚"拿督"头衔（2015）等制度授予的荣誉称号。不仅如此，甚至赋予了他一定的政治资本。2013年成龙作为文化艺术界的代表之一，当选为中国人民政治协商会议第十二届全国委员会委员。作为参政议政机关，政协的政治重要性毋庸置疑。

建构"英雄"传奇

阿尔贝罗尼曾经把明星群体看成"无权的精英"。明星群体不同于君王、贵族、神父、先知或权势者这类群体。后者常常是权力的掌控者——这种权力可能是政治的、经济的或者宗教的。而明星却被社会分离机制大体上认定为"不占据体制性权力的人","他们拥有极其有限的或者根本没有体制性的权力,但他们的所作所为和生活方式却能引起相当大的关注"[①]。这个判断符合明星整体的状况。但是每个明星都是独立的个体,他们之间的差异可谓千差万别。因此明星群体中也有极少数人能够获得"体制性权力"。他们主要把自身累积的经济资本、象征资本及文化资本转换为政治资本。好莱坞明星施瓦辛格当选加利福尼亚州州长就是一个例子。作为一个享有国际声望的电影明星,他拥有巨大的象征资本,但是竞选的一个引人注目的砝码是"零报酬为民众服务",这实际上就突出了他的经济资本优势。在成龙的案例中,虽然他并没有主动去争取"体制性权力",但是显然也是因为类似的资本转换的方式获得了政治体制的认可。

上述不同形式的拓展活动为成龙品牌增加了新的内涵。麦克唐纳认为,在明星品牌的制造过程中,明星本人扮演着积极角色,"创造并管理着自己的符号化及商业化身份"[②]。在成龙品牌的案例中,成龙非常主动地通过品牌拓展的各种方式不断丰富自己的品牌身份,尤为重要的是"创新性拓展"类别中的"艺术拓展"和"社会拓展"类别。成龙品牌确立于电影场域中的动作喜剧类型电影。通过"艺术拓展",成龙不断尝试其他电影类型,"演技派"的尝试虽然很难突破动作喜剧的巨大声望,但是丰富了成龙品牌电影的特征,突破了其品牌"喜剧+动作"的垄断式核心特征。通过"社会拓展"类别中的各种活动,不仅在现实中确认了成龙电影品牌中所呈现的"友好""正义"

---

① [法]弗朗西斯科·阿尔贝罗尼:《无权的"精英":关于明星现象的理论与社会学研究》,载杨玲、陶东风编《名人文化研究读本》,北京大学出版社2013年版,第47页。
② [英]保罗·麦克唐纳:《好莱坞明星制》,王平译,世界图书出版公司2015年版,第80页。

"善良""有担当""环保""爱国"等一系列品牌人格的核心品质，而且进一步为成龙品牌增添了"慈善""仗义疏财""社会责任心"等符号意义。实际上，这些拓展已经推动成龙这一明星品牌朝着新的方向发展。成龙品牌在电影场域中所累积的象征资本及部分经济资本被转换为文化资本、社会资本及其他形式的象征资本，从而使成龙品牌的影响力得以超越了电影场域，进入了更广阔的社会场域。成龙被海内外华人普遍称作"大哥"。这一称呼虽然只是非官方性的民间认可，却包含了巨大的情感认同。究其原因，离不开成龙在电影行业和上述社会拓展活动中所累积的象征资本。

如果说在电影场域之内，作为电影明星的成龙品牌的核心特征是动作奇观，核心形象是"动作英雄"，那么在电影场域之外的更大的社会场域中，成龙已然为自己的明星品牌增加并确立了"文化英雄"的重要内涵及形象。

第三节 打造"传奇"成龙品牌

无论作为电影明星还是公众人物，成龙都已经拥有了巨大的国际声望，如果说他还有什么渴求的，那恐怕就是成龙品牌的"传奇"色彩。成龙在多个场合中表达过对于"传奇"地位的向往，"像李小龙那样年纪轻轻就走了，他就成了一个传奇。如果我在拍《十二生肖》跳火山死掉，这是一种最漂亮的收尾。这是最好的"[①]，从中可以看出成龙对于李小龙传奇明星地位的渴慕。

麦克唐纳通过分析美国电影学会在1999年所推选的50位"美国银幕传奇"男女电影明星，分析了获得传奇地位电影明星的主要特征，其中之一就是"死后比生前要具有更大的文化和商业意义"。男明星詹姆士·迪恩就是一个显著例子。他生前主要是一个普通的电视

[①] 《成龙：拍〈十二生肖〉跳火山死掉这是一种最漂亮的收尾》，http://sn.people.com.cn/n/2015/0403/c354701-24372480.html.

◊ 建构"英雄"传奇

演员，24 岁时便死于一场交通事故。在去世之前他仅仅主演过一部电影《伊甸园之东》。他所参与演出的《无因的反抗》和《巨人传》在去世之后上映，都获得了巨大成功。"迪恩从来不是主要的票房号召力，但是自从去世以后，他的电影名声被夸大了，他的名字和肖像在半个多世纪中刺激了好几条生产线"。玛丽莲·梦露也是一个典型例子。虽然她在去世之前已经奠定了明星地位，但是生前在奎格利明星地位排行榜中的上榜记录并比不上另外几位女明星。部分由于在年仅 36 岁时就神秘死亡，"梦露去世后的价值已经大举超过了很多商业上比她更成功的女明星"[1]。

李小龙的猝然去世显然也为其明星地位增加了传奇色彩。陈家乐认为，李小龙的意外早逝"又刺激了坊间的李小龙传奇及电影中李小龙影片的出现，进一步加强了李小龙个人的传奇性及神话色彩，确立了他的神话英雄的崇高地位"[2]。

通过死亡来确立"传奇地位"当然不是一个最佳的选择，然而"传奇"色彩无疑可以为仍然活着的明星及其明星品牌增加象征资本及文化资本。因此，在成龙品牌的主动建构中，存在一种把成龙的身世加以"传奇化"的倾向，主要体现在成龙的诞生以及寻祖事件中。

一 建构出生故事的传奇色彩

成龙的诞生被描述为一个颇富传奇意味的经历。首先，他被描述为一个在母腹中待足了十二个月的婴儿。成龙自传中对此的描述如下："在妈妈肚子里的时候，我就不是个老实孩子，很爱折腾。这倒也没什么稀奇，稀奇的是，妈妈怀胎到了十二个月，我还不肯出来。有天妈妈肚子疼得受不了，爸爸赶忙把她送进医院。她在床上疼得直翻滚，后来疼得钻到了床底下，医生检查后说婴儿太大，有难产的危险，建

---

[1] [英]保罗·麦克唐纳：《好莱坞明星制》，王平译，世界图书出版公司2015年版，第34页。
[2] 陈家乐：《神话英雄——李小龙影片研究》，《北京电影学院学报》1999年第3期。

议马上开刀做剖腹产手术"①。其次，成龙出生时的超常体重又为他增加了传奇性，"刚出生的我重达12磅（1磅＝0.4536千克），让医生和父母都有点傻眼，后来还因此登上了当地的报纸，文章标题里把我称作'巨婴'"②。再者，出生之后差点被卖掉的坎坷经历也增加了这个故事的传奇色彩。由于成龙的父母很贫穷，难以支付剖腹产的费用，恰好他的接生医生想收养这个孩子并且愿意支付一笔不薄的费用，成龙的父亲于是"认真地考虑了这件事"③。

对于任何一个熟悉中国神话传说的人来说，怀胎十月还未分娩的故事会令人立刻想到哪吒。作为中国古代汉族神话传说中的一个著名人物，哪吒是一个善恶分明、机智灵敏、惩恶扬善的小英雄。其母怀孕三年六个月后才生下一个肉团，其父一剑砍去，跳出一个"哪吒"，这是有关哪吒传说中最著名的一个故事。如此不同凡响的出生注定了哪吒随后的不平凡事迹：七岁时闹龙宫、抽龙太子龙筋、痛打龙王、剔骨割肉还于父母。随后在太乙真人帮助下获得重生，完成了从凡人到天神、从世俗到神圣的身份转变。

大概由于哪吒传说的熏陶，中国民间有一种秘而不宣的认同，认为这种情况生下来的孩子往往非龙即凤注定成就一番大事业。成龙自传则通过其父母的朋友们之嘴传达了这一神秘的无意识认同，"怀孕12个月，生下来12磅重，这个孩子将来也许会很了不起"④。

如前文所说，从1970年代以来，自传不再被看成作者生活的真实再现，而被看成是一种建构。在上述有关成龙诞生的故事中，可以清晰地看到自传对于成龙品牌"传奇性质"的建构。首先，也是最关键的谬误之处在于，按照自然科学的正常规律，胎盘到期后会自动老化，无法为胎儿维持十二个月的生命。但是自传并没有指出是否有可能是

---

① 成龙、朱墨：《还没长大就老了》，江苏凤凰文艺出版社2015年版，第296页。
② 成龙、朱墨：《还没长大就老了》，江苏凤凰文艺出版社2015年版，第296页。
③ 成龙、朱墨：《还没长大就老了》，江苏凤凰文艺出版社2015年版，第297页。
④ 成龙、朱墨：《还没长大就老了》，江苏凤凰文艺出版社2015年版，第296—297页。

建构"英雄"传奇

其母记错了日期,反而强调了这一状况的"稀奇"性质,由此把读者导向了"传奇色彩"这一关注点。其次,自传中的讲述强调了成龙的好动本性。"在妈妈肚子里的时候,我就不是个老实孩子,很爱折腾""她在床上疼得直翻滚,后来疼得钻到了床底下",这些艺术化的略显夸张的描述建构了成龙"天性好动"的运动特征,引发读者对其天生具有天赋异禀的运动能力的联想。再者,差点被卖掉的曲折经历之所以能够增加传奇色彩,在于唤起了中国读者心中"英雄必先遭磨难"的集体无意识认同。由于"好事多磨""天将降大任于斯人也,必先苦其心志,劳其筋骨"等类似说法深藏于中国人的集体无意识中,成龙差点被卖掉的坎坷身世不仅能够唤起读者的同情心,还进一步增加了成龙其人的传奇色彩。

二 认历史名相为先祖

认历史名相房玄龄为祖,是建构成龙品牌"传奇性质"的另外一起事件。房玄龄(579年—648年8月18日)是中国历史上赫赫有名的政治人物。房玄龄其人其事主要如下:"博览经史,工书善文,隋末举进士,授羽骑尉。隋末大乱,玄龄于渭北投归李世民,任秦王府记室,屡从秦王出征,网罗人才,参谋划策玄武门之变,协助李世民削平群雄夺取帝位"[①]。之后曾任唐朝宰相,被唐太宗李世民赞为"筹谋帷幄,定社稷之功",因此被后世视为忠臣良相的典范。

成龙父亲原名房道龙,二战时从大陆逃到香港,之后才改姓名为陈志平。所以成龙出生时按照"陈"姓被命名为陈港生。直到2001年成龙才从父亲口中得知其祖上姓房,但是其父早在1994年(另有一说是1992年)就出资在安徽老家重修了《历阳房氏家谱》。按照这份宗谱的记载,房氏家谱最早修成于清嘉庆癸亥年(公元1803年),房家的始祖为山东临淄的房彦谦,即唐代宰相房玄龄的父亲,房玄龄之

---

① 《房玄龄》,http://www.guoxue.com/tangyanjiu/tdrw/r005.htm.

后其子孙迁居扬州。至明代初，房家才定居现在的芜湖市鸠江区沈巷镇。在这部家谱中，成龙的名字被写成房仕龙①。

历史名相房玄龄到底是否是安徽沈巷镇房氏家族的先祖，恐怕还需要更为详密的考察。但是对于沈巷镇的房氏家族或者至少成龙的父亲来说，他们愿意接受这一名门之后的身份。成龙同样也乐于接受这一身份，于2004年正式为儿子举办了更名仪式，其子此后以"房祖名"为名。这被媒体普遍认为是成龙"认祖归宗"之举。而成龙也曾在2004年宣布，他是唐朝宰相房玄龄的后代，并前往山东临淄寻根，认祖归宗②。

成龙虽然已经是国际巨星，但是名门之后的显赫身份仍然能够增加成龙身世的传奇色彩。房玄龄不仅是中国人所熟悉的一个忠臣良相，与他的名字相关联的还有"盛唐""唐太宗""贞观之治"这些内涵丰富的词汇，能够让任何一个受过基础历史教育的中国人联想到中国历史上最辉煌强大的一段盛世。也就是说，房玄龄是一个能够唤起中国人认同感的名字。此外，中国人集体无意识中还存在"祖宗庇佑""祖上积德""祖坟上冒青烟"这样一些观念。名门之后的传奇身份在某种意义上契合了这些观念，不仅可以帮助解释成龙为什么取得那么大的成功，而且还便利人们接受其巨大名声及高上地位的合理性。

成龙认房玄龄为祖的新闻在2004年一度成为舆论热点。有观点认为，成龙这么做有攀附名门之嫌。也有同情者认为成龙已经是国际巨星，这么做并不能为其增添名声，因此没有必要。由于这些争议，加之事情的真相无法查证，成龙此后很少在公共场合再提"房玄龄"。虽然如此，"成龙为房玄龄之后"的说法至今仍然在网络上被广为流传，也反面证明了大众对于名人持有仰望与赋魅的心态。

无论是出生时的各种"异象"征兆，还是与唐朝名相之间不确定的血缘关联，都为成龙品牌增加了传奇色彩。它们指涉了成龙与神话英雄和

---

① 《成龙回家认祖归宗》，http://news.163.com/13/0902/03/970311FN00014AED.html.
② 《揭成龙神秘身世 系唐朝宰相后人父亲曾入狱》，http://ent.huanqiu.com/yuleyaowen/2013-09/4319514.html.

历史先贤之间的相似及亲近关系。借助于神话英雄和历史先贤所具有的丰富的符号意义,这些故事进一步增加了成龙品牌的象征资本和文化资本。

第四节 被动的品牌建构

由于明星是活生生的有机的人,所以明星品牌明显有别于服装或者食品等消费品品牌。消费品是没有生命的物体,除非发生什么差错,否则总是以相同的样子出现在消费者面前。明星品牌则完全不同。好莱坞公共关系专家迈克尔·莱文(Michael Levine)指出了明星品牌的难以控制之处,"个人在品牌化之前具有一些特点、情绪和情感,不像一听苏打粉或者无线电话服务。此外,即使可以在大众看到某人采访、个人露面、电影或者电视角色之前对此人进行相当程度的精心打造,也根本没有办法完全控制这个个人品牌。个人在品牌语境之外有自己的生活……那就是个人品牌化的难度所在……但是一个人——尤其一个有钱有权的人——经常在摄影机之前是一副样子,在摄影机之外则是另外一副样子"[1]。麦克唐纳也认为,明星是既工作又生活的品牌,"不像品牌食物或者服装,明星能造成自己的生产(同样还有毁灭)"[2]。

这实际上涉及明星在公共生活及私人生活领域之间的不同表现。明星往往主动参与自己品牌的建构,主要表现为在公共生活领域呈现出"一个被高度表演出来的身份",比如本章前面两节所说的成龙在电影场域及社会场域中的品牌建构实际上都是在公共领域中完成的。麦克唐纳一再强调明星品牌是"多媒介建构的结果",实际上也是强调了明星品牌是在公共领域中的类似电影、网络、电视、新闻发布会、杂志、海报、广播等不同媒介中共同完成了建构。所以他认为,"明

---

[1] Michael Levine, *A Branded World: Adventures in Public Relations and the Creation of Superbrands*, Hoboken, NJ: John Wiley & Sons, 2003, pp. 126–127.

[2] [英]保罗·麦克唐纳:《好莱坞明星制》,王平译,世界图书出版公司2015年版,第46页。

星品牌同样也是明星在其他媒介上露面的产物"①。

因为是主动建构,所以在公共领域的活动中,明星会按照自己所期待的品牌形象来呈现自身的言语、行动等综合内容。麦克唐纳认为,"因为明星是高度媒介化的身份,各种各样、一系列的媒体再现形成了观众对明星性格的理解,所以明星性格已经是一个被高度表演出来的身份。如果观众判断一个明星是在银幕上表演他/她自己,这恰恰是因为他/她在重复自己在其他电影、杂志文章、电视访谈等媒介中表现的意义与效果"②。如果明星的银幕形象与公众形象高度重合,往往主要是因为该明星在不同类别的公共媒介中主动选择"表演"出这样的形象。上文所提到的成龙品牌的"友好""正义""善良""有担当""环保""爱国""慈善""仗义疏财""社会责任心"等一系列核心品质,它们都是主动建构的结果。

明星的私人生活更是媒介的关注热点。明星作为消费社会及大众文化的产物,始终处在传播媒介的聚焦之下,然而他们的私人生活领域更是媒介争相报道的热点。甚至于德科多瓦在研究明星话语这一议题时,之所以认定"'明星'是从1913年以来才真正出现的",主要是由于"此时关于他们银幕之外的私生活开始公开流传"③。明星在公共领域之外的生活内容,包括他们的癖好、爱情、家庭甚至衣食住行各个方面都能够成为关注对象。

媒体行业与明星的关系类似于"水之于船"。水能载舟亦能覆舟。格雷姆·特纳生动地解释了如今的名人结构与媒介工业如何以"某种扭曲的互利共生关系"共存,"当公众对名人私生活的兴趣导致媒体曝光他们的绯闻,名人或许会对此强烈反感。然后,同样程度的兴趣

---

① [英]保罗·麦克唐纳:《好莱坞明星制》,王平译,世界图书出版公司2015年版,第233页。
② [英]保罗·麦克唐纳:《好莱坞明星制》,王平译,世界图书出版公司2015年版,第236页。
③ [英]保罗·麦克唐纳:《好莱坞明星制》,王平译,世界图书出版公司2015年版,第5页。

◇ 建构"英雄"传奇

也能吸引人们去看名人的下部电影或者他们接下来的现场露面。……所有这一切都有助于提升投入名人的公众形象中的文化资本"①。

一 "传闻话语":明星品牌建构的不可控力量

关于明星私人生活的媒介内容往往以八卦新闻的"传闻话语"形式出现在媒体上,是明星品牌建构的重要力量。只不过不同于明星及其团队的主动的正面的品牌建构,"传闻话语"在明星品牌建构中的作用往往并不是正面的,而是呈现为一种复杂含混的立场。"传闻话语"不同于为了电影宣传而发的新闻通稿,其背后的操控者是受利益驱动的媒介工业。"传闻话语"之所以具有特殊地位,是因为"它能够提供一些即使是虚构的影片叙事和抬升了的公开活动也无法掩藏的极端的事实。而且传闻话语特别喜欢把明星的私生活公之于众,这样,人们也能据此了解明星作为欲望的对象和他们最为隐秘的事实"②。

明星的爱情婚姻等感情方面的内容尤其是"传闻话语"的中心关注点。名人作为世俗魅力、财富与成功的象征,是大众的欲望对象,因此他们的生活方式就成了窥视的对象。克里斯·罗杰克指出了"名人崇拜"中的主要动机,"粉丝也从名人那里寻找个人生活的依靠和支持。这里的支配性动机不是救赎。粉丝因各种原因被名人吸引,其中性吸引力、对独特的个人价值的崇拜和大众传媒的喝彩是主要的。几乎没人相信名人能在正统宗教或准宗教的意义上'拯救'他们。但大部分人都从对名人的依恋中找到了慰藉、魅力或兴奋。通过这种依恋,一种有魅力的与众不同感获得了表达"③。

作为一个家喻户晓的动作电影明星,成龙的影迷遍布全球,他们

---

① [澳] 格雷姆·特纳:《名人经济》,载杨玲、陶东风编《名人文化研究读本》,北京大学出版社2013年版,第259页。
② [英] 保罗·麦克唐纳:《重新认识明星现象》,李二仕译,《世界电影》2001年第4期。
③ [英] 克里斯·罗杰克:《名人与宗教》,载杨玲、陶东风编《名人文化研究读本》,北京大学出版社2013年版,第123页。

对他的狂热崇拜足以载入影史。不同于理查德·戴尔谓之"脸部物体"的那些依赖英俊/迷人脸庞的电影明星,成龙的成名主要依赖于其强大的身体能力。这就使他对于不同性别的影迷具有较为不同的吸引力。对于大部分男影迷来说,成龙是一个通过努力实现了自我价值与成功的普通人英雄,在他身上投射了理想的自我。从第二章身体奇观中男影迷的自述中可见一斑。对于女影迷来说,对成龙的崇拜中恐怕更夹杂了一种性吸引力,他主要是欲望投射的对象。

在成龙的影迷中,日本女影迷是较为典型的一个狂热群体。80年代日本的本土影视男明星主要还停留在高仓健式的冷峻形象上,但由于气质上很难超越,便形成了一种普遍的做作形态。此时成龙以友好、幽默而威猛的新硬汉男人的形象出现在日本银幕上,给日本民众,尤其女性观众带来了巨大的心理冲击。在电影生涯中,成龙数次获得日本最受欢迎男演员、最佳外国男演员、甚至还获得过最佳外国歌手奖。2006年日本著名电影杂志"Screen"选出影史上一百位最受欢迎的外国影星,成龙名列最受欢迎男星第八位,也是唯一入围的亚洲明星。这种超高人气恐怕主要依赖于日本女影迷的狂热支持。

克里斯·罗杰克认为,"粉丝和名人的关系无疑常常涉及非同寻常的、单向的情感依赖,在这种关系中,粉丝将强烈的正面情感投射到名人身上。着迷的粉丝参与了与名人的想象性亲密关系。在一些极端的例子中,这种关系有可能成为婚姻、家庭和工作等真实关系的替代物"①。这种极端的情况就发生在成龙的日本女影迷当中。她们对成龙的迷恋达到了不惜性命的地步。1982年,成龙与林凤娇恋爱被报道之后,一位女影迷卧轨自杀,遗书中透露因成龙已有女友而遭受打击。另外一位女影迷则买了单程机票来到香港片场,发誓要嫁给成龙,最后服毒试图自杀。在90年代初,日本有十余名少女影迷为成龙组成一

---

① [英]克里斯·罗杰克:《名人与宗教》,载杨玲、陶东风编《名人文化研究读本》,北京大学出版社2013年版,第114页。

建构"英雄"传奇

个"不嫁团",以示对他的忠诚及热爱①。

日本女影迷除了以上述的方式迷恋成龙,还有其他方式,比如成龙自传就讲述了一个日本女影迷的怪异行为,她在连续多年的见面活动中变换打扮只为打成龙一个耳光②。这一类疯狂女粉丝的行为正是由于所谓的"圣多马效应"心理作祟。"圣多马效应"是指那种为了确认欲望对象的真实性,而靠近、触摸和拍照欲望对象的强迫性心理。"粉丝对名人的跟踪、暴力袭击或者着魔地积攒名人遗物的行为,都是"圣多马效应"的体现。与名人建立起的想象性亲密关系,转化为不顾一切地触摸名人、占有名人的祖传物或其他废弃物品的欲望。圣多马效应所激起的欲望强度,有可能导致粉丝丧失自控能力,让名人和粉丝都处于险境"③。

由于类似极端影迷群体的存在,成龙的私人生活一方面是他极力隐瞒的内容;另一方面更成为"传闻话语"的谈论热资。如前面两节所述,在主动建构的电影及其他场域的品牌拓展活动中,成龙被呈现为拥有天赋及美德的接近于完美的"英雄"。但是无论是电影场域还是社会场域都属于公共领域,他的私人领域生活并未得到巨大曝光,产生的影响力也相对较少。这主要是由于 20 世纪八九十年代时,媒介仍然主要是纸媒、广播及电视等方式,影响力无法与今日的便捷网络相提并论。当然即便在那个年代,关注他的影迷还是能够通过各种途径打探到成龙的情况及行踪并且试图接近他。

显然成龙及其团队希望把成龙打造成"完美无瑕的男人",因此,在关涉成龙私人生活的宣传材料中,他也被塑造为一个"负责任的、忠诚的男人"。这在成龙的传记《我是谁——成龙自述》中得到了清晰的印证。这本英文自传出版于 1998 年 9 月,配合成龙《尖峰时刻》

---

① 孙峰:《日本少女甘为成龙组成"不嫁团"》,《电影评介》1991 年第 7 期。
② 成龙、朱墨:《还没长大就老了》,江苏凤凰文艺出版社 2015 年版,第 166—167 页。
③ [英]克里斯·罗杰克:《名人与宗教》,载杨玲、陶东风编《名人文化研究读本》,北京大学出版社 2013 年版,第 121 页。

的上映同步发行。此时正是成龙作为电影明星最为春风得意的时候。凭借《红番区》在美国主流市场获得商业认可,好莱坞对成龙热切期盼,为他量身定制的《尖峰时刻》被普遍看好。这部自传显然属于主动建构品牌的一份努力,主要呈现了成龙的成长轨迹和事业起伏等人生经历。

在关于成龙爱情婚姻的私人生活部分中,该书以美化式手法把他建构为一个对待爱情婚姻严肃认真的男人,完全符合东方传统文化中的"好男人"标准。首先,自传把成龙的结婚生子事件刻意呈现为符合公序良俗的程序。先是向林凤娇求婚的戏剧化的感人一幕,在随后的周末里,"我和林凤娇……极其秘密地飞往加州的洛杉矶完婚。那是1981年……一年以后,我们的儿子杰克逊出世了"①。其次,还特别为成龙的风流绯闻辩白,"当然,还是有人对我们说三道四。那些无聊文章总是刊登谣言,一会说有人看见我亲吻了这位女演员,一会又说我玩弄了那位歌星。荒唐,如果我真的按报纸上说的那样有这种行为,我甚至都没有时间和精力去拍电影了"②。虽然求婚一幕可能是代笔者艺术化加工的结果,但是随后的辩白显然传达了成龙及其团队的授意。

如第二章所说,对于男人禁欲的炫耀,不但证明了他们对自身的掌控力,而且证明了他们因此值得拥有掌控他人的权力。自传中的上述说法既是出于维护女影迷群体的商业考虑,又出于建构成龙品牌完美形象的考虑。

可惜后来发生的事件证明自传中的这些说法并不是真话。实际上,自传出版后不久的1999年,就爆出了关于成龙私生活的重磅丑闻:女明星吴绮莉于1999年11月生产了她与成龙的私生女。这件被誉为"小龙女事件"的丑闻占据了港台媒体长达半年的传闻八卦版面,事

---

① 成龙、杰夫·扬:《我是谁——成龙自述》,陆航、陆承艺译,上海人民出版社1999年版,第412页。
② 成龙、杰夫·扬:《我是谁——成龙自述》,陆航、陆承艺译,上海人民出版社1999年版,第412页。

◇建构"英雄"传奇

件热度在 1999 年 11 月 10 号成龙为此专门召开的新闻发布会上达到顶峰。发布会召开当日,来自中国香港、中国台湾、日本、新加坡等亚洲各地媒体的 300 余名记者云集在香港国际机场酒店,传媒阵仗超过了"英国王子查尔斯来参加香港回归大典和美国总统克林顿访华路过香港"①。发布会完毕之后,成龙所说的"我做了全世界男人都容易做错的事"成为各大华语媒体的新闻头条。

这件丑闻首先是对成龙品牌的重创。第一,不检点的私生活与成龙所试图建构的"完美男人"形象产生了巨大反差。性道德方面的污点降低了他在公众心目中的理想化形象。他不仅不是一个对婚姻忠实、专一的男人,甚至是个不负责任的人。第二,这件丑闻证明了成龙之前的某些话是假话,比如上述自传中对于风流绯闻的辩白现在看起来确实"荒唐"。第三,上述这一切不仅撕碎了成龙作为"完美男人"的幻象,还令人怀疑成龙在其他方面上的成绩是否值得信任甚至其为人是否可靠。该丑闻因此令成龙的名声一时狼藉。

其次,这件丑闻证明了明星品牌的高度不可控性。明星在私人领域中的形象很难与公共形象保持一致。至于明星在私人生活中应该保持一个什么样的道德水准,实际上属于个人私德范畴的行为,并不需要受制于公众评判。但是既然明星的声名地位来自传媒及大众,对于维护社会伦理道德及公序良俗,明星就被期待负有格外的重任。一方面,明星作为"有钱有地位的人"会面对比普通人更大的压力及更多的诱惑;另一方面,明星又被期待比普通人更加具有美德。这种双重的挑战加大了明星品牌的不可控性。

二 媒介在明星"传闻话语"中的作用

丑闻之所以能够损害明星品牌,媒介在其中发挥了最关键的作用。实际上,如果没有媒体对于明星隐私孜孜以求的挖掘,根本不会有传

---

① 名人传记:《成龙——风流本色》第一章:"龙种事件始末(上)",http://www.mr699.cn/mrzj/my_biz.asp?id=59695&page=1.

播意义上的"丑闻"的产生。私生女事件显示出媒介对于明星品牌的巨大的解构作用力。为了满足消费者的窥视欲望,大众媒体嗜血般追逐明星的私生活,它们消费明星以生产"传闻话语"。在吴绮莉怀孕之前,"狗仔文化"盛行的香港媒体就不断地爆出二人的交往传闻。吴绮莉怀孕之后,电视、广播及纸媒等媒体不断采访所有可能接触到当事人的人物,一丁点蛛丝马迹往往与各种猜测、联想混杂在一起,形成了对于此事的连篇累牍的报道,并最终迫使成龙不得不发表公开"告解",使公众了解了事情的大概面貌。这起丑闻确实成了德科尔多瓦所谓的"明星丑闻"话语,"揭示明星作为职业和个人形象的不同,并且可以怀疑两者之间在道德上的差别"①,并由此为成龙的"完美男人"形象祛魅。

但是,媒体对于明星的消费并不止于挖掘明星个人隐私,还往往主动制造其他吸引眼球的话题。在成龙个案中,他所参与的慈善或公益等利他性活动似乎没有多少新闻价值,但是他所说的话经常遭遇媒体"断章取义"式的报道,令他遭受误读。比如,2009年在"博鳌论坛"上被记者问及文化与自由的问题时,成龙说:"有自由好,还是没有自由好?真的我现在已经混乱了。太自由了,就变成像香港现在这个样子,很乱;而且变成台湾这个样子,也很乱。所以我慢慢觉得,原来我们中国人是需要管的……",结果多家媒体选择以"中国人是需要被管的"为标题进行报道,引发了舆论界的一场争议。固然作为有影响力的公众人物需要谨言慎行,发表言论更要避免词不达意,但是这类报道以极端的方式吸引眼球并且刻意往争议方向引导,显然有哗众取宠之嫌。

作为"无冕之王"的新闻媒体与明星"无权精英"之间一直存在张力关系。克里斯·罗杰克把名人的"下沉和堕落"与"嫉妒"相联系。在他看来,名人的下沉和堕落是与上升和发迹结伴而行的,"仰

---

① [英]保罗·麦克唐纳:《重新认识明星现象》,李二仕译,《世界电影》2001年第4期。

望本身，就是嫉妒和赞许的源泉。名人获得了如此多的荣耀和财富，以至于他们的身败名裂成了公共事件，公众不时地还渴望见到名人的这一下场……造就名人的大众媒介也常常策划着他们的败落"①。成龙属于明星中的明星，又基本上一直维持着正面的公共形象，媒介对于这类名人的道德操行要求则显得更为苛刻。

三　明星品牌在丑闻事件后的修补

丑闻能够极大损害明星品牌，然而明星品牌也并不是没有修补的可能。虽然私生女丑闻打碎了成龙"完美男人"的品牌形象，但是成龙对此事的坦诚的处理方式赢得了部分弥补。首先，成龙以发布会的形式向公众"告解"，这虽然是在媒体围攻之下的选择，却也被证明是当时状况下最为明智的选择。克里斯·罗杰克以比尔·克林顿就莱温斯基事件向公众告解的电视直播为例，讨论了告解对于名人和粉丝之间微妙关系的重要意义。他先是指出，"告解的确能导致赎罪。赎罪是堕落的名人通过告解和请求公众赦罪而重新获得正面的名人身份的仪式化企图……在告解中，名人诉诸公众的同情心而不是盲目的崇拜"。他接着指出，虽然堕落的名人可能再也无法在公共领域获得从前的尊崇水平，但是"告解会让名人与公众的关系变得更加微妙，在这种新的关系中，人们认识到，不管是名人还是粉丝，脆弱、易受伤害都是血肉之躯的条件。以这种共同的有身性和易受伤害性（有身性的必然结果）为基础，名人和粉丝之间达成了某种民主"②。

其次，经过这次丑闻事件之后，成龙逐渐采取了"真实性"策略来建构自己的品牌。这在一定程度上修复了成龙品牌，并为其增添了新的内涵。在公共活动中，他不再试图建构任何完美形象，对于自己

---

① ［英］克里斯·罗杰克：《名人与宗教》，载杨玲、陶东风编《名人文化研究读本》，北京大学出版社2013年版，第127页。
② ［英］克里斯·罗杰克：《名人与宗教》，载杨玲、陶东风编《名人文化研究读本》，北京大学出版社2013年版，第131—132页。

年轻气盛时所做的荒唐事不仅承认,甚至会主动讲述,以此来说明人无完人并且人是可以不断进步的。

德雷克对于明星"展示缺点"品质的讨论有助于理解这一状况。在他看来,这种品质在马绍尔所谓的"情感经济"中至为关键,"情感经济"指的是名人让粉丝产生情感与亲密关系的能力。"随着公众对媒体的操纵和名人大肆奢华的生活方式日益明了和反感,具有普通和诚实的双重意涵的'真实'身价大增。能够让自己显得平淡朴实、不招人厌,对于名人而言非常关键,因为在当今媒介饱和的环境中,公众实际上早已和他们生活在一起了"①。这种策略虽然使成龙远离了"完美男人"的形象,同时却又为他增添了"真实""可靠"的品牌内涵。作为公众人物的这种"真实性"策略恰恰契合了成龙电影表演中的"真实性"特征,甚至产生了一种奇妙的共鸣,令人更能产生亲近感及认同感,从而令社会场域中的成龙品牌名声更加稳固。

从1970年代末《蛇形刁手》《醉拳》确立了成龙明星品牌开始,这一品牌已经存在了四十余年。在这期间,成龙品牌经历了从电影场域到社会场域的数次品牌拓展活动,品牌核心特征经历了不断变化,已经把缘起于电影场域的成龙品牌扩展为一个社会场域的综合性成龙品牌。成龙品牌的声名及威望不仅是成龙及其团队主动建构的结果,更牵涉到大众媒体的复杂作用力。在与媒介力量博弈的过程中,成龙品牌顺势发展了新的品牌次级意义。可以看出,明星品牌的强大生命力主要依赖于明星个人的"卡里斯玛"魅力。正是因为明星本人拥有超凡的人格特质,其品牌才能够经得起时间与历史的考验。

---

① 阿德里娜·赖:《华彩与粗糙:尤尔根·泰勒名人照片中的光晕与本真》,载杨玲、陶东风编《名人文化研究读本》,北京大学出版社2013年版,第288页。

第六章

建构文武双全的"侠义英雄"形象

在明星品牌的框架之下,上一章以布迪厄的资本及场域理论为基础,讨论了成龙品牌"英雄"传奇的建构、成龙及其团队如何主动把一个电影场域中的知名品牌拓展建构为一个社会场域中的品牌以及不同类型的资本在这一过程中如何进行了转换。另外,第四章第二节已经讨论过西方文化如何误读了成龙的某些东方男性特质特征。这一章将在中国传统文化视域中考察成龙银幕内外的"英雄"形象。首先从华人男性特质角度考察成龙如何试图在银幕内外建构自己"文武兼备"的男性典范形象。其次从儒家思想中的"侠义"传统出发考察成龙"英雄"形象在华人世界中广受欢迎的深层社会文化心理。

第一节 华人男性特质与成龙"男性典范"的建构

一 "文武"男性特质

为了发展出适应广泛、有助于中国男性特质理论化的范式,雷金庆在《男性特质论——中国的社会与性别》一书中,提出了将"文武"(文化修养和勇武之气)二元对立作为"对中国男性特质模型进行概念化的一种分析工具和理论构想"[①]。他试图以社会建构的方法去

---

① [澳]雷金庆:《男性特质论——中国的社会与性别》,刘婷译,江苏人民出版社2012年版,第226页。

发展"中国为主、西方为辅"的范式,以此对"普遍意义上的中国男性特质"的理论基础做出系统的概念化尝试。

在他看来,"文"与"武"的二元对立中国范式,能够为深入分析中国男性特质提供线索。"文武"二元组合所蕴含的心与身、心智与体格、文化知识与武术技巧等诸般二元对立是中国文化所独有的男性特质概念。①"文武"包含了理想男人的心智与体格两方面的内容,构成了所有中国男性特质讨论的核心,是一种用来分析中国男性特质的理想建构。"文"(心智的或文职的)与"武"(体力的或武术的)这对术语各自具有许多含义。《汉语大字典》列出了"文"的26个定义,其核心意义都围绕着文学和其他文化修养。"武"的释义也列出了20多个,其核心意义围绕着战争、军事、武力和力量。"文武"核心意义仍然围绕着文华和武英。在实践中,"文"可以指精湛的文学素养、有教养的举止和一般教育等各种属性,而"武"的含义的多样性和"文"不相上下,包括强壮的体魄、无畏的精神和格斗技能②。

"文武"之所以能够成为分析中国男性特质理想建构的有用范式,是因为它对精英男性和普通男性大众都同样适用。"文"通常被理解为与古典文人的文学、艺术追求相关的高雅、精致的品格。……然而,"文"并不只隶属于精英阶层,广大的社会各阶层都希冀拥有文人属性。……所有的中国男人,不论其社会地位如何,都拥有通过考试制度竞逐高级文官职位的权利。同样,身体力量、军事实力这样的"武"的属性也不独为普通大众所拥有。在很大一部分的男性群落中——无论唐代精英阶层的马球手还是清朝街头的卖艺人,它们都是男人努力培养的品格。"武"几乎无处不在的广度,从"武"的哲学的含混就可见一斑。人们认为"武"包含了七种美德,它们合在一

---

① [澳]雷金庆:《男性特质论——中国的社会与性别》,刘婷译,江苏人民出版社2012年版,第6页。
② [澳]雷金庆:《男性特质论——中国的社会与性别》,刘婷译,江苏人民出版社2012年版,第20页。

起,"意味着军威强盛,可不战而胜"。这七种美德即所谓"武有七德"——"禁暴、戢兵、保大、定功、安民、和众、丰财"。因此,"武"的概念,既体现了军事力量的威力,同样也体现了何时行使这一力量的智慧[1]。

"文武"范式是一种独属于华人男性的分析模式,并不适用于女性。在传统中国社会中,形成社会制度的思想机制一般由男人控制,他们是各种社会理想,包括男性特质的主要建构者。"文武"的定义因而只适用于男性,只为保持男性对女性的优势。女性根本没有资格进入"文武"这个领域。由于在中国的历史长河中,"通过文举和武举考试是获得官方对'文武'成就承认的最普遍的方式。而这两者都只有男性才有机会参与",因此,对于女性来说,尽管限制程度不尽相同,但是官方的社会生活"都明明白白地拒绝女性涉足"文武"领域"。在极少数特殊的情况下,当女人把自己转换成男人时"文武"二元法才适用,花木兰和祝英台男扮女装替父从军及书院读书就是这种例子。但是这种情况在现实中极为罕见。因此,"文"或"武"无法对女人进行有效的研究。"文武"于是就成了男性的专属品质,从未被赋予过女人。

"文武"范式不仅不适用于女性,也同样不适用于少数民族或者其他非华裔种族的外国男性。之所以不适用于中国文化圈之外的男性,是因为"其体系所蕴含的男人的性,肯定自身在潜移默化中的差异性"[2]。在汉文化的文明化影响范围之外的男人压根儿不可能拥有"文武"。外国人不参加文举或武举考试的事实将这种恐外心理形式化。

雷金庆在文末特别指出了"文武"男性特质的杂糅化及国际化趋势。一方面,20世纪社会变革所导致的平民化进程开始改变了"文

---

[1] [澳]雷金庆:《男性特质论——中国的社会与性别》,刘婷译,江苏人民出版社2012年版,第21—22页。
[2] [澳]雷金庆:《男性特质论——中国的社会与性别》,刘婷译,江苏人民出版社2012年版,第20页。

武"的性别约束机制,女性可以公开、正式地接纳"文武"属性。另一方面,在今天国际化的世界里,随着大众传媒的飞速发展,"文武"特质也可以跨越国界,被外国男性所接受。

虽然这种杂糅化及国际化趋势表明,在不同性别及不同国别中,某种程度的趋同和欣赏正在发生,但是这并不意味着差别会完全消弭。考虑到现有的社会结构和霸权持续主宰下的国际关系,"文武"这一划分人群等级的传统工具将持续发挥作用。

雷金庆分别用了一章的篇幅讨论了"武"之理想典范关羽和"文"之理想典范孔子。与"武"的男性联系最为紧密的中国典范形象,是"英雄"。作为三国时期的一个著名将领,关羽被尊崇为军事领域最伟大的人物,在嗣后的1600年间,他的地位逐步上升,直至明代由帝王封神,成为"关圣大帝"。儒家思想在过去几个世纪中一直被中外学者视为中国性的精髓,而孔子正是这一精髓的化身。孔子作为"读书人——知识分子(文人)"的典范,在华人社区的庙宇中被供奉为文圣。

不过,"文武兼备"是男性特质的终极理想典范。在中国社会的传统中,人们认为,为了持续、成功、长远的治国、修身理想,应该实现"文"和"武"两种男性特质风格之间的平衡。统治者长于治国、男人作为个体擅于修身、齐家都被看作是平衡这两种力量的过程。这就是为什么汉语中沿袭了为数众多的包含"文""武"的成语和常用语,如文武双全、文武全才、文武兼备、文武并用、文治武功等。它们指的都是文武并举对成功管理国家、家庭和自身的重要性。

中国古代历史上不乏"文武兼备"的伟大男性。儒家经典著作《左传》就提供了许多在文艺哲学和兵法两方面均有造诣的贵族典范。例如,儒家所宣扬的治国楷模周公既是卓越的军事家,也是多才多艺的诗人、学者。以闻名于世的哲学思想、文学才能被尊为文圣的孔子,同时也是射箭和御车的爱好者,并鼓励他的学生在接受教育时也修习武艺。

这就使后来者形成一种共识,"理想的男性特质可'文'可'武',

◇ 建构"英雄"传奇

但只有在文武双全时才能达到它的最高境界"①。也就是说,要想成为一个伟大的男性,"文武兼备"是最关键的一点。人们相信,"尽管并非所有男人都能体现出高水准的文武技能,但真正伟大的男性就可以做到",正因为如此,"各个历史时期、各个信仰的男性领导者都在寻求展示他们文武两方面的实力"②。比如康熙皇帝为了争取汉族精英人士的支持,在征服了吴三桂、噶尔丹建立了赫赫"武"功之后,进而开始了确立自己"文"名的事业——他发起了那些令大清名垂青史的宏大典籍整理工程。而司徒安通过分析乾隆画像证明了满族统治者在"文武"上汉化自己的需要。而毛泽东这位被公认为既通军事又有文采的当代伟人,在《沁园春·雪》中如此评论中国历史上的著名帝王:"惜秦皇汉武,略输文采;唐宗宋祖,稍逊风骚。一代天骄,成吉思汗,只识弯弓射大雕",这其中对于理想男性的隐而未现的评价标准显然就是"文武兼备"的男性特质。

电影事业取得了极大成功之后,成龙继而追求的正是"文武兼备"的英雄品牌形象,下文将对此展开分析。

二 建构成龙"文武双全"的男性典范英雄形象

如第五章所说,在成龙品牌的建构过程中,"动作奇观"使成龙电影品牌最初得以确立,在成龙品牌中占据了压倒性的重要位置,是成龙品牌化表演的核心特征。从开启成龙明星之旅的《醉拳》和《蛇形刁手》开始,成龙就展现了无与伦比的动作奇观表演。十年的戏剧训练功底令他身手快速敏捷、节奏准确,使他的动作富有舞蹈感的节奏美。加之独有的轻松活泼的表演,成就了动作喜剧的电影类型。在随后的《A计划》《警察故事》等影片中,又逐渐增加了动人心魄的

---

① [澳]雷金庆:《男性特质论——中国的社会与性别》,刘婷译,江苏人民出版社2012年版,第24页。

② [澳]雷金庆:《男性特质论——中国的社会与性别》,刘婷译,江苏人民出版社2012年版,第25页。

第六章 建构文武双全的"侠义英雄"形象

高难度特技表演。如前文所说,无论是最初确立成龙品牌的"功夫小子"形象,还是随后成为成龙主要银幕形象的"动作警察",仰仗的都是成龙无与伦比的动作奇观。

因此,可以说成龙电影品牌最初凭借强大的"武"之特质得以确立。由于"武"的概念不仅体现了军事力量的威力,而且还体现了何时行使这一力量的智慧,所以"动作奇观"这一成龙电影品牌核心特征毫无疑问地完全落入了"武"的男性特质范畴。与"身体奇观"相联系的是身体、体格、力量、格斗技巧、武力、强壮的体魄等这类"武"的核心属性;而成龙角色所表现出来的美德也往往属于"武之七德"的范畴,在影片中发挥的功能大体上离不开"禁暴、戢兵、保大、定功、安民、和众、丰财"这些方面。

在其电影风靡了大半个地球之后,成龙开始严肃思考影片及自己本身对社会所负有的责任。前文已经提到过,他自认为,"赚了钱之后,就是发财立品嘛,你发了财,慢慢之后,我对这个社会有责任,我再回想我以前的电影《醉拳》《醉拳1》很卖座,但是不行……我马上有机会拍《醉拳2》,就是不要喝酒,不要打拳,马上把我以前犯的错纠正过来。那慢慢慢慢社会、大众、政府、国家、地区给我很多责任"①。

"发财立品"是一个既通俗又形象的描述,其意类似于"衣食足而知荣辱"。所谓的"品",既指提高自身的品位与修养,也意味着要树立一个良好的公众形象,总体上属于"文"范畴。如前文所说,中国历代的男性领导者都试图展示他们文武两方面的实力。不仅康熙如此,刘邦、李自成、洪秀全等人在凭借武力称王称帝之前,也只是少有文化品位的草莽英雄。君临天下之后,则诗书礼乐,威仪八方,以此宣示拥有了精英阶层必备的"文"之特质。

在成龙的案例中,通过电影发财扬名之后,他转而去追求"品"。

---

① 《成龙:北京马路既宽又直 美国人真的修不起》,http://ent.ifeng.com/entvideo/detail_2012_12/11/20039691_4.shtml.

◇建构"英雄"传奇

因此,一方面,他开始格外关注自己影片所传递的价值观导向。另一方面,他在电影场域之外的社会拓展活动也格外注重建立自己的公众形象并且传达正向的价值观。

从影片中"双手打天下"的典型"武"之男性典范,到社会中为公众利益奔走的"文化符号",这一转变是成龙的主动追求。原因之一,恐怕离不开中国社会深层心理中对于"文"之男性特质的高度认可。雷金庆认为,"从中国哲学发轫之初,'文'就被认为比'武'更优越"[①]。尽管以"武"为代表的男子气概也曾经受过崇尚,但是在中国传统中总体并不占主导地位。相反,由"才子""佳人"所代表的温和而理性的男性传统抵消了由"英雄""好汉"所代表的具有男子气概的英雄传统。正如"劳心者治人,劳力者治于人"这句话所说,在中国,"理性智慧型的男性典范往往主宰勇武健壮型的男性典范"[②]。他借黄宽重的话指出,到宋朝时,"'武'已更多的与缺乏社会权力的非精英男性联系在了一起;而'文'则很明显成为精英阶级的男性特质"[③]。他以台湾政选候选人通常会罗列最高学历为例,说明在当下中国男人对自我的日常表达中,"仍然可以感受到更为柔弱文雅的知识男性的力量"[④]。

而这一品牌转向确实也赋予了成龙明星品牌以更多的"文"之男性特质。雷金庆认为,传统中国文人"自视为社会的道德和精神导师"[⑤]。确实,这在"先天下之忧而忧,后天下之乐而乐"的中国儒家

---

① [澳]雷金庆:《男性特质论——中国的社会与性别》,刘婷译,江苏人民出版社2012年版,第26页。

② [澳]雷金庆:《男性特质论——中国的社会与性别》,刘婷译,江苏人民出版社2012年版,第13页。

③ [澳]雷金庆:《男性特质论——中国的社会与性别》,刘婷译,江苏人民出版社2012年版,第27页。

④ [澳]雷金庆:《男性特质论——中国的社会与性别》,刘婷译,江苏人民出版社2012年版,第29页。

⑤ [澳]雷金庆:《男性特质论——中国的社会与性别》,刘婷译,江苏人民出版社2012年版,第65页。

知识分子中具有悠久历史。历朝历代中，无数仁人志士为了民族兴盛与国家利益大声疾呼，他们针砭时弊，痛斥社会不正之风，唯求教化民众改良社会。从岳飞、文天祥、龚自珍到"热心冷眼观尘世，针砭时弊刺沉疴"的鲁迅莫不如此。"文以载道"这一文艺传统就是儒家知识分子的主动选择。

下文将首先分析成龙影片如何成为其"载道"的工具，然后分析在电影之外的成龙品牌建构过程中，成龙如何试图达成在"文"这一男性特质中的成就，以求实现"文武兼备"的男性特质理想。

1. 成龙电影："文以载道"

如前文所说，凭借"武"的男性特质内涵，成龙在影片中所扮角色不仅在电影文本内部得以立足，也受到电影观众的喜爱。如果说，成龙电影品牌以"武"立身，那么90年代中后期以来，其影片所承载的伦理道德等价值观则为电影作者成龙增添了"文"的特质。

"文以载道"是中国传统文艺理论中的核心内容之一，也是儒家诗教原则的核心思想。从荀子的"文以明道"、韩愈的"文以贯道"到周敦颐在《通书·文辞》中明确提出"文以载道"，这一说法的历史源远流长。"文"最初所指的是文学，随着历史演变，如今泛指文学艺术的各种门类。"道"的原意是指儒家传统伦理道德规范，具体内涵也随着时代变迁而不断变化，但是核心内容并未离开过道德、道义、伦理、正义等普适价值。

中国电影从肇始之初就继承了"文以载道"的文艺传统。作为中国电影早期占据统治地位的观念体系，"影戏"首先被看成一个意义的表达体系。钟大丰认为，最初的中国电影人并不是从结构的角度出发，把电影看作一种具有独特的艺术语言的"独立"的艺术，而是从功能的角度出发，看到电影具有与戏剧等其他艺术相同的意义表达能力，于是才认定电影"也"是一门艺术。"这种从功能目的出发把握电影的方法，既是中国'文以载道'的艺术传统的一种继承，也是中国人注重实践理性的思维传统的一种体现。对于中国的艺术家来说，

◊ 建构"英雄"传奇

拍电影从来就不仅仅是个人的事情,而是一种社会行为。他们把电影作为一种极好的教育工具,努力通过自己的创作达到'表现人生、批评人生、调和人生、美化人生'的目的。而且把这看作是电影能否在艺术的园地中占有一席之地的关键"[①]。

电影成为中国艺术家积极入世的"载道"工具,因此中国电影史中向来不乏教化人生、改造社会的作品。在《孤儿救祖记》(1923)、《冯大少爷》(1925)、《姊妹花》(1933)、《渔光曲》(1934)、《一江春水向东流》(1947)、《乌鸦与麻雀》(1950)、《红色娘子军》(1960)、《舞台姐妹》(1965)、《天云山传奇》(1980)、《牧马人》(1983)、《高山下的花环》(1984)、《芙蓉镇》(1986)等一系列影片中,主人公被刻画为克己奉公、乐善好施、谦恭礼让、自强不息、任劳任怨的儒家"仁"者。这些影片传达了中国优秀电影艺术家所怀的忧患意识及救世情怀,一方面借助戏剧化叙事弘扬了中华传统美德;另一方面满足了国人"寓教于乐"的审美期待。

这一文艺传统不仅在内地电影中得以发扬,在香港电影中也同样根深蒂固。"香港电影之父"黎民伟就是这一信条的坚定支持者。他一生怀抱改造社会的理想,"文以载道"就是他在电影事业中所秉承的理念。他一方面认为电影绝不应该一味地追求娱乐,而是要发挥移风易俗、辅助教育及改良社会的作用;另一方面又提出了"电影救国"的口号,通过电影促成民富国强才是他投身电影行业的初衷。1994 年第 13 届香港电影金像奖把"最高致意奖"颁给已经去世四十余年的黎民伟,表明了当代香港电影界对于其电影观念的一种回归与认可。

"文以载道"这一传统理念贯穿于各个时期的香港电影。赵卫防认为,香港文化作为中原文化、西方文化及岭南文化结合而成的"文化复合体",所受到的最深刻的影响还是来自中原文化。尽管香港电影制片环境极为独特,"百年的香港电影在多种文化的夹击中依然保

---

① 钟大丰:《中国电影的历史及其根源,再论"影戏"(下)》,《电影艺术》1994 年第 2 期。

持着鲜明的中华文化脉络"①。无论武侠功夫类型片中行侠仗义的儒家君子、李翰祥宫闱片中浓厚的正统历史意识、"许氏喜剧"中对底层人物的同情、粤语片中的大团圆结局,还是写实片中对下层民众的深切关注都显示了中原文化在香港电影中的牢固地位,也是香港电影艺术家对于社会责任及道义担当的体现。

作为香港电影的一个重要组成部分,成龙电影明显继承了"文以载道"的传统理念。对于自己影片的社会功能,他直言不讳,"其实我心里有那个要表现的哲学思想,只是说不出来。我总想通过我的电影把我们中国的文化发扬光大,我不喜欢的东西也通过我的电影讲出来"②。在上海成龙电影艺术馆中,类似的观点被显赫地写在展览墙上,"大家可以看到,我的电影里会讲很多不同的哲理。每一部戏都有我一点点的哲学:我怎么看待这个社会、怎样让大家知道我对当前这个世界的感觉。我的每部戏都会传达一些这样的讯息"。在其影片中,主要通过以下方式来传递这些信条。

第一,成龙把自己的角色塑造为一个富有儒家美德的英雄,通过这些美德来教诲观众。《论语·子罕》中认为"智者不惑,仁者不忧,勇者不惧"是君子的"三达德"。成龙扮演的角色通常都符合"智、仁、勇"的"三达德"的君子品行。可以说"勇"是其角色的主要外在特征,"仁"则是内在的核心特征。他对于弱小动物、弱势性别、弱势群体,都富有同情心和保护欲,甚至对于凶残的对手,也绝对不忍下手伤害,是为"仁"。他扮演的角色虽然身手不凡,但是他通常都隐忍恭谦,对于针对自己的挑衅往往一忍再忍,往往正是出于匡扶正义的"仁"心,他才能做到"勇者不惧",不畏以一己之力对抗庞大的邪恶势力,是为"勇"。此外,他也不乏常识与智慧,无论是在无数次危急险情的处理中还是在与朋友或者对手的言语交锋上,他都显示出超于常人的智慧,是为"智"。"勇"和"智"作为他的突出

---

① 赵卫防:《香港电影中的中国传统文化扫描》,《文艺理论与批评》2005 年第 5 期。
② 陈野:《成龙谈成龙电影》,《电影艺术》2000 年第 2 期。

建构"英雄"传奇

优势,帮助他实现了许多其他方面的品行。

实际上他的角色还具有儒家君子的其他传统美德。对于自己的朋友同事,他会不惜牺牲自身去帮助救护,例如在《龙兄虎弟》中,朋友多次有负于他,他却义无反顾地一次又一次帮助对方,是为"义"。对待自己尊重的长辈上司,无论是《奇迹》中的卖花夫人还是《警察故事》里的骠叔,他都显示出作为晚辈的礼节,是为"礼"。对于说出的事情就要做到,比如在《A计划2》中告诉嚣张的恶霸自己打败他才抓他,是为"信"。对于自己所服务的群体,比如《A计划》系列及《警察故事》系列中的香港政府及民众,他尽职尽责无比忠诚,是为"忠"。成龙所扮演的角色总是尽可能地传递出类似的传统美德。

第二,仅仅以自身的正面角色树立榜样还嫌不够直接,成龙扮演的角色甚至会直接用语言表述这些观点。在成龙电影艺术馆墙上的显眼位置,挂有源自成龙不同影片的剧照,剧照上附有下述台词:"你要记住,做人最重要的就是,得饶人处且饶人"、"只要是人家的文物,我们一定要还给人家"、"大家的热心帮助,可以让很多人免于饥饿"、"你不要看轻自己,每个人都有每个人的用处"、"做一些能睡得安稳的事"、"在我们家,我们从不违背诺言"、"装上开关,保护地球"、"吸烟对身体不好"、"不为战争,只为和平"、"修行不光是抬头仰望,而是要低下头,学会谦卑和诚实"、"我的父亲还告诉我,要尊重自然"、"功夫就在我们的生活中"、"关心别人,接纳别人"、"静止和什么都不做是完全不同的"、"做我们记者的,要有根据才能报道"、"功夫是一种学识防守"、"人总是觉得消失了的东西才是珍贵的"、"记住,垃圾要分类"、"让流失的文物回到祖国,需要大家的共同努力"。

这些台词有时候可能并不符合剧情,但是成龙宁愿牺牲部分艺术效果也要传达自己的观点。比如在《神话》中,成龙扮演的Jack批评梁家辉扮演的威廉,"如果你继续天天打十几个小时电脑游戏,你眼睛都会瞎"。实际上影片中的威廉是个勤奋而贪心的科学家,这种说法恐怕并不符合他的性格。之所以设置这一句台词,应该是为了教育银幕前的沉溺于游戏的青少年观众群体。另外一个例子可见于前文提到的《十二生肖》中 CoCo 义正词严的爱国教育。由于没能有机地融于剧情，这些台词一方面略显突兀；但是另一方面也会造成观众"出戏"审思自己，这就达成了类似于布莱希特所谓的"间离效果"。

特别值得一提的是，成龙电影中往往设置这样的情节，有些算不上罪大恶极的反面角色，例如《A 计划 2》中的海盗、《奇迹》中的黑社会成员与《红番区》中的街头混混等角色，在被成龙训斥之后，由于被成龙角色的美德所感召或者被他的话所触动，会立即决定洗头革面重新做人。

对于反面角色受到感召而决定弃恶从善的情节，东西方观众反应很不相同。《红番区》里有一场发生在酒吧里的戏，成龙扮演的陈强去寻找女主人公，与酒吧里吸毒、淫乱的混混们进行了一场打斗。他训斥他们："你们是不是认为成群结党地去打人、偷东西、恐吓、收保护费可以过下半辈子？你们连开个舞会都要躲在这种暗无天日的地方。为什么要变成每个人看见都讨厌的社会废物呢？"打赢后又对他们说："有空我们一起喝酒。"这番慷慨直陈令小混混们面面相觑，开始检讨自己"我们是不是真的太过分了"。对于东方观众来说，这个情节不仅没有什么不合理之处，而且体现了成龙的英雄气概，比如吴冠平就认为，"这段戏里成龙像兄长一样，既教训又爱护他这些不争气的兄弟，并没有因为他们是'鬼仔'便生出'长了中国人志气'的狭隘表述，而充满了江湖式的豪情"[1]。史蒂夫·福尔则特别指出了西方观众对这一情节的不同反应，"大多数非亚洲观众都认为这种转变太不可能了，我两次在美国影院中观看此片的过程中，这一幕都引发了不小的笑声"[2]。穆尼·瑞扎伊分析了西方观众为什么做此反应。在

---

[1] 吴冠平：《好莱坞认知的成龙电影》，《电影艺术》2000 年第 2 期。

[2] Steve Fore, "Jackie Chan and the Cultural Dynamics of Global Entertainment", in *Transnational Chinese Cinemas: Identity, Nationhood, Gender*, Ed. by Hsiao-peng Lu, University of Hawaii Press, 1997, p. 255.

◇建构"英雄"传奇

他看来，成龙许多电影中所包含的这种道德说教的场景有悖于好莱坞主流影片对于"情感的控制和情节的合理性"的关注，因此对于看惯了好莱坞影片的西方观众来说，"这些道德说教时刻有点奇怪"。与此同时，他对于这种情节设置也表示理解，"这些时刻并没有减少电影带来的乐趣，相反使人觉得电影试图达成一些善行"①。

东西方观众的不同反应也恰恰证明了这类情节具有独特的东方文化特征，其根源正是"文以载道"的传统文艺观。由于这种理念对于中国文学艺术的影响如此之深，以至于有评论认为"文以载道"和"诗以言志"这类传统诗论形成了某种"美学霸权"，造成了"艺术说教"，导致了"艺术即意义"的狭隘理解②。

但是从另一个角度来看，"文以载道"的观念不仅深存于中国艺术家的思维中，也符合中国观众的普遍审美期待。由于期待视野的不同，观众的接受动机也并不相同。童庆炳先生讨论过人们在文学接受过程中的"受教动机"，"这是人们力图通过作品中的故事情节、人物形象、思想情感，得到人生启迪、道德教育、精神鼓舞的动机。在现实生活中，有不少人，在自己的人生道路上，曾力图从优秀的文学作品中探寻生活的航向，求索人生的答案，树立正确的人生态度，以求成人成才，其中体现的就是便是这样一种受教动机。在20世纪五六十年代，我国的许多青年读者就曾特别喜欢《钢铁是怎样炼成的》《青春之歌》《红岩》等作品，就与这样一种受教动机有关"③。继续童先生的思路，可以发现他所列举的这些作品都是激人奋进的"英雄"故事。如果说迅猛发展的大众传媒已经把传统的"纸媒"社会变成了"视觉转向"的图式社会，那么得以保持不变的是读者/观众对于"英雄"故事所怀有的崇拜心理与受教动机。

---

① Munib Rezaie, *Neutered Dragon*: *A Critical Look at the Career of Jackie Chan*, Master Thesis: University of Miami, 2010, p. 7.
② 徐岱：《崇高之后——论传媒时代的艺术生产》，《文艺理论研究》2007年第1期。
③ 童庆炳：《文学理论教程》，高等教育出版社2008年版，第327页。

第六章 建构文武双全的"侠义英雄"形象

第三，深藏于成龙影片内部的叙事结构对于传递信息也非常重要。前面两点是从外在层面传达道德、正义、伦理等普适价值观念，而经典成龙影片，尤其八九十年代的那些作品之所以能唤起全球观众普遍共鸣，除了易于跨越文化障碍的动作奇观之外，另外的一个重要原因在于其内在的深层叙事结构。成龙电影具有好莱坞"经典叙事"的典型特征。"经典叙事"是一种支配着故事片生产的叙述结构，也是迄今为止最流行的编织故事的类型。史蒂夫·福尔指出了好莱坞视觉及叙事常规对成龙电影的影响，主要表现在现实主义表征、流畅剪辑、线性叙事、强调角色关系这些方面。[①] 除此之外，成龙影片还包含"经典叙事"的下述典型特征："不受干扰的模式——干扰介入——努力排除干扰——干扰消除"的情节模式、遵照时间顺序采用线性因果关联的逻辑关系、古典连戏剪接、大团圆结局等。

王宜文认为，"经典叙事"作为一种稳定的创作模式和艺术倾向，是一种较为固定的制作模式，具有历史的延续性和广泛的普及性，因此是世界各国都遵循的基本叙事模式。这种叙事结构符合人类对外部世界的认知模式，满足了人类普遍地对于秩序感的需要。对于完整叙事结构的肯定，体现出人们对合理秩序的普遍需求。社会秩序相对稳定完善的国家或地区，观众会在影片中确认这种秩序感，从而获得满足愉悦；对于其他地区的观众，这种秩序结构恰恰是他们所需要并企盼的。以好莱坞影片为代表的"经典叙事"之所以被全球观众普泛性接受，在于它是一种可以满足人们最基层心理与情感需要的认知方式，源自人类共同的生存需要[②]。

这种深层叙事结构所"载"的"道"，已经不是前面两点所提到

[①] Steve Fore, "Jackie Chan and the Cultural Dynamics of Global Entertainment", in *Transnational Chinese Cinemas: Identity, Nationhood, Gender*, Ed. by Hsiao-peng Lu, University of Hawaii Press, 1997, p. 249.

[②] 王宜文：《旧好莱坞与经典叙事传统》，载黄会林等编《电影学导论》，高等教育出版社2008年版，第103—107页。

的普适价值观念，而是人类集体无意识中对于秩序感的普遍需求和对于稳定认知模式的普遍期待。

在当下解构文学艺术宏大叙事的潮流之下，成龙影片对于"载道"的坚持不乏批评的声音。首先站出来反对这一做法的是商业至上的资本集团。对于《十二生肖》中 CoCo 所说的大段爱国主义台词，影片的投资方和制片人提出了修改意见，投资方之一的华谊兄弟传媒集团的执行总裁王中磊回忆说，"很多投资人觉得大哥你这个电影已经透露出了爱国和环保，用不着再讲一遍台词强调，剪掉它，电影会更快一点。他就是不肯。我们开导他说，大哥你可以在电影首映礼上把这个话讲一遍，那是你作为成龙时，可以说的。但在电影里，你是被写出来的侠盗，侠盗不说这样的话。平日合作中随和的成龙这一次坚持起来。他说，所有关于电影节奏的意见他都可以接受，但有一点，坚决不改，就是有一些台词中他对文物保护和环境保护要说的话。"① 另外，也有部分精英知识分子对此做法不屑一顾，比如"皮相爱国主义与伪英雄赞歌——评电影《十二生肖》"这一题目，明显暗示影片利用爱国主义情怀来赚钱。

为了在影片中宣扬所信奉的理念，可以不惜与资本集团对抗，这固然离不开成龙作为电影作者对于自己华语影片的高度自主权与控制权（可见第四章中的相关讨论），更主要是由于成龙从小所耳濡目染且已然内化的价值观念。如前文所说，成龙在中国戏剧学院的京剧学徒生涯不仅规训了他的身体，还为其影片奠定了一抹独特的价值观色调。这种价值观就是他从小所接受的儒家教育。如胡敏娜所说，京剧世界遵循孔孟之道和儒家教育体系。戏剧学院的学生们接受的是"尊师重道、四维八德、礼义廉耻、忠孝仁爱"这些传统儒家道德教育。本文第三章已经讨论过儿时的儒家教育对成龙的影响。虽然戏剧学院的文化教育并不系统，但是青少年时代长达十年的耳濡目染给成龙留

---

① 《大哥很忙》, http://www.nfpeople.com/story_view.php?id=4020.

下了深刻烙印，以至于他年近六十接受访问时还能流利背出《大学》中的章节。

接受这些价值观的不仅有成龙，还有他的同门兄弟姐妹们。他们所接受的传统儒家教育令他们比同时代的其他明星更加看重传统品质，这从他们的作品中可以窥豹一斑。正因为如此，蔡洪声在《香港电影中的中华文化脉络》一文中，特别肯定了成龙、洪金宝影片的"导人向善"的理念，"在当今香港影坛中，有相当一部分的动作片（并非全部）充满了血腥的暴力，有的甚至过于追求火爆刺激而不分正义邪恶、黑白是非，确实容易'导人向恶'。而成龙、洪金宝等人主演的影片，则在惊险的情节和令人叫绝的武打过程中渗透着伸张正义的内涵，导人向善"[①]。

然而特别值得注意的是，成龙并不是从一开始就高度自觉地要让影片成为"载道"的工具。这其中有一个逐渐的变化。在80年代初的"功夫小子"阶段的影片中，不仅可见骂人脏话和血腥情节，而且成龙扮演的角色不仅不是一个忍让的"仁"之道德模范，还是一个爱生是非的顽劣小子。虽然该阶段影片同样也是"导人向善"，却并没有像后期的成龙电影那样着意传达价值观。因此可以说，早期成龙影片"导人向善"的倾向更是一种传统儒家教育基因的自然显现，而后期成龙影片成为"载道"工具时则是成龙深思熟虑之后的主动选择，既符合成龙本人的价值观判断，又是成龙对其明星品牌意义的追求。

而上述精英知识分子的批判，实际上有失于苛责。首先，爱国主义是一种崇高的情感，一向是文艺作品的重要主题，古今中外皆是如此。不能因为作品达不到某个艺术水准就狭隘地揣测作者仅仅是打着"爱国主义"的旗号来圈钱。其次，影片的艺术水平固然有高低之分，但是不应该因为影片关于爱国主义的情节设置不够完美就否认其中的

---

① 蔡洪声：《香港电影中的中华文化脉络》，《当代电影》1997年第3期。

爱国主义情感是真实或者真诚的。最后，电影是耗资巨大的商品，盈利是其题中应有之义，并非耻辱。

2. 建构电影场域之外的"文"之特质

成龙追求建构"文"之典范的活动，不仅包括他通过 90 年代中期以来的影片所实践的"文以载道"这一儒家文艺传统，更体现在其电影场域之外的社会活动中。

如第五章所说，作为国际电影巨星，成龙在其成功的电影事业中不仅收获了经济资本，而且其正面的、讨人喜欢的影片角色更为成龙品牌积累了丰富的符号意义及象征资本。由于"动作奇观"是成龙电影品牌的主要核心特征，可以说正是"武"之男性特质为成龙明星品牌积累了上述资本。

以上述电影事业所带来的雄厚资本为基础，成龙得以在电影场域之外开展了大量的社会场域品牌拓展活动。在成龙主动展开的慈善活动中，他投入了大量的时间、精力、经济资本及象征资本。这些慈善活动获得了媒体及大众关注，经过不断的累积逐渐为成龙品牌增加了"慈善"的内涵，也由此为成龙个人增加了象征资本及文化资本。公益广告也类似地提升了成龙品牌。各种官方或者公益组织借用了成龙品牌的国际影响力这一象征资本，但是随着这些代言广告在发布会、电视、网络、户外广告、杂志等不同媒介上的大范围深度传播，成龙作为明星也收获了更丰富的媒介化身份，而成龙品牌也就此获得了很多的象征资本及文化资本。所以这一个双向互动的过程——首先是社团甚至国家选择了借用他的声望，而他也不失时机地推销了成龙品牌。

这类品牌拓展活动大幅提升了成龙在"文"这一维度上的成就。在中央电视台第二届"2003 年感动中国十大新闻人物"的评选中，成龙因为热心参与公益事业获得了"感动中国人物"的称号。推荐委员们对成龙的评价是："做名人其实一点也不难，但做一个有德的名人，确实是难上加难；成龙在好莱坞第一次向人们展示中国传统文化中英雄的概念，然而最打动人心的是成龙的公益心；成龙在国际演艺界为中国争了光，他热心公益，不忘回馈社会，这是难能可贵的"①。这一评价更加强调了成龙在电影之外的贡献，他被认为是一个"有德的名人"。在随后的更多的关乎国族形象的活动中，"他亦主动或被动成为凝聚民族认同，引领国族共识、抚慰民众情绪的重要的元素，甚至是标志性人物。从一贯的慈善活动，特别是为"5.12"地震捐款千万元，到作为形象大使积极参与北京奥运会宣传，到2009年中华人民共和国建国60周年在天安门举行的联欢晚会上演唱主旋律歌曲《国家》以及出演（联合导演）重大革命历史题材电影《辛亥革命》，这些重要的"在场"，体现了成龙刻意将自身形象从动作明星、草莽英雄拔擢成当代中国文化形象代言人和意见领袖的期冀"②。

中国传统中，"文人自视为社会的道德和精神导师"③，儒家知识分子主张志在世道，他们胸怀赤子之心"指点江山，激扬文字"，不仅勇于针砭时弊而且敢于指陈朝政。基于自身丰富的人生阅历，成龙不仅在影片中传达教育理念，在影片之外也喜欢教人向善。首先，他在不同的场合中多次讲述自身早期经历中的奋斗、磨难和挣扎，并检讨自己年轻时的劣迹，以此激励并引导观众。其次，他不仅敢于自我批评，也敢于批评社会中的不正之风。他既批评胡乱停车、乱扔垃圾的日常不文明行为，也批评国族层面的一些做法，比如在博鳌论坛上批评台湾"立法院"很乱，在全国政协委员小组讨论时批评政府公共服务中的不正之风，④ 部分由于媒体的导向，这些做法

---

① 《成龙"感动中国"》，http://www.ycwb.com/gb/content/2004-02/22/content_644954.htm.
② 刘帆：《皮相爱国主义与伪英雄赞歌——评电影〈十二生肖〉》，《电影艺术》2013年第2期.
③ ［澳］雷金庆：《男性特质论——中国的社会与性别》，刘婷译，江苏人民出版社2012年版，第65页.
④ 2014年3月11日，成龙在全国政协委员小组讨论时称："我在内地有块地，没走后门7年没开发成"。网友表示："这是开两会呢，不是来替你拿地的"，可见于《成龙：重要场合言行得体，方能避开舆论争议》，http://yuqing.people.com.cn/n/2014/0409/c210114-24856942.html.

都引起了争议。

实际上，这种做法恰恰符合儒家思想传统。孔子本人就不避讳地对世间人事评头论足，而且非常讨厌不分是非的"乡愿"，例如在《论语·阳货》中，子曰："乡愿，德之贼也。"乡愿指的是当时社会上那类言行不一、伪善欺世、不得罪人的"老好人"。他们以"忠厚老实"为人称道，却被孔子尖锐地批评为"德之贼也"，因为这种人言行不符，其实是"似德非德而乱乎德"的人。《孟子·尽心下》："恶郑声，恐其乱乐也；恶紫，恐其乱朱也；恶乡愿，恐其乱德也。"孟子在此更清楚地说明乡愿乃是"同乎流俗，合乎污世"的人。虽然表面上看，这种人是全不得罪乡人的"好好先生"，实际上他们不仅混淆善恶，抹杀是非，既不主持正义，也不抵制坏人坏事，因此全然成了祸害道德的人。

前文还讨论过成龙认房玄龄为祖的事件。名门之后的显赫身份能够增加身世的传奇色彩，最为关键的是，房玄龄作为辅佐了一代明君唐太宗的忠臣良相，是典型的"文"之典范。这一点对于凭借"武"技打出天下的成龙非常重要，祖先的"文"之盛名在某种程度上会弥补成龙"文"之特质的不足，因此为动作明星增加一种不同色彩的光芒。

如前文所说，成龙已经成为一个普遍为外部世界所认可的中国文化符号。这绝不仅仅是因为他在影片中所展示的中国功夫，更是因为其形象中所承载的儒家伦理道德观念。如果退一步，我们还可以看到，他之所以被看成中国文化符号，也并不仅仅因为他的电影，还是因为他在电影之外所塑造的友善、正直、乐观的中国人形象，以及他为推广中国文化所做的坚持不懈的努力。

没有受过正规的学校教育是成龙"至今唯一后悔的事"。"现在回想起小时候那些往事，觉得很遗憾，在有机会读书的时候没有把握机会。以前年轻的时候，我拥有多少财产，拿过多少奖，对我很重要。随着年龄的增长，这些东西对我越来越不重要，我早就不在乎这些了。这些年，如果说有没有什么事是我真的后悔，真的想重新来过的，那就是想回到我的童年，把书好好读好，这是我现在唯一后悔的事情"。①

这也成为他格外追求"文"之特质的内在动因。通过在电影内外反复讲述教育的重要性以及自己的人生哲学，他既传达出了对于自身文化教育缺失的缺憾，又达成了另外一种"劝人向善"的"文"之大德。

博士学位这类"制度化文化资本"显然是传统意义上"文"之典范的最佳象征。成龙所获得的荣誉博士学位无疑肯定了他演艺文化事业上的杰出成就、不断学习的精神以及对社会的奉献精神。由于在中国传统中，在上层阶级占据支配地位的往往是"士"和"文官"这些"文"之特质更为突出的男性，所以当选为全国政协委员同样也是一个显著事件。这不仅标志着成龙在"文"这一男性特质维度上已经达到了一个极高的位置，而且获得了权力机构的认可。

如上所述，成龙在电影场域之外活动的主要重心在于建构自己的"文"之特质。但是同时他也并没有忘记强调自己的"武"的一面。虽然其强大的"武"之特质已经通过电影的传播为全世界观众所周知，但是成龙并没有停止建构自己"武"之才能的"传奇"色彩。成龙电影艺术馆中赫然写着，"今天的成龙虽然早已远离故土，但是山东人刚烈、正直的品格、崇尚武学的习俗和对'国家至忠，对父母至孝，对朋友至诚'的理念早已根植于他的血脉"。

成龙自称为山东人的后裔，那么山东人又具有何种文化特征？钱穆认为，"若把代表中国正统文化的，譬之如西方的希腊，则在中国首先要推山东人。自古迄今，山东人比较上最有做中国标准人的资格。他们最强韧，最活跃，大圣人、大文学家、大军事家、大政治家，各种伟大类型人物都有"②。作为儒家传统正统文化的齐鲁文化给山东人的群体性格打上了浓重的烙印。在《汉书·地理志》中，班固说：齐

---

① 《成龙至今唯一后悔的事》，http://book.people.com.cn/n/2015/0404/c68880-26799210.html.
② 钱穆：《中国历史精神》，九州出版社2012年版，第110页。

鲁之民"上礼义，重廉耻"。《隋书·地理志》评价齐鲁之民"俗重气侠，好结朋党，其相赴死生，亦出于仁义"。

在深入民心的"山东好汉"形象中，"仁义"是好汉们的最核心美德。从秦琼的"为朋友两肋插刀"到梁山好汉的"有福同享，有难同当"，无不反映了这一特征。此外，山东人还以民风"朴实、忠厚、豪爽"而著称。如司马迁在《史记·货殖列传》中说"其俗宽缓阔达"，而《隋书·地理志》则记载道，其民"人性多敦厚""性质直怀义，有古之风烈矣"。再者，在山东人的观念深处，还有一种"根深蒂固的忠君尚同的正统思想……这是一种植根于厚重的历史文化，并受到政治和道德双重强化而成的精神"①。因此，通过自认为山东人的后裔，成龙为自己的"武"之特质赋予了一种文化血脉上的正当性。

由上述分析可以看出，成为"文武兼备"的男性理想典范是成龙的追求。凭借"武"之特质以电影立身之后，成龙不断追求自身"文"之方面的成就。不仅成龙影片成为其"载道"的工具，而且在电影之外的成龙品牌建构过程中，成龙逐渐积累了丰富的文化资本，已经在"文"这一男性特质范畴中达成了极大成就。

第二节　侠义传统与中国大众文化

一　儒家思想中的"侠义"传统

在过去的两千年中，大多数中国男人向往追求的，是"君子"这个儒家理想②。儒家代表人物孔子在传统上被视作圣人。尽管成为圣人是当代新儒家们所追寻的终极目标，但它显然超出了常人所能。相

---

① 王克奇：《儒墨异同与山东人的群体特征》，《山东师大学报》（社会科学版）1998年第4期。

② ［澳］雷金庆：《男性特质论——中国的社会与性别》，刘婷译，江苏人民出版社2012年版，第63页。

对而言,"君子"则是一个更切实际的男性理想典范。

君子这个词在《论语》中出现过 106 次之多。徐岱认为,之所以说孔子思想是中国精神的体现,"主要体现于孔子倡导的'君子'身上"。他列举了其他学者的类似说法:林语堂在《信仰之旅》指出"儒家可能被称为君子的宗教";辜鸿铭把孔子全部的道德教诲和哲学体系准确地概括为"君子之道"这一句话;余英时在《儒家"君子"理想》中认为"儒学事实上便是'君子之学'"。在指出"认为孔子思想其实也就是'君子道',已成许多学者的共识"之后,徐岱继而指认了君子所应该具有的品质,"孔子心中的君子最根本的是拥有'知、仁、勇'三大品质①。比如"知、仁、勇三者,天下之达德也"(《中庸·问政》)、"好学近乎知,力行近乎仁,知耻近乎勇"(《中庸·问政》)、"知者不惑,仁者不忧,勇者不惧"(《论语·子罕》)等。

由于这类说法体现的是"君子"观的抽象理念,徐岱于是细致考察了孔子最喜欢的三大弟子:颜回、子贡和子路,以求进一步清晰了解作为孔子心中人格楷模的"君子"的真实形象。在他看来,对于心怀"崇圣尚贤"人格理想的孔子而言,没有哪个学生能让他完全满意,因为他甚至对自己也不满意,"孔子心中最欣赏的学生,相比较而言的最佳人选,非子路莫属"。徐岱认为,尽管孔子对"孔门三子"各有欣赏,但在情感上显然更青睐子路,原因在于"子路让孔子的君子道在现实世界中得到了最大限度地落实。唯有这位最终为了捍卫正义而死于非命的孔门弟子,在临终前想到的不是自己的生命安危,而是一位光明磊落的大丈夫的尊严。为了保持仪表,他用手整理自己因格杀而不整的衣冠,结果被杀手们一拥而上砍成肉酱。……子路以生命为代价所体现的,不仅是'士可杀不可辱'的勇者风范,还可以清楚看到《子路》里孔子'刚、毅、木讷,近仁'的君子品质,和《宪

---

① 徐岱:《君子道与侠客行》,《西南大学学报》(社会科学版) 2009 年第 3 期。

问》'知其不可而为之'的人生理念"①。

　　胡适认为，孔子所倡导的就是一种刚毅勇敢，担负得起天下重任的人格，这是古来柔道的儒所不曾梦见的新境界。这种人格是性情与信仰的结合，"孔子自己的人格就是这种弘毅的人格"，孔子所推崇的"君子"实质，就是在坚持"民贵君轻"的前提下，能够知仁而行见义勇为的"大丈夫"②。

　　孔子在教育理论与实践中都提倡文武兼修。"诗书礼乐"等学习内容属于"文"的修养，而"射"与"驭"的训练属于"武"的范畴。"孔子的弟子大多出身寒舍，在世人眼里属于'野人'之辈。他们正是在投入孔门之后才改头换面，受到尊敬。但改变的不是社会政治身份，而是伦理文化面貌"③。因此他们均属于文武兼备的"士者"，这是孔子以"六艺"育人方针的结果。只是后人将偏于文的"士者"称为"儒"，偏于武的"士者"称为"侠"。

　　子路就是孔子"文武兼修"教育的一个范例。关于子路的"尚刚好勇"，历史文献中有不少记载。冯友兰认定子路"出身于下层社会并先为侠"，而李泽厚也认为，子路可被视作后世"侠"的先导④。而徐岱则特别强调补充的一点是，"孔子对子路的教育并不只是简单地让他去勇弃武，而是在子路先前的勇武之气中注入仁义意识，让他真正'成人'。所以应该说，子路的侠义风范得自于孔子的教育，是君子道精神实质的体现"⑤。

　　如前文所说，孔子本人也是一个文武双全之人，是中国男性的理想典范。孔子的生世中有武士背景，其父叔梁纥博学多才且骁勇善战，是"鲁国三虎将"之一。孔子本人身高九尺有余，同样身强体壮。故

---

① 徐岱：《君子道与侠客行》，《西南大学学报》（社会科学版）2009年第3期。
② 胡适：《说儒·胡适文集：第5卷》，北京大学出版社1998年版，第49页。
③ 徐岱：《君子道与侠客行》，《西南大学学报》（社会科学版）2009年第3期。
④ 徐岱：《君子道与侠客行》，《西南大学学报》（社会科学版）2009年第3期。
⑤ 徐岱：《君子道与侠客行》，《西南大学学报》（社会科学版）2009年第3期。

而《吕氏春秋·慎大》也同样写道："孔子之劲，举国门之关，而不肯以力闻。"类似的记载还可见于《列子·说符篇》和《淮南子·主术训》等文章中。柳诒徵也认为："孔子之学，兼赅文武，而不以勇力闻。"

虽然雷金庆认为"无论'文'还是'武'，都是令人满意的男子气魄"，也借用其他学者（如高罗佩）的研究指出，在早期中国历史上"武"曾经占据更重要的地位。但是他的精英主义立场使他强调了"文优于武"的观念，因此他指出，"到了唐代，科举考试的结构和重要地位决定了'文'才是功成名就的唯一标准，而'武'的作用则退居无关紧要"，"那些'武'曾在传说中的过去支配过'文'的说法，很可能是后世那些专长于'武'的人对历史浪漫化、理想化的重建"①。

此外，虽然孔子并不输于武技，但是雷金庆显然更把孔子看成"文"的代表。他指出，在当代大众的想象中，孔子更是"文"的体现，在华人社区的庙宇中被供奉为文圣。儒家思想在过去几个世纪中一直被中外学者视为中国性的精髓，而孔子正是这一精髓的化身。孔子在精英阶层中备受尊崇，其教育思想直到21世纪仍是中国正规教育的基础。

究其原因，首先，是因为雷金庆的重点并不在于分析儒家或者孔子思想到底是偏向"文"还是偏向"武"，而是在于孔子的"文"之属性如何被后来者按照历史潮流加以建构。因此，对于孔子的"文圣"地位，他只是简单地采取了拿来主义策略。其次，如他所说，"孔子在精英阶层中备受尊崇"，他身为精英阶层的一员难免受此影响。再者，他所援引的文本主要来自神话、传说、小说、戏剧等知识分子建构的文本，以精英话语为研究基础限制了他把目光投向更广阔的大众文化。此外，他本人的学术精英的"文"之身份，使他倾向于

---

① ［澳］雷金庆：《男性特质论——中国的社会与性别》，刘婷译，江苏人民出版社2012年版，第199、16—17页。

◊ *建构"英雄"传奇*

得出一个"文优于武"的结论。

雷金庆强调了《论语》中多次提到了君子与"文"之间的密切关系，并提到了其中较为著名的几句话。其一是"质胜文则野，文胜质则史。文质彬彬，然后君子"。他得出的结论是，"经过'文'教和'文'化的过程，一个有着适当的质的男人就会成为一个翩翩君子。因此，'文'包含着将自然本性升华到文化教养的所有素质"①。

而在徐岱看来，虽然孔子曾明确标举"文"，以此倡导他理想中的西周文化，然而要准确理解孔子，"必须看到当时社会风气中，'勇'仅仅只是表现为'武'，缺乏道义内涵"。他以《吕氏春秋·当务》中的一个故事为例，"齐之好勇者，其一人居东郭，其一人居西郭，猝然相遇于途，曰：'姑相饮乎？'觞数行，曰：'姑求肉乎？'一人曰：'子肉也？我肉也？尚胡革求肉为？'于是具染而已，因抽刀而相啖，至死而止。"这种勇曾在齐国蔚然成风，在齐庄公、齐闵公、齐桓公等倡导下，一度成为齐国的立国之策，《管子·五辅》谓之"士民贵武勇而贱得利"。但这种为常人所不能之"勇"，只是无视生命价值的匹夫之勇。虽然有助于"国计"，但无助于"民生"。因此，孔子强调"君子"重文只是在于改变这种野蛮的风气，并不是想要彻底去武弃勇，所以孔子在"重文"之外，仍有"狂者进取，狷者有所不为"的立场。胡适的话也印证了徐岱的这一观点，"孔子受了那几百年来封建社会中的武士风气的影响，所以他把那柔懦的儒和杀身成仁的武士合并在一起，造成了一种新的'儒行'"②。

而"质胜文则野，文胜质则史。文质彬彬，然后君子"也恰恰是孔子常被曲解的一段话。徐岱认为，"孔子的立场，其实是想要以'文'来润'武'，而非以文取代武。'武'决非打斗搏击的同义词，更不是杀人嗜血的行为，而是一种'可杀不可辱'的气概"。他接着

---

① ［澳］雷金庆：《男性特质论——中国的社会与性别》，刘婷译，江苏人民出版社2012年版，第64页。
② 胡适：《胡适文集：第5卷》，北京大学出版社1998年版，第48页。

指出，孔子精神体现了中国传统文化中的阳刚之维，是崇勇尚武的中国精神的源头。并以梁启超、钱穆、刘永济的话为例，证明这是一个早已为许多学者所认定的事实。

徐岱由此强调了"侠"在孔子思想中的重要地位，并指出了其对日本武士道的影响。雷金庆也探讨过"文武"范式在日本的延续，他指出了"文武"范式的变体对于其他文化——特别是东亚地区的文化中的影响。日本作家三岛由纪夫就是一个典型例子，他在剖腹自杀前就曾强身健体，"以达到他在文学和武艺之间实现理想中的平衡状态的目标"①。而徐岱则格外强调了日本"武士道"对于孔子所身体力行的"君子道"中"侠义"精神的继承。新渡户稻造指出，"孔子的教诲是武士道的最丰富的渊源，而弘扬了孔子这种精神的孟子思想，对武士道也发挥了巨大权威。……所以虽然武士道的思想里有佛教和神道教的东西，但支撑着武士道整个骨架的三个鼎足被称为智、仁、勇"②。徐岱认为，"在某种意义上，孔子所身体力行的'君子道'，蕴含着一种'武士道'的精神，作为'志士仁人'的君子是尚刚的。……日本武士道的品质，其实正是货真价实的中国'志士'身上侠义精神的体现"③。

唐人李德裕在《豪侠论》中首次把侠与义并称，"义非侠不立，侠非义不成"。在"义"的伦理原则支配下，"侠"发自于本能地去履行救世济危的职责和使命。至于"义"该如何理解，可以笼统地认为，"一切为善的伦理价值观认为应当做的和应当有的，都可以称之为'义'"④。徐岱把以子路为代表的"志士仁人"的行为概括为"侠义精神"，并指出，"侠义精神就是真正的'中国精神'，但它不是儒

---

① [澳]雷金庆：《男性特质论——中国的社会与性别》，刘婷译，江苏人民出版社2012年版，第6页。
② [日]新渡户稻造：《武士道》，张俊彦译，商务印书馆2001年版，第58页。
③ 徐岱：《君子道与侠客行》，《西南大学学报》（社会科学版）2009年第3期。
④ 杨经建：《侠文化与20世纪中国小说》，《文史哲》2003年第4期。

◇ 建构"英雄"传奇

道释三家共同的产物,而是来自孔子之君子道的志士仁人的品质"①。"侠义精神是一种'无形之有',它由'行侠仗义'的志士仁人来弘扬",这样的志士仁人未必是擅长搏杀的习武之人,也可以是清末女革命家秋瑾这样的女性。秋瑾自称"鉴湖女侠",有词曰"身不得,男儿列;心却比,男儿烈!算平生肝胆,因人常热,俗夫胸襟谁识我?"。秋瑾的言行证明了她心灵深处对侠义精神的崇尚。

陈山则讨论了侠义精神对于中国传统社会的普泛影响,"侠义精神、侠义传统是一种尚武精神的象征,只要心灵深处产生对强悍体魄、义烈品格的向往,就会受到侠义精神的潜在影响,即使上层社会人物也是如此。……崇尚强悍的民族精神的侠义传统,在近代社会对于中国人的心理影响很大,激起的是昂扬的民气、奋发的精神"②。

陈山特别强调了侠义精神在中国民间社会的文化精神中所占据的重要位置,"侠义传统是中国民间社会独具的完整的文化精神体系"③。在他看来,中国民间社会的文化精神在结构形态与内涵方面都与上层社会截然不同。中国上层社会的文化精神,表面上儒道法墨禅佛诸家纷呈,而内里却都深深地渗透着儒的精神,可以说是儒文化涵盖一切。而中国民间社会的文化精神是地域、民族、宗教、行业、社区、生活方式诸种文化因素综合作用的结果,呈现出极其多样的文化色彩。"对于中国民间社会文化精神的概括是极其困难的。……但不管哪一种说法,有一点却是一致的,即都认为在中国民间文化精神中存在着源远流长的侠义传统"④。

陈山把侠义传统看成一个完整的文化精神体系,并归纳了其三个方面的本体内容。

一,对于社会公正、社会正义的朴素的政治愿望。在中国古代漫

---

① 徐岱:《君子道与侠客行》,《西南大学学报》(社会科学版)2009年第3期。
② 陈山:《中国武侠史》,生活·读书·新知三联书店1992年版,第286—287页。
③ 陈山:《中国武侠史》,生活·读书·新知三联书店1992年版,第280页。
④ 陈山:《中国武侠史》,生活·读书·新知三联书店1992年版,第278—279页。

长的封建社会中,平民百姓生活于社会的最底层,在各级政权的专制统治下,人身安全与各项起码的生存权利处于毫无保障的悲惨境地,受尽了欺辱和压迫,他们的内心深处,郁积着对于社会正义、社会公正强烈的愿望。平民百姓中产生出来的一些敢于挺身而出,维护正义的豪侠之士,便成为民间社会自身的执法者。他们行侠仗义,除暴安良,好打抱不平,主持社会公道,久而久之,便在民间社会形成了一种观念与行为方式上的侠义传统。哪里有欺凌和压迫,哪里就有可能会涌现出一些基于对社会公正、社会正义朴素愿望挺身而出的英雄好汉。自发性的侠义行为便升华为一种中国民间社会传统的文化精神,一种混合着强烈的社会冲动和朴素的理精神的"正义"与"公道"的象征……传统的文化传统后面,深蕴着古代人民要求"自掌正义"的自发性政治倾向。

二,以"侠义"为核心的民间社会的道德系统。讲义气、见义勇为、刚强义烈有骨气、恩怨分明、蒙恩必报这些都是"侠义"道德的具体行为方式。

三,敢说敢为、表里如一的人格精神。"坦率、自然、很少做作"、表里如一,同时又带有相当的自发性,这正是中国民间社会"侠义型"人格模式的主要特征。在中国通俗文艺中,常有一类性格豪爽、行为鲁莽的英雄人物——如《水浒》中的鲁智深和李逵、《说唐》中的程咬金、《说岳全传》中的牛皋、《英烈传》中的胡大海——最为民间社会中的人们所喜爱。他们快人快语、疾恶如仇,淳朴、忠厚、直爽、果敢,心底里存留着人格上的独立与自尊,同时又充满同情心,富有人情味,是典型的"侠义型"人物,既是生活在社会底层的人们的真正的品格,也和平民百姓心灵深处所崇尚的人格模式正相吻合[①]。

雷金庆也注意到了中国民众对于"武"之英雄的偏爱,比如他提到了"武圣"关羽在大众中更受欢迎,"在大众想象中,孔子是'文'

---

① 陈山:《中国武侠史》,生活·读书·新知三联书店1992年版,第280—285页。

的体现。而另一个同样声名卓著,并且可能更受大众欢迎的人物形象——关羽(或关公)则是'武'的体现"①,"虽然在寺庙、连环画、戏曲和其他形式的大众文化中关羽更受欢迎,但在精英阶层中孔子则更受尊崇"②。

但是雷金庆更为强调的是,"文"在精英阶层中优胜于"武"的地位,并认为"科举考试中鱼跃龙门所带来的社会、经济和政治权力意味着与权势联结在一起的男性特质是'文',而'武'则更像是'劳动阶级'的男性理想……在中国,'武'的英雄大多是出身穷困中下阶层的农民"③。由于雷金庆拘囿于精英话语的思维模式,对于这些"武优于文"的现象,并没有深究其原因。

陈山对于"侠义精神"所具有的源远流长的大众心理基础的分析,实际上解释了中国民众对于武侠小说、武侠电影这类大众文化产品的偏爱。

对于中国人在欣赏武侠作品时的投入状态及心灵深处所涌动的潜意识层的驱动力,茅盾先生曾在《封建的小市民文艺》一文中做了真实记录及深刻剖析。他写道:"《火烧红莲寺》对于小市民的魔力之大,只要你一到那开映这影片的影戏院内就可看到。叫好、拍掌,在那些影戏院里是不禁的,从头至尾,你是在狂热的包围中,而每逢影片中剑侠放飞剑互相斗争时,看客们的狂热就同作战一般。他们对红姑的飞降而喝彩,并不是因为那红姑是女明星胡蝶所扮演,而是因为那红姑是一个女剑客,是《火烧红莲寺》的中心人物。他们于影片的批评从来不会是某某明星扮演某某角色的表情那样好那样坏,他们是批评昆仑派如何、崆峒派如何的!在他们,影戏不是戏,而是真实!

---

① [澳]雷金庆:《男性特质论——中国的社会与性别》,刘婷译,江苏人民出版社2012年版,第22页。
② [澳]雷金庆:《男性特质论——中国的社会与性别》,刘婷译,江苏人民出版社2012年版,第63页。
③ [澳]雷金庆:《男性特质论——中国的社会与性别》,刘婷译,江苏人民出版社2012年版,第111页。

如果说过程影片而有对于广大的群众感情起作用的，那就得首推《火烧红莲寺》了。从银幕上的《火烧红莲寺》又成为'连环图画小说'的《火烧红莲寺》实在是简陋得多了，可是那风魔人心的效力依然不灭。看过《火烧红莲寺》影片的小市民青年依然喜欢从那简陋的'连环图画小说'上温习他们梦想中的英雄好汉。他们这时的心情完全不是艺术的欣赏而是英雄的崇拜，是对于超人的生活和行为的迷醉向往了"[①]。

可以看出，电影、小说等大众文化作品中的英雄侠士成了理想中的英雄，他们是观众/读者的自我投射。在观看/阅读过程中，英雄们的境遇引发了观众/读者的共鸣，他们与英雄浑然一体，一起战胜了现实生活中所无法战胜的困难与挑战。这些艺术作品宣泄了观众现实中的痛苦、无助与悲愤。虚构的英雄侠义之举由此使观众/读者获得了壮烈与崇高的审美体验。

二 侠义精神在成龙电影内外的体现

电影这一大众传播媒介拥有普泛的民众基础，商业电影则更以满足观众趣味为导向，取悦观众为目的。成功的商业电影之所以可以取悦观众，通常并不仅仅因为它们取悦了观众的眼睛，而是因为它们触动了观众的心灵，引发了内心深处的共鸣。成龙凭借电影成名，如果说其影片中的身体奇观保证了视觉刺激，那么包含侠义精神在内的价值观念则满足了东方观众的心理期待。二者缺一则成龙电影就不会取得如此巨大的成功。而成龙在影片内外皆获得的赞誉更使人看到侠义传统在中国文化中所具有的深厚的民众心理基础。

从最根本的层面来看，成龙在影片内外的形象一直没有离开过"侠义"这个传统。由于前文已经陆陆续续分析过这方面的内容，此处只做简要的总结。

第一，成龙在影片中所扮演的角色一向富有侠义精神。如果按照

---

① 沈雁冰：《封建的小市民文艺》，《中国戏剧》1963年第3期。

◇建构"英雄"传奇

前述中国民间社会"侠义型"人格模式主要特征来判断,成龙角色具有其中绝大多数特征。见义勇为、刚强义烈、有骨气也是其角色的一贯特点,他往往为了打抱不平而挺身而出维护正义。武圣关公被认为具有"忠、义、信、智、仁、勇"这六大美德,这些美德完全可见于成龙的电影角色。

如前文所说,成龙品牌凭借电影立身。其电影中所传递的这种侠义精神符合传统文化中对于侠文化的期待与认可。正是因为如此,成龙及李小龙电影才得到了华人还有亚洲地区观众的推崇。上文提到了儒家思想对于武士道精神的影响,二者之间的最大相似之处可以用"侠义"来解释。视武士道精神为民族文化灵魂的日本人格外欣赏成龙及李小龙,这之间究竟有什么具体联系尚需更加细致的分析,但是可以肯定的是,成龙及李小龙电影无疑迎合了东亚文化圈观众对于超凡的血性男儿英雄好汉的强烈渴望。

第二,在影片之外,成龙的行为也更似一个"侠义"之士。一方面,他有着性格豪爽、快人快语、疾恶如仇的一面。比如前文提到他既批评胡乱停车、乱扔垃圾的日常不文明行为,也批评国族层面的不正之风。这些行为虽然有鲁莽的一面,却正反映出他敢说敢为、表里如一的人格精神。不同于上层社会"病态的、始终处于焦虑心理中的双重人格的文化精神"[①],这种"坦率、自然、很少做作"的人格模式体现了一种健康的人格精神。另一方面,他又充满同情心,富有人情味。无论是他持续多年的慈善行为还是参与赈灾等活动,都能证明这一点。

实际上,成龙银幕形象的性格在某种程度上可以看成其本人性格在电影中的延续。成龙作为其华语影片的电影作者,对其影片的生产拥有近乎垄断式的控制性和决定权,加上他强烈的"文以载道"传统意识,使得他的华语电影大体上呈现了他所试图传达的价值观。而他所扮演的角色往往在某些方面上展示了他本人的真实性格。比如在

---

① 陈山:《中国武侠史》,生活·读书·新知三联书店1992年版,第284页。

《警察故事》中，家驹痛打黑社会头子及其律师、《十二生肖》中嘉芙莲把已经抵押给银行的那幅《乾隆秋猎图》偷回送给中国人，这些行为体现了民间侠士"自掌正义"的自发性政治倾向，因此虽然不符合法制程序却使观众拍手称好；在《宝贝计划》《大兵小将》《新少林寺》中的"平民百姓"角色都能在危难关头挺身而出，不惜牺牲自我；在《龙兄虎弟》《飞鹰计划》《十二生肖》中的"侠盗"虽然有足够的能力寻找到目标文物/财宝，但是没有一次真正拿到过这些不义之财，以儒家文化"君子轻利"的传统观念处置了不义之财。上述银幕形象的行为方式都可以从成龙在银幕之外的行为中寻得类似踪迹。

正是由于成龙在电影内外所身体力行的侠义精神，他才被海内外华人普遍称作"大哥"。"大哥"这一裹挟着浓厚江湖气息的称呼脱胎于中国古代社会的游侠传统。在江湖绿林世界中，尤其在拜盟结义的异姓男性朋友之间，德艺服人的那一个常被称作"大哥"。武侠作品对此多有描写。比如《三国演义》生动刻画的刘备、关羽和张飞"桃园三结义"故事中，刘备被称为"大哥"，兄弟三人情深义重的故事广泛流传影响深远，成为中国男性之间兄弟情谊的最佳典范；再比如《水浒传》中的宋江，他也被一众梁山好汉尊称为"大哥"。因此"成龙大哥"这个称呼虽然只是非官方性的民间认可，却包含了巨大的情感认同，反映了华人群体对于其整体为人品德的认可。

三 侠义精神的当下意义

上述讨论也引发我们重新思考侠义精神/传统在当今社会中的处境及其现实意义。

首先，侠义作为"武"之男性特质的核心价值，是一个重要的中国文化传统，总体上却被精英阶层所低估。五四时期就存在着严重的所谓"文人的热衷与大众的信仰之间的差距"[①]。雷金庆"文优于武"

[①] [美]吉罗兹曼主编：《中国的现代化》，国家社会科学基金"比较现代化"课题组译，上海人民出版社1989年版，第244页。

的看法是当下知识分子阶层的典型代表。他认为,"那些'武'曾在传说中的过去支配过'文'的说法,很可能是后世那些专长于'武'的人对历史浪漫化、理想化的重建"①。实际上,"重建历史"一向是专长于"文"的知识分子阶层所擅长且乐于做的事情。而专长于"武"的人兴趣往往不在于此。正如壮游在《国民新灵魂》中所说,"侠者儒之反,儒者有死容而侠者多生气,儒者尚空言而侠者重实际,儒者计祸福而侠者忘利害,儒者蹈故常而侠者多创异"②,对于民间社会的侠义传统与上层社会的泛儒文化之间的这番对比犀利并值得国人深思。

其次,侠义精神具有强大的生命力,尤其活跃在中国民间文化精神之中。底层民众虽然有自己的偏爱喜好,却没有掌握话语权,因此在古代传统社会中甚少有机会发声。然而随着电影电视等大众文化产业的现代化发展,那些扎根于大众内心深处的文化精神得到了更多的展示机会。小说相对而言历史最悠久,从《水浒传》《说岳全传》到平江不肖生的《江湖奇侠传》、鲁迅的《铸剑》再到金庸、古龙、梁羽生的武侠小说。张彻、胡金铨、李小龙、洪金宝、成龙等香港武侠功夫类型影片在华人群体中拥有无数的影迷,甚至于武侠类型片的变体,1980年代的吴宇森等人导演的香港"英雄片"之所以广受欢迎,"一个重要的原因就在于其成功地将古装武侠片里的'侠义'精神巧妙地移植到对现代黑道生活的想象性表述之中"③。此外,最近几十年中更出产了数不清的武侠连续剧。这些以"侠义"为主题的大众文化产品之所以风靡一代又一代中国人,正是因为侠义精神是中国民间大众的共同信念。

最后,侠义传统包含了民族精神的许多积极因素,可以成为当代民族

---

① [澳]雷金庆:《男性特质论——中国的社会与性别》,刘婷译,江苏人民出版社2012年版,第16—17页。
② 壮游:《国民新灵魂》,载张枬、王忍之编《辛亥革命前十年时论选集》第1卷下集,生活·读书·新知三联书店1960年版,第574页。
③ 钟大丰:《从"盗亦有道"到"春秋无义战"》,《上海大学学报》(社会科学版)2009年第1期。

文化革新的动力。历史上的有识之士站在民族文化发展的高度，不断提出了对于改造侠义传统及发扬尚武精神的必要性。从清末民初开始，有志于改革的仁人志士就对侠义文化多有论述，康有为、梁启超、章太炎、谭嗣同、秋瑾、徐锡麟、柳亚子、黄侃、胡适、鲁迅、沈从文、老舍等人都极为关注侠义精神，"认为是拯世济民、张扬民气的一剂药方"①。

历史学家雷海宗曾经提出"中国文化若要健全，伪君子阶级也必须消灭"，他给出的具体措施耐人寻味：加强体格、崇尚勇气。理由是：身体与人格虽非一件事，但一般讲来，物质血气不足的人，精神血气也不易发达。志士仁人决不属于这样的文人墨客，"纯文之士无论如何诚恳，都不免流于文弱、寒酸与虚伪。至于多数的士君子，有意无意中都变成伪君子"②。徐岱则认为这一说法乍听起来似乎有点偏激，"但只要结合中国历史细想想，不能不承认其相当深刻"，并指出，在中国传统文化中，曾经的君子只是懦弱书生，《内经·通天》中所谓的"委委然，随随然，颙颙然，愉愉然，暶暶然，豆豆然，众人皆曰君子"。这样的"君子"在伦理上通常就是小人，是中国历史上层出不穷伪君子的深层文化原因③。

陈山认为，中国古文明的繁荣使中华民族丧失了初民的强悍性与活力，这是一个不小的、却又是必需的文化代价。作为底层社会平民文化性格中的积极成分，侠义传统积淀着我们民族强悍的种族特质，可以成为文化革新的一个基础④。

当然，对于侠义精神及尚武精神所包含的复杂因素，也需要去其糟粕取其精华。由于民间社会朴素的道德意识的局限，侠义传统也易于产生无原则倾向、小团体主义和行帮习气。在开掘大众文化鲜活因素进行当代文化建设时，还需要仔细加以筛选与甄别。

---

① 韩云波：《从侠义精神到江湖义气》，《新东方》1998年第5期。
② 雷海宗：《中国的兵》，中华书局2005年版，第143页。
③ 徐岱：《君子道与侠客行》，《西南大学学报》（社会科学版）2009年第3期。
④ 陈山：《中国武侠史》，生活·读书·新知三联书店1992年版，第313页。

结　语

　　以成龙电影为主体内容、成龙本人的银幕外公共活动为外围内容的成龙现象涉及的是有关成龙的一系列互文本媒介内容，本文对此进行考察。

　　由于"成龙电影"是构成成龙现象的主体内容，对于任何有关成龙的研究都极为重要，所以本文的前四章分析的是成龙的电影文本。第一章首先以《尖峰时刻》为分界线，把成龙主演的电影分为香港电影、好莱坞电影和华语电影三个阶段/类别。成龙是其香港电影和华语电影的作者，通常所说的"成龙电影"指的就是这两类电影；却并不是好莱坞电影的作者。香港电影阶段出品了成龙最具代表性的作品，奠定了成龙此后在世界电影业中的地位。在其香港电影的创作中，成龙受益于嘉禾公司的卫星制模式，享有影片创作的控制权，逐渐形成了以动作喜剧和正义故事为核心特征的"成龙电影"，并在嘉禾公司的有力推动下，最终成为国际电影明星。在华语电影阶段，成龙仍然拥有创作的主导权，但是在电影类型上朝着更加多元的方向发展。

　　也是在香港电影阶段，成龙确立了三类主要的银幕形象：功夫小子、动作警察和平民英雄。这其中"平民英雄"可以囊括前两类形象，也是成龙作为明星的最重要形象。对成龙来说，"平民英雄"这一形象具有银幕内外的双重意义。因为这不仅是成龙作为电影明星的主要银幕形象之一，更是成龙作为一个成功的社会人给外界的印象。相对于自己的普通家庭出身、十年学艺的艰辛过程、成名之前的坎坷历程，成龙在事业中所获得的成功不可谓不巨大。作为一个成功者，成龙是一个可以激发普通人奋发向上的平民英雄。

第二、三章探讨了"成龙电影"的"软实力"来源，分别对其影像感召力和影德风化力进行了深入分析。第二章从电影本体层面进行分析，把成龙电影影像特征归纳为身体奇观。作为"动作喜剧"电影类型的标签式人物，成龙在电影中呈现了蔚为壮观的动作奇观。由"喜剧身体"和"肉身神话"构成的动作奇观把成龙塑造成"喜剧动作英雄"。

打斗动作所具有的节奏性和动作美感是成龙喜剧身体表演的最重要因素，也是成龙电影"有动作而不残暴"的原因所在。一方面，成龙在动作设计及表演时一直追求节奏感。成龙本人在影片中的身体动作具有清晰的节奏感和令人赏心悦目的美观，很多打斗片段与音乐鼓点相配成为银幕上的"武舞"表演。哪怕没有音乐配合，成龙也会为其动作设计找到节奏感并以固定机位长镜头的拍摄方式让观众感受到这种节奏。节奏感为打斗赋予了形式美感，加之成龙配合的谐趣表情或幽默情节，就使影片在呈现暴力的同时，又在相当程度上"解构"了暴力。从戏曲表演中延伸出的"亮相"及其变体是构成成龙电影节奏感的重要程式。另一方面，无论是成龙在影片中对日常普通动作的奇观化表演还是对生活化道具的绝妙使用，都体现了成龙对于动作美感的追求，这是成龙"喜剧身体"表演的另外一个重要元素。

由成龙本人表演的具有体育竞技性质高难度特技，构成了成龙在影片中"肉身神话"式的身体奇观。为了强调此类奇观时刻，成龙影片往往对这些高难度特技进行特殊的拍摄剪辑处理，常见的做法包括升格拍摄、重复剪辑和重叠剪辑。这些处理方式突出了成龙电影中的"真实性"，这一方面给观众带来了"心理动觉""肌肉同情""疼痛共情"等独特的生理与心理体验；另一方面又是成龙明星人格建构中的独特面向。

充满诱惑的男女裸露身体所构成的"欲望之躯"是成龙电影中的

◊ 建构"英雄"传奇

第三类奇观景象。作为典型的商业电影，成龙电影往往把女性身体当成情欲消费的对象。无论"花瓶调料型"还是"男性英雄的助手"类型的女性角色，她们的身体都变成了视觉呈现的重要对象，在摄影机前被有意识地建构为指涉欲望的视觉奇观。虽然"男性英雄的助手"这一类女性角色是拥有行动力的主体，却同样无法避免成为男性欲望的投射客体，她们的身体同样是摄影机镜头觊觎的欲望对象。

成龙电影虽然视女性身体为欲望对象，却明确拒绝对女性身体的过度情色消费。也就是说，在把女性身体呈现为欲望客体时，成龙影片允许"窥淫"却拒绝观众"凝视"。为了达到这一审美追求，在叙事层面上，会设置紧凑巧妙的喜剧情节转移观众情欲想象；在影像层面上，采用客观克制的方式，则拒绝使用"凝视"状的局部特写镜头，若有局部特写镜头，通常更为强调的是喜剧效果。这些方式弱化了身体情色，突出了喜剧效果，是成龙电影情欲叙事的最关键的手段之一。指涉欲望又拒绝纵容观众沉溺于色情想象，是成龙电影的美学趣味，也是成龙电影招牌中"有喜剧而不下流"的秘密所在。

在经典的成龙电影中，成龙通常是唯一的主角，女性角色和其他男性角色一般都是配角。因此在影像层面上，成龙本人占据了最多的银幕空间及时间。裸露的身体——成龙本人在影片中的第三类身体奇观——把成龙呈现为充满性吸引力的男性英雄。一方面，身体在成龙的打斗中具有工具性意义，身体展示主要建构了孔武有力的男性英雄形象。另一方面，裸露的身体在喜剧外壳下把成龙建构为富有性魅力的欲望对象，通过主动的身体展示邀请观众对他进行欲望想象。

第三章讨论了成龙电影如何从文化层面上把成龙的角色建构为"正义英雄"，即主流意识形态的代言人。人类普适的价值观是成龙电影一直严格守护的底线。在此之上，香港的市民价值观和中国内地儒家传统价值观这两股不同源流的价值观一直贯穿于"成龙电影"。作为电影作者，成龙本人在不同阶段的身份认同影响了其影片所承载价值观的偏重。"成龙电影"在不同时期呈现并强调的是不同的价值观，成龙所扮演的角色更成为这些主流价值观的代言人,他因此成为影片中的"正义英雄"。

80年代前半时期的成龙电影传达了对香港身份的明确认同。成龙影片对于香港人身份的认同,并不主要以"中国内地"为对立的他者,而是主要建构在以英国殖民者为"他者"的基础上。此外,成龙影片把对于金钱和财富的认同感带给观众,在宣扬单一特定的意识形态的同时,也塑造了实实在在的价值认同。

"九七"心绪是讨论20世纪末香港电影时不可忽略的内容。成龙影片所表征的"九七"心绪虽然有迷茫,总体上却以较为开放的发现的眼光来描绘大陆并积极地想象香港与大陆的未来关系。港人独有的务实态度及敏锐的商业嗅觉引导成龙电影走向"超地区想象"的国际化之路。为了最大化追求影片的商业利润,跨越种族和地域的界限是势在必行的策略。从《龙兄虎弟》开始直到新世纪前后阶段的成龙电影没有过多纠结于"九七情结",而是以"世界公民"的身份用超越地区性政治的姿态迎合商业。

2004年CEPA的签署标志着香港电影进入新时期,成龙是CEPA协议的重要受惠者之一。如果进一步从更大的语境进行考察的话,CEPA协议的签订又处于"中国崛起"这一大背景之中。作为世界范围认知度最高的华人演员,成龙密切参与了北京奥运会的相关活动。奥运会筹办的七八年间俨然见证了成龙个人身份认同的转变。可以说在经历了奥运会之后,"中国人"成了成龙的新的身份认同。最近几年的成龙华语电影作品较为突出地传达了这一新的身份认同所承载的爱国主义民族观。

相对于典型的成龙电影把成龙角色建构为"主流英雄",好莱坞电影把成龙角色塑造为一个"他者英雄",第四章对此展开讨论。成龙的好莱坞影片尽管在北美地区取得了巨大的商业成功,但是就影像层面的动作奇观而言,相对于其香港电影不仅动作编排精彩程度下降,而且难度也大大降低。这既涉及香港电影业与好莱坞电影业生产运行方式的差异，又涉及两地电影特技人职业素养的差异，还关系成龙在两地工业结构中的权力差异。

就文化层面而言，成龙角色承受了化装成喜剧形式的种族主义讥讽与羞辱。而且他严肃、紧张、顺从甚至无知的男性特质，既完全不同于其香港及华语电影角色又明显有别于好莱坞主流男性英雄。最值得注意的是，相对于香港影片把成龙角色表征为富有性吸引力的英雄，好莱坞影片很少把他建构为一个具有性吸引力的男性，实际上把他刻画为一个"性无能"的刻板亚洲男人形象。好莱坞影片中的性幽默往往以成龙为讥笑对象。《尖峰时刻3》尤其把他塑造为一个性道德可疑的人物。东方的主流英雄于是变成了好莱坞影片中的被异化的"他者英雄"。

但是另一方面，作为西方强势文化中的"他者英雄"，成龙在西方世界的成功又确有积极意义。好莱坞的成功对于成龙个人无疑意义重大。此外，由于成龙的好莱坞角色大体上都延续了他业已建立的银幕人格中的很多积极的方面，比如身手不凡、正直、善良、幽默、扬善除恶而且排斥低俗，因此成龙出色地演绎了美国主流社会所想象的"模范少数族裔"。再者，他的成功是对中国形象的正面传播及儒家价值观的张扬。第一，"被看见"是任何一种文化获得传播的前提，一个华人演员在好莱坞主流商业影片中作为男主角出现，本身就意义重大。第二，成龙所扮演的正面角色是对好莱坞银幕华人形象的重大修正。第三，成龙在银幕内外主动为中国宣传，成为西方民众眼中的中国符号。第四，成龙在银幕内外传达了东方特有的儒家文化价值观，透露出儒家文化复兴的希望。

成龙在银幕外的友好形象与银幕上的喜剧英雄形象有机结合，加上广泛参与的社会活动令他成为影响力远超电影领域的名人。基于保罗·麦克唐纳的"电影明星品牌"论述，第五章对成龙的明星品牌现象加以综合考察。在电影场域之内，《蛇形刁手》《醉拳》的成功确立了成龙电影明星品牌的核心特征：喜剧动作奇观。但是无论是与"体力劳动"相联系的"身体表演",还是艺术地位排名中一向不占据优势的"喜剧"类型,都令成龙的"喜剧动作奇观"表演在艺术评审中被判定处于劣势。尤其在华语电影创作中,成龙多次试图突破"动作+喜剧"的品牌核心特征,但是此类影片总体上票房成绩并不如同一时期的主打"动作喜剧"的成龙电影。与其说观众只认可成龙所打造的那个"艺术典型人物",倒不如说是他的身体奇观表演过于辉煌,对比之下,成龙品牌的其他特征、成龙作为演员的其他潜质显得黯淡无光。尽管如此,在成龙拓展戏路的不断尝试之下,成龙品牌确实在"喜剧动作奇观"的核心意义之上又积淀了"正剧英雄"及其他补充意义。

麦克唐纳把电影明星品牌的拓展活动分为创新性拓展和业务拓展两类。但是由于他所讨论的是常规电影明星的品牌拓展活动,分析主要局限在明星的经济活动范畴之内,而忽略了类似于施瓦辛格等人所从事的政治活动。因此本文在麦克唐纳研究的基础上,提出了明星品牌拓展活动的第三个类别:社会拓展。以文化拓展和政治拓展为主要内容的社会拓展活动主要具有两方面的作用。一方面,通过明星的品牌效应促进了社会对于利他性活动的关注;另一方面,为明星品牌增添了补充性的次级意义,增加了明星的影响力/文化资本。

布迪厄的文化资本理论对于理解明星品牌的拓展活动极具启示意义。电影产品为电影明星带来了丰厚的经济资本和象征资本。对于成龙这类完全以英雄形象出现在银幕上的特殊明星,电影为他们带来的象征资本格外巨大,更便于在电影之外的场域中转换为其他形式的资本,比如成龙为海关、洛杉矶警察及北京奥运会等众多组织/事件的公益代言广告又循环促进了成龙品牌的象征/文化资本。成龙的特殊之处还在于,他投入了大量的金钱、时间和精力在全世界进行了很多慈善之举。这些慈善活动获得了关注,经过不断的累积逐渐为成龙品牌增加了"慈善"的内涵,也由此为成龙品牌增加了象征/文化资本。在电影场域之外的更大的社会场域中,成龙已然为自己的明星品牌增加

建构"英雄"传奇

并确立了"文化英雄"这一重要内涵及形象。

"传奇"色彩可以为明星品牌增加象征资本及文化资本。在成龙品牌的主动建构中，存在一种把成龙的身世加以"传奇化"的倾向，主要体现在成龙的诞生以及寻祖事件中。媒介行业与明星的关系类似于"水之于船"，媒介既是明星品牌建构的重要力量，又具有巨大的解构作用力。丑闻能够极大地损害明星品牌，然而明星品牌也并不是没有修补的可能。在多方面动力的共同建构之下，成龙品牌的影响力超越了电影场域，成了社会场域中的"文化英雄"明星品牌。

第六章在中国传统文化视域中考察成龙现象。一方面，基于雷金庆的"文武"男性特质论，"文武兼备"被认为是伟大华人男性应该具有的男性特质。电影事业取得了极大成功之后，成龙继而追求的正是"文武兼备"的英雄品牌形象。在电影场域内，作为享有巨大创作及财政自由的电影作者，成龙逐渐把电影当成"载道"的工具。而在电影之外的场域中，成龙格外注重对于"文"之特质的补足与建设，试图把自己建构为"文武双全"的"君子"男性典范。另一方面，儒家思想中的"侠义"传统源远流长，在华人群体中具有深厚的心理基础，而且普通大众对于富有侠义精神的"武"之英雄更为偏爱。成龙在影片内外的"英雄"形象建构从未离开过"侠义"精神。

以成龙电影为主体的成龙现象为中国电影海外发展、明星品牌研究及窥探当代大众文化的诸多方面提供了重要样本。本文在上述考察的基础上，着重分析了成龙的不同英雄形象如何在银幕内外得以建构，同时也分析了这些英雄形象如何表征了东西方大众对于"英雄"的价值期待与文化想象。成龙现象是观照东亚文化，尤其是华人集体心理的一面镜子，未来关于成龙的研究还可以从粉丝研究等方面进一步深入展开。

参考文献

一 中文文献

(一) 专著类

[英] 保罗·麦克唐纳:《好莱坞明星制》,王平译,世界图书出版公司 2015 年版。

[美] 本尼迪克特·安德森:《想象的共同体民族主义的起源与散布》,吴睿人译,上海人民出版社 2003 年版。

蔡洪声、宋家玲、刘桂清:《香港电影 80 年》,北京广播学院出版社 2000 年版。

陈平原:《千古文人侠客梦》,人民文学出版社 1992 年版。

陈山:《中国武侠史》,上海三联书店 1992 年版。

陈犀禾、吴小丽:《影视批评:理论与实践》,上海大学出版社 2003 年版。

陈晓云:《中国电影明星研究》,中国电影出版社 2012 年版。

陈晓云:《中国电影明星研究续编》,中国电影出版社 2013 年版。

成龙、杰夫·扬:《我是谁——成龙自述》,陆航、陆承艺译,上海人民出版社 1999 年版。

成龙、朱墨:《还没长大就老了》,江苏凤凰文艺出版社 2015 年版。

[美] 大卫·波德维尔:《香港电影的秘密》,何慧玲译,海南出版社 2003 年版。

[美] 大卫·波德维尔、克里斯汀·汤普森:《电影艺术:形式与风格》,

曾伟祯译，北京联合出版公司2015年版。

戴锦华：《电影理论与批评》，北京大学出版社2007年版。

戴锦华：《书写文化英雄——世纪之交的文化研究》，江苏人民出版社2000年版。

[美]道格拉斯·凯尔纳：《媒体文化》，商务印书馆2004年版。

方刚：《男性研究与男性运动》，山东人民出版社2008年版。

[英]弗兰克·莫特：《消费文化——二十世纪后期英国男性气质和社会空间》，余宁平译，南京大学出版社2001年版。

福柯：《权力的眼睛——福柯访谈录》，严峰译，上海人民出版社1997年版。

宫留记：《资本：社会实践工具——布迪厄的资本理论》，河南大学出版社2010年版。

郭齐勇：《中国儒学之精神》，复旦大学出版社2012年版。

[美]哈维·C.曼斯菲尔德：《男性气概》，刘玮译，译林出版社2009年版。

黄会林：《电影学导论》，高等教育出版社2008年版。

黄会林：《中国影视美学民族化特质辨析》，北京师范大学出版社2001年版。

贾磊磊：《中国武侠电影史》，中国电影出版社2005年版。

焦雄屏：《香港电影风貌》，时报文化出版社企业有限公司1987年版。

[美]康奈尔：《男性气质》，柳莉等译，社会科学文献出版社2003年版。

[美]克莉丝汀·汤普森、大卫·波德维尔：《世界电影史》，陈旭光等译，北京大学出版社2004年版。

克里斯蒂安·麦茨等著：《凝视的快感电影文本的精神分析》，吴琼编，中国人民大学出版社2005年版。

[英]劳拉·穆尔维：《恋物与好奇》，钟仁译，上海人民出版社2007年版。

雷海宗：《中国的兵》，中华书局2005年版。

［美］雷金庆：《男性特质论——中国的社会与性别》，刘婷译，江苏人民出版社 2012 年版。

李道新：《中国电影文化史（1905—2004）》，北京大学出版社 2005 年版。

李恒基、杨远婴：《外国电影理论文选（修订本）》，生活·读书·新知三联书店 2006 年版。

李欧梵：《寻回香港文化》，广西师范大学出版社 2003 年版。

［英］里昂·汉特：《功夫偶像——从李小龙到〈卧虎藏龙〉》，余琼译，北京大学出版社 2010 年版。

［英］理查德·戴尔：《明星》，严敏译，北京大学出版社 2010 年版。

梁健：《成龙》，香港星力出版社 1997 年版。

梁良：《论两岸三地电影》，茂林出版社 1998 年版。

梁漱溟：《东西文化及其哲学》，商务印书馆 1999 年版。

［美］路易斯·贾内梯：《认识电影》，焦雄屏译，世界图书出版公司北京公司 2007 年版。

罗岗、顾铮：《视觉文化读本》，广西师范大学出版社 2003 年版。

罗岗、王中忱主编：《消费文化读本》，中国社会科学出版社 2003 年版。

罗钢、刘象愚：《后殖民主义文化理论》，中国社会科学出版社 1999 年版。

罗钢、刘象愚：《文化研究读本》，中国社会科学出版社 2000 年版。

［法］罗兰·巴特：《神话——大众文化诠释》，许蔷蔷、许绮玲译，上海人民出版社 1999 年版。

马杰伟、曾仲坚：《影视香港：身份认同的时代变奏》，香港中文大学亚太研究所 2010 年版。

潘国灵：《城市学——香港文化笔记》，上海人民出版社 2008 年版。

彭吉象：《影视美学》，北京大学出版社 2002 年版。

钱穆：《民族与文化》，香港新亚书院 1962 年版。

钱穆：《中国历史精神》，九州出版社 2012 年版。

邱淑婷：《港日影人口述历史：化敌为友》，香港大学出版社 2012 年版。

史韬：《我是成龙：龙行天下》，中国电影出版社 1998 年版。

[美] 苏珊·鲍尔多：《男性特质：从公开和隐秘的眼光重新审视男人》，朱萍、胡斐译，江苏人民出版社 2008 年版。

索亚斌：《香港动作片的美学风格》，中国传媒大学出版社 2010 年版。

陶东风：《粉丝文化读本》，北京大学出版社 2009 年版。

陶东风、周宪：《文化研究（第 12 辑）》，社会科学文献出版社 2012 年版。

童庆炳：《文学理论教程》，高等教育出版社 2008 年版。

汪晖、陈燕谷：《文化与公共性》，生活·读书·新知三联书店 2005 年版。

汪民安：《身体、空间与后现代性》，江苏人民出版社 2006 年版。

汪民安、陈永国：《后身体：文化、权力和生命政治学》，吉林人民出版社 2003 年版。

汪献平：《暴力电影：表达与意义》，中国传媒大学出版社 2008 年版。

王逢振：《俗文化透视》，天津社会科学出版社 2002 年版。

王逢振、王晓路、张中载：《文化研究选读》，外语教学与研究出版社 2007 年版。

王海洲：《镜像与文化——港台电影研究》，中国电影出版社 2002 年版。

王一川：《中国现代卡里斯马典型》，云南人民出版社 1995 年版。

王宜文：《世界电影艺术发展史教程》，北京师范大学出版社 2004 年版。

王志敏、陈晓云：《理论与批评：电影的类型研究》，中国电影出版社 2007 年版。

王志敏、杜庆春：《理论与批评：影像传播中的身份政治与历史叙事》，中国电影出版社 2004 年版。

谢轶群：《流光如梦：大众文化热潮三十年》，广西师范大学出版社 2008 年版。

徐复观：《中国艺术精神》，广西师范大学出版社 2007 年版。

薛后：《香港电影的黄金时代》，获益出版事业有限公司 2006 年版。

薛晓源、曹荣湘：《全球化与文化资本》，社会科学文献出版社 2005 年版。

[法] 雅克琳娜·那卡什：《电影演员》，李锐、王迪译，凤凰出版传媒

集团 2007 年版。

杨玲、陶东风：《名人文化读本》，北京大学出版社 2012 年版。

杨儒宾：《儒家身体观》，"中央研究院"中国文哲研究所筹备处 1996 年版。

杨远婴：《电影理论读本》，世界图书出版公司 2012 年版。

杨远婴：《中国电影专业史研究：电影文化卷》，中国电影出版社 2006 年版。

［美］约翰·费斯克：《理解大众文化》，王晓钰、宋伟杰译，中央编译出版社 2001 年版。

［英］约翰·斯道雷：《文化理论与通俗文化导论》，杨竹山、郭发勇、周辉译，南京大学出版社 2001 年版。

岳璐：《当代中国大众传媒的明星生产与消费》，岳麓书社 2009 年版。

张力：《功夫片的秘密：动作导演艺术》，青岛出版社 2009 年版。

张伟雄：《双城映对：香港城市与香港电影初对谈》，香港电影评论学会 2006 年版。

张颐武：《全球化与中国电影的转型》，中国人民大学出版社 2006 年版。

［美］张英进：《电影的世纪末情怀：好莱坞·上海·新台北》，湖南美术出版社 2006 年版。

［美］张英进：《审视中国——从学科史的角度观察中国电影与文学研究》，南京大学出版社 2006 年版。

［美］张英进：《影像中国——当代中国电影的批评重构及跨国想象》，胡静译，上海三联书店 2008 年版。

［美］张英进、［澳］胡敏娜：《华语电影明星：表演、语境、类型》，西飓译，北京大学出版社 2010 年版。

张志勇：《中国武术思想概论》，河南大学出版社 1998 年版。

赵一凡：《西方文论关键词》，外语教学与研究出版社 2006 年版。

郑树森：《文化批评与华语电影》，广西师范大学出版社 2003 年版。

中国电影艺术研究中心、中国电影资料馆：《香港电影十年》，中国电影出版社 2007 年版。

中国台湾电影研究会：《成龙的电影世界》，中国电影出版社 2000 年版。

钟宝贤：《香港百年光影》，北京大学出版社 2007 年版。

周慧玲：《表演中国：女明星·表演文化·视觉政治》，麦田出版股份有限公司 2004 年版。

周蕾：《原初的激情视觉、性欲、民族志与中国当代电影》，远流出版事业股份有限公司 2001 年版。

周宪：《视觉文化的转向》，北京大学出版社 2008 年版。

朱大可：《话语的闪电——文坛独行的"降龙十三篇"》，华龄出版社 2003 年版。

朱义禄：《儒家理想人格和中国文化》，复旦大学出版社 2006 年版。

（二）期刊论文类

《当代电影》《电影艺术》《世界电影》等学术期刊。

二 英文文献

Banerjee, Mita, "The Rush Hour of Black/Asian Coalitions? Jackie Chan and Blackface Minstrelsy", *AfroAsian Encounters: Culture, History, Politics*, Eds. Heike Raphael-Hernandez and Shannon Steen, New York: New York University Press, 2006, 204 – 222.

Chan, Kenneth, "Mimicry as Failure: Jackie Chan in Hollywood", *Asian Cinema*, 15, 2 (Fall/Winter 2004): 84 – 97.

Choi, Wai Kit, "Post-Fordist Production and the Re-appropriation of Hong Kong Masculinity in Hollywood", *Masculinities and Hong Kong Cinema*, Eds. Laikwan Pang and Day Wong, Hong Kong: Hong Kong University Press, 2005, 199 – 220.

David D. Gilmore, *Manhood in the Making: Cultural Concepts of Masculinity*, Yale University Press, 1990.

Judith Kegan Gardiner, *Masculinity Studies and Feminist Theory*, Columbia

University Press, 2002.

Kate Millett, *Theory of Sexual Politics*, Sexual Politics, University of Illinois Press, 2000.

Mark Gallagher, *Masculinity in Translation: Jackie Chan's Transcultural Star Text*, The Velvet Light Trap, 39 (1997), 23 – 41.

Michael S. Kimmel, *The Gendered Society*, Oxford University Press Inc., 2000.

Steve Fore, Jackie Chan and the Cultural Dynamics of Global Entertainment (Transnational Chinese Cinemas: Identity, Nationhood, Gender, Ed. by Hsiao-peng Lu, University of Hawaii Press, 1997.

Todd W. Reeser, Masculinities in Theory: An Introduction, *Wiley-Blackwell*, 2010.

附 录

成龙研究资料汇编

一 成龙大事年表

1954年4月7日,生于香港,得名陈港生,祖籍安徽芜湖市。父亲房道龙1949年从大陆前往香港后改名陈志平,母亲陈莉莉,二人在香港的法国大使馆分别做厨师和用人。

1961年,从小学退学。父亲前往澳大利亚的美国大使馆做厨师长,无法带成龙前往,于是在香港为成龙寻找合适的安身之地。

1961—1971年,就读于香港的中国戏剧学院,师从京剧名伶于占元师父学京剧,艺名"元楼",后被师父认为义子,并成为中国戏剧学院"七小福"成员之一(另外六人为洪金宝/元龙、元奎、元华、元彬、元德、元彪)。

1962年,首次出演电影,参演《大小黄天霸》(1962),随后以童星身份出演《梁山伯与祝英台》(1963)、《秦香莲》(1963)等影片。

1971年,正式离开中国戏剧学院,进入"邵氏",以"陈元龙"这一名字出任武打/特技替身、龙套配角、助理武术指导。出演过《女警察》《香港过客》等影片。

1973—1976年,李小龙逝世导致香港武打片减产,特技人工作机会减少,成龙前往澳洲投靠父亲,获得澳洲绿卡,六个月之后,心有不甘的成龙返回香港。回港继续在电影行业工作,感到无望,重新返回澳洲。

1976年，在经理人陈自强的推荐下被导演罗维看中，重新从澳洲返回香港，与罗维制片有限公司签署十年合同，正式改名为"成龙"，主演了《新精武门》。随后在罗维执导的一系列根据古龙小说改编或由古龙编剧的电影中担任主角。

1978年，被借至思远影业公司，主演功夫喜剧片《蛇形刁手》《醉拳》，获得成功，标志成龙电影明星生涯的开始。

1979年，首次执导影片《笑拳怪招》获得好评；同年，正式加入嘉禾电影公司。

1980年，自导自演了"嘉禾时期"的首部影片《师弟出马》。

1981—1982年，受嘉禾公司安排，首次前往好莱坞主演了《杀手壕》，并客串了《炮弹飞车》及续集，但市场反应平平。

1982年，在美国洛杉矶与台湾著名影星林凤娇结婚，生子房祖名。

1982—1985年，从美国返港后自编自导自演《龙少爷》和《A计划》。参演了洪金宝执导的《福星》系列影片。

1985年，嘉禾公司安排二次赴美拍摄《威龙猛探》，成龙对成片非常不满，回港后重新补拍剪辑此片。拍摄《警察故事》，是成龙的"威禾电影制作有限公司"第一部作品，也是嘉禾公司卫星制体系中的卫星公司之一。《警察故事》开创了成龙的"现代动作警察"形象，使"成龙电影"自成风格，并达到了一个新的高度，确立了成龙的电影作者身份。

1988年12月2日，香港电影协会正式成立，任福利部长。

1993年12月，香港演艺人协会成立，任副会长。

1996年，《红番区》在美国上映，创下高票房纪录，此片标志着已经红透世界其他各地的成龙终于打开了北美市场。

1997年，义父何冠昌逝世，成龙暂时离开"嘉禾"。同年年底，经过邹文怀的邀请，回巢"嘉禾"。

◇ 建构"英雄"传奇

1998年，登上《时代》杂志封面。与克里斯·塔克主演的好莱坞影片《尖峰时刻》大获成功，成为好莱坞一线明星。自此成龙真正以国际明星身份开始了好莱坞影片的拍摄。

1999年，主演的爱情喜剧片《玻璃樽》上映，这是成龙在好莱坞成功之后继续自己亚洲电影事业的第一部作品，此片标志着成龙华语电影阶段的开始。

1999年11月10日，为私生女事件在香港召开新闻发布会。

2000年，受聘成为第一个北京申奥形象大使。作为奥运会的申奥形象大使和火炬手，成龙不惜推辞自己的商业活动，全力以赴投身到这件中华民族的盛事。从申请到举办的八年之间，成龙参与拍摄了申奥陈述片、北京奥运会会徽发布式、奥运会倒计时100天、奥运会开幕式和奥运会闭幕式等相关活动。

2001年，离开"嘉禾"，加盟英皇集团附属的英皇娱乐和英皇电影。

2002年2月28日，母亲陈莉莉去世。

2002年10月4日，名字被镌刻在好莱坞星光大道第2205颗星星上。

2002年11月3日，参加香港"天地不容"声讨大会，向势力传媒表示强烈抗议。

2003年8月，成立"成龙英皇影业有限公司"。

2008年2月26日，父亲房道龙去世。

2008年，注册并成立了北京成龙慈善基金会并任会长。为"5.12地震"捐款。数年来成龙积极参与慈善及赈灾活动，树立了慈悲、仁爱的公众形象。

2010年6月16日，耀莱成龙国际影城在北京开业，成为国内最大的成龙主题电影院。

2013年，当选为中国政协委员。

2013年6月6日，在好莱坞中国戏院补留手足鼻印。

2014年2月14日，当选香港演艺人协会主席。

2014年4月9日，成龙电影艺术馆在上海对外开放。

2015年6月14日至18日，第18届上海国际电影节创办的首届"成龙动作电影周"举行。

二　成龙电影的票房与获奖统计

1. 成龙"史前阶段"所参与的影片

片名	年份	成龙所承担的职务
大小黄天霸	1962	参演
梁山伯与祝英台	1963	参演
秦香莲	1963	参演
两湖十八镖	1966	参演
大醉侠	1966	参演
荒江侠女	1970	参演
冰天侠女	1971	参演
女英雄	1971	演员、武术指导
广东小老虎	1971	主角、武术指导
埋伏	1972	参演
精武门	1972	客串、特技演员
香港过客	1972	客串
合气道	1972	客串
女警察	1973	演员
顶天立地（北派功夫）	1973	参演、武术指导
龙争虎斗	1973	武师、特技演员
小偷斗大贼	1973	参演
北地胭脂	1973	参演
刁手怪招	1973	参演
金瓶双艳	1974	演员
四王一后	1974	演员

续表

片名	年份	成龙所承担的职务
花飞满城春	1975	参演
金毛狮王	1975	参演
新精武门	1976	主演
少林门	1976	主演
少林木人巷	1976	主演、武术指导
密宗圣手	1976	参演
风雨双流星（天杀星）	1976	主演
剑花·烟雨·江南	1977	主演
点只捉贼不简单	1977	武术指导
三德和尚与舂米六	1977	武术指导

2. 1978年以来的成龙电影

片名	年份	成龙所承担的职务	备注
蛇形刁手	1978	主演	
醉拳	1978	主演	34届亚太影展最具启发性喜剧片特别奖
蛇鹤八步	1978	主演、武术指导	
飞渡卷云山	1978	主演	影片别名《愤怒的拳头》
拳精	1978	主演、武术指导	
笑拳怪招	1979	主演、编剧、首度执导	
龙拳	1979	主演	
少林木人行	1980	主演	
师弟出马	1980	主演、导演、编剧、武术指导	加入嘉禾公司后第一部影片
杀手壕	1980	主演、动作指导	
炮弹飞车	1981	参演	
老鼠街	1981	监制	
龙少爷	1982	主演、导演、武术指导	第2届香港电影金像奖最佳动作指导提名

续表

片名	年份	成龙所承担的职务	备注
迷你特攻队	1982	主演	
A计划	1983	主演、导演、编剧	第4届香港电影金像奖最佳动作指导（成家班）；第4届香港电影金像奖最佳男主角提名；第21届台湾电影金马奖最佳男主角提名
奇谋妙计五福星	1983	参演	
龙腾虎跃	1983	主演	
快餐车	1984	主演	
炮弹飞车2	1984	参演	
神勇双响炮	1984	客串	
警察故事	1985	主演、导演、编剧、成家班武术指导	最佳外国歌手奖（日本）、第5届香港电影金像奖最佳影片、最佳动作设计（成家班）、最佳电影歌曲；第5届香港电影金像奖最佳男主角、最佳导演奖提名
福星高照	1985	主演	
龙的心	1985	主演	第5届香港电影金像奖最佳男主角提名
夏日福星	1985	主演	
威龙猛探	1985	主演、动作指导	
富贵列车	1986	客串	
扭计杂牌军	1986	客串、武术指导、监制	
A计划续集	1987	主演、导演、编剧、动作指导	第24届台湾电影金马奖最佳导演奖、最佳影片提名
龙兄虎弟	1987	主演、导演、武术指导	
良宵花弄月	1987	参演	
飞龙猛将	1988	主演	
警察故事续集	1988	主演、导演、编剧、武术指导	第8届香港电影金像奖最佳动作指导（成家班）；第25届台湾电影金马奖最佳影片提名
霸王花	1988	客串、监制、武术指导	

续表

片名	年份	成龙所承担的职务	备注
胭脂扣	1988	监制	第24届台湾电影金马奖最佳女主角、最佳摄影、最佳美术设计、最佳改编剧本；第8届香港电影金像奖最佳电影、最佳导演、最佳女主角、最佳电影配乐、最佳电影歌曲；第24届台湾电影金马奖最佳服装设计、最佳剪辑、最佳影片提名；第8届香港电影金像奖最佳美术指导、最佳摄影、最佳编剧提名
奇迹	1989	主演、导演、编剧、武术指导	第9届香港电影金像奖最佳动作指导（成家班）；第9届香港电影金像奖最佳男主角奖提名；第26届台湾电影金马奖最佳男主角奖提名
霸王花2	1989	监制	影片别名《神勇飞虎霸王花》
说谎的女人	1989	出品人	
舞台姐妹	1990	监制	
西环的故事	1990	监制	
初到贵境	1990	客串	
飞鹰计划	1991	主演、导演、编剧、动作指导	
火烧岛	1991	主演	
西藏小子	1991	客串	
火爆浪子	1991	监制	
美女与野兽	1991	中文版配音	动画电影
警察故事Ⅲ超级警察	1992	主演、出品人	29届台湾电影金马奖最佳男主角；第12届香港电影金像奖最佳男主角奖提名
双龙会	1992	主演	
阮玲玉	1992	监制	
城市猎人	1993	主演	
重案组	1993	主演	第30届台湾电影金马奖最佳男主角；第13届香港电影金像奖最佳男主角奖、最佳动作指导奖提名；第30届台湾电影金马奖最佳动作指导提名
超级计划	1993	客串	

续表

片名	年份	成龙所承担的职务	备注
醉拳Ⅱ	1994	主演、武术指导	Fant-Asia电影节最佳亚洲影片；第31届金马奖最佳动作设计奖；第14届香港金像奖最佳动作设计奖
红番区	1995	主演	第15届香港电影金像奖最佳动作设计（唐季礼、成龙）；第1届香港电影金紫荆奖"十大华语片"；第5届MTV电影奖最佳打斗场面；第15届香港电影金像奖最佳男主角；第32届台湾电影金马奖最佳动作指导提名
霹雳火	1995	主演、动作指导	第32届台湾电影金马奖最佳动作指导（成家班）
警察故事Ⅳ之简单任务	1996	主演、动作指导/特技指导	第2届香港电影金紫荆奖"十大华语片"；第6届MTV电影奖最佳打斗场面；第16届香港电影金像奖最佳男主角奖提名
一个好人	1997	主演	
星光龙门阵	1997	参演	
我是谁	1998	主演、编剧、动作导演、与陈木胜联合执导	第35届台湾电影金马奖最佳动作指导；第18届香港电影金像奖最佳动作指导奖；第18届香港电影金像奖最佳男主角；第35届台湾电影金马奖最佳影片提名
尖峰时刻	1998	主演	大热门娱乐奖最受欢迎动作搭档奖；第8届MTV电影奖最佳银幕搭档奖；第8届MTV电影奖最佳打斗场面提名
幻影特工	1998	监制	
花木兰	1998	中文版配音	动画电影
玻璃樽	1999	主演、监制、动作指导、与谷德昭、罗耀辉合作编剧	第19届香港电影金像奖最佳动作指导；第36届台湾电影金马奖最佳动作指导提名
特警新人类	1999	客串	
喜剧之王	1999	客串	
成龙的特技	1999	出演、监制	纪录片
上海正午	2000	主演	
李小龙：勇士的旅程	2000	出演	纪录片

◇建构"英雄"传奇

续表

片名	年份	成龙所承担的职务	备注
尖峰时刻2	2001	主演	第15届美国儿童选择奖最受欢迎男动作明星;第11届MTV电影奖最佳打斗奖;第2届世界电影特技奖特技表演杰出贡献奖;第11届MTV电影奖最佳银幕搭档;第4届青少年选择奖最佳电影火花提名
特务迷城	2001	主演、监制、成家班动作指导	获第21届香港电影金像奖最佳动作设计(董玮、成家班);第38届台湾电影金马奖最佳动作设计提名
燕尾服	2002	主演	
无敌成龙	2002	出演	纪录片,收录了成龙的访问和精彩幕后花絮
功夫片岁	2002	出演	纪录片
飞龙再生	2003	主演、动作指导	
上海骑士	2003	主演	第12届MTV电影奖最佳银幕搭档提名
千机变	2003	主演	
龙的深处:失落的拼图	2003	出演	纪录片
新警察故事	2004	主演、动作指导、监制	第41届台湾电影金马奖最佳动作设计;第25届中国电影金鸡奖最佳男主角奖;第28届大众电影百花奖最佳男主角;第24届香港电影金像奖最佳男主角提名
环游地球八十天	2004	主演、动作指导	
千机变2之花都大战	2004	客串	
大佬爱美丽	2004	客串、出品人	
神话	2005	主演、动作导演	第12届中国电影华表奖优秀对外合拍片
精武家庭	2005	出品人	
宝贝计划	2006	主演、动作导演,与陈木胜、袁锦麟合作编剧	
尖峰时刻3	2007	主演	第34届人民选择奖最受欢迎银幕组合;第17届MTV电影奖最佳打斗场面提名

续表

片名	年份	成龙所承担的职务	备注
功夫之王	2008	主演	第10届青少年选择奖最佳动作冒险电影男演员提名
功夫熊猫	2008	为"猴王"中文配音	动画电影
新宿事件	2009	主演、监制、出品人	
建国大业	2009	客串	
寻找成龙	2009	客串	
邻家特工	2010	主演	
大兵小将	2010	主演、编剧	
功夫梦	2010	主演	第37届人民选择奖最受欢迎动作明星；第37届人民选择奖最受欢迎银幕组合提名
新少林寺	2011	主演	
辛亥革命	2011	主演、与张黎合作执导	
杨门女将之军令如山	2011	监制	
功夫熊猫2	2011	为"猴王"角色中文配音	动画电影
十二生肖	2012	主演、导演、编剧、动作指导、出品人	第32届香港电影金像奖最佳动作指导奖；第50届台湾电影金马奖最佳动作设计奖；第15届中国电影华表奖优秀境外华裔男演员奖；第32届大众电影百花奖最佳男主角奖提名
警察故事2013	2013	主演	
私人订制	2013	客串	
救火英雄	2014	客串	
天将雄师	2015	主演、制片人	
铁道飞虎	2016	主演	
功夫熊猫3	2016	为"李山"和"金猴"角色中文、粤语及英文配音	

续表

片名	年份	成龙所承担的职务	备注
功夫瑜伽	2017	主演	第四届丝路电影节年度最受关注男演员奖
英伦对决	2017	主演	
机器之血	2017	主演	
解忧杂货店	2017	参演	
抢劫坚果店2	2017	为"冯先生"角色英文配音	
地球：神奇的一天	2017	中文版旁白	
乐高幻影忍者大电影	2017	为"功夫大师"角色英文配音	
神探蒲松龄	2019	主演	
攀登者	2019	主演	
龙牌之谜	2019	主演	

3. 成龙电影在美国市场的票房统计

片名	年份	总票房（美元）	首映影院数量	年度美国票房排行榜排名
杀手壕 *The Big Brawl*	1980	8527743	231	68
炮弹飞车 *The Cannonball Run*	1981	72179579	1673	6
炮弹飞车2 *The Cannonball Run 2*	1984	28078073	1778	32
威龙猛探 *The Protector*	1985	981817	不详	152
红番区 *Rumble in the Bronx*	1996	32392047	1736	51
警察故事3：超级警察 *Supercop*	1996	16270600	1406	98
警察故事4：简单任务 *Jackie Chan's First Strike*	1997	15318863	1344	98

续表

片名	年份	总票房（美元）	首映影院数量	年度美国票房排行榜排名
飞鹰计划 Operation Condor	1997	10405394	1532	117
一个好人 Mr. Nice Guy	1998	12716953	1463	114
尖峰时刻 Rush Hour	1998	141186864	2638	7
双龙会 Twin Dragons	1999	8359717	1129	136
上海正午 Shanghai Noon	2000	56937502	1711	47
醉拳2 The Legend of Drunken Master	2000	11555430	1342	130
尖峰时刻2 Rush Hour 2	2001	226164286	3118	5
燕尾服 The Tuxedo	2002	50547998	3022	51
上海骑士 Shanghai Knights	2003	60476872	2753	47
飞龙再生 The Medallion	2003	22219192	2648	104
80天环游世界 Around the World in 80 Days	2004	24008137	2801	97
尖峰时刻3 Rush Hour 3	2007	140125968	3778	16
功夫之王 The Forbidden Kingdom	2008	52075270	3151	56
功夫熊猫（配音） Kung Fu Panda	2008	215434591	4114	6
邻家特工 The Spy Next Door	2010	24307086	2924	107
功夫梦 The Karate Kid	2010	176591618	3663	11

续表

片名	年份	总票房（美元）	首映影院数量	年度美国票房排行榜排名
功夫熊猫2（配音）Kung Fu Panda 2	2011	165249063	3925	15
新少林寺 Shaolin	2011	66099	9	不详
辛亥革命 1911	2011	135739	33	不详
天将雄师 Dragon Blade	2015	74068	14	不详
功夫熊猫3（配音）Kung Fu Panda 3	2016	134358445	3955	2（截至2016.03.09）

三 成龙所获得的综合性荣誉

年份	荣誉
1982—1989	连续八年获得 Road Show Magzine 最受欢迎男演员（日本/全球范围），其间，分别获同刊"最佳外国动作片导演"（1988）和"最佳外国导演"（1985、1986、1988）
1986	香港十大杰出青年奖
1987	第24届台湾电影金马奖评委会特别奖
1988	世界杰出华裔青年
1989	大不列颠帝国勋章、第34届亚洲太平洋地区电影节特殊荣誉奖、艺术家协会最佳演员
1990	十大八十年代最红影星、法国艺术与文学骑士勋章
1994	Cine-Asia 年度最佳男演员
1995	美国 MTV 电影奖终身成就奖、第68届奥斯卡金像奖颁奖嘉宾、香港浸会大学荣誉社会科学博士、Cine-Asia 年度最佳男演员、香港协会香港旅游大使
1996	三藩市警察署（获奖）、Asian Cinevision 终身成就奖、美国总统运动奖
1997	健康正面形象奖、Black Belt 年度最佳功夫巨星
1998	香港演艺学院荣誉院士、加州圣何塞电影节杰出贡献奖、多元文化电影协会创新奖

续表

年份	荣誉
1999	第三届好莱坞电影节年度男演员、"人道对待动物协会"博爱奖、福斯特 Can 电影奖项、最受喜爱动作搭档、重磅娱乐奖
2000	印度国际电影节国际成就奖、卓越国际成就奖、MCF 2000 – 多国文化交流节千禧年传奇奖、全美中国博物馆世界遗产奖、勃朗峰文化基金会勃朗峰文化奖、国际青年领袖基金会国际终身成就奖
2001	洛杉矶警察部荣誉警察、Metro-Toronto 警察署荣誉警察、Show West 年度之星奖、Variety Magazine 年度国际影星、香港保护儿童会大使、美国癌症基金禁烟大使
2002	Taurus 荣誉奖、世界动作特技奖、Nickelodeon 年度孩子之选最受欢迎的男英雄、第八届全美动作设计编排奖项创新奖、多伦多警察署荣誉警察、Yahoo! 香港品牌大奖、全美家庭心目中的英雄大奖、动作电影杰出成就奖、世界动作特技奖、2002 世界杯大使
2003	感动中国十大人物、香港电影大使、中法两国政府荣誉大使、北京申奥大使、香港旅游大使、最受欢迎的男英雄 Nickelon 年度孩子之选
2004	国际零钱布施大使、香港"星光大道之星"、哈维·鲍尔的世界微笑基金微笑大使
2005	欧盟全球多样奖、第 24 届香港电影金像奖专业精神奖、第 10 届中国电影金凤凰奖杰出成就奖、第 50 届亚太影展评审团特别奖、第 8 届上海国际电影节华语电影杰出贡献奖
2006	日本电影业杰出贡献奖、凤凰十周年慈善成就奖、世界消防员大赛大使、香港创意商业艺术和设计交流发展项目大使、香港澳洲国际学校教育之星、巴黎市荣誉勋章
2007	烟台形象大使、百度娱乐沸点港台地区最热门电影男演员奖
2008	2008 年度北京流行音乐典礼特别贡献奖
2009	助残形象大使、柬埔寨大学人类学荣誉博士学位、最具风格公益成就奖
2010	第 54 届亚太影展杰出成就奖
2011	第 15 届全球华语榜中榜暨亚洲影响力大典亚洲慈善典范奖、美国人民选择奖最受欢迎动作明星、首届中华艺文奖
2012	获得"一部影片中身兼职务最多的电影人"、"表演特技最多的演员"两项吉尼斯世界纪录证书
2015	马来西亚"拿督"头衔、新加坡反毒品大使
2019	英国电影和电视艺术学院"大不列颠奖"的"艾伯特·R. 布洛柯里奖"

资料来源：王止筠：《成龙大事记与电影作品年表》，《当代电影》2014 年第 3 期；成龙官方网站 www.jackiechan.com；电影票房网 http：//www.boxofficemojo.com；电影网 www.m1905.com；百科百度 www.baike.baidu.com；维基百科 www.zhwikipedia.org；电影资料库 www.imdb.com；百度成龙贴吧 http：//tieba.baidu.com/f? kw = 成龙 &ie = utf – 8。

致　　谢

很多次想象过毕业时的欣喜与激动，然而这一刻真正到来的时候，却是万般不舍。这四年中读过书、走过路、看过风景、遇到过人，无论是刻在了脑海中、记录在照片里、还是存于心中，这一切都成为我人生中无法割舍的一部分。已过而立之年，还有机会经历这一切，我备感幸运，读博生涯就是我的诗与远方。因此，"感恩"是最想说的两个字：感恩旅途中的相遇与扶携、感恩这一路上的风雨与彩虹、感恩人生有这趟旅程。

最要感谢的是恩师王宜文教授。从 2010 年考博复试第一次见面，我就下定决心要加入王老师门下。一方面，老师儒雅谦逊，用"春风化雨，师心如父"形容他与学生的相处特别合适。每次遇到困难求助，老师都会给出及时中肯的指导意见。印象最深的是，老师经常在清晨四五点钟回复邮件。另一方面，老师又是个严谨渊博的学者。虽然很少说出具体要求，但是对待学术老师心中有杆秤，这让学生不敢懈怠。作为一个从英语专业跨过来的大龄学生，我的任何一点进步，都离不开恩师的全力支持与悉心教导，感激之情因此难以言表。

在开题、预答辩及答辩中，黄会林先生、胡智锋老师、田卉群老师、高小健老师、陈晓云老师、高峰老师和周雯老师对论文提出了诸多宝贵可行的批评意见，非常感谢！对黄先生的感激尤其具有双重意义。其一，先生以耄耋之年细心评阅晚辈论文，密密麻麻对论文做了很多标注，其认真之情无法不令人肃然起敬。其二，先生一直坚持民族化、本土化的学术道路，她高扬的中国立场和中国民族的核心价值选择实际上极大地影响了我的论文。先生德高望重，晚辈虽不能至，心向往之。

特别要感谢的是亚利桑那州立大学的 Peter Lehman 教授和夫人 Melanie。2014年5月，在琉璃厂大街的一处茶馆中，他们花了大半个下午跟我讨论成龙和美国男性特质研究，直接启发了我，构思了论文非常有趣的一部分内容。

非常感谢三位匿名盲审专家对论文的肯定，他们的鼓励与建议让我非常感动。

师大四年，还听过许多老师的课，因此要感谢周星、于丹、路春艳、张燕、张洪忠、樊启鹏和蔡晓芳等老师。老师们学识与品行并重，不仅传达了艺术与传媒学院"志于道，据于德，依于仁，游于艺"的教育理念，更生动诠释了北师大"学为人师，行为世范"的校训精神。

这几年有幸结识了很多师门内外和师大内外的优秀同学，他们或者才华横溢或者鬼马有趣，常令我惊奇并给我启迪。特别要感谢的是周劲含和张爱玲，她们总能对我的困境做出积极回应。

感恩程晓丽、翁帆和李晓红三位好友给予我的巨大精神支援。跟她们吐过很多槽，也跟她们一起度过了许多珍贵的美好时光，能有这些挚友我何其幸运。

感恩我的家人。求学之旅神圣而艰苦，若没有家人的支持，我永远没有可能完成这场旅行。感谢老杨的全力支持。他勤勉、上进、有责任心，我在外读书这几年，不仅培养女儿颇有心得、把自己的工作做得有声有色，还总是抢着给我的论文改格式。虽然我戏谑地称他"二导"，但是其实既惭愧又佩服，希望未来能够携手创造更加美好的人生。我的父母一直都是我的坚强后盾，对我有求必应。弟弟不善言辞，却一直默默关心我。公婆、姥姥、四姨和其他诸多亲朋好友也一直鼓励我支持我，他们的爱是我前行的巨大动力。

◊ 建构"英雄"传奇

  格外感恩的是，我的女儿优优非常乖巧，她是我最大的骄傲。四年前我踏上读博之路的时候，她还只是个幼儿园中班的小娃娃，现在已经出落成一个独立懂事的小淑女。每每想起她对我的关心与支持，我都备感幸福而感动。忘不了好几次在我回家的当天，她过于兴奋，从床上摔落或者撞到桌角受伤，嘤嘤哭泣之中隐藏的是一个孩子无法表达的委屈。忘不了她打电话给我讲笑话和其他好玩的事，只是偶然有一次母女夜聊时，她才透露总是哄我开心，是希望我有个好心情写论文有效率。忘不了她用微信给我发的第一个红包，主题是"妈妈顺利毕业，棒棒棒！"。也忘不了2016年新年那天，我独自待在逼仄的宿舍里写论文，优优打来电话祝我新年快乐，并在遥远的电话那端弹了一首《部落舞》，那是我这辈子听过的最动人的音乐。

  ……

  上文写于2016年毕业前夕，转眼间博士毕业已经四年有余。毕业至今，我生了老二，经历了父亲生病，前往美国奥本大学访学并见证了新冠肺炎在美国的肆虐发展。人生海海，无限感慨。再次阅读自己的博士学位论文，竟像是重逢老友。佩服自己当时的勇气与执着，并怀念在北师大读书的美好时光。

王 平

2020年6月29日